Rocío Caravedo

Percepción y variación lingüística
Enfoque sociocognitivo

Lengua y Sociedad en el Mundo Hispánico
Language and Society in the Hispanic World

Editado por / *Edited by*:

Julio Calvo Pérez (Universitat de València)
Luis Fernando Lara (El Colegio de México)
Matthias Perl (Universität Mainz)
Armin Schwegler (University of California, Irvine)
Klaus Zimmermann (Universität Bremen)

Vol. 34

Rocío Caravedo

Percepción y variación lingüística
Enfoque sociocognitivo

Publicación realizada con la ayuda del Dipartimento di Studi Linguistici e Letterari - Università degli Studi di Padova

© Iberoamericana, 2014
Amor de Dios, 1 – E-28014 Madrid
Tel.: +34 91 429 35 22
Fax: +34 91 429 53 97
info@iberoamericanalibros.com
www.ibero-americana.net

© Vervuert, 2014
Elisabethenstr. 3-9 – D-60594 Frankfurt am Main
Tel.: +49 69 597 46 17
Fax: +49 69 597 87 43
info@iberoamericanalibros.com
www.ibero-americana.net

ISBN 978-84-8489-830-6 (Iberoamericana)
ISBN 978-3-95487-374-6 (Vervuert)

Depósito Legal: M-23386-2014

Diseño de la cubierta: Carlos Zamora
Impreso en España
Este libro está impreso integramente en papel ecológico blanqueado sin cloro

A la memoria de José Luis

ÍNDICE

INTRODUCCIÓN

El presente estudio tiene como objetivo abordar la dimensión cognoscitiva inherente a la variación de las lenguas a partir del instrumento central de la cognición lingüística: la *percepción*[1]. Tal objetivo representa un cambio de óptica respecto de los estudios tradicionales sobre la variación, dado que esta se ha venido estudiando predominantemente desde un enfoque analítico basado en la observación de la producción conectada con el contexto social de los hablantes. Esto no implica que no se hayan tratado en la línea variacionista problemas ligados a la percepción, como cuando se analizan las actitudes o valoraciones de los hablantes sobre determinados fenómenos lingüísticos. Pero el cambio de enfoque que aquí propongo no supone abordar la percepción para restringirse al análisis de actitudes o valoraciones, sino para entender la naturaleza y el funcionamiento de la cognición lingüística. Más aun, sostendré que la percepción desempeña un papel central en la configuración de los fenómenos mismos y que, lejos de ser un mecanismo auxiliar, marginal o complementario, resulta más bien sustancial en la definición de la variación de una lengua.

Al mencionar el cambio de enfoque, resulta pertinente aclarar que este, tal como lo presento ahora, no nace con la publicación del presente libro, pues es producto de una larga investigación personal que se ha venido desarrollando y consolidando en gran parte de mis estudios sociolingüísticos publicados separadamente desde 1990, cuando este enfoque no tenía cabida en los estudios vigentes sobre la variación lingüística (*cf.* Caravedo 1990). La autorreferencia no tiene otro propósito que el de señalar el punto de partida cronológico de la línea de razonamiento que presento aquí, lo que permite justificar que desarrolle conceptos que puedan encontrarse en estudios anteriores a su presentación unitaria en la forma de este libro. Aún más, en los últimos años, posteriormente a los artículos que he

---

[1] Aunque prefiero por razones subjetivas el término *cognoscitivo*, que he utilizado en otros estudios, entendiendo que la traducción literal de *cognitive* es la más difundida en el ámbito disciplinario para aludir a una corriente específica de estudio, me plegaré a esta elección terminológica, y utilizaré *cognitivo*, en contra de mis preferencias, con el propósito de evitar malentendidos mediante el uso de un término más difundido en el ámbito disciplinario. Esto no implica que renuncie de modo absoluto a utilizar el vocablo mencionado cuando se refiere al campo del conocimiento en general sin un sentido terminológico.

mencionado, durante el silencioso y largo proceso de elaboración del presente trabajo, han empezado a revelarse en el ámbito de la sociolingüística y, más allá de este, algunas propuestas de aplicación de la lingüística cognitiva, que tienen en cuenta la percepción.[2]

Aunque no es mi propósito hacer una revisión histórica exhaustiva de las propuestas en esta dirección, resulta imprescindible mencionar a William Labov en la búsqueda de las raíces cognitivas en la variación de las lenguas. Así, ya desde el primer volumen de su magna obra *Principles of Linguistic Change*, dedicado a los factores internos, no solo anuncia con gran anticipación un tercer volumen, que vio la luz en el 2010, dedicado a los factores cognitivos del cambio, sino que introduce en la presentación de los factores internos interpretaciones de naturaleza cognitiva. Una muestra de esto es la formulación del principio denominado *probability matching (emparejamiento de la probabilidad),* si bien, a decir verdad, este autor había intentado mucho antes dotar de carácter cognitivo al método probabilístico de las reglas variables. En efecto, la metodología propuesta desde sus primeros trabajos, especialmente en Labov 1966/1969, y en la recopilación de gran parte de estos en 1972, es interpretada como recurso cognitivo propio de la competencia lingüística del hablante, que incluye la facultad de cálculo probabilístico. En coautoría con David Sankoff desarrolla y perfecciona los modelos probabilísticos multiplicativo y regresivo (Sankoff y Labov 1979). La formulación de las llamadas reglas variables, a las que se unen indisolublemente las probabilidades multifactoriales de aplicación, constituye una propuesta en esta dirección, que revelaría un aspecto de la facultad mental para percibir y organizar la variación de la lengua. Por ello, según los mencionados autores, las reglas variables pertenecerían a la competencia, más que a la mera actuación lingüística (cf. Cedergren/Sankoff 1974). Esta idea aparece reformulada y más desarrollada en el primer volumen mencionado, pues Labov se vale de experimentos y argumentos provenientes de las investigaciones biológicas de Gallistel con otras especies, como lo desarrollaré más adelante (*cf.* Gallistel 1990). Asimismo, ya en sus primeros estudios, Labov interpreta desde el punto de vista cognitivo el papel del factor estilístico en la regulación de la variación, definiéndolo en relación con los grados de formalidad/informalidad discursivas establecidos con referencia a la atención prestada por el hablante a la construcción del propio discurso. Esta interpretación de la formalidad constituye

---

2   Véanse, por ejemplo, Kristiansen y Dirven (eds.) (2008), Moreno Fernández (2012) y el más reciente volumen del *Journal of Pragmatics* 52, editado por Kristiansen y Geeraerts (2013). Más allá de la línea sociolingüística, otros planteamientos de tipo cognitivo, como el constructivista propuesto por Zimmermann (2006, 2008a) en el marco de la neurobiología enfrentan directamente el problema de la percepción para aplicarla a la problemática del contacto de lenguas.

un aporte crucial a los mecanismos de percepción, de conciencia y de autocontrol de la variación de una lengua. Se trata de una propuesta que abre las puertas a consideraciones de mayor envergadura, como las adelantadas en la llamada "tercera onda" *(third wave)* de la sociolingüística introducida por los estudios de Eckert, que parten de la noción de estilo laboviana para reelaborarla y extenderla al ámbito de los *estilos sociales* como germen de la variación y de la construcción de nuevos significados (Eckert 2004, 2008), en que sin duda está implicada la cognición social en un sentido más amplio.

En el dominio hispánico ha aparecido recientemente el estudio de Moreno Fernández (2012), que he podido leer en una versión todavía en borrador que el autor me envió gentilmente. Este trabajo ofrece una rica visión panorámica de los principales problemas tratados en la línea cognitiva en estudios diversos, lo que me ahorra la necesidad de hacer un recorrido detallado por toda la problemática colindante y la bibliografía que se refiere a tales problemas desde una variada gama de perspectivas. No me propongo, por lo tanto, una presentación exhaustiva de la multiplicidad de temas que puede englobar una sociolingüística de corte cognitivo.

El presente trabajo no pretende tampoco constituir una aplicación directa de la sociolingüística cognitiva clásica, tal como fue propuesta por Langacker (1987). No obstante, naturalmente en un enfoque que tiene como centro la cognición, muchas de las ideas fundamentales formuladas en esta resultan aplicables a una visión sociolingüística, aun cuando en la presentación del enfoque clásico no hubo un pronunciamiento explícito en el desarrollo de conceptos y métodos sobre los aspectos específicos de la variación sociolingüística de una lengua, quizás porque en el fondo esta lingüística, de orígenes remotamente generativistas, se planteaba por lo menos, en su etapa fundacional, una dirección general que pudiera aplicarse a las lenguas más que a sus variedades, a pesar de las aclaraciones de Langacker (1997), que han establecido que no existe ninguna restricción conceptual o programática para su aplicación a la variación del lenguaje en el uso.

Presento así un trabajo temática y argumentativamente unitario, circunscrito al estudio de la percepción como aspecto básico de la actividad de conocimiento. Mi propósito es redescubrir la variación lingüística, ya no solo respecto de lo que el hablante produce objetivamente, sino desde su percepción subjetiva. Partiré de la idea de que la variación constituye el *output* de un proceso más complejo que se inicia en la actividad mental del individuo, cuya primera fase es precisamente la percepción. Es oportuno señalar que los fundamentos teóricos desarrollados en la primera y segunda partes de este libro serán comprobados empíricamente en la tercera parte mediante la aplicación de los conceptos propuestos al análisis de fenómenos concretos del dominio hispánico.

Una precisión relevante que, aunque obvia, no ha sido suficientemente tomada en cuenta en la tradición lingüística, reside en el hecho de que la existencia de la *variación* presupone la de la *invariación*. No obstante la obviedad, los estudios tienden a bifurcarse con nitidez y tomar como centro una u otra sin conectarlas, como si se tratara de realidades independientes. Pero una lengua constituye la articulación indisoluble de aspectos que no varían junto a otros que varían. La existencia de la variación solo es posible en relación a la de la invariación; es decir, no puede darse una sin la otra, de modo que sostendré que ambas integran el conocimiento que un hablante tiene de su lengua. Por lo tanto, en las primeras etapas del desarrollo lingüístico, los mecanismos adquisitivos y de aprendizaje captan los aspectos variables de la lengua que se adquiere en igual medida que los invariables. Para tal efecto, el individuo pone en juego desde muy temprano procesos de conceptualización que le permiten:

a. deslindar los hechos variables de los invariables;

b. orientar los primeros de modo no consciente en determinadas direcciones;

c. transformar lo invariable en variable o viceversa.

Lo dicho supone que el conocimiento de una lengua o, de modo más preciso, del engranaje entre sus aspectos variables e invariables, implica ante todo la puesta en funcionamiento de la percepción como mecanismo cognitivo prioritario, por lo menos en lo que respecta a la adquisición de una lengua.

No intento pasar por alto que la percepción está presente en los estudios de actitudes y de valoraciones, que forman parte de lo que Labov identificó como la dimensión subjetiva del lenguaje. Son ya muchos los trabajos en la línea sociolingüística que intentan describir lo que los hablantes piensan o creen de su lengua o de sus variedades. Sin embargo, lo que aquí presento no constituye un estudio más sobre actitudes, valoraciones o creencias como mera adición al estudio objetivo de los fenómenos de producción, pues sostendré que el campo de la percepción no se restringe a las actitudes y valoraciones, aunque naturalmente estas forman parte de él. Las investigaciones de los últimos tiempos en la línea de la neurología, de la psicolingüística y de la filosofía me han llevado a pensar que la variación debe ser redefinida, incorporando la percepción como instrumento central de toda la cognición lingüística. Y aún más, me atrevo a decir, siguiendo a Searle (1995), que la lengua en su totalidad es de naturaleza subjetiva, y no —como comúnmente se piensa— solamente una parte de ella, en virtud de que se trata de un sistema cuyo funcionamiento depende de los hablantes en un sentido colectivo y (añado yo aquí), en esta medida, de su percepción.

Resulta indudable que la percepción juega un papel decisivo en la formación del propio conocimiento lingüístico del individuo, que le permite producir un discurso adaptado a las circunstancias de habla. Esto incluye aquellos fenómenos que el hablante ha percibido en su infancia o sigue percibiendo, bien en razón de la frecuencia, de la relevancia, de la singularidad, bien por el hecho de que se consideran imitables o, eventualmente, evitables. Al lado de esto, hay que señalar el carácter selectivo de la actividad perceptiva, de modo que un gran número de fenómenos pasan desapercibidos. No obstante, poco se sabe en el ámbito de una comunidad lingüística sobre los diferentes modos de percepción y de no percepción que subyacen a las variantes producidas. Información semejante no ha sido tomada en cuenta por los modelos lingüísticos rectores, en el sentido de que no ha sido razonada y articulada en la caracterización de la propia fenomenología.

En el presente trabajo consideraré un aspecto no menos importante y muy descuidado en la bibliografía existente: el papel que juega la percepción entre los hablantes no legos; esto es, los constructores del discurso disciplinario. Todo lingüista es ante todo hablante de una lengua y utiliza su percepción para el análisis y la conceptualización técnica de la lengua propia o de la ajena. Y este aspecto, que termina reflejado en la dirección normativa de las lenguas, formará también parte de las reflexiones que se abordarán aquí, de modo que incluso el redactor de ellas reconocerá e incluirá de modo consciente y crítico su propia percepción lingüística en el análisis de los fenómenos.

Un cambio de perspectiva semejante no supone en modo alguno deslegitimizar los valiosos estudios de la producción: antes bien, implica partir de estos; es más, utilizarlos como base fundamental para poder abordar la percepción, pues esta solo puede estudiarse indirectamente, al menos por ahora, a partir de sus efectos en el terreno de la actualización lingüística.

Como no es mi intención presentar una reflexión exclusivamente teórica independiente de la observación de la realidad, verdadero centro de este discurso, el presente trabajo se articula en tres partes fundamentales, dos de las cuales son conceptuales: la primera incluye la revisión y evaluación de los tratamientos tradicionales de la variación y la segunda, la formulación de los conceptos básicos referidos a la percepción, mientras que la tercera constituye la aplicación empírica de los conceptos presentados.

La propuesta central de este trabajo está concentrada en la segunda parte, en la que delimito el concepto de percepción aplicado tanto a la invariación como a la variación, identifico el hilo argumentativo central y establezco una tipología de la percepción que dará nuevas luces sobre la problemática de la variación. Se partirá de la condición subjetiva de las lenguas, a la luz del pensamiento de Searle (1995), y de su manifestación en la percepción selectiva y en la normatividad, buscando la compatibilidad de los planteamientos filosóficos y los que surgen del ámbito de la neurobiología.

Finalmente, la tercera parte mostrará de modo empírico, valiéndose de análisis de corpus de primera mano, complementados con otros datos indirectos de la bibliografía vigente, la función que cumple la percepción, utilizando la tipología propuesta en la segunda parte, que incluye la del hablante común y la del lingüista en cada uno de los diferentes planos estructurales del español: fonológico, léxico y sintáctico, articulados en el dominio discursivo. Por último, un subcapítulo específico dentro de esta parte está destinado al papel que desempeña la percepción en los procesos de contacto en situación migratoria tanto interna entre lenguas diversas, como externa entre variedades del mismo español que coinciden en la coordenada espacial. Esta extensión es crucial, dado que pone a prueba la percepción del individuo. Así, cuando el sujeto se desplaza en el espacio genera un cambio de percepciones entre los protagonistas del contacto, de modo que es la variación diatópica convertida en diastrática o diafásica la que impulsa el cambio lingüístico en direcciones imprevisibles. Por esta razón, le he asignado un lugar preferencial en esta reflexión. Toda conjetura tendrá, pues, su asiento en la realidad observada y desde allí podrá ser validada, reformulada o falsificada.

No puedo cerrar la introducción sin expresar mi gratitud a Klaus Zimmermann por la lectura atenta, los pertinentes comentarios y la inmediata acogida del libro en esta colección.

Estas páginas forman parte de una etapa de mi vida académica estrechamente ligada a la entrañable compañía de mi esposo, José Luis Rivarola, quien dejó este mundo cuando este libro no estaba aún terminado, pero que está presente en el silencioso trasfondo de estas reflexiones. A él van dedicadas las páginas siguientes... si, acaso, en la eternidad puedan caber las palabras.

Primera parte

LA PERCEPCIÓN EN EL CONCEPTO TRADICIONAL DE VARIACIÓN: ALCANCES, LÍMITES Y PROPUESTAS

Antecedentes históricos

En este apartado trataré el modo como se han identificado los fenómenos centrales en la línea tradicional de la teoría de la variación. En otras palabras: ¿cómo ha sido percibida la variación? y ¿qué rango se le ha asignado en la fenomenología del lenguaje?

No es de ningún modo moderna la aceptación de la existencia de la variación y su preocupación por estudiarla. Si nos remontamos a las disputas griegas sobre la relación natural o convencional entre lenguaje y realidad desarrolladas en el *Crátilo* de Platón se puede entrever ya desde antiguo la necesidad de buscar una justificación al carácter representativo del lenguaje.[1] Aunque referido a las palabras y a sus correspondencias con las cosas, el diálogo mencionado anuncia problemas hasta ahora vigentes, como la arbitrariedad del signo y, sobre todo, el carácter natural o convencional del lenguaje. Este último constituye la fuente de una problemática que divide hasta ahora nuestro quehacer disciplinario y que lleva de modo natural a la cuestión de la prioridad epistemológica de lo constante o universal frente a lo variable o particular o viceversa. Por un lado, si la relación de las palabras con las cosas está sometida a las leyes de la naturaleza, solo se esperaría universalidad y uniformidad en el lenguaje. Si, por el contrario, es la convención de los hombres la que establece las correspondencias, estas pueden no ser únicas y variar según las distintas comunidades. Esta polaridad reflexiva puede reformularse del modo siguiente: ¿la organización del lenguaje depende de sus hablantes (perspectiva convencionalista), o está preestablecida y es independiente de estos (perspectiva naturalista)? Me atrevería a decir que

---

1   Utilizo la siguiente edición: Platón, *Diálogos,* Gredos (Biblioteca Clásica), 1983 (trad. de J. L. Calvo), que he confrontado con la traducción italiana del *Cratilo* (Milano, Rizzoli, 1989), que incluye el texto griego (trad. de Emidio Martini e introducción y notas de Caterina Licciardi).

en torno a este dilema se ha edificado toda la actividad disciplinaria, aunque expresado a través de múltiples modalidades, matices, acentos, retóricas. Así, la perspectiva convencionalista cabe de modo natural dentro de la línea de pensamiento que trata el lenguaje como fenómeno social y pone el foco de atención en la diversidad lingüística, mientras que la naturalista resultaría compatible con los enfoques que privilegian la autonomía de los sistemas y buscan los aspectos universales o constantes de estos.

Posteriormente, las disputas entre anomalistas y analogistas (fundamentalmente representados en la filosofía griega por los estoicos y los alejandrinos, respectivamente) continuarían con distinta modalidad la línea reflexiva sobre el lenguaje manifestada con anterioridad en el *Crátilo*, solo que aquí se hace más patente el interés por la regulación interna de las lenguas: si estas obedecen a ciertos principios regulares, o si no existe tal lógica en este funcionamiento sino, más bien, anomalía y, por lo tanto, irregularidad (*cf.* Lyons 1968:4-8, Coseriu 1981a, Arens 1975:15-38). Obviamente la analogía no excluye la anomalía porque en una lengua pueden existir fenómenos que se conforman a la lógica, mientras que otros se distancian de ella. Se trataría, más bien, de buscar una explicación razonable de esta coexistencia. Este dilema persiste en toda la historia de la lingüística a través de la búsqueda de los principios regulares en las gramáticas o, en el otro extremo, de las irregularidades que deben ser explicadas.

Tal dilema se expresa con diferentes acentos en distintos periodos históricos. Así, en el Medioevo, las reflexiones de Dante en *De vulgari eloquentia* (que datan probablemente del periodo comprendido entre 1303-1305) testimonian el reconocimiento de la variación ligada al espacio y al tiempo como fenómenos naturales de las lenguas, aunque sin dejar de admitir el carácter universal del lenguaje en tanto facultad exclusivamente humana. Como bien lo indican Lara (2004a) y Zimmermann (2008b), la variación y el cambio en la perspectiva dantesca son valorados negativamente y, por ello, se busca la estandarización. Resulta interesante observar cómo en la reflexión de Dante se distingue con gran refinamiento la variación diatópica en el interior de la península itálica, incluyendo los fenómenos más marcados y caracterizadores de cada una de las variedades regionales y locales, con la confrontación valorativa de ellas, que no hace sino revelar el ejercicio, manifestado ya desde épocas tempranas, de una percepción lingüística de carácter subjetivo que rige todo proceso de normativización. Tendencias similares se presentarán en el ámbito de la Península posteriormente, primero en la gramática de Nebrija de 1492 y después ya en el siglo xvi en el *Diálogo de la lengua* de Valdés, en que se despliega la conciencia metalingüística y evaluativa respecto de la variación del español, como se puede ver en las reflexiones de Rivarola (1998), lo que constituye otro indicio más de la diversidad de los contenidos perceptivos desplegados en la diacronía de la lengua. Se puede decir que se manifiesta una percepción que varía en la dimensión temporal, la cual individualiza distintos elementos de una lengua y les confiere valoraciones heterogéneas.

Por otro lado, en la reflexión lingüística del XVII manifestada en la gramática de Port Royal, la búsqueda de los universales se convierte en el objetivo central, mientras que en el siglo XIX, al primar el interés histórico y evolutivo de las lenguas, resulta natural que el foco de atención se desplace nuevamente hacia la variación y el cambio lingüísticos. A través de los distintos planteamientos de la gramática comparada y, posteriormente, de la neogramática, surge nuevamente en una modalidad distinta la disyuntiva entre regularidad e irregularidad, pues a veces prima la focalización de los elementos constantes (la búsqueda de las leyes fonéticas inexorables), otras veces la de los variables (las excepciones a las leyes, explicables con principios como la analogía, en una reacción a los intentos uniformadores). La dialectología, que surge en este siglo (y que continúa en los siguientes), se revela sin duda como el campo por excelencia de la variación. Se podría afirmar que la disciplina en su totalidad ha estado dominada en diferentes periodos por dos tipos de percepción que ponen en primer plano, bien la invariación (concebida ya como generalidad, ya como universalidad, ya como regularidad en adecuación a ciertos moldes ideales), bien la variación (entendida como conjunto de particularidades en las lenguas y variedades, de irregularidades que no caben en los patrones ideales). Y no solo eso: cada una de estas percepciones ha valorado de modo distinto el papel desempeñado por lo invariable o por lo variable en las lenguas.

En la lingüística del siglo XX reaparecen las mismas tendencias: las escuelas estructuralistas en sus diversas modalidades, y también las generativistas en sus distintas reformulaciones, e incluso las perspectivas pragmáticas a pesar de centrarse en el uso comunicativo, dirigen el foco de atención, si bien con concepciones, metodologías y programas de investigación muy diferenciados, hacia lo invariable, mientras que las líneas dialectológicas, sociolingüísticas, antropológicas, etnolingüísticas se centran en lo variable. Sin embargo, no siempre estos aspectos bipolares son excluyentes en las visiones teóricas, dependiendo de los investigadores. Así, ya en los planteamientos del Círculo de Praga, especialmente Trubetzkoy, y con mayores alcances Jakobson, incorporan la variación al estudio del lenguaje. Y a mitad de siglo aparece el trabajo pionero de Weinreich, que trata de articular programáticamente los postulados estructuralistas sobre la invariación del siglo XX con los de la dialectología, a través de los conceptos de *diasistema y variedad* (*cf.* Weinreich 1954).

Pero es sin duda Coseriu (1973, 1981a, 1981b) el gran unificador de la tradición y reformulador de las dicotomías irreconciliables, mediante la utilización de conceptos que articulan la variabilidad con la invariabilidad, como el de *norma*, el de *lengua histórica*, el de *arquitectura de la lengua*. Este último introduce la posibilidad de integrar las diversas dimensiones extralingüísticas de la variación y de la invariación: a saber, diacrónica, diatópica, diastrática y diafásica en lo que respecta a la variación, en contraste con las dimensiones sincrónica, sintópica, sinstrática y sinfásica, que refieren a la invariación. Pero, a decir verdad, tanto el concepto de arquitectura de la lengua como el de las dimensiones diatópica y diástratica de la variación los adopta Coseriu de la propuesta de Flydal (1952), introduciendo de su propia cosecha la dimensión diafásica. Más recientemente, tales dimensiones han sido reinterpretadas y extendidas por la denominada escuela de Friburgo a la variación pragmática y discursiva, en que están implicadas de modo sustancial las diferencias concepcionales de oralidad y escritura no circunscritas a la dicotomía medial (Koch/Oesterreicher 1985, Oesterreicher 1996, Kabatek 2000). Con todo, aparte las extensiones y aplicaciones mencionadas, la rica propuesta teórica coseriana no se cristalizó en su momento en el diseño de una metodología articulada que integrara la invariación y la variación lingüísticas de modo no solo teórico, sino programático y empírico. Por lo demás, la antigüedad de estos dilemas hace pensar que las lenguas no son en sí mismas de modo exclusivo ni constantes ni variables, sino que son los descriptores de ellas quienes las perciben de una u otra manera, sobredimensionando uno de los dos aspectos.

En la línea del sobredimensionamiento de la variación podríamos situar las investigaciones sociolingüísticas de la tradición laboviana que se desarrolla a partir de los últimos decenios del siglo XX y se continúa en lo que va del XXI, aunque —como lo desarrollaremos más adelante— con una fuerte herencia estructuralista y generativista. William Labov, sin desconocer la importancia de los universales, establece explícitamente los alcances del interés por la diversidad lingüística, aplicándola tanto a la existente en el interior de una lengua, cuanto a la coexistencia de lenguas diversas (Labov 2010). Según este autor, se trataría de un mismo principio general válido para el lenguaje humano, concretizado en múltiples variedades que remiten o no a una misma lengua histórica. La evolución diacrónica de la diversidad testimonia ampliamente cómo la variación interna ha seguido en muchos casos el camino natural que conduce a la configuración de lenguas distintas, por lo menos en lo que se refiere a las emparentadas genealógicamente.[2] En este sentido, la heterogeneidad, más que la homogeneidad, parece presentarse como el principio universal del lenguaje.

---

2   Ver un planteamiento distinto en Oesterreicher (2006), quien separa con nitidez los dominios de la diversidad interna y de la diferenciación entre lenguas, que plantean problemas de naturaleza muy distinta.

La antigua disyuntiva entre lo universal/particular o lo constante/variable cobrará intensidad nuevamente en las últimas décadas del xx y la primera del xxi en los enfoques cognitivistas.[3] Resulta obvio suponer que la línea generativista, básicamente cognitiva desde su nacimiento, en toda su evolución mantendrá la preocupación por lo universal y constante como fundamental en la esencia del lenguaje (*cf.* Chomsky 1957, 1965, 1975, 1986, 1995). Y esta preocupación persistirá en los postulados de la lingüística cognitiva, aunque totalmente alejada en su metodología operativa del generativismo. Según el propio Langacker (1990), la lingüística cognitiva nació oficialmente en el marco de un simposio organizado por René Dirven. Langacker declara que trece años antes había empezado a esbozar lo que en ese entonces llamó "*space grammar*", que después se convertiría en la llamada "*cognitive linguistics*". Desde el primer momento se rechazaron los siguientes postulados del lenguaje, básica aunque no exclusivamente defendidos en la línea generativista: la autonomía del sistema, la independencia de la gramática respecto del léxico y de la semántica, y la restricción del significado a la lógica formal y a las condiciones de verdad. Algunos años después, Langacker explicitaría la no contradicción entre los principios cognitivos y su aplicación a la variación. Textualmente:

> In presenting the theory of **cognitive grammar** (Langacker 1987, 1990a, 1991), I have often encountered the misconception that cognitive linguistics is unconcerned or even incompatible with the study of language in its social, cultural, and discourse context (Langacker 1997:229).

Sin embargo, como se puede ver, en la propia aclaración del autor se expresa una dicotomía entre, de un lado, la lengua (lenguaje) y, del otro, el contexto social, cultural y discursivo. Lo social parece, pues, colocado en un orden distinto y, además, separado de los dominios cultural y discursivo. No aparece con nitidez la definición del lenguaje como esencialmente social. En vez de esto, se utiliza el rótulo, convertido ya en lugar común: *el estudio de la lengua en el contexto social*, el cual implica una determinación cualitativamente diferente a la del carácter social inherente al lenguaje. Si en la propia definición del lenguaje estuviera implicado el carácter social, lo cultural y lo discursivo terminarían claramente subordinados a este.

---

3   No existe una necesaria correspondencia entre, por un lado, lo universal y constante y, por otro, lo particular y variable, en la medida en que el énfasis en los estudios de las lenguas particulares durante todo el estructuralismo se concentra en los fenómenos invariables de ellas. Por lo tanto, si bien existe una correspondencia entre universal y constante, no se puede afirmar lo mismo cuando se trata de lo particular y de lo variable.

No obstante las mencionadas aclaraciones de Langacker, los trabajos en la línea canónica no centran en la práctica su interés en aspectos de la variación social, como los estudiados en el enfoque sociolingüístico. Habrá que esperar hasta el año 2008, en que se publica la primera antología de artículos con el nombre oficial de *sociolingüística cognitiva* editada por Kristiansen y Dirven. Sin embargo, en la presentación de este volumen colectivo, los editores mencionados aluden a una relación interdisciplinaria entre la lingüística cognitiva y la sociolingüística, con lo cual parece aceptarse como punto de partida que se trata de dos disciplinas diferentes con objetivos también separados (Kristiansen/Dirven 2008:2). En 2012 Moreno Fernández presenta su *Sociolingüística Cognitiva. Proposiciones, escolios y debates,* que incluye una revisión de los más representativos estudios en esta dirección.

Propuesta

La dificultad para articular lo cognitivo con lo social proviene, a mi juicio, de un mal entendimiento del concepto *social,* que consiste en concebirlo como una magnitud separada de la estructura de las lenguas a la que se agrega posteriormente, y hasta de modo opcional, el carácter estratificacional o grupal con distintos grados de prescindibilidad. En este trabajo tomaré otro camino: partiré de la consideración, que por lo demás ha sido expresada por el mismo Labov, de que la naturaleza del lenguaje es social, en otras palabras que no se trata de una adición de dos magnitudes diversas: lenguaje + social. Así, el término *social* en la caracterización que propongo tiene un significado que implica la condición colectiva de todas las lenguas, el hecho de que no pueda concebirse una lengua que no sea social. De acuerdo con esto, no existe ninguna necesidad de establecer relaciones interdisciplinarias: la estructura de las lenguas no es autónoma, sino que es en sí misma social, y como tal me propongo abordarla.

Con la reformulación de lo social, intento además superar la disyuntiva entre lo constante y lo variable, que ha sido equivocadamente analogada a la diferencia entre lo estructural lingüístico (interno) y lo social (extralingüístico), respectivamente, disyuntiva en la que incurre el propio Labov. Partiré de la consideración de que ambos aspectos son complementarios, y que no es posible ignorar su integración si se pretende un enfoque comprehensivo y cohesivo del lenguaje. Es más, las lenguas constituyen armazones complejos que comprenden tanto lo invariable cuanto lo variable, de modo que no se trata de fenómenos inconexos, sino que tienen su fuente en la mente de los hablantes, que es la que los articula y les da un carácter unitario. Para el hablante no es posible establecer diferencias entre variación e invariación, pues lo que conoce de su lengua se manifiesta en un manejo articulado de las dos dimensiones. Cabe una precisión: la alusión al asiento mental no implica intencionalidad del hablante como si estuviera dirigida a modificar o a preservar premeditadamente su lengua, sino que constituye un intento para situar lo variable y lo invariable en la propia actividad cognoscitiva que se pone en funcionamiento con la adquisición y con el uso continuo del lenguaje. De allí la necesidad de abordar tanto la variación y el cambio cuanto la invariación integradamente desde un enfoque cognitivo.

La variación en la lingüística laboviana

Aunque hemos visto, bien que de modo sucinto y panorámico, la antigüedad de la percepción de la variación de las lenguas en algunos textos y autores representativos de diferentes periodos históricos, sin duda un examen crítico del modo como se ha manejado y se maneja actualmente el concepto de variación teniendo en cuenta la percepción debe partir de la concepción laboviana. Esta concepción presenta un modelo metodológico exhaustivo y coherente, aunque, como todo modelo, ciertamente limitado, que marca una nueva época en el modo de abordar los fenómenos de variación. Por ello, dedicaré esta sección al examen crítico de los conceptos básicos respecto de la percepción, que es el foco de estas reflexiones.

El concepto de diversidad, que constituye el centro de la teoría canónica laboviana, es el referido a una sola lengua. No obstante, es necesario tener presente que el modo como tal concepto ha sido abordado constituye una herencia de la lingüística saussureana, si bien las raíces de esta se remontan al pensamiento aristotélico y medieval, herencia que no se suele admitir explícitamente, o no se somete a juicio. Tal herencia se basa en la asunción de los siguientes principios claves de orden conceptual y metodológico que discutiré de modo separado:

a. el binarismo del signo lingüístico,
b. la equivalencia semántica de las variantes,
c. la autonomía del significado representativo o referencial,
d. el carácter discreto y segmentable de las unidades.

Pasaré una breve revisión a cada uno de ellos con el propósito de mostrar, en primer lugar, las principales limitaciones derivadas de una aplicación acrítica de estos principios y, en segundo lugar, de proponer un modo de superarlos como primer paso para un acercamiento a la base cognitiva de los fenómenos.

El binarismo interno del signo lingüístico

Como acabo de anunciarlo, el concepto mismo de variación sociolingüística está anclado, aunque no se lo suela explicitar, en la concepción saussureana de la lengua como sistema de signos y de la constitución interna de estos. Pero el carácter bilateral del signo constituye una concepción más antigua que se encuentra ya en el pensamiento griego aristotélico y en el de los estoicos. Como se ha sostenido desde antiguo, los signos, en su condición simbólica, son entidades con una doble dimensión, por un lado, material, en este caso, sonora, llamada *significante* y, por otro, inmaterial o conceptual, llamada *significado* o *contenido* (Peirce 1867, Saussure 1916).[4] Lo que caracteriza un símbolo de un ícono o un índice en la terminología de Peirce es el hecho de que el significado es independiente de la cosa o del evento representados. Esta concepción triádica del signo ha sido sostenida desde Aristóteles, pasando por San Agustín y, en el siglo xx, por los modelos triádicos de Ogden/Richards (1923), Ulmann (1952), hasta los más modernos trapezoidales, como el de Heger (1974), utilizado con reformulaciones por Baldinger (1977) (*cf.* Rivarola 1991:51-62).

En las principales perspectivas lingüísticas en que se ha desarrollado, especialmente en la estructuralista y, más modernamente, en la lingüística de la variación o sociolingüística, el concepto de variación parte del principio según el cual el sistema de las lenguas está estructurado sobre la base de la articulación solidaria de ambos planos con una función básicamente representativa. No hay, pues, nada nuevo en la concepción de la variación en la lingüística moderna respecto de la antigua. Es decir, toda forma material contiene un significado y, viceversa, todo significado se expresa a través de una forma material, de modo que, en sustancia, formas distintas implicarían significados también diferentes.

Parece existir consenso en que la variación se origina en la eventual ruptura o desajuste de esta relación unívoca entre ambos planos, manifestada en el hecho de que un mismo significado se pueda expresar a través de varias formas materiales, desajuste que obviamente no advierte el hablante y solo se percibe desde una distancia analítica. En otras palabras, según las perspectivas mencionadas, la variación tiene lugar cuando distintas entidades materiales llamadas *variantes* o alo-unidades (*alófonos/alomorfos* según el plano lingüístico en juego) pueden remitir a un mismo significado. No abordaré aquí la polémica que plantea la de-

---

4   Peirce clasifica los signos en tres tipos: iconos, índices y símbolos. De estos tres, son los símbolos los que corresponderían mayormente —digo mayormente, porque se puede pensar en signos icónicos o indexicales, del tipo de la deixis, pero en todos los casos no está ausente la necesaria convencionalidad— a los signos lingüísticos, en la medida en que la relación entre signo y objeto no es de similaridad, ni de contigüidad, sino, más bien, de convención (Peirce 1867).

finición del significado lingüístico como diferente al referencial porque pretendo solo detenerme en la relación interna entre el orden material y el conceptual, al margen de su relación con las referencias o los objetos.

De acuerdo con estos principios archiconocidos, en la óptica sociolingüística laboviana la unidad susceptible de variar se denomina *variable* solo si engloba diferentes formas materiales o *variantes*. En cambio, en la perspectiva estructuralista, impliquen o no variación, las formas son siempre *invariantes*. Si entre dos formas se produjera una variación en el significado, en sentido estricto, se estaría ante una unidad distinta, otra *invariante* (en la perspectiva estructuralista) u otra *variable* (en la variacionista), como quiera llamársela, según la perspectiva adoptada, de modo que no se trataría de la misma entidad funcional o sígnica. Precisamente en esta definición se encuentra el origen de lo que identificaré como una limitación central de la corriente variacionista, no tanto de perspectiva, cuanto de estrategia analítica, que se circunscribe solo a una faceta del problema. Así, la variación reconocida es la que presenta diferencias materiales sin que el significado sufra modificación alguna, de modo que el principio fundamental para identificar una variable será la equivalencia de significado. Esto ha traído como consecuencia, para decirlo de modo cauteloso, un descuido en el reconocimiento y en el estudio de las diferencias que pudieran presentarse en el orden conceptual, que es naturalmente de carácter no material.

Propuesta

Para superar esta limitación, en la propuesta que he ido desarrollando en varios estudios anteriores (1999, 2008a, 2008b, 2010a), en primer lugar, reconozco de acuerdo con la tradición europea la existencia de un binarismo cohesivo en las dos dimensiones del signo: un orden semántico unido a un orden material, binarismo que, por lo demás, ha sido admitido como condición universal del objeto, y no hay razón lógica ni ontológica para contraponerse a él.[5] De acuerdo con este postulado básico, no se puede limitar, ni siquiera por necesidades estratégicas, el concepto de variación al aspecto material sin considerar el conceptual.

En este contexto de ideas, si aceptamos el carácter bilateral del signo, habrá que postular de modo simétrico la posibilidad de variación en cada uno de sus planos, como lo hace lúcidamente Coseriu (1981a:204 y ss.) al reconocer la variación

---

5   No obstante no hay que olvidar que el estructuralismo americano sostenía, a diferencia del europeo, el carácter unilateral del signo, como una forma única, cuyo significado (*meaning*) entraba en el dominio de la cosa o el estado de cosas al que la forma aludía (*cf.* Bloomfield 1935). En la posición de este autor no se distingue el significado lingüístico del extralingüístico, como se hace en el estructuralismo europeo, y Labov hereda de alguna manera esa visión de las cosas (*cf.* Caravedo 1999:152).

semántica dentro de una misma expresión y diferenciarla de la polisemia.[6] Así, si respecto de la cara material es posible suponer variación sin consecuencias en el plano conceptual, respecto de la otra cara del signo, el significado, resulta también justificado suponer diferencias sin alteración alguna en la forma material. Es decir, la variación puede también originarse en el plano conceptual, y no exclusivamente en el material. Es en la tradición lexicológica en que esta posibilidad ha sido primariamente reconocida a través del concepto de *polisemia*, y no tanto en los demás planos del sistema, quizás porque el signo en cuanto entidad de carácter discreto aparece ligado a la palabra, asunto ciertamente discutible.

No obstante lo dicho, la variación en el plano del significado no ha constituido el foco de la atención en la perspectiva variacionista, en la cual es la variación del plano material y no del conceptual la que permite identificar la unidad analítica denominada *variable*. Quizás la razón de esta actitud resida en la influencia del modelo estructuralista americano en el pensamiento laboviano, según el cual el significado del signo está dado por su relación con la referencia (v. nota 7). Así, las variantes semánticas de una misma forma material quedan marginadas, pues la investigación se ha concentrado en el ámbito restrictivo de las variables, cuyo principio delimitador es el de *equivalencia semántica*. Ahora bien, no solo las unidades léxicas entran en juego en la variación del significado. Como lo mostraré más adelante, también lo morfo-sintáctico es proclive a la variación semántica, aun cuando esta no se sujete al mismo orden de los cambios en la materialidad de las entidades. Obviamente, en el plano fonológico no se puede encontrar una unidad que varíe en su significado, dado que se trata de entidades que consideradas aisladamente no lo poseen. Pero sí es posible encontrar unidades que pierdan o amplíen su capacidad distintiva, de modo que incluso los fonemas, a pesar de que no se les asigna ninguna importancia en la semántica, terminan implicados en la cuestión conceptual, en virtud de que no dejan de intervenir en la determinación del significado.

La equivalencia semántica de las variantes

Aparte la limitación de los alcances del concepto de variable, comentada en el apartado anterior, que es necesario superar para acercarse de modo comprehensivo a una teoría cognitiva de la variación, la teoría canónica suele centrarse en

---

6   Coseriu (1981a:204 y ss) utiliza el concepto de polisemia con un valor distinto al que utilizaré aquí: para este autor este concepto se diferencia del de *variación semántica* porque comporta una diferencia de significado unitario, mientras que la variación semántica implicaría que el significado unitario no cambia, pues las posibilidades se mueven dentro de una misma zona de significación donde es el contexto el que determina las diferencias.

el requisito de *equivalencia semántica*, el mismo que en el ámbito estructuralista servía para identificar las variantes de una misma unidad. Como se sabe, este principio consiste en la igualdad de significado de las variantes, de modo que estas pueden considerarse manifestaciones de una sola unidad. La adhesión a este principio no ha permitido dar cabida a la variación del plano del significado. Al parecer, resulta más admisible que la variación se circunscriba de modo exclusivo al plano material, ya solo por el hecho de que es sensorialmente aprehensible, mientras que el plano conceptual no puede considerarse del mismo modo. La sensorialidad se erige, pues, en el principio de reconocimiento de la existencia objetiva de una entidad. Así, desde esta perspectiva, aunque se trate de dos formas sensorialmente distintas, ambas constituirían una sola unidad invariante, siempre que cumplan la condición de no alterar el significado de la unidad en juego. Esta posición no ha sido modificada en la lingüística laboviana de la variación, sobre todo en sus momentos fundacionales, pues una variable se define en relación con este mismo principio de inalterabilidad del significado.

Ahora bien, si se sigue aplicando esta rígida diferenciación no es posible acercarse a estudiar las variantes que dan origen al cambio lingüístico, cuyo efecto es precisamente la creación de nuevos significados, lo que supone la transformación de los originarios. Muchas unidades del sistema se encuentran en los estadios anticipatorios del cambio, en los que justamente se rompe el principio de equivalencia semántica. Si pensamos en fenómenos como la distinción de las palatales sonoras frente al yeísmo, baste mencionar casos como el de las zonas en que se da un proceso inconcluso hacia el yeísmo, de modo que persiste en ciertos contextos la diferenciación funcional de las palatales lateral/no lateral, pues los hablantes fluctúan entre momentos en que aparentemente conservan la distinción y momentos en que la abandonan a favor de un solo elemento sonoro (Caravedo 2012). En esta fluctuación las unidades siguen manteniendo en determinadas posiciones la capacidad discriminativa de significado, mientras que la pierden en otras, lo que nítidamente supone una modificación incompleta en la esfera del significado, la cual en este ejemplo de tipo fonético se traslada al ámbito de la diferenciación léxica.

Propuesta

La propuesta en relación con este postulado reside precisamente en relajar el principio de equivalencia semántica, para abarcar los casos en que el uso de las alternativas en juego implica una modificación de significado. Tal modificación forma parte del proceso de variación de una lengua y puede constituir una etapa anticipatoria del cambio lingüístico (Caravedo 1999, 2003b). El principio de equivalencia semántica está directamente vinculado con el problema del cambio lingüístico, en la medida en que las formas que son equivalentes no ocasionarían transformaciones en la lengua, dado que son solo variantes. En cambio, si las formas llegan a modificar el significado de partida, se puede suponer que se ha producido una transformación en el interior del sistema. Desde una perspectiva integral según la cual todas las modificaciones son efecto del carácter humano y dinámico de las lenguas, es necesario abarcar todo tipo de transformación de estas, aun cuando no impliquen equivalencia semántica. Para ello, es necesario precisar el concepto de cambio y su relación con la variación.

La variación y el cambio lingüísticos

A pesar de que tanto los conceptos de variación como de cambio se dan por consabidos, es necesario explicitar sus alcances, dado que la variación misma podría interpretarse como forma de cambio o, viceversa, el cambio podría considerarse en sí mismo variación. Para evitar una tautología que lleve a confusiones en la observación de los fenómenos particulares, se hace necesario delimitar con nitidez el sentido en que utilizaremos tales conceptos. Cabe precisar que no adoptaremos una interpretación teleológica del cambio, dado que los hablantes que lo producen no lo hacen premeditadamente. Tampoco sostendremos una interpretación mecanicista de él, porque aunque no se trata de un hecho intencional, no se puede negar que son, en principio, los hablantes mismos los actores del cambio (*cf.* Keller 1994). Según la teoría de Keller, avalada por Lüdtke, se trataría de un tipo de producto de la actividad humana que entra en el ámbito de lo que el autor denomina "procesos de la mano invisible" *("hand invisible process")*. De acuerdo con los estudiosos mencionados, ni el sistema cambia de modo autónomo, ni los hablantes tienen una intención programática dirigida al cambio, aunque son indudablemente sus autores (Keller 1994, Lüdtke 1986). Este último punto resulta fundamental en el estudio del cambio, que debe centrarse en los hablantes a través de la consideración de las motivaciones comunicativas o discursivas. Como no es propósito de este trabajo esbozar una teoría del cambio, adoptaré una definición de tipo estratégico más que ontológico con el objetivo de diferenciarlo de la variación, foco de este estudio.

La diferencia entre variación y cambio que adopto aquí consistiría en que la primera es considerada como un paso anterior que puede llegar o no a consumarse en un cambio, mientras que este último presupondría necesariamente una fase de variación (*cf.* Weinreich/Labov/Herzog 1968). Según este planteamiento, por lo demás bastante difundido, el cambio es un resultado no obligatorio de un proceso de variación precedente, dado que la variación puede ser estable durante periodos muy largos, y no es posible predecir si esta desencadenará en determinado momento el cambio. Por lo tanto, en la interpretación que sostenemos, el concepto de cambio se circunscribe al resultado final de un proceso anterior de variación. En este sentido, hago hincapié en que el cambio no sería interpretado como cualquier tipo de modificación. Esta opción interpretativa que tiene una finalidad de carácter utilitario y analítico —aunque reductiva— permite separar con nitidez en el análisis los fenómenos de variación estable de los fenómenos que se muestran inestables y proclives a las transformaciones.

Por consiguiente, *invariación*, *variación* y *cambio* pueden considerarse etapas de un proceso universal de las lenguas en cuanto recursos dinámicos manipulados por seres humanos. Tales etapas pueden mantenerse estables en grandes periodos cronológicos, pero son susceptibles de transformarse. Podríamos esquematizar esta conexión de la siguiente manera:

1.   INVARIACIÓN
2.   VARIACIÓN
     no funcional
     funcional
3.   CAMBIO

Para interpretar adecuadamente el esquema anterior es necesario precisar que la invariación aquí mencionada no es concebida como fenómeno que atañe a las llamadas *invariantes* de la escuela estructuralista, las cuales constituían unidades de un orden de abstracción mayor respecto de las *variantes*. Así, una invariante, correspondiente al plano más abstracto del sistema, podía manifestarse en un orden de menor abstracción con distintas características que no eran consideradas funcionales, las cuales se expresaban en las variantes. En cambio, en la propuesta aquí presentada considero la *invariación* en el mismo plano de abstracción en que se mueve la *variación*. Esto quiere decir que una invariante no contiene variantes y se manifiesta como una entidad única sin alternancias. En muchos puntos de una lengua, una unidad puede manifestarse siempre de manera idéntica, sin ninguna variación entre los hablantes. Por otro lado, existen otras unidades que pueden tener distintas posibilidades de manifestación entre los hablantes. El primer fenómeno es el denominado *invariación*, mientras que el segundo, *variación*.

Aclarados los términos utilizados, en el esquema anterior se intenta expresar la conexión entre *invariación*, *variación* y *cambio* como sucesión de fases, en las que la fase inicial es de invariación, mientras que el cambio constituye el producto final, aunque no obligatorio, del proceso y, por lo tanto, es posterior a la fase de variación y se desprende gradualmente de esta. El cambio, en cuanto solución y estabilización, que bien pueden ser provisionales, de un nuevo estado de cosas, se puede manifestar esencialmente en la invariación del fenómeno.

El estado de invariación es también virtualmente mutable, de modo que puede originar un eventual nuevo proceso de variación, que reabriría el círculo. Sin embargo, nos preguntamos si sería posible suponer que el cambio produjera un nuevo fenómeno de variación, más que de invariación. En otras palabras, nos planteamos si cabría pensar en la posibilidad de que en determinado momento una de las alternativas de variación desapareciera y se añadiera otra nueva, diferente a las previamente existentes. Si así fuera, el modelo de cambio podría incluir la posibilidad de una nueva variación, en vez de limitarse a producir un nuevo hecho de invariación. Dejamos abierta esta posibilidad teórica sin incluirla por ahora en nuestro esquema provisional de trabajo, dado que no la hemos comprobado empíricamente.

Nótese que el cambio mismo es únicamente observable a través de un examen retrospectivo que debe conectar un estadio anterior a otro posterior, de modo que solo pueden someterse a observación en sentido estricto los hechos de invariación y de variación. En otras palabras, la percepción del cambio solo es posible como hecho cumplido, a través de una confrontación reflexiva que es posterior al cambio mismo. El esquema anterior tiene como única finalidad representar un proceso dinámico y virtual en una diacronía interna, proceso que puede cumplirse en diferentes periodos temporales o en uno solo. Esta última posibilidad es ciertamente factible, en virtud de que en una lengua histórica pueden presentarse todas las fases en la misma sincronía aunque en diferentes rangos de diatopía y de diastratía, como lo mostraré valiéndome de distintos corpus en la parte empírica de este libro.

Respecto de estas consideraciones fundamentales para la claridad conceptual, estableceré una distinción entre dos tipos de variación, que amplía el campo de la variación canónica, a saber, la *variación no funcional* y la *funcional*. La primera es aquella que no produce cambio de significado, y se conforma plenamente al concepto canónico de variable, mientras que la segunda incluye modificaciones en el orden del significado primitivo o de la función referencial y, por lo tanto, puede considerarse como fase inmediatamente precedente al cambio (Caravedo 1999:127-154). Este último tipo de variación se puede encontrar en todos los planos lingüísticos, y es la que se consideraría, de acuerdo con el planteamiento anterior, como una anticipación virtual del cambio, sin llegar a ser tal, pues no se ha convertido todavía en un hecho absoluto de invariación en la lengua histórica.

Adicionalmente, la variación *funcional*, considerada como un proceso no consumado de transformación de funciones en la lengua, puede tener distintos efectos en el inventario de fenómenos, que he reducido a dos fundamentales:

— *ampliación* o creación de nuevos significados (la *polisemia* en el léxico constituye un buen ejemplo);

— *reducción* de significados primitivos (en este último caso se encuentran las neutralizaciones o las indistinciones, como el caso comentado
del *yeísmo*).

Ampliación y reducción forman parte del mismo proceso de variación de la lengua, en tanto pueden anticipar el cambio, pues no se han concretizado completamente y coexisten con las funciones primigenias sin haber ocasionado un cambio definitivo. El proceso de variación implica, consecuentemente, algún tipo
de coexistencia entre dos o más modos de comportamiento de los fenómenos.
Como vemos, la equivalencia de significado que en la línea laboviana definiría
los límites de la variación, en nuestra propuesta no cumpliría ese papel, puesto
que esta incluye los casos en que no existe equivalencia semántica. Por ello, el
concepto de variación que aquí propongo tendrá mayores alcances que el de la
teoría canónica de la variación.

La autonomía del significado representativo o referencial

Resulta evidente (aunque no profundizaré en este punto ahora) que una de las
causas que contribuye a ahondar los problemas conceptuales reside en la conflictiva y reductiva noción de significado representativo o referencial, tomado de
las funciones propuestas por Bühler, al que se hace coincidir con el de función,
y cuando no, con la referencia misma, arrastrando también las insuficiencias de
la perspectiva autónoma (Bühler 1934).[7] Conforme con esta noción, las invariantes se identifican con fronteras significativas que incluyen solo el significado representativo, excluyendo el significado extralingüístico de orden social o
pragmático. En la perspectiva de Labov, además de la aceptación de este principio estructuralista, el significado representativo tiene en cuenta la relación del
signo con los objetos del mundo o con el llamado "estado de cosas" *("state of
affairs")*, relación que se aleja de modo definitivo del concepto de significado en
la línea del estructuralismo europeo, el cual está claramente separado del objeto
o del estado de cosas, como resulta evidente de los modelos triádicos de la línea
europea. Esta concepción del significado representativo, como lo he observado
antes, se enhebra con la del estructuralismo americano, uno de cuyos conspicuos
representantes es Leonard Bloomfield (*cf.* Bloomfield 1935).

---

7   Sankoff (1990) hace hincapié en los problemas que puede suscitar el manejo inadecuado del
concepto de función ligado al significado. V. también a este respecto Sankoff/Thibault (1981)
y Caravedo (1993, 1999).

El significado sociopragmático está referido a los participantes de los actos co-municativos (emisor y receptor o, en otras palabras, a los hablantes consignados en las funciones buhlerianas expresiva y apelativa) y al entorno que los rodea. La exclusión de ese significado no resulta coherente con los objetivos de un sistema contextualizado como el sociolingüístico. No deja de sorprender que en un enfo-que no autonomista como el de la variación se excluya el área social del hablante y de su entorno en la delimitación de la unidad analítica central.

En efecto, lo que se incluye en el modelo laboviano como variación social en sentido estricto, que envuelve el contexto de los hablantes, es atribuido al ámbito externo de la lengua, a lo llamado extralingüístico. Al lado de esto, lo esencial o inherente a ella, sigue rigiéndose en este mismo modelo por la función repre-sentativa o designativa del signo, como se deduce del concepto de variable, el cual definido como está de acuerdo con un principio de equivalencia semántica implica la no contaminación del hecho lingüístico respecto del mundo externo. Toda la variación se daría así en el interior de la unidad. Las diferencias de or-den social entre las variantes, aun cuando supongan valores distintos para los hablantes, no entrarían en juego en la delimitación de variables, ya que se su-pone que no llegan a intervenir en su carácter simbólico ni a modificar el plano referencial/representativo, que es el tradicionalmente considerado propio de la esencia del lenguaje. A mi juicio, este es uno de los puntos más débiles del mo-delo teórico sociolingüístico.

Este tipo de restricción ha sido discutida en el ámbito de los replanteamientos críticos de la sociolingüística, como el propuesto por Eckert (2008), quien for-mula un concepto más amplio de significación, según el cual los significados indexicales, que incluyen a los hablantes en sus funciones expresiva y apelativa, desempeñan un papel protagónico en el cambio del significado mismo, conmo-viendo en alguna medida el contenido representativo.

Propuesta

En relación con la restricción del concepto de significado a la función represen-tativa independiente de los hablantes, que atenta contra los objetivos de la so-ciolingüística, se hace imprescindible la inclusión de la significación expresiva y apelativa como parte de la semántica de los signos. Con esta propuesta no se pretende marginar o ignorar el significado representativo; antes bien, se trata de ampliar su campo de acción. Los significados no son entidades externas o inde-pendientes de los seres humanos, sino que son estos los que les dan sustento, los interpretan y los usan.

Desde un enfoque cognitivo no se puede desestimar el área que atañe a la acción de los hablantes, los cuales desempeñan un papel activo en la formación, la estabilidad y la inestabilidad de los significados de su lengua. Un cambio semántico es siempre un cambio transmitido o ejecutado por un agente dentro de ciertas condiciones ambientales, afectivas, reflexivas o de mera rutina colectiva (*cf.* Keller 1986). En todos los casos están implicados los hablantes —aunque obviamente sin intención definida— y, por lo tanto, sus mentes o, en otras palabras, sus sistemas cognitivos.

La presente propuesta es compatible con la formulada por Eckert (2008), aunque no idéntica a ella, en la medida en que se desprende de un modelo interpretativo diferente. Esta estudiosa propone la concepción de un campo de significación amplio de carácter indexical (*"indexical field"*) en el que entrarían significaciones que no solo calificarían las formas, sino simultáneamente a sus usuarios. Un ejemplo ampliamente desarrollado por esta autora, quien se vale de la experimentación realizada por Campbell-Kibler, es el campo de significación de la pronunciación alveolar no estándar de (*-ing*) en el inglés americano, que implica una constelación de significados asignados al hablante que la produce, pero que llega a integrar el concepto (*cf.* Eckert 2008 y, para los detalles empíricos, Campbell-Kibler 2006). Así, la pronunciación alveolar indica *ignorancia, pereza, descuido,* atributos que terminan asociados a las formas mismas y condicionan su uso. Una reformulación del concepto de significado, no necesariamente en los mismos términos de Eckert, es imprescindible para un enfoque de tipo cognitivo en el manejo del lenguaje. Análogamente, aunque desde un modelo teórico diferente, Preston establece una red de asociaciones de significados que se desencadenan de la percepción de determinados rasgos lingüísticos que connotan en los norteamericanos la caracterización del origen meridional de los hablantes. Tales redes incluyen calificativos como *prejuicioso, violento, no crítico,* al lado de *ignorante, maleducado, amistoso, empático,* asignados a los hablantes que ostentan los rasgos identificados como meridionales (*cf.* Preston 2013:96).

El carácter discreto y segmentable de las unidades

En una buena parte de la tradición lingüística moderna, una lengua es concebida como una organización de elementos jerárquicos de carácter discreto, lo que permite la operación analítica de segmentación en los distintos planos organizativos.[8] La sociolingüística laboviana no modifica esta tradición paradigmático-

---

8   Aunque en la escuela generativista aparentemente se abandonan los criterios de segmentación, dado que se trata de un modelo sintético más que analítico, sin embargo no se renuncia a la manipulación de unidades que son las que hacen posible las combinaciones sintácticas

segmentalista, de modo que las *variables*, unidades centrales de la variación, son también resultado de operaciones analíticas que permiten identificar o aislar entidades complejas que engloban alternativas para los hablantes, las cuales son también materialmente segmentables. Por lo tanto, la individualización de estas entidades sigue las operaciones de segmentación con el mismo criterio estructuralista, según el cual se parte de las unidades mínimas, todas las cuales pueden presentar distintas manifestaciones. Estas operaciones se han ejercitado con mayor intensidad respecto de las unidades sonoras o fonemas, piezas fundamentales de la construcción lingüística, las cuales dado su carácter abstracto son materialmente localizables solo en sus realizaciones concretas. Pero ¿existen los fonemas como segmentos en bloque? ¿Los reconocen los hablantes? ¿A qué tipo de existencia se alude?

Para responder a estas cuestiones entramos de lleno en el campo perceptivo que pone en juego el lingüista en el momento de establecer las unidades objeto de análisis. Se trata, pues, de productos originados de la percepción del analista. El hablante ingenuo no percibe auditivamente ninguna entidad del tipo del fonema si no está adiestrado para hacerlo. Por ello, la tendencia normal es imaginar que los fonemas corresponden a las letras, que sí son objeto de percepción visual porque aparecen a los ojos como discretas para los hablantes alfabetizados. Pero el carácter discreto no se percibe en la audición, porque los sonidos se presentan articulatoriamente amalgamados, mezclados y hasta fusionados para producir resultados de orden muy variado. Desde el punto de vista cognitivo, los fonemas son perceptos, esto es, resultado de la aplicación de procesos de inferencia o de abstracción de determinadas características de la materia sonora que lleva a cabo el lingüista y que, por lo tanto, poseen solo una existencia de tipo científico y de carácter abstracto.

Con el ulterior análisis de los sonidos en rasgos acústicos, el fonema entra en un orden distinto, en que aparentemente se suspende la segmentación. Digo aparentemente, porque la operación de descomposición del sonido implica de alguna manera una relación entre componentes más pequeños que pueden diferenciarse como si fueran discretos, si bien —como lo sostenían Jakobson/Halle (1956), Jakobson/Waugh (1979)— se trata de una relación de simultaneidad o de concurrencia en vez de una relación de sucesividad y, por ello, no se pueden aplicar verdaderas operaciones de segmentación. Pero también aquí se pone en juego la

---

infinitas. Así, las frases nominales (FN) o verbales (FV) son categorías que comprenden combinaciones de distinto tipo de unidades en distintos niveles. Esto vale incluso para los últimos modelos minimalistas, pues los movimientos de las categorías son constructos abstractos de movimientos de conjuntos de unidades materializables en el nivel de la producción. Las diferencias entre el modo como se percibe la organización lingüística en el estructuralismo y en el generativismo se refieren a la dirección analítica y a la jerarquía de los componentes.

percepción del analista, que obviamente no se identifica con la del hablante ingenuo, quien solo después de un largo periodo de adiestramiento estaría en condiciones de separar la fricatización de la sonoridad o de la gravedad como rasgos integrantes de un sonido complejo. Ni los rasgos articulatorios ni los acústicos garantizan el realismo descriptivo, por más que estos últimos se acerquen a las características físicas de la producción. No hay que olvidar que el espectograma debe ser leído y, por lo tanto, interpretado por el analista, lo que supone una mediación entre lo producido y lo percibido.

Ahora bien, en la tradición laboviana la variación lingüística principal está situada en el campo fonológico. Es más, Labov llega a afirmar que la mayor parte de la variación y del cambio de una lengua se localiza en este nivel, con mucha mayor intensidad que en la sintaxis. Es la materialidad sonora de las lenguas la que mayormente está sometida a la variación. Curiosamente, según este autor, esta variación en mayor medida está afectada por factores internos, más que por factores de orden extralingüístico, es decir, social (Labov 2001).

El concepto de variable de la sociolingüística laboviana, atribuido a la variación del plano material, es resultado de una operación de la misma naturaleza de la utilizada para el concepto de fonema. La única diferencia entre ambos conceptos reside en el hecho de que la variable es una noción que contiene en sí misma la variación, mientras que el fonema constituye una unidad de orden distinto, la cual supone la abstracción de solo algunos rasgos considerados pertinentes e invariantes, cuyos rasgos variantes —cuando existen— son marginales y se dan en otro orden de abstracción menos reducida, de tal manera que no integran su esencia.

También en el plano morfológico, considerado componente de las unidades léxicas, se ejercita el principio de segmentación, si bien la variación se reduce ostensiblemente si la confrontamos con la variación del plano fonológico. Conforme se asciende de las unidades mínimas a las mayores, y se integran las unidades con significado, el carácter discreto y segmentable de las unidades variables plantea una problemática distinta de la que surge en el plano de las entidades fónicas. Obviamente aun cuando las unidades léxicas puedan ser materialmente separables, el investigador se encuentra ante un inventario de gran magnitud que hace muy difícil la organización de la variación.

Y todavía más: si la variable puede sostenerse en el nivel fonológico, incluso en el léxico, y en ciertos aspectos del morfológico, ocasiona problemas más graves cuando se trata de aplicar a los planos sintáctico o, más aún al orden discursivo, en los que no son propiamente unidades las que se ponen en juego, sino complejos combinatorios de muchos componentes de distinta jerarquía ensamblados entre sí. Obviamente la variación sintáctica o, con mayor razón, la discursiva escapa a los criterios de medición que se muestran adecuados en relación con los segmentos fonológicos o con ciertas unidades morfológicas o léxicas.

Quizás las distintas modalidades de expresión de las entidades de una lengua han llevado a los estudiosos de la línea variacionista a la concentración perceptiva en el estudio de las unidades sonoras, dado que plantean escasos problemas delimitativos. En sus tres volúmenes sobre el cambio, Labov resalta el papel privilegiado que el plano fonológico desempeña en la variación de las lenguas y vuelve a insistir sobre la pertinencia decisiva de lo fonológico en la evolución de las lenguas: el cambio,según este estudioso, es más susceptible de presentarse en este plano que en el sintáctico, si bien puede acarrear consecuencias que afecten a la larga los demás planos, involucrando unidades gramaticales superiores como las morfosintácticas y las léxicas (*cf.* Labov 2001). No desarrolla el autor, por lo menos en el estudio referido, la posibilidad de evoluciones de tipo cognoscitivo que lleven a reestructuraciones de las categorías gramaticales, tales como las implicadas en los procesos de gramaticalización o desgramaticalización, ni siquiera dentro de los planteamientos del tercer volumen sobre los factores cognitivos del cambio (Labov 2010). Este estudioso reconoce que, aun en el caso de que el cambio fonológico no llegara a repercutir en las configuraciones morfológicas de la lengua, de alguna manera quedaría también involucrado el sistema de alófonos y sus correspondientes fonemas en tanto unidades estructurales. Esto quiere decir que no se trata de meras modificaciones de orden material. En efecto, en sus dos últimos volúmenes sobre el cambio, Labov se centra en fenómenos fonológicos, a la vez que defiende de modo explícito que los hechos más significativos de la variación se expresan a través de la materialidad fónica, si bien advierte acertadamente que el plano fonológico no debe ser entendido como mera materialidad; antes bien, como expresión de la estructura de la lengua. Textualmente:

> [...] they are not the surface sounds or words of the language, but are defined as the use of allophones or allomorphs in a particular structural context' [...] Taking grammar in the largest sense to include phonology, these variables are in the grammar; they are constrained by the grammar; and they cannot be described apart from the grammar. But even so, they do not dominate any large portion of it and the **consequences of their alternation for the rest of the grammar are minimal** (Labov 2001:83-84) [mío el realce].

Por lo demás, el autor señala también que el cambio morfológico y sintáctico ha pasado a través de paulatinas modificaciones en el plano de la forma sonora. Cuando se modifican tales formas, pueden quedar afectadas ciertas categorías de orden superior.

De hecho, son solo fenómenos fonológicos los que ocupan la atención de Labov en los dos primeros volúmenes de *Principles of Linguistic Change* y se refieren principalmente al complejo subsistema vocálico del inglés, el punto más sujeto a variación en esta lengua (Labov 1994 y 2001). Esto puede dar idea de hasta qué punto no hay uniformidad perceptiva entre los hablantes de las distintas lenguas existentes. Con todo, una restricción programática del estudio del cambio a lo fonológico —lejana, según creo, a la intención del autor— correría el peligro de dejar de lado las diversas mutaciones de tipo sintáctico que han sufrido y sufren todas las lenguas a lo largo de su evolución.

En síntesis, se suele partir de la identificación de una nómina de variables paradigmáticas equivalentes a las invariantes, en que el cambio de significado no está en juego, por lo menos para los hablantes que se valen de ellas. De acuerdo con este postulado, la investigación se orienta hacia la búsqueda de la covariación de factores contextuales predefinidos (sean lingüísticos, sean extralingüísticos) cuyo objetivo es averiguar si existe una correspondencia entre mayor incidencia de una variante y mayor presencia del factor o de los factores involucrados. Si tal dirección analítica que, por lo demás, constituye un instrumento fundamental en la investigación de los hechos lingüísticos, no es concebida como una fase heurística provisional, termina limitando la comprensión de los fenómenos, en la medida en que los enfoca de modo atomístico solo respecto de tales factores.

Propuesta

La asunción de una perspectiva cognitiva cuyo asiento reside en una dimensión mental hace necesario replantearse la naturaleza de las categorizaciones reales que el hablante utiliza, las cuales no están necesariamente guiadas por el criterio de segmentabilidad de las unidades. Esta perspectiva está avalada por Moreno Fernández (2012), quien señala, valiéndose de consideraciones cognitivistas expuestas por Cuenca y Hilfter (1999), como uno de los objetivos de una sociolingüística cognitiva, centrarse en las categorizaciones de los hablantes. En los términos que utilizo aquí, esto implica acercarse al modo de percepción de estos. Categorizar presupone percibir. Siguiendo esta línea de pensamiento, la percepción del hablante no debe necesariamente identificarse con la percepción científica, si bien esta debería acercarse a la del hablante si se tiene como objetivo central una lingüística cognitiva.

En alternativa a la dirección segmentalista de los estudios de variación, hace algún tiempo desarrollé para el plano sonoro el concepto de *espacio de variabilidad,* que pone el foco de atención en la percepción y la producción del hablante, diferenciándola de la percepción científica (Caravedo 1990, 1991). A diferencia del fonema, unidad rígida que no permite estudiar la variación de modo realista tal como ocurre en la producción del hablante, estos espacios delimitan más que unidades, zonas o campos continuos de variabilidad dentro de los cuales se mueve normalmente la articulación del hablante sin transgredir determinados límites. Dentro de estos límites se da la variación. Replanteadas ahora estas lejanas reflexiones, vuelvo a encontrarles sentido desde el enfoque cognitivo que aquí propongo de modo explícito. Desde el punto de vista del receptor, lo que este percibe no son los campos mismos, pues se trata de continuidades permisibles que el hablante no puede segmentar auditivamente porque no dirige su atención hacia ellas. Es la transgresión o la invasión de un elemento no contemplado dentro de los límites de los espacios de variabilidad, lo que captaría la atención del hablante.

Si es relativamente adecuada la noción de espacio de variabilidad para la fonología, no se me escapa que resulta más problemática aplicarla a magnitudes semánticas complejas. Sin embargo, de modo conjetural y, por lo tanto, debatible, propondré en este trabajo esta extensión al tratar el problema de la variación de tipo sintáctico-discursivo más adelante. En este caso, en vez de desplazamientos de sonoridad, se trataría de desplazamientos conceptuales, que contienen también en la cognición del hablante ciertas continuidades permisibles y ciertos límites no transgredibles, aunque naturalmente no de tipo material sino conceptual, que el hablante es capaz de advertir.

La cognición de la variación en la lingüística laboviana

La variación en la línea sociolingüística canónica se ha centrado en el estudio organizado y sistemático de la producción de los hablantes en una dimensión grupal, separando con nitidez el estudio concerniente a la dimensión subjetiva, que incluye el tratamiento de las actitudes lingüísticas de los hablantes, a través de determinadas pruebas empíricas para analizarlas. De acuerdo con este deslinde, que separa las dimensiones objetiva y subjetiva, la percepción solo podría entrar en este último dominio, de modo que terminaría confinándose al estudio de las actitudes y del aspecto evaluativo de los fenómenos. Pero es indudable que tanto la producción cuanto las actitudes forman parte de la cognición del hablante y, por lo tanto, están estrechamente vinculadas con la percepción. Sin embargo, en esta línea la dimensión cognoscitiva se deja entrever de modo restrictivo en solo tres características de la variación, que paso a explicitar a través de los siguientes enunciados:

1.   El componente probabilístico forma parte de la cognición.

2.   Las alternativas (variantes), lo son para los hablantes, es decir, forman parte del conocimiento que el hablante tiene de su lengua.

3.   Los factores de orden cognitivo aluden exclusivamente al significado representativo.

Los enunciados 1 y 3 se refieren a una posición claramente explicitada y desarrollada por Labov, mientras que el enunciado 2, si bien no ha sido explicitado por este autor, es inferible de su discurso. Analizaré el modo como se han desplegado cada una de estas posiciones en el discurso laboviano, que me servirá de punto de partida en la extensión a un dominio más claramente cognitivo como el que presento en este trabajo.

El componente probabilístico como parte de la cognición

Según Labov, la variación organizada cuantitativamente forma parte de la competencia del hablante, de modo que la metodología no se circunscribe a una mera estrategia externa de organización de los fenómenos. El aspecto cuantitativo es considerado esencial en la variación, así que la conversión de lo metodológico en ontológico termina siendo un paso natural. En consecuencia, las tendencias probabilísticas del comportamiento de los fenómenos formarían parte de la competencia del individuo y, de modo más preciso, constituirían manifestación de una capacidad biológica específica que el ser humano comparte con otras especies, y que se pondría en funcionamiento durante las etapas de adquisición lingüística (Labov 1994:580 ss.). A esta capacidad que Labov toma de una propuesta en el ámbito de la etología, formulada por Gallistel (1990), se la conoce como *emparejamiento de la probabilidad (probability matching)*.

En la experimentación realizada por el mencionado etólogo, los animales son puestos en una situación de disyuntiva: frente a dos recipientes de comida al final de un corredor en forma de T, tienen que elegir en cuál de los dos se deposita con mayor frecuencia la comida para ir en busca de ella. Es decir, la comida no es depositada siempre en el mismo recipiente. Así, el 75 % de las veces, el experimentador coloca la comida en un recipiente situado a la izquierda, mientras que el 25 % la coloca en otro situado a la derecha. Se trata, pues, de una disyuntiva variable o no categórica porque en principio no se puede predecir con exactitud cuándo el animal encontrará la comida. Dos hipótesis cabrían aquí: la primera, que el animal se dirigiera siempre al corredor de la izquierda (en el que se deposita con mayor frecuencia el alimento); la segunda, que se comportara de modo caótico con escasa posibilidad de acierto: unas veces a la izquierda, otras a la derecha. Pero, según Gallistel, lo sorprendente es que no ocurre ni lo uno ni lo otro. Antes bien, el animal repite con bastante aproximación las frecuencias relativas referenciales en sus intentos de búsqueda de la comida, de modo que termina satisfaciendo su necesidad. Esto es, en un porcentaje mayor los animales van al recipiente de la izquierda respecto del porcentaje en que van a la derecha. Esto lleva a Gallistel a concluir que tales animales están dotados de una capacidad específica para percibir y calcular eventos probabilísticos, y para comportarse de modo consecuente con esa percepción al satisfacer sus necesidades primarias.

Labov se vale de los resultados de este experimento para explicar la variación en el lenguaje humano. Según este autor, los seres humanos son capaces también de calcular probabilidades. De hecho perciben los márgenes de variabilidad recurrentes de la variedad lingüística que adquieren y, por lo tanto, reconocen variantes con distintos grados de frecuencia para terminar eligiendo precisamente las más frecuentes de su entorno. Tal comportamiento —aduzco yo aquí— implicaría también que los hablantes perciben las variables como conjuntos bien definidos de alternativas equivalentes y cerradas, que les hace posible aprehender el juego sinonímico de variantes y sus compatibilidades contextuales, algo que solo ocurre en relación con determinadas variables, como lo veremos en la segunda consideración. Un tipo de comportamiento imitativo de reproducción de probabilidades, como el propuesto por Gallistel para la conducta animal y sugerido por Labov para la humana, no permite englobar un proceso de variación con modificación del significado o de cambio virtual.

Esto nos lleva a una cuestión de fondo: ¿qué ocurre cuando el hablante recibe como modelo de referencia una situación de *variación funcional*, en que se mezclan variantes que correspondían a distintas unidades, como sucede en los procesos de cambio no consumado en que la transformación de significado está en juego? En situaciones como esta, el criterio de frecuencia no puede ser el único determinante en la interpretación del usuario, pues aquí las unidades han dejado de ser discretas o diferenciables, requisito elemental para un ordenamiento cuantitativo, y se han convertido en continuas o no diferenciables. En todo procesamiento de este tipo las unidades contables deben estar bien definidas, de lo contrario se hace imposible determinar la unidad de referencia del cálculo.

Así, por ejemplo, la frecuencia de palatales laterales frente a no laterales en un espacio en que coexiste la distinción entre dos fonemas palatales no lateral y lateral respectivamente (/j/ /ʎ/) con el yeísmo o indistinción no puede precisarse si no está también definida la variable de referencia. Habría que imaginar que el hablante puede realizar intrincadas operaciones de cálculo en relación con cada una de las entidades en juego y remitirlas unas veces a dos variables y, otras, a una sola. En los términos de la propuesta psicológica de Labov, la cuestión es: ¿cómo podría el hablante ejercitar su capacidad de *emparejamiento de la probabilidad* sobre entidades que ya no corresponden de modo nítido a las unidades referenciales (variables/fonemas) porque la distinción está en proceso no completado de pérdida y, por lo tanto, se sitúan en otro orden de inteligibilidad, quizás tampoco claro para él? Siguiendo con nuestro ejemplo de la distinción de palatales laterales frente la indistinción yeísta, la lateral ha dejado de ser una variable autónoma, pues puede fluctuar con la no lateral (así, un mismo hablante puede decir [kaˈβaʎo] y [kaˈβajo]), y a la vez está todavía presente la palatal lateral con alguna frecuencia en algunos de sus contextos léxicos canónicos ([ˈʎama], [ˈʎora], [ˈkaʎa]). El criterio de la frecuencia probabilística no parece ser un principio rector en estos casos.

Labov trata de explicar el manejo de la probabilidad de parte de los hablantes, acudiendo a un fenómeno que ocasiona cambio funcional como la elisión de /s/ plural en el español hablado en el Caribe.[9] Para demostrar que los procesos son mecánicos (esto es, meramente cuantitativos) y que no están dirigidos por la necesidad de mantener el significado, se pregunta con razón por qué la elisión se da con tanta frecuencia a pesar de que altera un valor significativo o funcional de la lengua en cuestión. Y busca la respuesta acudiendo precisamente a la noción de *emparejamiento de la probabilidad:* a partir de ella se sostiene que el hablante es actor de un proceso mecánico no regulado por cuestiones de tipo funcional o semántico, sino por una especie de inercia en su comportamiento, cuya meta es la mímesis de los patrones de variabilidad de su entorno familiar.[10] Si la variante elidida se presenta en frecuencias muy altas, podría esperarse que los hablantes avancen en el proceso de eliminación de la /s/ como informador del plural, porque no sabrán interpretar los casos de ceros fonéticos del habla de sus mayores (las *s* no pronunciadas) ni como singulares ni como plurales. A esta conjetura la llama Labov *teoría facultativa (facultative theory)* y la contrapone a otra que denomina *teoría privativa (privative theory).* Según esta última teoría, cuando el proceso de elisión no está tan avanzado, el hablante todavía podría captar la información dual singular/plural, en tanto que la [s] se mantiene en notables proporciones para indicar la pluralidad, y, por consiguiente, podrá interpretar los ceros fonéticos como singulares. En este punto, la variación se mantiene estable.

---

9   *Cf.* W. Labov (1994). Para la elisión de /s/ en español, se vale del estudio de Poplack (1980).

10   En relación con el fenómeno comentado, Poplack (1980) muestra que si el individuo comienza la secuencia con una elisión de /s/, seguirá reproduciéndola de modo mecánico en otras partes de la misma secuencia. Pero si, por el contrario, comienza produciéndola, seguirá repitiendo este comportamiento a lo largo de la secuencia. La autora llama *concordancia* a este proceso de reproducción mecánica del hablante, en el cual no intervendrían factores funcionales o relacionados con el mantenimiento de significado. Labov analiza estos resultados y los compara con procesos análogos en el portugués del Brasil estudiados por Guy/Scherre/Naro (*cf.* Labov, 1994, para la información bibliográfica pertinente). Es interesante comparar estos resultados con los encontrados por López Morales (1983) en su investigación sobre este mismo fenómeno en la propia isla de Puerto Rico, donde los mecanismos funcionales para frenar la elisión actúan solo cuando no se presentan elementos desambiguadores que marquen pluralidad en la secuencia; por lo tanto, de alguna manera el principio de significado tiene algún valor.

Para Labov, el cambio lingüístico surgiría como producto de un malentendido o incomprensión del receptor sobre la base de la interpretación de las probabilidades de los fenómenos originarios (tal como se presentan en el ambiente familiar o próximo del hablante). Resulta pertinente observar, aunque no lo explicite al autor, que lo que parece ponerse en juego es la percepción, pues si el hablante no oye las [s] finales no puede, como es obvio, asignarles un valor funcional.

Ahora bien, la explicación laboviana puede funcionar cuando el comportamiento del hablante repite de modo no siempre consciente un modelo anterior definido, en el que ya se ha generalizado una de las variantes, a saber, en este caso particular, la elisión de la sibilante. Así, si el hablante tiene como modelo una baja frecuencia de elisión, la *s* se mantendrá en su propia habla; si, en cambio, la elisión se presenta con una altísima frecuencia, de modo tal que el hablante ya no puede reconocerla como signo del plural, el proceso se intensificará. La hipótesis de Labov sobre este fenómeno resulta plausible, siempre que el proceso esté en un estado determinado, pero no llega a explicar por qué ha llegado a ese estado o en qué momento se ha producido el cambio de funcionalidad de un segmento y ha dejado de servir como indicador de pluralidad. Es este punto preciso que requiere explicación. La hipótesis de Labov implicaría una adecuación total del hablante a su ambiente de punto de partida y una aceptación incondicional o irreflexiva de los modelos anteriores.

Queda pendiente la cuestión de cómo se aplicaría el emparejamiento de la probabilidad en los casos que he agrupado con el nombre de *variación funcional*, cuando además se dan en un contexto social asimétrico o conflictivo que supone no solo variedad de usos, sino de modelos y de valoraciones. Me refiero a las sociedades donde conviven (por razones de diverso orden, especialmente de tipo político-demográfico, económico y cultural) distintas variedades diatópicas y diastráticas (y probablemente diafásicas o pragmáticas) de una misma lengua, las cuales están sujetas a una evaluación diferenciada entre los hablantes, y donde puede triunfar incluso la variante menos frecuente cuando el hablante la distingue y la evalúa positivamente, en desmedro de la más frecuente recibida en su propio contexto familiar, como lo mostraré en la última parte del trabajo. Así, al lado del comportamiento cuantitativista mecánico o rutinario, atribuido a los hablantes en los procesos de variabilidad estable de una lengua, la *actividad selectiva o hermenéutica* de estos desempeña un papel crucial en su sistema cognoscitivo. Tal actividad se pone en funcionamiento cuando los hablantes deben confrontar varios patrones coexistentes en su mismo entorno, pero incompatibles entre sí. No obstante, hay que añadir que la hermenéutica puede no coincidir con el sistema de significados fijados por la metalengua científica. Así, es posible entender que el hablante dirija su percepción también hacia variantes no frecuentes en su modelo de referencia, las cuales pueden desempeñar un papel determinante en el cambio de rumbo de los procesos de variación. Me refiero a los casos en que lejos de repetir el modelo original, el sujeto se distancia o se desvía de él, a partir de una selección evaluativa que no se orienta necesariamente por un orden de tipo cuantitativo. No es, pues, el significado en el sentido referencial el rector de los procesos. Se trata, más bien, de una dirección perceptiva del hablante, orientada hacia fenómenos no necesariamente frecuentes, pero relevantes para él, interpretación que puede dar origen a nuevos significados en las entidades.

Al tratar los factores sociales, Labov (2001) añade mayor información, la cual representa un salto cualitativo respecto de las obras anteriores y debe llevar a reconsiderar las críticas sobre el sobredimensionamiento de la cuantificación. El autor deja ver que el principio de *emparejamiento de la probabilidad* se pone en funcionamiento solo cuando los aprendices se enfrentan a la variabilidad estable que pueda existir en la lengua objeto. A este propósito se ponen en juego recursos imitativos que no estarían guiados por el principio de función. Pero algunos fenómenos de naturaleza inestable a los que el hablante asigna un valor social, rompen la estabilidad y se someten al proceso de *reorganización del vernáculo* durante los años de adquisición lingüística (*vernacular re-organization*), a través del cual empiezan a cobrar fuerza los factores externos que modifican la dirección de los procesos. El cambio ocurre, pues, en la transmisión del vernáculo y la reorganización se da en relación con los procesos inestables y no con la variabilidad estable. En palabras de Labov:

> The general condition for linguistic change can then be stated in a very simple way: *children must learn to talk differently from their mothers.* Let as refer to this process as *vernacular re-organization* (Labov 2001:415).

Ahora bien, según Labov, tales factores no siempre van referidos a las estratificaciones de clase. En la sociedad norteamericana funcionan, más bien, polarizaciones sociales abstractas como *no conformismo (non conformity)* frente a *conformismo (conformity)* en relación con los valores predominantes de la sociedad (Labov 2001:512-513). Esto significa que Labov no considera realmente que la capacidad biológica aludida (emparejamiento de la probabilidad) sea la única que actúa en el proceso de aprendizaje de la variación, aunque sí la que se pone en funcionamiento cuando se trata de variables estables (las que no están en proceso de cambio). De aquí podemos inferir, a favor de la interpretación que propongo aquí, que si se busca un fundamento de tipo cognitivo, no habría razón para conceder al método cuantitativo un carácter exclusivo en el análisis —pese a que así se ha desprendido de las versiones anteriores de la sociolingüística— ni tampoco sentido predictivo fuerte, por lo menos fuera del ámbito de la variabilidad estable. Dicho método serviría tan solo en el manejo organizativo de un aspecto de la variación, el que se relaciona con la estabilidad, más que con la transformación y el cambio.

Propuesta

En la propuesta presentada aquí, reconoceré que el individuo pone en juego recursos imitativos y reproductivos en la adquisición de su dialecto, de lo contrario fracasaría en el aprendizaje y que, en general, muchos fenómenos lingüísticos se reproducen de modo repetitivo y rutinario: de otro modo, no quedaría asegurada la continuidad estable de las lenguas. Pero expresaré ciertas reservas a este principio general, a saber, que tales recursos no implican necesariamente el manejo de probabilidades en un sentido matemático. Así, me inclinaré por postular un proceso mimético complejo, en el cual no solo se reproducen y preservan los valores frecuentes y constantes de una lengua, sino también los valores singulares (que pueden ser estables o inestables) o aquellos que no se sujetan a la predicción de tipo probabilístico, en razón de que se los somete a algún tipo de contraste respecto de distintos patrones metalingüísticos y evaluativos de una comunidad. Es más, este proceso mimético no se cumple de modo absoluto y puede suspenderse por cualquier circunstancia en determinados puntos.

En efecto, ciertos hechos lingüísticos, precisamente por ser singulares, pueden escapar a la actividad mimética de los hablantes, bien porque no son percibidos por estos, bien porque siendo percibidos son evaluados negativamente. Y todo esto es perfectamente coherente con el hecho de que la variabilidad estable es solo provisionalmente tal, y puede cambiar paulatina o repentinamente de dirección, intensificarse, o hasta retraerse y reducirse. La aceptación de esta realidad supone alteración de las probabilidades primarias y, por lo tanto, interrupción de la rutina ciega de la reproducción. Aun buscando una explicación de tipo psicológico-predictivo que se adapte a los resultados variables de las lenguas, el asunto debe trascender lo meramente cuantitativo. En virtud de este razonamiento, trataré de buscar respuestas por diferentes caminos, involucrando otros recursos cognitivos más complejos de los hablantes no solo para adaptarse a la variabilidad de sus lenguas, sino para dirigirla y encaminarla sin proponérselo en una u otra dirección.

Para entender esa bidireccionalidad de comportamiento hay que incorporar en el razonamiento de la cuestión un asunto crucial, cuya organización es indudablemente difícil sobre todo desde una actitud objetivista, y por cierto cuantitativista en el manejo de la variabilidad. Me refiero a las diferencias en la *dirección perceptiva* del hablante en tanto sujeto social, que Labov toca implícitamente, pero no como problema central en su teoría, y que constituye el foco de este trabajo.[11] La percepción no necesariamente se refiere a actos premeditados o conscientes. Existe un comportamiento asimétrico ambiguo de los hablantes, manifestado en una doble conducta de *orientación* y, a la vez, *desorientación perceptivas*, sobre el que la investigación debería echar luz. Por un lado, en la generalidad de los casos estos no son capaces (sin previo adiestramiento) de identificar ni de delimitar los fenómenos lingüísticos; de ahí el aspecto rutinario de la producción no razonada del individuo común. Por otro lado, hay ocasiones en que tal desorientación se suspende y los hablantes dirigen de modo claro su percepción hacia determinados aspectos de su lengua. En este trabajo me planteo como problema central qué puede motivar un comportamiento tan asimétrico. Sostendré que la dirección perceptiva debe de presuponer el establecimiento por parte del individuo de ciertas discontinuidades con valor sintomático o identificatorio (indexical) del espacio social donde interactúa, más que el reconocimiento de discontinuidades por su mera frecuencia. Y tales operaciones no dependen de la percepción de los límites del significado representativo (y al parecer Labov lo había intuido ya en su respuesta a las críticas de Lavandera), es decir, de una semántica reductiva o especializada (*cf.* Labov 1978 y Lavandera 1978).

La percepción del hablante no coincide, pues, con las fronteras del concepto de variable no funcional (establecidas por los lingüistas), y puede incluso no ser compatible con el sistema conceptual de la metalengua científica. El concepto rígido de variable no es sino un residuo de un tipo de razonamiento tradicional que se ha continuado de modo acrítico en la lingüística de la variación y que no guarda correspondencia con los procesos reales que guían el manejo de la variación y del cambio de parte de los hablantes.

---

11   Hago notar, no obstante, que Labov (2001) resalta el papel del hablante durante las etapas adquisitivas de la lengua para continuar, pero sobre todo para modificar (y en este último sentido, transmitir e incrementar) el patrón variable de una lengua a través de la reinterpretación del sistema de la madre (o en general de quienes están al cuidado del niño, 'caretakers'), que es el que sirve de punto de partida para la continuación del proceso en cualquier dirección (*cf.* Caravedo 2003a). Pero lo que está en juego en ese proceso es —a mi juicio— el desarrollo de la actividad perceptiva del aprendiz en relación con la actividad selectiva y productiva, puesta en funcionamiento respecto de ciertos fenómenos (de cualquier rango de generalidad) focalizados o discriminados. Con todo, interesa subrayar el interesante vuelco analítico de Labov hacia la caracterización de los individuos protagonistas del cambio, que suelen corresponder a cierta tipología social que los hace dignos de imitación por parte de los demás miembros de la colectividad. Creo que en este punto entra en juego otra vez el asunto de la percepción.

Las alternativas como elección del hablante

El carácter cognitivo de las probabilidades, sostenido por Labov, lleva a inferir de su discurso (aunque el autor no lo haya explicitado) que el hablante conoce las alternativas, de modo que este pone en juego un proceso selectivo entre variantes. En efecto, Labov no ha abordado de modo directo esta problemática central en el establecimiento de la naturaleza cognitiva de la variación. Y tal inexplicitud ha generado confusiones en la descripción de los fenómenos. De allí se desprendería entonces que los hablantes poseen varias alternativas equivalentes y eligen entre ellas, aunque no siempre de modo consciente, la que mejor se adapte a una circunstancia de realización. Pero es necesario aclarar este punto. En sentido estricto, la selección solo puede ocurrir en el caso de que se trate de variantes que fluctúan en la dimensión situacional, generacional o, forzando el argumento, en determinados casos, diastrática, en que el mismo hablante tiene la posibilidad de elegir realmente una opción en vez de otra. Este ejercitaría de esta manera procesos de decisión o de elección en relación con las variantes disponibles. No obstante, hay que tener en cuenta que una gran parte de variantes de una lengua no es conocida por los hablantes, y por lo tanto no se puede verificar un verdadero proceso selectivo. Esto resulta patente en el caso de las variantes diatópicas de una lengua, en que el hablante maneja solo una alternativa, en la medida en que desconoce la otra o las otras, o si las conoce pasivamente no resultan materia de elección, dado que nunca las utiliza. Esta consideración plantea problemas en la identificación de la variable representativa del conjunto de variantes, como lo veremos en la parte empírica de este texto (*cf.* los planteamientos críticos de Simone 1997 y de Ploog/Reich 2005 a este respecto). En el apartado siguiente propondré un modo de afrontar el problema.

Propuesta

En la perspectiva que sostengo, admitiré la presencia de variantes que pueden considerarse alternativas, en la medida en que forman parte del sistema cognitivo de un mismo hablante. Este reconocimiento no impide aceptar a la misma vez la existencia de variantes no conocidas por el mismo hablante o, dicho en otros términos, que no forman parte de su competencia. De acuerdo con esta comprobación, resulta urgente establecer una distinción clara entre la variación que tiene un carácter cognitivo en un orden *intraindividual* y la variación *extraindividual* que pertenece a la lengua en su dimensión histórica, pero que no tiene como asiento el mismo individuo o el mismo grupo. Ambas posibilidades integran la variación de una lengua, de modo que deben ser cuidadosamente consideradas y claramente deslindadas en el discurso epistémico. Como resulta obvio, si privilegiamos el punto de vista cognitivo individual, el foco del análisis será la variación que forma parte del conocimiento del hablante. Desde esta óptica, la problemática de la percepción se presentará como relevante en la dimensión cognoscitiva. Sin embargo, esta afirmación no excluye el hecho de que una lengua registre variantes que, si bien no son alternativas de producción para todos los hablantes, constituyen manifestación patente de variación de esa misma lengua en el espacio —y eventualmente en la diacronía— y, por ello, ciertos hablantes pueden adquirirlas de modo pasivo. No se puede ignorar la importancia de este tipo de variación para el conocimiento de la evolución histórica de una lengua en un sentido más general. En este último sentido, los problemas de percepción se presentarán también, solo que en un orden distinto y, como lo mostraré en el análisis empírico, suscitarán cuestiones complejas en el plano del discurso epistémico.

A modo de ilustración, pongamos el caso de la presencia subyacente de *vosotros* entre hispanoamericanos que no poseen este pronombre como alternativa de producción. No obstante, este forma parte de su sistema perceptivo en relación con la modalidad castellana del español. Esto quiere decir que aun cuando el hablante no utilice este pronombre en ninguna ocasión, esto no significa que lo desconozca a través de distintos medios de transmisión ligados a su formación escolar, a su práctica de lectura, a sus contactos internacionales, solo que no constituye una alternativa en las situaciones concretas de su uso lingüístico. Será propósito del enfoque propuesto aquí el deslinde y el análisis de ambos tipos de variación y de la diferente percepción asociada a cada uno, de modo que ninguno de estos quedará marginado del estudio.

La restricción de los factores cognitivos al significado representativo

Al abordar los factores cognitivos en el último volumen de su magna obra sobre el cambio lingüístico, Labov (2010) decide explícitamente, de acuerdo con los postulados variacionistas que he tratado en la primera parte, reducir también lo cognitivo exclusivamente a la captación de los aspectos de la lengua que tienen valor semántico referencial: lo que el autor llama el *estado de cosas o las condiciones de verdad,* que en términos de Bühler (1934) correspondería a la función representativa, es decir, *a lo que se dice.* En este sentido, lo cognitivo se restringiría a la alusión al objeto designado, excluyendo la variación social. Este es un punto crucial en la interpretación laboviana de la cognición, pues aun reconociendo la amplitud del dominio, se decide circunscribirlo a los aspectos ligados a la función referencial del signo, siguiendo de modo coherente el principio rector de la definición de variación de una lengua ligada a la equivalencia semántica, desarrollada en el capítulo anterior. Textualmente:

In the most general sense, *cognition* denotes any form of knowing. The most relevant OED definition of cognition is 'the action or faculty of knowing taken in its widest sense, including sensation, perception, conception, etc., as distinguished from feeling and volition'. *Cognitive factors* will here be used in a more limited sense: as factors that influence the acquisition of the linguistic system that conveys information on **states of affairs —on *what* is being said rather than on the manner or style of expression** [subrayado mío] (Labov 2010:2).

Líneas más adelante, Labov acepta la idea de que lo cognitivo está implicado en los aspectos sociales de una lengua, pero curiosamente al mismo tiempo separa el campo de lo social y de lo cognitivo, enfatizando la posición de este último en el dominio del plano referencial de la lengua. Textualmente:

Cognition is of course not limited to the content of what is being said, but is sensitive to systematic variation in the way in which the message is delivered, yielding information on the speakers' social characteristics and relations to the addressee or audience (Labov 2010:2).

En otras palabras, aun cuando reconoce que los valores sociales específicos ligados a la lengua implican la dimensión cognitiva, el autor decide, sin explicitar las razones que lo llevan a asumir este compromiso, no considerarlos como cognitivos.

Propuesta

En este trabajo me propongo transponer los límites de la decisión de Labov, en virtud de que si se acepta que un objeto de observación tiene una característica inherente (la social), no hay razón de peso para marginar su condición natural en el momento de estudiarlo por propósitos científicos. Reducir la cognición a solo una parte de la significación de una lengua constituye una limitación en la observación de los fenómenos y en el conocimiento de la realidad.

En consecuencia, no aceptaré esta limitación de la dimensión cognitiva, ni siquiera convencional o estratégicamente, pues parto del supuesto de que es la cognición la que se pone en juego para adquirir no solo las unidades del sistema con función referencial, sino también las variables sociales mismas. En otras palabras, la variación de las formas de distintos niveles lingüísticos, aun cuando no lleve a un cambio de significado referencial, forma parte del saber lingüístico del hablante y sería un error marginarla del análisis. En este sentido, trataré los fenómenos invariables o variables como internamente conectados en la cognición del hablante, bien se trate de la variación intraindividual, bien de la extraindividual.

Segunda parte

LA PERCEPCIÓN EN LA COGNICIÓN LINGÜÍSTICA

Como lo he afirmado al inicio, el enfoque que adopto aquí propone articular tanto la invariación cuanto la variación de las lenguas partiendo de la percepción, el instrumento por excelencia para la cognición de los hablantes. Precisemos primero lo que entendemos por cognición lingüística para definir con claridad los alcances de este estudio.

Por cognición lingüística entendemos tanto el conocimiento adquirido de una lengua, como el proceso que se pone en juego para conocerla y utilizarla. Aún más, la cognición incluye los contenidos derivados de la aproximación descriptiva de la lengua con fines científicos. Este último punto, que no suele tomarse en cuenta, resulta crucial en la determinación y alcances de los conceptos y de las estrategias de observación, así como en la adopción de una actitud crítica de la reflexión científica.

El proceso cognitivo natural implica la puesta en funcionamiento de diversos mecanismos mentales, que analizaré por separado más adelante, si bien será la percepción la que ocupará el centro de mi atención en este trabajo, dado que esta constituye el recurso medular en el proceso de cognición lingüística.

La invariación y la variación

Un paso ineludible en el presente estudio reside en el reconocimiento del carácter cognitivo tanto de la invariación cuanto de la variación, y de la relación intrínseca entre ambas en todas las etapas del conocimiento lingüístico. En la tradición lingüística se suele tratar erróneamente ambos aspectos de modo separado a través de distintos discursos que no tienen puntos de contacto entre ellos. La *invariación*, tal como es considerada en este estudio, constituye la expresión de una relación unívoca en el interior de un signo: esto es, una forma material que corresponde a un solo significado lingüístico sin alternancias de ningún tipo entre los hablantes. Si una lengua comprende tanto aspectos invariables (extendidos de modo homogéneo en el ámbito de una misma lengua) como aspectos variables, que engloban alternativas o posibilidades distintas de realización en todos los planos del sistema, un estudio comprehensivo y unitario debe no solo abarcar ambos aspectos sino conectarlos entre sí. Por lo tanto, un objetivo explícito de este trabajo es el tratamiento integral de la invariación y de la variación como hechos con un denominador común en la cognición y en el funcionamiento lingüísticos, cuyas condiciones particulares pueden modificarse a través del tiempo.

Toda lengua constituye un delicado ensamblaje de elementos que varían junto a otros que no varían, de modo que la cognición humana está preparada para percibir ambos tipos de fenómenos e incorporarlos selectivamente en la propia producción. No obstante esto, aun cuando la aceptación de que todas las lenguas varían se haya convertido en un lugar común, los estudiosos no siempre encaran esta problemática de modo unitario, de modo que las perspectivas se escinden para abordar la invariación o la variación. Por otro lado, sobre todo quienes privilegian la perspectiva de invariación confieren una importancia mayor a los hechos invariables, de ahí que la búsqueda de las unidades inmutables haya obligado a operar en niveles altos de abstracción. El propio concepto de invariabilidad o invariación se suele asociar a la universalidad y, superponiendo un juicio evaluativo, a la esencia del objeto, mientras que la variabilidad suele asignarse a la marginalidad o a la aleatoriedad, cuando no, también evaluativamente, a la superficialidad. La actitud divisionista no se modifica cuando se adopta la posición opuesta centrada en la variación, pues esta termina independizada de la invariación como si se tratara de un fenómeno independiente.

Un modo de establecer asociaciones entre estos dos aspectos reside en su conexión con el orden adquisitivo de la invariación y de la variación. En la perspectiva de Jakobson, son los rasgos invariantes fonológicos los que primero identificaría el niño para adquirir una lengua, discriminando de esa manera lo esencial de lo contingente o de lo accesorio. A este respecto, este autor afirma, apoyándose en estudios neurológicos de los años cincuenta, que el individuo percibe de un sinnúmero de datos solo las propiedades invariantes o constantes, de las cuales se forma un *percepto*, que posteriormente se convertirá en *concepto* (Jakobson 1976:180). Según Jakobson, el primer paso para la cognición es la formación de un objeto percibido a través de la abstracción y de la generalización de los rasgos considerados esenciales, esto es, los invariantes, que logran ser deslindados de aquellos contingentes, marginales o variables. De hecho los aspectos de la variación macrolingüística de una lengua (por ejemplo, los diatópicos) no formarán parte del sistema cognitivo primario del hablante hasta que este se exponga a estímulos sociales más amplios o a la instrucción escolar.

Convendría aclarar qué es lo que entiende Jakobson por *invariante* cuando se refiere al plano fonológico de las lenguas. Se trata de un concepto de carácter abstracto que excluye la variación y que, como lo he puntualizado en el capítulo anterior, no se corresponde con el concepto de invariación que utilizo aquí como realización concreta de una forma material unida a un solo significado. Como bien se sabe, el concepto jakobsoniano, que por lo demás es el mismo en esencia que el utilizado por la Escuela de Praga, se circunscribe a los rasgos distintivos, esto es, a los que poseen capacidad discriminativa de significado referencial en una lengua dada (*cf.* Trubetzkoy 1973). Para aplicar este concepto a un caso concreto, en español la diferencia entre sonoridad y sordez (+ sonoro/– sonoro) adscrita a las bilabiales lleva a distinguir /p/ y /b/ como invariantes. Como se sabe, el carácter fricativo/oclusivo de las bilabiales sonoras no posee capacidad diferenciadora léxica en español y, por lo tanto, la fluctuación de estos rasgos entra en el dominio de la variación, de tal manera que no tendría que aparecer en la descripción de esos fonemas, a menos que se los considere distintivos en relación a otras entidades. Así, las bilabiales sonoras oclusivas frente a las fricativas son variantes fónicas o alófonos en español. En este sentido, la primera tarea adquisitiva del niño sería, siguiendo con nuestro ejemplo para aplicar el razonamiento de Jakobson, abstraer (esto es, percibir) los rasgos que actúan como invariantes de los que actúan como variantes. Así, el niño adquiriría la distinción sorda/sonora (+/– sonora), pero no la distinción oclusiva/fricativa (+ - fricativa) de las bilabiales, dado que estas no tienen ninguna intervención en el significado lingüístico referencial. Solo posteriormente el niño percibiría las variantes y sus contextos combinatorios, lo que valdría, por lo tanto, solo para las variantes combinatorias, no necesariamente para las llamadas facultativas o libres (afectadas por factores extralingüísticos).

La hipótesis jakobsoniana estaría respaldada, aunque no explícitamente, por estudios más modernos, como el de Siegel, que afirman la prioridad cronológica de la adquisición de lo categórico (*categorical mode)*, que permitirá al niño reconstruir en etapas tempranas el paradigma fonológico de su lengua con el conjunto de oposiciones distintivas esenciales y reducidas exclusivamente a la capacidad para discriminar el significado referencial (*cf.* Siegel 2010). Esto naturalmente vale, siempre y cuando consideremos que es exclusivamente el significado referencial lo que está en juego en las etapas perceptivas tempranas. Pero si postulamos que el significado referencial no se presenta nunca de modo aislado, como me propongo hacer aquí, sino indisolublemente ligado a determinadas formas de realización que involucran a los hablantes que las emiten y que las reciben, entonces el asunto del deslinde referencial no se presenta tan nítidamente marcado.

Hay que tener en cuenta que la única manera de reconocer las invariantes en el plano sonoro es a través de una operación contrastiva y selectiva de la multiplicidad de sonidos transmitidos por los adultos, lo que supondría —si seguimos con nuestro ejemplo— que el niño oirá casi de modo exclusivo la fricativa bilabial sonora, la más frecuente en español, en vez de su pareja oclusiva sonora, que ocurre en escasas situaciones. Si la percepción de la frecuencia entra en juego en la adquisición, el niño tendría que reconocer la variante fricativa de la bilabial descartando la oclusiva, para poderla reproducir, aun cuando no se trate de un rasgo distintivo en español y, por lo tanto, nunca lleve a una diferenciación semántica. No conozco casos en que el niño a temprana edad no pronuncie el fonema bilabial como fricativo en ciertos contextos y oclusivo en otros. Las entidades sonoras se captan a través de las formas materialmente frecuentes y propias de una variedad dada, como si fueran invariantes, aunque técnicamente no lo sean y, por consiguiente, no distingan nunca significado referencial.

En el marco de la lingüística de la variación, Labov continúa, sin explicitarlo, la línea básica jakobsoniana, al sostener que el individuo aprehende de modo prioritario las invariantes ligadas a las distinciones representativas o referenciales de la lengua. Como lo establecía Jakobson, también para Labov son las formas fónicas que poseen la capacidad de diferenciar significados referenciales el centro de la percepción en los primeros años de vida. Los rasgos distinguidores de grupos sociales se adquirirán mucho más tarde en la etapa escolar, primero a través de las variantes estilísticas y, solo en la pre-adolescencia, las diferenciadoras de grupos sociales (*cf.* Labov 2001). En esta concepción, compatible con la tradicional, el orden adquisitivo parece ser el siguiente: primero los rasgos distintivos, o sea lo concerniente al plano del significado representativo o referencial; en segundo lugar, los rasgos sintomáticos o indexicales; esto es, según la línea discursiva de los autores, los sujetos a variación, que corresponden a las llamadas variantes. En otras palabras, lo invariante está asociado exclusivamente al significado referencial o representativo.

La asociación entre invariación y significado representativo se basa en el supuesto de que la esencia del lenguaje se asienta en el carácter referencial del signo, antes que en su carácter socio-expresivo o apelativo. En otras palabras, detrás de las hipótesis comentadas existe un problema de orden conceptual que es necesario enfrentar. En primer lugar, existe un consenso en la admisión de que la prioridad de la adquisición de lo invariante está ligada a un periodo cronológico. Esto es, los defensores de la hipótesis categórica admiten que la prioridad es de tipo temporal, pues el hablante adquirirá más adelante las diferencias de orden social. No se trata, pues, de una distinción que actúa en el plano de la esencia, sino en el de la contingencia, esto es, en el plano que atañe al orden cronológico.

Propuesta

¿Podemos asegurar que el orden adquisitivo es un criterio adecuado para determinar la prioridad lógica o conceptual de las unidades de una lengua? En otras palabras, ¿es siempre el orden cronológico una prueba de la esencialidad de una entidad? ¿Percibir una primero y otra después debe llevar a considerar la segunda como accesoria o menos importante? Muestro ciertas reservas para una respuesta positiva a esta conjetura. A mi juicio, no existe razón consistente para conceder que el orden adquisitivo de las entidades y de la organización de ellas revele el grado de relevancia de estas en el conocimiento de una lengua, dado que todos los hablantes cumplirán en condiciones normales todos los estadios adquisitivos de modo satisfactorio (incluyendo la fase en que supuestamente adquirirían la variación), sin que ninguno de tales estados pueda ser suspendido o considerado optativo, cuando no marginal. Si el orden fuera un criterio válido para calibrar la relevancia, la adquisición léxica y sintáctica, que es posterior a la fonológica, se consideraría de menor importancia, algo que llevaría al absurdo.

Es necesario tener en cuenta que el proceso de captación de las invariantes frente a las variantes que acabamos de comentar, se inscribe en el orden fonológico y, en consecuencia, supone una percepción analítica del aprendiz capaz de segmentar unidades mínimas o rasgos distintivos, los cuales constituyen piezas claves para todas las formaciones lingüísticas mayores que se concretan en el discurso. Por lo tanto, parece natural, en aras de la economía, que el individuo durante esta fase emplee toda su capacidad de abstracción en la identificación de los elementos mínimos que conducen a discriminaciones de significado representativo y que utilice una especie de filtro perceptivo de los rasgos no pertinentes en la discriminación. Muy distintos mecanismos entran en juego cuando se trata de la captación de la formación léxica (la palabra como bloque unitario) y de la combinatoriedad de las unidades en la relación sintáctica, que le permitirá construir las primeras frases.

Con respecto a la adquisición sintáctica, Tomasello (2008:264-266) sintetiza el proceso que va desde la etapa holofrástica en que el niño se vale de unidades léxicas (que naturalmente presuponen que se ha completado la adquisición de rasgos o elementos fonológicos mínimos). Tales unidades adquieren una función oracional, si bien no se han adquirido los mecanismos de relación sintáctica. Así, siguiendo el pensamiento del autor, el niño dice "*eat*" acompañado de un gesto que señala un objeto comestible, como un chocolate, por ejemplo, con lo cual intenta expresar su deseo de comerlo, más que de nombrarlo. Tal gesto de alguna manera forma parte esencial de la enunciación lingüística, lo que refleja la importancia del contexto extralingüístico incluyendo la intencionalidad comunicativa de petición dirigida a la madre en la adquisición del lenguaje.

Aproximadamente a los 18 meses, los niños comienzan a producir combinaciones de palabras, de las cuales una es constante y la otra variable del tipo: *"more milk"*, *"more grapes"*, *"more juice"*, o *"ball gone"*, *"dog gone"*. Me valgo de las afirmaciones de Tomasello para resaltar que ya en esta fase el niño puede percibir el juego entre constantes y variables, de lo contrario no podría captar las diferencias paradigmáticas ni actualizarlas en las relaciones sintagmáticas, en el primer caso el par adjetivo cuantificador/sustantivo y, en el segundo, sustantivo/ verbo. Esta fase, denominada *pivot schema*, es tomada de Braine (1963) y supondría que el niño ha logrado conceptualizar la dualidad participante/evento. Sin embargo, según Tomasello, esta fase no indicaría todavía la adquisición de una sintaxis productiva que permita combinaciones más complejas y asignaciones de roles específicos a las palabras según las diversas posiciones. Para llegar a esto, el niño habrá de percibir la compleja relación entre constantes y variables. Son ambas conjuntamente las que entran en juego en la adquisición del lenguaje.

Lo relevante de la hipótesis adquisitiva de Tomasello reside en conectarla con la evolución del proceso comunicativo, que implica no solamente la captación lingüística pura para referirse al mundo, sino también para interactuar en este y producir efectos en el otro. Acudo a un ejemplo proveniente de mi propia observación de la evolución lingüística de un niño de dos años. Cuando este pronunciaba la palabra *'puerta'* (como ['peta]) y la señalaba con el dedo índice no nombraba el objeto, sino que quería implicar acciones y participantes de las acciones y, sobre todo, una intención comunicativa muy precisa para influir en el comportamiento de los padres. Así, la palabra no significa meramente el objeto nombrado sino que implica: 'quiero que abras la puerta para salir y para que me lleves de paseo'. Si el padre no entiende esta intención y cree que el niño se limita a nombrar el objeto —como ocurrió en el caso observado— este se siente incomprendido y recurre al llanto, de modo que su intención comunicativa ha fracasado. Aunque no es el sentido estricto en que Tomasello utiliza estos argumentos, me valgo del ejemplo para mostrar que el proceso de cognición lingüística trasciende el ámbito del significado meramente representativo e involucra la esfera social de la interacción. En consecuencia, la supuesta prioridad de la adquisición de la invariación en relación con los significados restringidos a lo referencial resulta, por decir lo menos, limitada para explicar la complejidad de la cognición lingüística.

Como lo que básicamente está en juego es la prioridad atribuida al significado representativo de las unidades lingüísticas, es este punto que debe ser replanteado a la luz de la evolución cognitiva humana. Para este propósito me valdré del postulado searleano sobre la ontología social del lenguaje (Searle 1995) y lo extenderé con la finalidad de sostener una hipótesis unificadora de los aspectos representativos y sociales de la significación. Así, de acuerdo con el pensamiento de este filósofo, que considera el lenguaje como construcción social, conjeturaré que el individuo no solo capta las diferencias materiales que contribuyen a las delimitaciones representativas o referenciales de su lengua, sino que al mismo tiempo adquiere las que están asociadas a su entorno social a través de la modalidad materna, la cual no está aislada de la sociedad y, más bien, representa una colectividad determinada.

Se impone recordar que utilizo el término social con un valor distinto al restrictivo de clase o grupo social, de carácter jerárquico o estratificacional, que constituye el uso común de este concepto incluso en el discurso técnico. Este uso ha llevado a interpretaciones inadecuadas del campo de la sociolingüística, de modo que está muy difundida la creencia de que si en una investigación no se encuentran correlaciones entre formas lingüísticas y de clase o grupo social, no se trata de un estudio sociolingüístico. El término social que utilizo, en la línea de filósofos del lenguaje como Searle, alude al carácter colectivo o de alteridad del lenguaje humano, o a lo comunitario y compartido que no excluye lo diferencial, independientemente de los estratos sociales. Esto no niega que se pueda dar alguna diferencia que se corresponda con diferencias de grupo social. Hecha la aclaración, la cognición de lo representativo y de lo social no se presenta, a mi juicio, separadamente en el proceso adquisitivo. Así, un individuo que capta una distinción representativa de su lengua, simultáneamente liga esa distinción a un hablante referencial que no está aislado de la sociedad y que, por lo tanto, transmite usos convencionales socialmente difundidos. Toda distinción en materia de lenguaje posee para el niño determinada fuerza normativa porque la recibe a través del hablante ideal, que no es sino la autoridad primaria representada por la modalidad materna. Desde este punto de vista, no existiría ningún aspecto socialmente vacío o asocial en la lengua desde la perspectiva del aprendiz, y esto alcanza tanto a la invariación como a la variación.

 De hecho el individuo que adquiere su lengua, aprende de modo concreto una variedad local de esta y, concomitantemente, un sistema de variación. Pero la variedad local que se le impone de modo circunstancial, al recibirse en la etapa inicial como sistema único que no se contrasta con otro es, asimismo, de carácter *invariable*, en el sentido de que el individuo en ese periodo vital no se confronta con otras posibilidades alternativas de la lengua en cuestión y, por lo tanto, no puede compararlas. Pongamos un ejemplo para ilustrar lo que digo. Si el niño nace en una comunidad en que se utiliza la forma asibilada de la vibrante en español, que no corresponde a la modalidad estándar que tiene como rasgo invariante la multivibración, adquirirá solo la asibilada como si fuera una invariante, pues es la única posible en su sistema de referencia. Solo cuando se exponga a otras modalidades de español que no admiten la asibilación sino de modo exclusivo la multivibración, incorporará a su percepción también esta última posibilidad. Así, solo en este momento, tanto la asibilada cuanto la no asibilada se convertirán en dos entidades variantes que, si bien no distinguen significado referencial cuando no están en contraste, formarán parte de su cognición lingüística cono entidades de su propia lengua. Igualmente el niño advertirá la variación estilística en la modalidad materna o familiar, y aprenderá a reconocerla y a reproducirla en los contextos específicos.

En consecuencia, la invariación se presentará como objeto primario de percepción solo si no hay posibilidad de contraste con otras variedades. En este sentido se puede admitir solo parcialmente las posiciones tanto de Jakobson como de Labov y de todos los que admiten la prioridad perceptiva de la invariación. En el momento en que el niño se exponga a la variación, percibirá también lo variante. La verdadera hazaña intelectual residirá en la capacidad de deslindar las formas invariantes de las variantes y de reproducir selectivamente estas últimas.

La percepción de la variación surge necesariamente con la posibilidad de comparar un sistema con otro. Y esto se verifica en la propia percepción científica, en la medida en que para reconocer un hecho de variación en la lengua y, naturalmente, reproducirlo debemos ser capaces de poner frente a frente alternativas que se articulan en modelos distintos. Por ejemplo, el seseo hispanoamericano no es un hecho de variación si lo observamos en sí mismo o respecto de los hablantes que poseen esta característica. El hablante ha aprendido solo una posibilidad y no tiene otras alternativas equivalentes entre las cuales hacer una elección. Solo se puede testimoniar el aspecto variable en este punto del sistema de la lengua, si se lo confronta con el sistema peninsular que tiene una organización distinta. En consecuencia, la entidad observable en materia de variación es solo aquella comparable con otra. Por ello es necesario incorporar en la cognición de una lengua la variación extra-individual, esto es, la que corresponde a la lengua histórica, junto con la variación cognitiva intra-individual, pero sin confundirlas.

La variación de tipo cognitivo intraindividual implica que una entidad de la lengua es variable solo si el propio hablante conoce las posibilidades de actualización de la entidad, esto es, las variantes, y por ello puede reconocerlas como alternativas. Si el hablante conoce solo una posibilidad, entonces desde su cognición se trataría de un hecho invariante. Solo si adoptamos una perspectiva panorámica, que es la utilizada en la cognición científica, podremos considerar las variantes, carezcan o no de valor cognitivo individual, como formas de variación de la lengua. Este es, a nuestro entender, el único camino para incorporar en el discurso sobre la variación, las variantes diatópicas, que no son variantes para los hablantes de cada una de las zonas. Utilizando un ejemplo muy conocido para ilustrar esta cuestión, el hablante español tiene *coche* como posibilidad verbal para referir al automóvil, mientras que los de otras regiones, poseen *carro* para este referente, y no son nunca intercambiables para el mismo hablante. Así, desde el punto de vista cognitivo, *coche* para unos, *carro* para otros, no son variantes nunca, antes bien son invariantes para cada uno de los grupos vistos separadamente, y, por lo tanto, las han adquirido en sus respectivos espacios como tales, y no como variantes. Por otro lado, desde el punto de vista descriptivo extraindividual, ambas son posibilidades de decir lo mismo en la lengua española.

Esto nos lleva a la siguiente inferencia: es obvio que el niño perciba primero la invariación, en la medida en que solo está sometido a una variedad, incluso en los primeros años mono-estilística, la que usa la madre o quien la sustituye para dirigirse a él. El ensanchamiento de su competencia lo conducirá gradualmente a la percepción de la variación, primero estilísticamente (variación diafásica) y, más adelante, grupalmente. Por ejemplo, comenzará a percibir la variación que se produce cuando la madre lo reprende o se enoja, con referencia a la que esta misma usa en contextos de acercamiento afectivo y de aprobación. Cuando se exponga a ambientes más amplios, como el escolar o el de su comunidad, estará en condiciones de diferenciar las variantes de su grupo generacional y, más adelante, conforme se inserte en el espacio social, incluso las formas de otros grupos sociales que no son los propios.

A partir de esta inferencia, podemos esbozar la siguiente tesis que se muestra compatible con la perspectiva jakobsoniana y laboviana: la percepción de la variación solo es posible si se confrontan dos formas pertenecientes a dos modelos distintos. Sin confrontación, la variación no puede ser percibida, ni desde el punto de vista de la cognición del hablante, ni de la del científico.

En otras palabras, no es una prioridad lógica la que está en juego en la diferenciación invariación/variación, sino un problema de percepción. Así, variación e invariación constituyen el producto de un juego de percepciones que capta las diferencias solo en relación con un término de comparación. Lo que es invariable/único si se percibe aisladamente se puede volver variable/múltiple si se confronta con entidades diferentes de la misma clase. Puede tratarse de un mismo fenómeno visto desde modalidades perceptivas diversas.

Mecanismos de la cognición

La cognición es un fenómeno complejo cuya estructuración interna trasciende los límites de este trabajo. Como se infiere de los objetivos propuestos, me circunscribiré solo a los aspectos estrictamente relacionados con la lengua teniendo como foco el instrumento cognitivo central, la percepción. No se trata de una reducción, pues no intento significar que este sea el único mecanismo implicado en el conocimiento. En líneas generales, la cognición tiene que ver con todo el proceso de adquisición del conocimiento y con el producto resultante, en que están empeñados tanto el razonamiento como los sentidos. Cuando se alude al conocimiento, se entiende la inclusión del saber sobre el mundo o, más precisamente, sobre los mundos (en el orden material, humano, social) que circundan al individuo desde que nace. Pero obviamente durante el desarrollo del individuo incluirá los mundos conceptuales más amplios, que trascienden su propia esfera de interacción (*cf.* Popper 1996).

Aplicada al lenguaje, que es el objeto de nuestro estudio, la cognición implica todos los aspectos relacionados con la *captación*, *fijación* y *reproducción* del patrón lingüístico de una comunidad; esto es, no de una lengua en abstracto sino, más propiamente, de una variedad de esta. Los aspectos mencionados están ligados básicamente al proceso de adquisición lingüística, pero después del cumplimiento de ese proceso, el hablante seguirá valiéndose de ellos en relación con los nuevos estímulos de su comunidad. En consecuencia, reconoceré una cronología de la adquisición, separando una fase cognitiva *primaria*, que corresponde al proceso adquisitivo infantil, de una fase *secundaria*, que se pone en juego en el desenvolvimiento social del individuo cuando ya ha completado el proceso adquisitivo. Siendo la percepción el instrumento central en todas las fases de la cognición, los mecanismos mencionados se pondrán naturalmente en juego en los procesos de percepción y además esta terminará amoldándose progresivamente a los sistemas cognitivos ya desarrollados. Así, cognición y percepción terminarán interconectándose e influyéndose recíprocamente. Analizaré más adelante cada uno de los aspectos cognitivos implicados en estas fases por separado. Pero primeramente, definiremos de modo detallado los tres mecanismos implicados en la cognición lingüística y, consecuentemente, en la percepción; a saber, *captación, fijación y (re)producción*.

La captación. Implica el modo como el hablante accede por primera vez al conocimiento de su lengua (o de cualquier otra), para lo cual el mecanismo que se pone en marcha es naturalmente la percepción; esto es, en primer lugar, el acceso sensorial a un objeto que se presenta materialmente en el mundo del hablante a través de la sonoridad. ¿Hacia dónde dirige el sujeto su percepción para aprehender de modo específico la lengua de la comunidad en que le ha tocado circunstancialmente nacer?

Normalmente se ha sostenido que la percepción se dirige a identificar primero los aspectos constantes del sistema en el plano de la sonoridad, que es lo directamente aprehendible. Pero, como lo hemos sostenido en el capítulo anterior, resulta natural imaginar que la percepción debe reconocer también, en diferentes fases adquisitivas, los aspectos variables en distintos planos, pues estos permitirán al infante hablar en una modalidad específica de lengua. En cualquier caso, se pondrá en juego la capacidad analítica, que permitirá al sujeto deslindar ciertas entidades de otras, y reconstruir con ellas la estructura de la variedad lingüística concreta que recibe. En el primer momento que se expone al lenguaje, el individuo no puede discriminar lo invariable de lo variable, pues aparecen totalmente entrelazados en los discursos que recibe, en virtud de que es solo una variedad concreta de lengua la que adquirirá.

Ahora bien, en esta disquisición no puede dejarse de lado la distinción central que hemos propuesto en el capítulo precedente entre dos tipos de variación: la *variación cognitiva intraindividual*, que supone que el propio individuo posee las alternativas variables y la *variación extraindividual* (de la *lengua histórica*, considerada como objeto externo en el sentido coseriano), la que existe cuando se comparan distintas variedades de lengua, pero que no forman parte necesariamente del conocimiento de un mismo hablante y, por lo tanto, no son percibidas antes del inicio de la etapa escolar. Generalmente, cuando el individuo no está expuesto directamente a una variedad distinta de la suya, la información proporcionada durante la escolaridad entra a formar parte de modo indirecto del conocimiento general de su lengua. Tomando como base esta distinción, el niño que adquiere una variedad concreta de lengua (y desconoce las demás) percibirá lo variable como constante. Así, terminarán entrelazadas la invariación y la variación como si fueran una misma cosa.

En este sentido, no aceptaremos la reducción laboviana de lo cognitivo a la función representativa del signo, como si tal función estuviera necesariamente ligada a las unidades constantes. Hay que tener en cuenta que el individuo en las primeras etapas adquisitivas no cuenta con recursos suficientes para distinguir entre función representativa y función expresiva/apelativa, ya solo por el hecho de que el primer *input* lingüístico no está separado de los seres humanos, como sí lo están los objetos visualizables en el mundo externo. Antes bien, toda la información lingüística que este recibe por primera vez está amalgamada con la primera figura humana (social), la de la madre/padre o de quien hace las veces de estos, el primer emisor/receptor, autoridad por excelencia del lenguaje. Este punto es especialmente relevante para la discusión sobre la distinción temprana de los significados representativos/referenciales respecto de los sociales, de modo que le concederemos un tratamiento aparte más adelante.

La atención. El recurso esencial con que cuenta el individuo en el proceso de captación de su lengua es la atención. Esta consiste en la dirección consciente de la percepción hacia un objeto determinado o hacia un punto o un aspecto de él. El ejercicio de la atención es ciertamente limitado porque el individuo no puede concentrarse en todos los múltiples detalles o características de un sistema complejo, lo cual lleva a la natural selección de unos fenómenos con la consiguiente marginación de otros. Este punto es especialmente relevante en el proceso cognitivo, en la medida en que nos permite explicar la aparente arbitrariedad existente en la percepción no exhaustiva de los fenómenos.

La importancia de la atención ha sido puesta en primer plano recientemente, aunque con modalidad diferente a la propuesta aquí, por Preston (2013), quien utiliza el concepto de *regard* para aludir a una suerte de atención selectiva dirigida a los fenómenos lingüísticos o a las lenguas en general la cual, según mi interpretación del pensamiento del autor, implicaría la captación de un aspecto lingüístico, su identificación y su asociación a determinados hablantes o grupos. Esa captación (denominada por Preston *noticing)* implica de modo natural la atención.

Respecto del desarrollo cognoscitivo, queda por determinar cuáles son los rasgos prioritarios a los que el infante dirige su atención en los primeros momentos adquisitivos. En este punto es necesario reconocer que si el primer paso es la adquisición fonológica, que privilegia por su propia naturaleza el aspecto sensorial, otros mecanismos de atención deben de ponerse en juego en relación con la adquisición del léxico, por un lado, y de la sintaxis, por otro, cada uno de los cuales plantea distintos problemas al aprendiz. Respecto del orden sonoro, es plausible imaginar, como lo sostenía Jakobson, con las reservas mencionadas en el capítulo anterior, que sean las constantes las primeras en concitar la atención del hablante, en el sentido de que estas son producto de la abstracción de un sinnúmero de elementos de naturaleza variable.

Cumplido el proceso adquisitivo, la atención, en tanto proceso consciente, se concentra en fenómenos muy específicos, pues no es necesario que se ponga en funcionamiento en relación con los demás fenómenos del sistema, en la medida en que el individuo ya ha adquirido el sistema fonológico y sintáctico de su lengua. Los fenómenos a los que el hablante presta atención son aquellos que considera singulares o salientes y los asocia con grupos determinados a los que quiere pertenecer o, de lo contrario, a los que subvalora. Tales fenómenos suelen ser de orden pragmático o discursivo y naturalmente se inscriben en cualquiera de los planos lingüísticos consabidos.

En la línea de la lingüística cognitiva, el concepto de categorización, definido como "mecanismo de organización de la información" (Cuenca/Hilferty 1999:32) implicaría la intervención del mecanismo de atención, en virtud de que involucra la selección y el descarte de propiedades o de rasgos pertinentes, frente a rasgos marginales. En otras palabras, elementos que se ponen en el foco de atención frente a elementos que son descartados o salen del campo de la observación. Un resultado del proceso de categorización es el *prototipo*, propuesto en el dominio de la psicología por Rosch (1973). Tal concepto indicaría un ejemplar representativo de una categoría que reuniría las propiedades centrales de esta. La dicotomía entre centralidad y periferia en la determinación de los rasgos pertinentes de una entidad o categoría se presenta como el punto clave en la determinación de los *prototipos*. Dado que estos implican básicamente operaciones de generalización y de discriminación (Cuenca y Hilferty 1999), resulta apropiado inferir que sean los procesos de percepción que suponen la atención del individuo hacia determinadas propiedades los que hacen posible tales operaciones. Quedaría por determinar: ¿cómo se identifica lo pertinente y lo accesorio en los primeros momentos adquisitivos? y ¿cuáles son los criterios de selección, si es que existen, para guiar la percepción a través de la atención? Profundizaré en estos puntos más adelante.

La fijación. Si la captación pone en juego la atención, la cual lleva a reducir el material que se recibe como *input*, identificando lo pertinente y eligiendo entre varias posibilidades, la *fijación* supone la memoria. Aquello seleccionado debe ser almacenado en la mente, de modo que cada vez que el individuo esté ante datos similares pueda reconocerlos; esto es, percibirlos, evocándolos y confrontándolos con las entidades seleccionadas con anterioridad como relevantes. Este reconocimiento contrastivo es el que permite el aprendizaje y la utilización concreta de lo percibido. En el proceso de adquisición, mientras el niño memoriza lo esencial de la modalidad objeto para diferenciarlo de lo accesorio, recibe simultáneamente amalgamada una variada información de distinta naturaleza de parte de los adultos (sea directamente como interlocutor, sea indirectamente como oyente casual), que le permitirá discriminar lo que puede reproducir de lo que no debe reproducir. En otras palabras, las posibilidades normativas de una lengua vienen ya comunicadas a través de las emisiones de los primeros docentes de ella, generalmente los padres, o las personas del contexto doméstico. Esto implica la formación desde la edad temprana de un filtro evaluativo que se desarrolla progresivamente a partir de los estímulos recibidos generalmente de la madre. Esta dirige la atención del niño hacia los usos aceptables, es decir, hacia sus propios usos, o los del grupo a que pertenece, de modo que sin lugar a dudas esta misma interviene en el proceso de fijación. Por otro lado, el niño aprende a reconocer esos usos y a admitirlos como parte de la forma normal o ideal de su lengua.

Aunque el proceso de fijación se da de modo variable entre los individuos y depende de los estímulos recibidos en el contexto adquisitivo, ciertos rasgos regulares que forman parte del patrón colectivo y cultural de la comunidad de habla se transmiten de modo relativamente uniforme de generación en generación y llegan a formar parte de una memoria colectiva. En el ámbito de la teoría comunicativa del lenguaje, Tomasello (2008) señala la importancia de los rasgos compartidos en el modo de percibir de los individuos, directamente relacionados con la atención y la fijación, en lo que denomina "*joint attentional frame*" (*marco de atención compartida*). Este es un concepto clave que ha sido destacado por distintos estudiosos en diversos enfoques y valiéndose de distintos términos, lo que hace pensar que se trata de contenidos diferentes. A este respecto, el concepto de *regard,* introducido por Preston (2013), que acabamos de comentar, va en esta dirección. Asimismo, desde otro ángulo, Searle (1995) se refiere a la *intencionalidad compartida*, que supone un paso más de la mera percepción, en la medida en que involucra no solo la atención sino además el conocimiento colectivo, lo que implicaría la fijación memorística de las intenciones de los demás. Desde la perspectiva constructivista radical, Zimmermann (2006:120), valiéndose del pensamiento de Humberto Maturana, destaca, además de la intervención cognitiva de carácter individual, el aporte común en la forma de *áreas consensuales* , que suponen participación mutua en los procesos comunicativos. Posteriormente, en el manifiesto de "The Five Graces Group" (2008) se retoma, aunque sin mencionar el aporte de Searle, la idea de actividad de cooperación compartida, que implica nuevamente cognición colectiva para reconocer las intenciones y los deseos de los demás.[1] La diferencia del planteamiento de este grupo respecto del de Searle es que mientras el primero considera la intencionalidad compartida como la suma de las intenciones individuales, Searle defiende la idea según la cual la intencionalidad compartida es primaria o primitiva respecto de la intencionalidad individual. Este punto es medular para entender que el carácter social del lenguaje no es un mero resultado del carácter individual (la suma de individuos no hace lo social). Antes bien, en esta perspectiva parece ser el hecho social el primario que antecede al hecho individual y le da sentido.

> The crucial element in collective intentionality is a sense of doing (wanting, believing, etc.) something together, and the individual intentionality that each person has is derived from the collective intentionality that they share (Searle 1995:25).

Searle (1995:26) ejemplifica esta posición con un diagrama que sustituye la fórmula "I intend/believe that you intend/believe", asignada al emisor y al receptor, respecto de la fórmula única "We intend / We intend" propuesta también para el emisor y para el receptor. No obstante, el planteamiento de la prioridad del plano individual sobre el social o viceversa podría constituir un falso problema. Sería epistemológicamente más conveniente considerar ambos planos de modo

---

1   "The Five Graces Group", que reúne a un conjunto de diez notables representantes del enfoque cognitivo (Clay Beckner, Richard Blythe, Joan Bybee, Morten H. Christiansen, William Croft, Nick C. Ellis, John Holland, Jinyun Ke, Diane Larsen-Freeman y Tom Schoenemann), propone un paradigma comunicativo para estudiar el lenguaje en un sentido dinámico que supone complejidad y adaptación (*complex adaptive system*), oponiéndose a los modelos autónomos como el generativista.

articulado sin el establecimiento de prioridades lógicas o cronológicas.Parte del patrón colectivo recibido y memorizado en el primer contacto y extendido en las relaciones sociales posteriores es, asimismo, la aversión hacia determinadas variedades lingüísticas como una herencia cultural que integra la memoria colectiva y, por ello, es tan difícil de erradicar, aun cuando el hablante trate de hacerlo en la adultez mediante el ejercicio del razonamiento. Preston (2013) se refiere al sistema de creencias (*belief system*) como producto de la transmisión cultural. Así ocurre en el ámbito del español con modalidades como la andaluza en el contexto peninsular, o la andina en el peruano. Obviamente las actitudes negativas provienen de los que no son hablantes de las modalidades subvaloradas. En estos casos, la percepción del que evalúa tales variedades, por efecto de la fijación memorística, se congela y se perpetúa arbitrariamente en determinados fenómenos que se convierten en salientes, en desmedro de otros que pasan desapercibidos. *Atención* y *fijación* son, pues, recursos que van de la mano en la percepción. Precisamente los rasgos salientes son los que el individuo asocia a ciertos hablantes o a determinados grupos, lo que entraría en el campo de la denominada *first-order indexicality,* propuesta por Silverstein (2003), como un conjunto de marcas de identidad ante las que los hablantes no pertenecientes al grupo reaccionan emocionalmente, bien de modo positivo, bien negativo. Hay que tener en cuenta que la afectividad está omnipresente en todo el desarrollo del conocimiento primario del niño, de modo que se manifiesta también en el grado de fijación de ciertos moldes y, por consiguiente, en el modo de percepción, en la medida en que el proceso cognitivo en su totalidad no se presenta como un hecho aislado, sino que se retroalimenta constantemente de la información proporcionada por las personas de referencia que se relacionan con el aprendiz de modo afectivo. Más adelante abordaré el papel que desempeña el componente afectivo en la cognición lingüística atendiendo a los más recientes estudios neurolingüísticos.

La reproducción. Es el resultado de las operaciones de *captación* (incluyendo la *atención*) y de *fijación* que se manifiesta en el uso efectivo de la variedad aprendida. En otras palabras, el hablante que adquiere su primera lengua reproduce (más que produce) a través del discurso la modalidad de sus antecesores, aunque no de manera necesariamente idéntica, como lo ha señalado Labov (2001) al formular la hipótesis de *reorganización del vernáculo* en el niño. Utilizo el término *reproducción* con la finalidad de revalorizar el aspecto mimético que esta actividad supone, que ha sido devaluado por modelos como los generativistas, en los cuales la imitación no tiene un papel esencial ni en la adquisición del lenguaje ni en su ontología, en tanto facultad mental innata y autónoma (Chomsky 1965). Actualmente son muchos los estudios que subrayan la importancia de la manifestación de una tendencia general humana a querer ser como los otros, a hablar como los otros (*cf.* el descubrimiento de las neuronas-espejo), que está también en la base de la naturaleza comunicativa y social del lenguaje (Tomasello 2008). Reproduzco el siguiente texto del autor mencionado:

> We have speculated that sharing with others in this way serves to expand one's common ground with others – to be like others in the group and to, one hopes, be liked by them and be able to communicate with them more intimately – and so serves as a form of social identification and bonding (Tomasello 2008:282).

Pero esta mímesis lingüística no es un mecanismo indiscriminado, sino que tiene ciertos límites impuestos por el grupo de referencia, lo que implica acercamiento respecto de unos usos y distanciamiento respecto de otros. En otras palabras, la imitación es selectiva y puede reproducir tanto los hechos recurrentes o frecuentes por el hecho de ser caracterizadores de la modalidad objeto de aprendizaje, cuanto los hechos singulares, siempre que estos últimos hayan sido asociados a determinadas características del interlocutor evaluadas de modo positivo por el aprendiz.

Adicionalmente, hay que tener en cuenta que la reproducción es un proceso que presenta su propia evolución y que implica variaciones que se verifican durante todo el periodo de aprendizaje de la lengua y a lo largo de la vida del individuo. Este proceso comprende intentos de acercamiento a los usos de las personas que actúan como modelos referenciales, que no suponen la reproducción exacta de estos: siempre existe un margen de desviación respecto de los modelos, un fenómeno natural que explica la variabilidad y, en este sentido, la creatividad y la imprevisibilidad en los comportamientos humanos.

La relación entre el proceso de captación del *input* y el de producción como *output* no es, pues, simétrica, no tanto debido a las limitaciones imitativas mencionadas, cuanto esencialmente a la propia naturaleza de cada uno de los mecanismos. Siendo la captación un mecanismo receptivo, que se refiere a la función del oyente/receptor/intérprete, es obvio imaginar que será mucho más vasta y comprehensiva que la producción. Así, no todo lo percibido se reproduce, aunque no siempre ocurra a la inversa. El *input* contiene potencialmente más datos que el *output,* circunscrito a solo la modalidad adquirida sea parcial o totalmente por el hablante. Además, el proceso de captación seguirá creciendo conforme el individuo se exponga a estímulos lingüísticos más ricos y variados que correspondan a distintos exponentes de su comunidad y de otras ajenas. Cabe destacar que el *input* del individuo no equivale a todo los datos recibidos, pues la capacidad memorística no permitirá una fijación infinita e indiscriminada, sino que, por el contrario, implicará una selección (con la consiguiente parcialidad en la fijación) y, por lo tanto, una discriminación de aquello que será percibido. Más adelante trataré las características de la selección.

¿Por qué se incluye la capacidad ejecutiva del hablante como aspecto de su cognición? En primer lugar, existe una razón empírica, dado que indirectamente la producción constituirá el testimonio patente de aquello que se ha captado y fijado como resultado de la exposición a los estímulos lingüísticos recibidos y, por lo tanto, proporcionará la base concreta para el estudio de la percepción. En segundo lugar, hay que considerar la naturaleza de la producción, que no constituye un hecho terminado sino en constante movimiento, evolución y reconstrucción durante las diferentes etapas de aprendizaje, que permite asomarse al aspecto dinámico de la lengua incluyendo sus posibilidades de variación. Este dinamismo tiene una vinculación directa con la gradualidad en el desarrollo perceptivo. Solo cuando el proceso adquisitivo y de aprendizaje estén concluidos, se puede decir que la producción se convierte en repetitiva y rutinaria en los individuos, pues sigue ciertos moldes, cuyos contenidos han sido anteriormente captados y fijados, que normalmente no se modifican. Definiremos más adelante de modo preciso el ámbito de la percepción respecto de la producción.

La subjetividad y la normatividad

El concepto de subjetividad no se aplica solo a la percepción: tiene raíces más profundas en las propias características de las lenguas y, por lo tanto, tiene relación directa con la cognición lingüística. Me valdré de los postulados desarrollados por John Searle desde la filosofía de la realidad social para aceptar la idea de que el conocimiento de una lengua es de naturaleza subjetiva. Searle sintetiza y reelabora conceptos tradicionales y controvertidos en su filosofía de la construcción social, como el de subjetividad y objetividad. Utilizando los términos de su definición, la *subjetividad* consiste básicamente en una relación de dependencia de un objeto respecto de un sujeto observador (Searle 1995). Por oposición, la *objetividad* implicaría una relación de independencia de un objeto cualquiera respecto de quien lo observa; es decir, el objeto existiría independientemente de que sea observado. Según Searle, los fenómenos naturales son objetivos en este sentido, mientras que los sociales son subjetivos, en la medida en que, aun cuando no dejen de poseer propiedades físicas o materiales, su valor depende de que sean aceptados por alguien. Naturalmente el lenguaje entra en el campo de los fenómenos intrínsecamente sociales.

Tanto los hechos subjetivos como los objetivos, en el pensamiento de Searle, pueden entenderse en dos sentidos: *ontológico* y *epistémico*. El primero tiene que ver con la naturaleza de la entidad, mientras que el segundo, con los juicios sobre esta. En el caso del lenguaje, sustituiré el término observador (*observer*), tal como lo usa Searle, por el de hablante, teniendo en cuenta que todo hablante es, en principio o virtualmente, como es lógico en todo proceso cognitivo, observador de su lengua (y eventualmente de otras). Searle considera el lenguaje como la mayor y más importante de las construcciones sociales, de la cual dependen todos los hechos sociales institucionales; es decir, toda la realidad social. Aún más, esta no podría existir sin el lenguaje y, por ello, es inherente a la condición humana. Las categorías *ontológica* y *epistémica* no son excluyentes, de modo que se pueden dar las siguientes combinaciones:

— hechos ontológicamente subjetivos y epistémicamente subjetivos,

— hechos ontológicamente objetivos y epistémicamente objetivos,

— hechos ontológicamente subjetivos y epistémicamente objetivos,

— hechos ontológicamente objetivos y epistémicamente subjetivos.

El lenguaje correspondería al tercer tipo; esto es, constituiría una entidad *ontológicamente subjetiva*, aunque pueda ser abordada de modo *epistémicamente objetivo*. Es ontológicamente subjetiva en la medida en que depende de sus hablantes; es decir, que no puede tener una existencia autónoma, independiente de estos. Como los demás hechos sociales, una lengua es lo que es, no por sus características físicas o materiales en sí mismas, sino porque existe una colectividad de hablantes que convencionalmente la reconoce, la acepta y la utiliza de determinada manera. El carácter convencional está, pues, intrínsecamente ligado a la subjetividad. Los hechos sociales institucionales como el lenguaje son fenómenos organizados y con su propia lógica interna que valen de modo exclusivo en relación con la aceptación colectiva, y no en sí mismos como organizaciones automáticas y autónomas independientes de los seres humanos (Searle 1995). Si enlazamos esta concepción con los debates del *Crátilo* de Platón, que hemos comentado en la primera parte de este trabajo, el pensamiento searleano sería compatible con la visión convencionalista del lenguaje, avalada por Hermógenes, que es la que de modo natural se enhebra con los planteamientos sociales o sociolingüísticos. De acuerdo con este principio, los valores que implican las lenguas se fundan en reconocimientos consensuales de carácter no universal sino grupal o comunitario, y, por lo tanto, el aspecto normativo forma parte de su esencia.

Es necesario precisar que Searle no aplica el concepto de subjetividad a la percepción misma, sino más bien al propio lenguaje en su sentido comunicativo y de construcción social. No obstante, resulta obvio que la subjetividad es inherente a la percepción (el canal primario de acceso al lenguaje), en la medida en que esta es esencialmente dependiente del hablante y no guarda relación directa con los rasgos objetivos de los fenómenos.

Desde el inicio aclaro que en la visión searleana, *social* no se restringe al concepto de estrato o de clase, ciertamente limitado, y que constituye el lugar común de lo impropiamente considerado sociolingüístico. Más bien, lo social en esta visión es concebido, como lo hemos aclarado antes, en una dimensión más amplia que tiene que ver con la condición de *alteridad* y de *colectividad* que toda lengua presupone para ser tal. Afirmar que el lenguaje es social supone aceptar que es un fenómeno compartido por más de un individuo; en otras palabras, colectivo, y, en este sentido, trans-individual. En la idea de alteridad entra la relación con los otros, mientras que en la de colectividad se incluye el aspecto imitativo y repetitivo de los patrones de los demás. Alteridad y colectividad se interrelacionan entre sí. En consecuencia, cualquier estudio del lenguaje que respete su condición natural solo puede ser social en el sentido amplio del término. Es más, explicitaré lo que para muchos será una herejía: social es la fonología, la gramática, la morfología, la sintaxis, el léxico. No hay nada en la organización lingüística que se sustraiga al carácter social en el sentido que acabo de conferirle.

De lo dicho no debe inferirse que el consenso o la aceptación supongan un acto explícito o consciente que dependa de la voluntad de cada individuo. Los pactos colectivos no implican procesos selectivos intencionales ni de decisión individual, y normalmente no se violan, aun cuando no existen mecanismos de coacción externa y punitiva. El sistema de una lengua se hereda básicamente del de los padres y no se somete a discusión cuando se lo recibe; antes bien, en las primeras etapas de adquisición, se lo imita y se lo reproduce. La naturaleza convencional del lenguaje es, pues, central para entender la diversidad lingüística a través de la subjetividad de la percepción y, por ello, le concederemos especial atención en los apartados siguientes.

El componente normativo Íntimamente relacionado con la imitación y la reproducción no exhaustivas y, por consiguiente, con la convencionalidad, se presenta el *componente normativo*, aceptado desde antiguo en las disputas platónicas, y en el pensamiento griego en general, que hemos comentado en el primer capítulo. En términos modernos dentro de un modelo filosófico unitario, Searle identifica tal componente como primordial en el lenguaje y en la construcción de toda la realidad social originada de este (Searle 1995). Expliquemos el porqué. Las lenguas, cuyo funcionamiento depende de un sujeto colectivo, suponen un comportamiento recurrente entre los miembros de la colectividad que las utilizan. En la recurrencia está implícita la normatividad. Esto quiere decir que los hablantes están guiados de modo natural, sin proponérselo, por un sentido normativo en el modo de hablar una lengua.

Resulta pertinente entrelazar este discurso con el de Tomasello, quien desde un dominio amplio sobre los orígenes comunicativos del lenguaje humano, señala como parte de su esencia el carácter normativo. Para este autor, la motivación comunicativa esencialmente humana (que no se encuentra en los primates) de compartir con otro experiencias a través del lenguaje (*sharing*), las cuales implican desplazamientos temporales, la inclusión de participantes ausentes y la expresión de actitudes o perspectivas sobre los eventos, conduce de modo natural al acercamiento al discurso del otro y, por lo tanto, a la normatividad, como se infiere del siguiente texto:

> We also noted that this sharing/identification motive also led ultimately to the normativity of many social behaviors, the implicit social pressure to do it the way others do it. As language displays very strong normative structure – both in the way we refer to things with particular linguistic conventions and in the form of utterances as grammatical versus ungrammatical – it is possible that this motive is at least partially responsable for our judgment that 'That's not the way it is said' (Tomasello 2008:282-283).

En el texto anterior, Tomasello muestra cómo la normatividad supone una presión social implícita para actuar lingüísticamente de modo semejante a los demás. Y esta presión atañe no solo al significado referencial, sino a la propia forma de los enunciados, lo cual justifica la percepción sobre aquello que no se puede o no se debe decir en una lengua dada, o en una variedad concreta, que el hablante expresa en muchas ocasiones (*"That's not the way it is said"* o *así no se dice)*.

Precedentemente, Bartsch (1987) había señalado, en su reflexión sobre la normatividad del lenguaje, la prioridad del carácter comunicativo que impone ciertas reglas de comportamiento cooperativo que están en la base del carácter normativo del lenguaje, que la autora denomina la *norma superior de comunicación (the highest norm of communication)*, para diferenciarla de las *normas lingüísticas inferiores (lower linguistic norms)*. Textualmente:

> All specific linguistic norms are justified relative to the highest norm of communication, which is: 'Espress yourself in such a way that what you say is recognizable and interpretable by your partner in agreement with what you intend him to understand'. And correspondingly, for the hearer it is: 'Interpret such that the interpretation will be in agreement with what the speaker intends' (Bartsch 1987:212).

La norma superior de comunicación implica, en términos de Bartsch, *exprésate de tal manera que aquello que digas sea reconocible e interpretable por tu interlocutor, de acuerdo con lo que pretendes que este entienda*. Se puede observar con nitidez la compatibilidad de este planteamiento con el de Tomasello y el de Searle, en el sentido de que la función primaria del lenguaje, incluso en la interpretación evolutiva, envuelve a la misma vez la normatividad, en virtud del objetivo común de compartir las intenciones comunicativas, punto considerado esencial en el planteamiento de Searle (1995). Otros autores como Geeraerts (2008: 34 y ss.), al extender la normatividad al concepto de *prototipo*, avalan la posición mencionada de Bartsch sobre normas superiores e inferiores, normatividad que, por más paradójico que parezca, precisamente permite, según Geeraerts, la variación y el cambio en las normas semánticas de una lengua.

No sorprende así la categoricidad exigida por todo hablante en lo que se refiere a su propia lengua, *i. e.* el sentido deóntico que este exige a los fenómenos lingüísticos. Aunque se habla tanto de la existencia de la variación, hasta el punto en que ha terminado convirtiéndose en un lugar común, en realidad difícilmente se admite la opcionalidad o la variación en materia lingüística, y esto no solo ocurre respecto del lego sino de parte de muchos exponentes del discurso metalingüístico técnico. Existe una paradójica coexistencia, por un lado, de la dirección categorizadora propia de la cognición y, por otro, de la variabilidad, característica de la producción. Esto resulta patente asimismo en el aprendizaje de una segunda lengua, en que el aprendiz exige de sus maestros formas únicas y obligatorias para acercarse al conocimiento de la lengua objeto del aprendizaje. Lo sorprendente es que no solo el lego, sino el científico, acuden también a la determinación de una forma óptima o referencial de la lengua en todos sus niveles con el propósito de conocerla o estudiarla. Y este comportamiento, lejos de ser contradictorio, es perfectamente compatible con la *ontología social* del lenguaje, ampliamente desarrollada por Searle, que podría resumirse en la siguiente sentencia: el valor (o los valores) de los hechos de una lengua determinada dependen exclusivamente de que sean colectivamente aceptados.

Las diferencias normativas implican, pues, juicios de valor, aunque estos no estén siempre explicitados. En este sentido, no existen normas objetivas, a menos que modifiquemos el contenido del término en los sentidos de Coseriu (1973) o de Heger (1974), como bien ha sido observado por Luis Fernando Lara, quien distingue entre normas *explícitas* e *implícitas* (*cf.* Lara 1999).[2] En un análisis

---

2   Aunque en este trabajo privilegio el carácter básicamente axiológico de la normatividad, es bien sabido que el concepto de norma tiene valor polisémico, y ha sido utilizado de diversos modos en la historia de la reflexión lingüística. Uno de los significados más difundidos y aceptados actualmente es el que alude a los aspectos regulares o habituales en una lengua (*cf.* las propuestas de Paul 1880, Hjelmslev 1942, Coseriu 1973, Heger 1974 que, aunque no se identifican entre ellas, apuntan al carácter más bien objetivo de las normas, sea como promedio o como generalidad en el sentido estadístico). En el ámbito de la Escuela de Praga, el concepto de norma se aplica también a las diferencias entre codificación escrita y oralidad (*cf.* Havránek 1964 y Vachek 1964). Ver la crítica de Lara (1979) a la propuesta objetivista de Coseriu y, además, su lúcida interpretación axiológica del concepto, que es compatible con la que aquí sostengo (*cf.* Lara 1999). Cf. también la detallada presentación histórica de las normas en el dominio hispánico, con el deslinde de los distintos sentidos con que se ha utilizado

posterior, el estudioso traza la evolución histórica de la normatividad y sus conexiones con los procesos de estandarización de la lengua, en que naturalmente está implicada la valoración (Lara 2004a).

Por consiguiente, detrás de los usos recurrentes o habituales que constituyen la cara externa de las normas, y que no son necesariamente materia de juicio evaluativo directo, subyace un sistema axiológico que permite orientar el comportamiento de los hablantes en una dirección, y no en otra. Una conducta contraria a lo esperable o aceptable en relación con determinados fenómenos sería suficiente para motivar una sanción, un juicio negativo, o una mera actitud de extrañeza, de distancia, cuando no, en el peor de los casos, de discriminación.

Este aspecto subjetivo-axiológico inherente a las normas lingüísticas implica de suyo el contenido *deóntico* mencionado (Caravedo 2006a). De ahí el carácter prescriptivo que adquiere en el discurso oficial. No obstante, esta condición axiológica —a diferencia de otras normas, como las jurídicas, por ejemplo— hace posible una obligatoriedad hasta cierto punto laxa, no coactiva, en el sentido de que en principio no se excluye, o mejor, no se puede impedir el comportamiento disidente.[3] Siempre es virtualmente posible un uso alternativo o contrario respecto de una dirección normativa: una suerte de *contranormatividad,* la cual tiene sin duda sus propias instancias referenciales y sus principios reguladores. Únicamente admitiendo esta laxitud de la obligatoriedad se hace posible entender la presencia de cambios de orientación normativa y de variación de normas, a los cuales nos enfrentamos constantemente en el estudio de la historia de las lenguas.

Al diferenciar entre el contenido de la norma y el carácter de ella, von Wright advierte respecto de la segunda diferencia, que es posible referirse a una *gradación de fuerza normativa* cuyos polos son por un lado, la obligatoriedad y, por otro, la opcionalidad (*cf.* Wright 1970). Ahora bien, admitir el carácter opcional de las normas parece contradictorio con la naturaleza deóntica de estas. A nuestro entender, la opcionalidad en materia de normas lingüísticas solo es posible

---

este término en este ámbito, en Méndez (1999). En el ámbito del italiano es pertinente destacar la propuesta de Cortelazzo (2012), quien distingue entre normas objetivas (expresables en el uso y naturalmente cuantificables) y la norma interiorizada por los hablantes, que no necesariamente corresponde a la norma objetiva. En este sentido, esta última se conectaría o sería compatible – a mi juicio- con el carácter axiológico que asignamos a las normas en este trabajo, y que guarda también relación con el concepto de "norma implícita" propuesto por Lara.

3   Este sentido del "deber ser" presente en las normas, que se manifiesta en el carácter prescriptivo que adquieren, sin duda directamente relacionado con el aspecto valorativo de ellas, se encuentran la propia definición del término en la filosofía (*cf.*, a este respecto, Wright 1970:26 y ss.). Un análisis de las raíces latinas del concepto, puede verse en Méndez (1999).

aceptarla en relación con el carácter laxo de la obligatoriedad, al que acabo de aludir. Estos polos se relacionarían con la distinción propuesta por Bartsch entre la aceptación de la norma a partir de la prescripción, *i. e.* bajo presión, y la aceptación por convención sin presión externa (*cf.* Bartsch 1982:64). Tal distinción se relaciona en principio con la distinción respecto de la fuerza normativa desarrollada por von Wright (1970), de modo que la prescripción se situaría en el polo de la obligatoriedad, mientras que la aceptación por convención, en el de la opcionalidad. Hay que tener en cuenta que esta última puede no abarcar a toda la comunidad lingüística y, por lo tanto, ser en principio variable. La diferenciación entre prescripción y consenso ha sido también destacada y desarrollada por Lara a través de la distinción entre *normas explícitas* o *prescriptivas* y normas *implícitas o consensuadas* (*cf.* Lara 1999 y *supra* nota 15). De acuerdo con estas distinciones, parece lógico suponer que las primeras tienen un mayor grado de fuerza normativa que las segundas. Por otro lado, no se descarta el hecho de que una norma implícita o consensuada pueda volverse explícita y prescriptiva, y obviamente a la inversa. La aceptación del carácter relativo de las normas expresado en la permisibilidad en la aceptación de estas, da pie a indagaciones futuras sobre los diversos grados de fuerza normativa asignados a determinados usos lingüísticos, con el propósito de buscar la motivación de tal gradación en cada lengua particular.

Ahora bien, si las lenguas están reguladas en razón de la normatividad, ¿cómo se explican la variación y la diversidad? ¿No contradicen el principio de aceptación colectiva y, por consiguiente, el carácter normativo mismo, que se dirige hacia la uniformidad? En otras palabras, ¿no surge una incompatibilidad lógica cuando se confronta la coexistencia de la normatividad (*i. e.* la aceptación del orden dado) con las modificaciones reales que afectan las estructuras de las lenguas (*i. e.* la alteración del orden dado)? Mi respuesta a estas interrogantes es que no hay contradicción alguna: por el contrario, diría que existe coherencia interna entre variación y normatividad, que formulo del modo siguiente: la variación se da de manera natural, en la medida en que una alternativa no vale en sí misma más que otra desde el punto de vista objetivo de la lógica racional, lo que se muestra compatible con la subjetividad en la percepción de los fenómenos, que hemos señalado y, consecuentemente, con la diversidad. Lo único que puede sostener una forma *como mejor que otra* es la aceptación colectiva manifestada precisamente en el carácter normativo. Un ejemplo archiconocido: el hecho de que la diferencia fonológica de las sibilantes se dé en el español peninsular no la hace mejor ni peor que la indistinción seseante hispanoamericana desde el punto de vista del sistema. Pero sí puede ser mejor o peor para el hablante respecto del patrón aceptado por él. Así, puede ser sometida a evaluación (y de hecho esto ocurre con frecuencia) por los individuos que reconocen solo una de las dos posibilidades como legítima, en la medida en que es la que han adquirido en la niñez y que identifican como propia del conocimiento de su lengua, y que, por lo tanto, aceptan y respetan colectivamente.

En otras palabras, la existencia de un componente normativo permite la permanencia del hecho, su reiterabilidad entre los individuos y su comunicabilidad a través del tiempo, pero no impide paradójicamente su variabilidad. Y esto último, porque no existe ninguna motivación lógica o material en la estructura de los hechos institucionales que los convierta en permanentes, como no sea su mero reconocimiento y aceptación de parte del sujeto. Lo que subyace a esta aparente paradoja entre uniformidad y diversidad y le restituye su sentido es el carácter subjetivo de la percepción de los hablantes, que hace posible que esta sea susceptible de estabilizarse o modificarse.

En síntesis, la caracterización de la cognición del lenguaje —y, concomitantemente, de la percepción— como subjetiva permite explicar el surgimiento de las aparentes rupturas en la estabilidad invariable de los hechos y, simultáneamente, el cambio de dirección del componente deóntico o normativo, el cual, al mismo tiempo, como contrapartida, mantiene el equilibrio de los hechos institucionales.

La fuerza normativa. Como lo hemos subrayado en el parágrafo anterior, no todas las normas tienen la misma fuerza impositiva, de modo que es posible referirse a distintos grados de tolerancia y aceptabilidad en relación con diversos fenómenos de la lengua. Es importante señalar que tal gradación se da no solo entre los hablantes comunes, sino entre los propios protagonistas del discurso oficial, esto es, en la esfera de la normativa explícita o prescriptiva que acabamos de comentar. Baste revisar las propuestas gramaticales de la Real Academia Española a lo largo de la historia, de modo específico la última versión, para comprobar que no todos los fenómenos ni en igual medida se someten a la prescripción normativa. Resulta del todo natural que las convenciones varíen diacrónicamente y que se reconstruya continuamente la dirección de la normatividad de una lengua, de modo que no es en la diacronía normativa en la que me detendré, sino que más bien me referiré a la diferente fuerza normativa en una misma sincronía. Por ejemplo, para citar un caso paradigmático, el *leísmo,* difundido ampliamente en la Península, en relación solo con objetos gramaticales con rasgos semánticos [+ humano + masculino], es considerado correcto, aunque en sentido estricto suponga una desviación del sistema etimológico. No corren la misma suerte los demás fenómenos análogos muy difundidos también en el mismo espacio, como el *leísmo* referido a objetos inanimados y al género femenino, y menos aún el *loísmo/laísmo,* siendo que, desde el punto de vista sistemático, tanto el *leísmo* aplicado a personas masculinas como todos los demás fenómenos se apartan en igual medida del sistema diferenciador de casos. Si buscamos un principio racional es imposible encontrarlo, porque este estado de cosas no tiene que ver con la lógica de la razón, sino con el orden arbitrario de las preferencias, de los gustos, de las impresiones, de los hábitos comunicados de generación en generación; esto es, de la subjetividad, que, en este caso, tiene carácter no solo axiológico, sino deóntico, lo que equivale a normativo. Hay, pues, una línea difusa que separa lo valorativo de lo imperativo.

Respecto de los hablantes comunes, todos los hechos de una lengua tampoco poseen una misma *fuerza normativa* (de ahí que algunos sean más susceptibles de modificación que otros). Como es obvio, hay diferencias que se toleran más que otras, si bien estas no necesariamente coinciden con las prescriptivas oficiales. Así, mientras formas como *haiga, nadies,* en la mayoría de los espacios en que ocurren, son consideradas de parte de ciertos grupos sociales como una violación notable respecto de las normas establecidas, no sucede lo mismo con formas como *fuistes*, que en determinadas regiones se oyen entre hablantes de alto nivel de escolaridad, o el llamado *dequeísmo,* que los criterios oficiales condenan, pero que los hablantes de distintas zonas, incluso cultivados, aprecian y eligen conscientemente para singularizar un discurso muy formal. Resulta oportuno observar que tal gradación no es común a todo el español, sino que varía respecto de las zonas. Así, la combinación de dos preposiciones como *a por,* en enunciados como *voy a por agua*, difundida en la Península, en todos los niveles sociales es percibida entre hablantes hispanoamericanos como forma incorrecta, con un alto grado en la escala de fuerza normativa. Obviamente el propio hablante que usa estas formas no les da el mismo valor negativo, dado que se trata de sus propios usos y, en consecuencia, no puede distanciarse de ellos y, con frecuencia, ni autopercibirlos.

La gradación normativa, que se basa, en sustancia, en la diversidad de percepción, no debe llevar a pensar que existan hechos inmunes a la normatividad. La prueba de que todo el sistema de una lengua tiene carácter normativo reside en el hecho de que imaginar una transgresión del orden dado en cualquier punto del sistema motivaría una percepción, por lo menos, de extrañeza de parte del hablante, aun cuando aparentemente la habitual no transgresión lleve a suponer la neutralidad del fenómeno para los hablantes. El fenómeno es neutral de modo natural solo curiosamente si es el propio, el que pertenece a nuestra colectividad y no es sometido a comparación ni a discusión. Desarrollaré este punto ampliamente respecto de la percepción. La supuesta neutralidad es, pues, también de orden subjetivo.

La *fuerza normativa* es, por consiguiente, una cuestión de grado, como lo ha establecido von Wright (1970) para las normas no lingüísticas: todas las desviaciones (que solo son tales desde el punto de vista del sistema cognitivo, que posee un uso diferente) no tienen el mismo poder desde el punto de vista de la normatividad. Como lo he mencionado, las lenguas suponen una normatividad, en general laxa, en el sentido de que no existe realmente una autoridad de control que lleve a puniciones. Es otro tipo de autoridad la que está en el imaginario del hablante. En palabras simples, el usuario puede virtualmente incumplir una norma lingüística y no será sometido a un tribunal que lo juzgue, ni será encarcelado o multado. Existe, pues, un relajamiento del control respecto de la propia producción mientras más espontánea sea, que permite un margen de movilidad en algunos puntos del sistema. Y, por ello, es siempre posible la desviación de una norma o su transformación en otra distinta, a condición de que tales cambios sean aceptados por el grupo al que el hablante pertenece o al que desea pertenecer.

En otras palabras, la variación supone, aunque parezca paradójico, una suerte de homogeneidad microscópica, que tiene sus propias leyes reguladoras. Solo la laxitud normativa (que se expresa en una gradación de fuerza) puede explicar que exista la diversidad, aun a expensas de la convergencia que exige la aceptabilidad colectiva (Caravedo 2006a). En consecuencia, el aspecto normativo implica también su opuesto contra-normativo. Esta oposición resulta fundamental para entender la aparente paradoja entre universalidad y diversidad del lenguaje o, lo que es lo mismo, entre invariación y variación, como lo mostraré más adelante, de modo que adoptaré estos principios, producto de una interpretación personal del pensamiento searleano como punto de partida esencial para la reflexión que me propongo presentar aquí.

El sujeto de la norma. En materia de normas en general, y teniendo como punto de partida el sentido deóntico de éstas, se puede hablar —nuevamente siguiendo a von Wright (1970) en la lógica normativa no aplicada al lenguaje— de dos tipos de protagonistas: el *enunciante*, que representa la *autoridad*, y el *receptor*, el que debe cumplirla. Como lo hemos señalado antes, este autor establece una diferencia entre el contenido normativo y el carácter normativo, optativo u obligatorio. Lo que este filósofo llama la *fuerza normativa* (*normative force)* se manifestaría a través de las *autoridades normativas* (*normative authorities)* e iría dirigida a los *sujetos normados* (*norm subjects)*. Hay que especificar que el término *sujeto* en el pensamiento de von Wright se circunscribe a los individuos que se someten a las normas. Pero es interesante observar que este mismo autor considera que los sujetos de las normas pueden también contribuir al fortalecimiento de ellas (*norm enforcers)* y, en esa medida, podrían en mi interpretación constituirse en autoridades. Esto último se manifiesta en las correcciones que pueden hacer los hablantes del discurso de los otros (*cf.* Bartsch 1982).

Tales deslindes resultan claros cuando se aplican a las normas jurídicas, en las cuales, por una parte, quien enuncia la norma se comporta también como autoridad en el cumplimiento de ellas, y, por otra, enunciante y receptor tienen funciones claramente definidas. Pero si tratamos de aplicar tales diferencias a las lenguas, estas no resultan nítidas y hasta se difuminan, pues no puede trazarse una frontera precisa entre enunciante y receptor. En una reflexión sobre la semántica léxica, Putnam (1975) distingue con nitidez en materia de lenguaje, el papel de la autoridad al referirse a la *división del trabajo lingüístico* (*division of linguistic labor*), representada por el juicio de los expertos, que se diferencia del juicio del hablante común y corriente, distinción que resulta aplicable a la intervención de la autoridad normativa.

Por un lado, el enunciante, que explicita los contenidos normativos (comúnmente con carácter prescriptivo), es, por lo general, hablante de la lengua y, de modo más preciso, representante de alguna de sus modalidades geográfico-sociales, lo que quiere decir que es también seguidor de una norma. En este sentido, la autoridad puede comportarse como juez y parte en el discurso normativo lingüístico, de modo que se hace difícil deslindar la función de enunciante con la de receptor. Por otro lado, el hablante común puede ser el autor de una norma y hasta constituirse en autoridad para otros, aunque no necesariamente en enunciante. Téngase en cuenta que el enunciante normativo, que hace explícita la norma, puede no ser el autor de ella, aunque sí se convierte automáticamente en autoridad. El concepto de autoridad no tiene, claro está, el valor impositivo directo de la autoridad jurídica o policial, de acuerdo con el carácter laxo de la prescripción lingüística, que no va más allá de la sanción social. La Real Academia Española (o la Asociación de Academias), por ejemplo, es por excelencia enunciante y máxima autoridad normativa, si bien no es en todos los casos la verdadera autora de las normas, ya que éstas pueden provenir de distintas fuentes (escritores, literatos, periodistas, juicios de determinados grupos prestigiosos, etc.), entre las cuales pueden encontrarse ciertos grupos sociales, incluso primariamente provenientes de un sector popular, que han contribuido a generalizar algunos usos. Así, se entiende que tantas formas reconocidas como rústicas o no prestigiosas en sus orígenes hayan ido ganando terreno en la sociedad, de modo que la autoridad normativa las ha llegado a aceptar.

La autoridad espontánea, no referida a la oficial académica, se expresa en el hecho de que un uso pueda considerarse un modelo o paradigma en determinados contextos sociales, de tal modo que se llegan a transmitir formas no admitidas o, por lo menos, no evaluadas explícitamente por las autoridades oficiales del discurso académico. En este último sentido, la percepción de los hablantes comunes adquiere el poder para orientar la normatividad hacia hechos que pasaban desapercibidos por la autoridad oficial. Respecto de las autoridades espontáneas, en su segundo volumen sobre el cambio lingüístico, William Labov estudia los requisitos psicosociales que caracterizan a las personas influyentes en la sociedad estadounidense como potenciales creadores y difusores de nuevas normas en el inglés. Labov identifica las características generales de los llamados *líderes* del cambio, a partir de los cuales se transmiten nuevas formas en la sociedad, y llega a establecer una condición básica de *inconformismo social* como la verdadera causa motivadora de la evolución de la lengua, que en el caso de la sociedad estadounidense está representada por mujeres, de clase media y con un índice alto de movilidad social ascendente (*cf.* Labov 2001:323 y ss.). Se imponen estudios análogos de las sociedades hispánicas tendientes a definir los tipos sociales de las nuevas autoridades espontáneas, cuyas preferencias idiomáticas pueden distanciarse notablemente de las académicas.

Quede claro que cuando nos referimos a los sujetos de las normas (bien se trate de los enunciantes, bien de los receptores) no aludimos exclusivamente a individuos, sino a lo que estos representan: modalidades colectivas, espaciales, sociales y hasta estilísticas, las cuales son susceptibles de adquirir a partir de circunstancias de diverso orden un carácter referencial en un momento dado de la evolución de la lengua. Como sabemos, el estatuto ejemplar asignado a ciertas modalidades del español ha sufrido modificaciones significativas a través de la historia.[4]

En principio, son enunciantes y autoridades normativos los constructores del discurso prescriptivo que llamaré oficial, la Academia (o, más bien, la Asociación de Academias), pero también los autores de un discurso metalingüístico que transmite o difunde la normativa oficial (desde textos de crítica lingüística, hasta textos de enseñanza y de divulgación) y, asimismo, los constructores del discurso descriptivo científico cuyo punto referencial es, por lo general, aunque no siempre, también la normativa oficial. De acuerdo con Bartsch, se puede hablar de diferentes agentes normativos: promulgadores, promotores, beneficiarios y hasta adversarios (*cf.* Bartsch 1982:63). Siguiendo sus planteamientos, solo serían prescriptivas las normas cuya aceptación de parte de los hablantes depende de una presión externa. Cuando los hablantes tienen interiorizada la norma y no necesitan de una presión para formularla, se trataría de una *norma real* (*loc. cit.* p. 64). Tal distinción guarda una relación de analogía con la propuesta por Lara (1999) entre *normas explícitas* (prescriptivas) e *implícitas* (consensuadas).

---

4   Baste dar una ojeada a la variación valorativa de las modalidades toledana, González Ollé
     (1988), Méndez (1999). Un panorama de los problemas pendientes de estudio en relación
     con la norma madrileña, en Bustos Gisbert/Santiago Lacuesta (2002). Para el andaluz, *cf.*
     González Ollé (1988), Frago (1993), Bustos Tovar (1997).

Por otro lado, el discurso prescriptivo se apoya en un conjunto de textos. Las voces de escritores, científicos o literatos le sirven de sustento ejemplarizador. Ahora bien, los criterios de selección de las autoridades que sirven de apoyo a este discurso no se han mantenido constantes con el paso del tiempo, ni tampoco en la sincronía actual. Sin duda alguna, la formación de corpus del habla viva intensificada en los últimos años en el marco de diversos proyectos de investigación (bien de parte de la propia Academia, bien de parte de la comunidad disciplinaria en general: me refiero a proyectos informativos o descriptivos con diversos alcances, gramáticas particulares, diccionarios nacionales o regionales, etc.) ha contribuido a una modificación del significado implícito en el criterio de autoridad, pues es el hablante normal, representativo de una modalidad real del español, en su estilo oral, además del escrito, que entra a formar parte del bagaje documental que da sustento a las normas, lo cual supone una extensión de la ejemplaridad al ámbito del individuo común que no utiliza necesariamente la lengua como instrumento profesional, pero que en razón del dominio que tiene de ella puede erigirse en hablante autorizado.[5] Este cambio de actitud ha motivado en los últimos años una presencia cada vez más intensa de los hablantes representativos de las diversas modalidades hispanoamericanas como sujetos de la norma.

En suma, el problema de la constitución de las normas atañe tanto a los protagonistas de la reflexión lingüística cuanto a los hablantes en general, de modo que se puede diferenciar, siguiendo el modelo de división del trabajo lingüístico propuesto por Putnam, un sentido formal o técnico de un sentido informal e ingenuo, en el discurso sobre la normatividad. Ahora bien, conviene destacar que ambos tipos de discurso no son absolutamente autónomos, antes bien, se entrecruzan o se superponen en una trama difícil de desatar. Así, no hay que olvidar que los enunciantes tienen también sus propias normas implícitas, que no dejan de volcar en el propio entramado del discurso evaluativo, de modo que se hace difícil separar con nitidez las fronteras entre lo explícito-prescriptivo y lo implícito-consensuado. Una oportuna ilustración de la problemática presentada viene de la lúcida declaración que hace Alarcos (1994), que reproduzco aquí

---

5   Este fue el criterio sostenido en el primer proyecto sobre las normas del español. Me refiero al *Proyecto Coordinado de la Norma culta de las principales capitales hispanohablantes*, que actualmente lleva el nombre de su fundador Juan M. Lope Blanch (1966), el cual fue apoyado y desarrollado por diversos estudiosos en cada una de las ciudades representadas, entre los cuales en los momentos iniciales son dignos de mención, además de su fundador, Angel Rosenblat, Manuel Criado de Val, Manuel Alvar, Antonio Quilis, Humberto López Morales, José Pedro Rona, Joseph Matluck, Ana María Barrenechea, Luis Flórez, Ambrosio Rabanales, Alberto Escobar, para citar a quienes participaron en el diseño de los objetivos y la metodología. Por primera vez se intentaba describir los usos sobre la base del habla real y del hablante común y corriente con un grado alto de educación.

textualmente, como documento de la mayor importancia por su carácter autocrítico que no esconde la subjetividad, y que es capaz de desdoblar el conocimiento y las preferencias del hablante común de las que corresponden a la autoridad académica:

> Se comprende y hasta se justifica que cada uno encuentre más eficaz y precisa la norma idiomática a cuya sombra ha nacido y se ha formado; pero ello no implica rechazo o condena de otras normas tan respetables como la propia. La Academia, con mutaciones varias a lo largo de sus casi tres siglos de vida, ha defendido criterios de corrección basados en el uso de los varones más doctos, según decía Nebrija. El redactor [se refiere a él mismo] ha procurado la imparcialidad en los casos de conflictos normativos, si bien se reflejan a veces sus preferencias personales. La tendencia normativa, desde los mismos orígenes de la gramática, la hemos heredado todos, incluso los afectados de ligero latitudinarismo. Toda gramática termina, o empieza, por ser normativa. Y, al cumplir con el compromiso contraído, también esta gramática aconseja formas, siempre, eso sí, sin espíritu dogmático (Alarcos 1994:18).

Con frecuencia se pasan por alto estas consideraciones cruciales, que Alarcos ha sabido poner en primer plano en la redacción de su gramática, para entender el sentido y los alcances de la normatividad de una lengua, cristalización de los distintos modos de percepción subjetiva, y para construir textos epistémicamente objetivos sobre ella.

El desarrollo de la percepción

Como hemos dicho, la percepción es solo uno de los varios instrumentos, aunque quizás el primero en importancia, en el desarrollo de la cognición. Puede pensarse que su carácter instrumental para conocer el objeto deja de actuar, alcanzado el objetivo de conocimiento de una lengua y, por lo tanto, deja asimismo de cumplir una función en la cognición misma. Nada más alejado de la verdad. Por un lado, existe un aspecto evolutivo que se desenvuelve durante la vida del individuo en el uso del instrumento perceptivo. Por otro lado, el resultado de la actividad perceptiva, los perceptos, es decir, los contenidos de la percepción almacenados en la memoria del hablante, seguirán actuando en la vida adulta como parte del propio conocimiento, y será imposible independizarlos de este. Los perceptos dirigirán el modo de observar, de concebir y de valorar los hechos de las lenguas, y se transmitirán de generación en generación, modificándose solo ante circunstancias específicas que llevarán al cambio de valores. En la parte aplicativa de este trabajo, ilustraré los casos en que se da esta situación.

La percepción es el mecanismo cognitivo básico para acercarse al conocimiento de una lengua. Instrumento mental esencial de la actividad cognitiva, permite

en el hecho de que los sujetos observados reproducían en su propia habla el mismo fenómeno devaluado en el habla ajena.

Aparte el aspecto de tipo ontogénico mencionado, la percepción no deja de ejercitarse en la construcción del discurso disciplinario, independientemente de que el lingüista sea hablante nativo de la lengua que estudia. La llamada intuición lingüística, elemento clave en el trabajo empírico generativista, pero también utilizada de modo implícito en gran parte de los sectores de la lingüística no empírica, no es sino el resultado de una forma de percepción de los fenómenos lingüísticos como gramaticales o como no gramaticales. Juzgo imprescindible tomar en consideración este fenómeno en la propia interpretación de los textos científicos y de sus contenidos. Todas las categorizaciones técnicas son producto de la elaboración de la propia percepción lingüística del analista, y como tales deben ser consideradas. Esto no significa que sean inválidas, pero en todo caso deben ser epistémicamente razonadas y, asimismo, aceptadas en sus limitados alcances cognitivos.

Tanto la recepción cuanto la emisión discursivas pueden interpretarse, por un lado, como capacidades de realización, y, por otro, como las realizaciones mismas de las capacidades. Capacidad y concretización de la capacidad son aspectos fundamentales en el estudio del lenguaje que las escuelas lingüísticas han reconocido y privilegiado de modo distinto, de acuerdo con las delimitaciones consideradas conceptual o estratégicamente prioritarias en sus programas teóricos. El desarrollo de los estudios en el campo de la llamada lingüística cognitiva ha destacado la importancia de observar la fenomenología lingüística, teniendo en cuenta ambos aspectos. Siguiendo esta línea, en lo que sigue, focalizaré la atención en el estudio de las realizaciones de la percepción y de la producción, aunque sin descuidar el plano de las capacidades, determinado neurológicamente, atendiendo a los más recientes descubrimientos de la neurobiología. Sin embargo, tales capacidades no serán el objeto central de este trabajo.

Fases cronológicas en la percepción

Como lo he anunciado, es necesario distinguir distintas fases en la evolución de la percepción, pues esta no se ejercita de la misma manera ni con la misma fuerza en todas las etapas de la vida cognitiva del ser humano. Primero que nada, de acuerdo con lo dicho, estableceré los siguientes deslindes básicos de carácter cronológico, pero que inciden en la configuración y en el papel de la percepción en la cognición lingüística, tanto en el sentido de capacidad, como en el de realización concreta; a saber:

a.   el periodo adquisitivo: el desarrollo del conocimiento en la evolución cronológica del individuo desde el nacimiento hasta la etapa pre-escolar, que constituirá la fase primaria;

b.   el periodo de aprendizaje escolar, que llamaré fase secundaria;

c.   el periodo estable, mantenido a lo largo de la vida del individuo adulto con muy pocas variaciones, que llamaré fase terciaria.

Las dos primeras fases implican gradualidad en el conocimiento y distintos tipos de adquisiciones. En cambio, la tercera supone cierta estabilidad o fijación. Pero aquí nos interesará destacar el hecho de que tanto la capacidad cuanto la actividad perceptivas del individuo varían notablemente según el periodo en que se encuentre. Es natural imaginar que en los primeros momentos de la vida, la capacidad de percepción se ponga en funcionamiento con la máxima intensidad: es esta la actividad central del individuo hasta que se complete el proceso de adquisición del lenguaje cuyo límite podría ser la etapa pre-escolar (3 a 5 años). Dentro de este periodo se da también una evolución interna en la que no me detendré. Hay que considerar que en las primeras etapas, el niño no conoce absolutamente nada de una lengua, por lo que la actividad perceptiva debe reconstruir toda la organización lingüística sobre la base de la limitada y fragmentaria información recibida del propio discurso de la madre, que obviamente no es un discurso instructivo organizado sobre las características de la lengua, sino, más bien, comunicativo y afectivo, con el propósito prioritario de establecer la primera relación con el hijo. El niño tiene que captar primero la organización fónica de la lengua para penetrar en los significados, de modo que todos los recursos auditivos estarán dirigidos a deslindar los rasgos fónicos de la variedad objeto. De ahí la centralidad del carácter fónico de la lengua para llegar a la estructura de ella.

Jakobson había ya advertido que el tipo de percepción que se ejercita para aprehender los signos auditivos es distinta de la que se pone en funcionamiento para los signos visuales (Jakobson [1976]:111 y ss.). Textualmente:

> Existe una diferencia notable entre una representación esencialmente espacial, visible de un solo golpe, y el flujo musical o verbal que se desenvuelve en el tiempo y que excita nuestro oído de una manera consecutiva (ibíd.:115).

De acuerdo con Jakobson, los signos auditivos se desenvuelven en el tiempo y, por lo tanto, tienen como característica la sucesividad, mientras que los visuales se presentan en el espacio y, por ello, es la simultaneidad la que entra en juego. Sucesividad y simultaneidad exigen distintos tipos de percepción. El lenguaje, que en esencia forma parte de los signos auditivos, supone —según este planteamiento— la construcción discursiva secuencial y, por lo tanto, no permitiría la aprehensión simultánea. Esto supone una dosis de capacidad predictiva o prospectiva del individuo para imaginar lo que viene después de lo que está oyendo, y retrospectiva (memorística) para recuperar la información anterior, pues lo que se dice desaparece inmediatamente después de dicho. La memoria resulta, pues, un aspecto fundamental en este proceso. Si nos ponemos en el lugar del infante, que no conoce nada de lo que oye, no solo desde el punto de vista del contenido, sino sobre todo de la naturaleza externa del objeto llamado lenguaje, es natural imaginar que deberá llevar a cabo un proceso muy complejo, lleno de vicisitudes, inseguridades y errores, de continuos deslindes y descartes de elementos constantes, regulares, como también superfluos o accesorios.

En definitiva, en esta primera etapa es solo lo que atañe a la organización fónica lo que se presenta al perceptor en primer plano hasta que pueda pasar a las sucesivas fases de percepción gramatical, luego de haber ejercitado su capacidad motora en el balbuceo y otros intentos reproductores, a través de la corrección constante de los padres.

Respecto del proceso de descubrimiento de la expresión del significado en las unidades mayores, de acuerdo con las etapas propuestas por Tomasello (2008), el individuo utiliza en primer momento palabras unidas a gestos indicadores del objeto referido. En una segunda fase esas palabras combinadas con la gestualidad que señala un objeto indican una acción o evento, como *eat*, cuando se señala un caramelo, y se quiere expresar el deseo de comerlo. En este caso se está ante el discurso holofrástico. La tercera fase supone el llamado *pivot schema* en el cual se combinan palabras que indican eventos con palabras que indican los participantes: *ball gone, dog gone*, a través de uniones de elementos constantes y variables. Esta fase anticipa el manejo de la gramática en la medida en que se acerca a la construcción de la frase, pero no implica todavía el conocimiento del mecanismo combinatorio más complejo para producir enunciados, esto es, en términos jakobsonianos, para moverse en el campo de la sucesividad, como propiedad esencial del lenguaje. Resulta indudable que las fases evolutivas propuestas más modernamente dan la razón a las hipótesis de Jakobson. Por lo tanto, es probable que la percepción siga el camino de la secuencialidad y que sea el análisis el instrumento lógico fundamental en la aprehensión del lenguaje. Naturalmente esa secuencialidad comienza a adquirir sentido asociada a los interlocutores y al contexto inmediato, pues no es un ejercicio vacuo formulístico sino que está subordinado a la interacción con el otro.

En la etapa escolar el individuo se vale asimismo de la percepción en el proceso de conocimiento metalingüístico, mediante la inmersión a la escritura (cuando se trata de lenguas con códigos gráficos desarrollados). Pero debe cambiar de canal sensorial, de modo que pasa a otro orden perceptivo (aplicando aquí los términos jakobsonianos): de la percepción auditiva de la sucesividad a la espacialización del lenguaje; esto es, a la percepción visual de la simultaneidad, de aquello que se presenta a los ojos de modo total, en bloque, inamovible. No obstante, a pesar de las afirmaciones jakobsonianas, el proceso de aprendizaje de la escritura no confronta al niño directamente con la visualización global, pues este debe aprender, para lograr tener éxito en la parte ejecutiva motora, a aislar visualmente cada elemento constitutivo de una secuencia escrita, esto es, debe discriminar las letras, en el caso de la escritura alfabética. El lenguaje no pierde su condición secuencial al pasar a la escritura. De todos modos, conforme avance en el manejo de la visualización del lenguaje, el niño se pondrá en condiciones de hacer elaboraciones sintéticas respecto de distintos aspectos de su lengua. Es una manera de inmovilizar lo que está en constante movimiento cuando se manifiesta como sonido. Ya solo dibujar el sonido, a través de las letras, esto es, conferirle corporeidad física, implica darle una existencia concreta a través de la estabilidad y convertirlo en inmutable. Se asiste quizás al inicio de la categorización fónica que el individuo pone en juego al establecer equivalencias entre los sonidos y sus representaciones gráficas. Probablemente esta es la razón por la cual el individuo adulto crea una asociación indisoluble del sonido con la letra.

A este respecto, observaciones personales en muy variados contextos geográficos me han permitido comprobar la dificultad de los estudiantes, incluso con cierto grado de especialización lingüística, en la disociación de los fonemas respecto de las letras. Esta experiencia me ha llevado a la conclusión de que las unidades fónicas en la percepción de los hablantes son indesligables de las letras. Percibir el fonema implica para los hablantes escribirlo o imaginarlo como letra, como si no hubiera forma de representarlo o reconocerlo mentalmente en la sonoridad misma evanescente sino solo cuando se lo ha inmovilizado o corporeizado a través de la visión. La percepción visualizada del sonido termina fuertemente asociada a su cognición en las sociedades alfabetizadas.

Es necesario ahondar en las diferenciaciones jakobsonianas mencionadas, que resultan determinantes para llegar a comprender la cognición lingüística. Aunque, en principio, es acertada la diferencia entre percepción de la sucesividad en los fenómenos auditivos frente a percepción de la simultaneidad en los visuales dada la naturaleza de cada uno, esta correspondencia no es fija. También puede percibirse simultáneamente lo auditivo, por ejemplo, cuando se reconoce una palabra de modo global sin que demande ningún esfuerzo de tipo analítico o segmental, o cuando se comprende una frase o, de modo simultáneo, varias encadenadas en el discurso no planificado sin haber analizado uno a uno sus elementos constituyentes. Y, a la inversa, es posible, y hasta diría, imprescindible, ejercitar la percepción de la sucesividad cuando se trata de signos visuales como la escritura, como lo acabo de sostener, por lo menos en la alfabética, que supone la traslación del orden de la sucesividad a la linealidad. La lectura significa ya la puesta en funcionamiento de un mecanismo que tiene un trayecto que implica un recorrido lineal y secuencial, si bien no necesariamente de letra a letra, pero por lo menos de palabra a palabra, o de construcciones de longitud reducida. Si pensamos en la experiencia de lectura de los subtítulos de películas en lenguas que desconocemos, podemos darnos cuenta de hasta qué punto nuestra percepción va guiada por la secuencialidad, más que por la simultaneidad, tanto que incluso no alcanzamos a leer toda la secuencia por la rapidez del cambio de imágenes.

 Nuestra percepción en materia lingüística sigue una línea imaginaria y, en este sentido, tiende a ser analítica, más que global o sintética, como lo creen algunos. La cuestión tiene que ver con la naturaleza de las escrituras alfabéticas cuya representación gráfica está endeudada con la cadena hablada, y por ello se intenta plasmar la secuencia de modo icónico (*cf.* Lüdtke 1969). Cuando se dominan las representaciones oral y escrita en las fases avanzadas de aprendizaje, resulta natural utilizar ambos modos de percepción, tanto de lo sucesivo, cuanto de lo simultáneo en la comprensión discursiva. La fijación memorística es fundamental en la percepción de la secuencia escrita, pues quedarán memorizadas determinadas formas y construcciones en la medida en que se las ha visualizado. Este punto será crucial para entender la percepción de ciertos hechos que se perpetúan en las variedades porque aparecen reforzados en la memoria visual del individuo.

Para comprender las fases cronológicas, las abordaré, a continuación, de modo específico por separado partiendo en un primer momento de las situaciones menos complejas; es decir, del individuo en un contexto familiar monolingüe, en otras palabras, del que adquiere una única lengua. Posteriormente, enfrentaré algunos aspectos de las situaciones más complejas de contacto de lenguas en el contexto migratorio.

La fase primaria. Desde que el individuo nace se inicia un proceso de captación de los objetos circundantes, entre los cuales el más significativo es el lenguaje. La primera tarea que se impone al recién nacido consiste en reconocer una diversidad de estímulos sonoros auditivamente e identificarlos respecto de su fuente originaria. Tal reconocimiento implica situar los estímulos espacialmente, identificando las fuentes emisoras.

En lo que al lenguaje atañe, la fuente emisora son los seres que rodean al niño y producen sonidos, bien dirigidos de modo específico a él mismo como receptor, bien dirigidos a otros destinatarios. En esta tarea el niño descubrirá como fuente de los sonidos lingüísticos al ser humano personalizado a través de la madre o de quien haga las veces de ella: movimientos bucales, gestuales, acompañados de una dirección e intensidad de la mirada, a veces de la proximidad corporal del emisor, el cual puede llegar al tacto de la piel del niño, los cuales ocurren de modo simultáneo a la generación del sonido. Este adquiere entonces una importancia capital, pues lleva a identificar el lenguaje con el propio contacto humano como algo definido, continuo y omnipresente en las emisiones sonoras del otro, que será distinguido sensorialmente de otros sonidos/ruidos provenientes de los demás objetos del mundo, incluso de la música.

La sustancia del lenguaje a partir de su primer perceptor no es, pues, restrictivamente acústica, como ya lo adelanté en el apartado anterior, sino que está ligada a una fuente espacial, está corporeizada, lo que implica al mismo tiempo su identificación visual en el cuerpo de otro ser humano. Pocas veces se toma en cuenta en los análisis que el espacio, una coordenada esencial de la existencia y de la cognición del mundo, está formado por personas, además de objetos inanimados y no solo por lugares. Diversas investigaciones empíricas ya clásicas vienen a apoyar estas consideraciones, como las realizadas por Vurpillot (1975) en el programa de investigación —no por antiguo menos válido— conducido por Piaget (*cf.* Piaget 1975). Según determinadas pruebas de laboratorio en las que participan niños en los primeros meses de nacimiento, se ha comprobado que cuando se produce un sonido, la primera reacción del individuo es volver la mirada para buscarlo, esto es, para localizar su fuente en el espacio. El sonido está, pues, primariamente asociado al espacio: tiene un lugar, una ubicación. De acuerdo con estas indagaciones, la búsqueda del punto de localización del sonido tiende a ser, en un primer momento, lateral (izquierda/derecha) más que horizontal o vertical.

Me valgo de esta comprobación con el propósito de reforzar la interpretación que sostengo aquí sobre la ligazón de dos órdenes sensoriales distintos, auditivo y visual, en los primeros momentos de la percepción del lenguaje, asociación que más adelante se fijará en la etapa secundaria en la escuela. La concretización de esta necesidad primaria de conferir un espacio físico visualmente aprehendible al sonido se manifiesta en la escritura, tanto desde el punto de vista del aprendizaje, cuanto de su propia génesis. De hecho la escritura supone la concesión de un espacio a lo oral/auditivo: es el camino que sigue la percepción para la cual no es suficiente la aprehensión auditiva del sonido, sino la búsqueda simultánea de un *locus* que lo genere. Habría que preguntarse: ¿por qué no ha sido la espacialidad una conexión necesaria de lo sonoro en las lenguas ágrafas que existen en el mundo? y ¿hasta qué punto la percepción que prioriza lo espacial está determinada culturalmente?

Retomando el hilo del proceso adquisitivo, se da un cambio de sensorialidad que supone el paso de la materia sonora a la visual, que lleva a asignar el habla no a objetos como los otros sonidos del mundo, sino en primer lugar a personas: la fuente de esa sonoridad específica es humana y, en ese sentido, social. De aquí se entiende la asociación de determinadas formas lingüísticas a grupos humanos definidos, que será un aspecto crucial en la percepción lingüística, como se verá más claramente en la parte empírica cuando tratemos la situación migratoria. En definitiva, lo que se dice depende en cierta manera de quién lo dice, de tal modo que tanto el soporte material como el contenido están personificados. Este es un punto central que no ha sido considerado en los planteamientos sociolingüísticos: la corporeización o, mejor, visualización de la lengua y, por lo tanto, los significados, asociada a los hablantes mismos y al espacio que ocupan y que los circundan. Conferiré a esta consideración una importancia capital en la interpretación de la cognición lingüística y en la determinación de los valores de los hablantes.

A partir de la exposición constante a la materia fónica del lenguaje, el niño llegará a discriminarla de otras fuentes de sonido no lingüístico. Pero no solo eso, sino que emprenderá la misteriosa y fascinante tarea de descubrimiento de que esa materialidad envuelve algo más que el sonido, que no está directamente a la vista. Es decir, los otros ruidos del mundo son solo eso. El mundo *suena* de distintas maneras, pero, excluida la música, que supone procesos complejos de elaboración, ese sonido no es sino de orden físico: basta buscar la materia generadora de él. En cambio, el que se desprende de las bocas de los seres humanos encubre un secreto. Las secuencias de sonido adquieren un poder mágico, en el sentido de que esconden para el niño algo distinto e inesperado, pero a la vez preciso, respecto de su evanescente fisicidad acústica, que permite desvelar una nueva realidad invisible a los sentidos: el significado o, en términos generales, la representatividad. Tal descubrimiento estará naturalmente ligado a la figura con la cual se establece el contacto más directo y continuo, la fuente originaria del lenguaje, comúnmente, la de la madre o la primera persona de referencia. El origen de los contenidos está personificado en ella: ese es en el fondo el primer espacio vital del lenguaje, que posteriormente se expandirá en la interacción con los demás integrantes del ambiente familiar. Ahora bien, tales contenidos no se circunscriben a la representación de los objetos externos, sino que producen efectos en las personas mismas que los reciben y los emiten: sensaciones (gusto o disgusto, sorpresa, perplejidad, temor), acciones específicas, cambios de comportamiento.

El descubrimiento del contenido debajo de las formas materiales, en el sentido amplio que he mencionado, tiene como referencia esos primeros contactos que se desenvuelven en relación con necesidades primarias y afectivas. Los sonidos debidamente combinados permiten descubrir el misterio de los objetos: nombrarlos es conocerlos, manipularlos, reemplazarlos. Aún más, tales sonidos descubren al mismo tiempo su efecto sobre las personas de referencia, a través de la captación y expresión de voluntades, empatías, afectos, intenciones. De hecho, el papel de la intencionalidad como integrante esencial del lenguaje y de la actividad comunicativa ha sido señalado desde la perspectiva filosófica por Searle (1984, 1995, 2009) y posteriormente replanteado en la teoría comunicativa del origen del lenguaje por Tomasello (2008).

Según Searle, la intencionalidad compartida (*share intentionality*) constituye el principio básico del desarrollo del lenguaje, el cual al ser anterior a la intencionalidad individual no se deriva de esta, como normalmente se sostiene (el contenido de la expresión *we intend* precede al de *I intend*). Por otro lado, para Tomasello, la adquisición del lenguaje implica la captación inmediata de la intención de un mensaje verbal, incluso en los estadios primarios, antes de la adquisición sintáctica. Así, cuando en la etapa temprana holofrástica en que el niño articula solo palabras unidas a gestos indicativos, éstas conducen a provocar determinados efectos en los adultos, a expresar deseos como 'quiero comer' cuando dice *eat* señalando un pastel, o 'puerta' acompañado de la señalización de la puerta de la casa no solo para expresar un deseo (acto directivo), en el sentido de comunicar que quiere ir a la calle, sino además para obligar a los padres a llevarlo fuera. Existe, pues, una pulsión comunicativa temprana que no es otra cosa que el intento de acercamiento a los interlocutores y a la interacción con estos, que constituye la razón de ser del lenguaje.

El proceso cognitivo en su totalidad pasa, pues, por el tamiz del lenguaje que es su vehículo central. Y, aún más, todo el desarrollo de la percepción lingüística posterior está marcado de forma indeleble por los primeros contenidos adquiridos en nuestra infancia. A partir de aquí, toda observación lingüística pasará por el filtro de lo adquirido en la fase primaria. Este proceso de los primeros contactos con la materia lingüística tiene, sin embargo, ciertas restricciones cronológicas y un periodo crítico reconocido ampliamente en distintos campos como la psicolingüística y la neurobiología. Volveré más adelante sobre este punto crucial en la comprensión del fenómeno que nos ocupa.

La fase secundaria. Completada la percepción primaria, el proceso perceptivo continúa terminado el periodo de adquisición de la lengua en la etapa escolar, en que el niño se confronta con un ambiente social más amplio e interactúa con otros individuos fuera del ambiente familiar, y recibe además instrucción específica y sistematizada respecto de su lengua, que debe procesar y hacer compatible con su saber actual. Según Labov, el periodo de reajuste con el sistema social más amplio se prolonga aproximadamente hasta los 9 años de edad en que el niño adquiere la variedad local de su comunidad en relación con el grupo social que le pertenece (Labov 2010). Pasado este periodo óptimo de adquisición, que otros autores extienden incluso a los doce años, si el niño migra hacia otra comunidad no reproducirá el acento local (*cf.* Siegel 2010). Y estas primeras percepciones de la etapa escolar no se dirigen a la distinción de clases sociales, sino más bien —siguiendo con el pensamiento laboviano— a la diferenciación estilística entre contextos formales o disciplinarios, que el niño asocia a la autoridad (sea de los padres, sea de los maestros), y contextos informales, ligados a las situaciones lúdicas en relación con los compañeros de juego. Durante el periodo de pre-adolescencia y adolescencia, se agudiza la percepción social y deja de ser el modelo familiar la única referencia, de modo que se produce un distanciamiento progresivo del sistema primario en la llamada *reorganización del vernáculo (vernacular reorganization)*, según la cual el niño comienza a alejarse gradualmente en algunos puntos del modo previsto en el modelo materno (Labov 2001:512-513).

Además de lo dicho, con la inmersión en la escuela, el niño aprende a auto-observarse, a conocer y reforzar los patrones locales y a extender el conocimiento a los patrones ajenos de otras comunidades. Recibe también la evaluación de los maestros con lo cual se agudiza su capacidad autoperceptiva. Al mismo tiempo, se desarrolla la percepción social en contacto con los compañeros de la escuela, predominantemente en las situaciones de juego. También aquí se da una gradualidad de aprendizaje mediante la utilización de la percepción que tendrá sus momentos más importantes en la adolescencia (y en la pre-adolescencia), periodo en que se refina la percepción social en el sentido micro-grupal, y se expresa con toda su intensidad en el modo de percibir las variedades y de producir los propios estilos discursivos como identificadores grupales (*cf.* Eckert 1999).

La fase terciaria. Después de la etapa escolar, el niño se integra en una sociedad adulta a través de la iniciación de los estudios post-escolares (sean universitarios o técnicos, cuando se da esta posibilidad), del desarrollo ocupacional y de la inserción al mundo laboral que le permite el ensanchamiento de sus fronteras de relación grupal. En la adultez el conocimiento de la lengua alcanza una estabilidad; por lo tanto, los procesos perceptivos dejan de tener el estímulo de lo desconocido, de tal manera que se estabilizan o cesan. En esta fase el individuo se expone a una comunidad más amplia, con la que se confrontará durante su vida social, ocupacional o profesional. El individuo estará en condiciones de comparar su variedad vernácula, no solo con los patrones transmitidos en la escuela, sino con las variedades concretas de su universo de interacción cotidiana. Ya en la pre-adolescencia el niño ha adquirido lo esencial de su variedad local, de tal manera que la percepción no modifica de modo profundo su producción sino que, más bien, le sirve como recurso analítico o discriminativo.

Durante la adultez, la percepción, que en teoría ya no debe ponerse en funcionamiento para identificar los aspectos centrales de la organización del sistema porque se han adquirido en su momento, se fija en los valores ya conocidos, se estabiliza y deja de ser normalmente un fenómeno dinámico de conocimiento para constituir un hecho estable, en cierta medida, anquilosado con pocas posibilidades de modificación, a menos que se den situaciones abruptas como las de desplazamiento migratorio, que pongan en duda los valores adquiridos.

Normalmente el individuo deja de percibir, por lo menos de modo consciente, su propia variedad, la cual llega a constituir una modalidad neutra. De ahí que sea frecuente no poseer una percepción de la variedad vernácula y sentir que solo las variedades foráneas tienen peculiaridades, mientras que la propia se considera normal sin particularidades dignas de destacarse. En algunos casos, la percepción puede agudizarse en contacto con los textos escritos, siempre y cuando el sujeto se desenvuelva en un campo interactivo que los incluya; esto es, si es estudiante universitario, si trabaja en una profesión que le exija la lectura constante, o si sus intereses o curiosidades personales lo llevan a ejercitar el hábito de la lectura. De lo contrario, normalmente no escribirá (o lo hará en las limitadas transacciones tecnológicas, como el correo electrónico y el *chat*) y, por lo tanto, serán cada vez más escasas las oportunidades de ejercitar la percepción en materia de lenguaje.

En este contexto reflexivo, resulta relevante mencionar la revitalización de la lectura y de la escritura a través de los medios cibernéticos. Se trata, sin embargo, de una escritura generalmente rápida, expeditiva, irreflexiva y deformada como la favorecida por la interacción de los llamados *chats,* y otras modalidades semejantes de intercambio instantáneo sin contacto físico, que favorecen discursos coloquiales que se acercan al prototipo de la oralidad (según el modelo de Koch/Oesterriecher 1985) no controlados, además de una forma de visualización del lenguaje con diferentes características respecto de las normalizadas en los textos escritos. Hasta qué punto esta forma de visualización de lo escrito incida sobre la percepción lingüística es algo que merecería investigaciones empíricas y proyecciones específicas que trascienden este trabajo.

Solo si el individuo vive en una sociedad en que se dan diversas variedades, pondrá en juego la percepción para marcar diferencias entre los hablantes que las usan. Por contraste de una variedad con referencia a la propia, la percepción vuelve a cumplir una función diferenciadora. Es obvio que el conocimiento de una segunda lengua o de una variedad distinta a la propia reactiva el proceso perceptivo convirtiéndolo en una actividad intencional. Y esto ocurre en el caso en que el individuo migra a otras zonas en que se habla una variedad o una lengua distinta de la suya. En esta problemática me concentraré en los capítulos finales, en que se abordará la situación migratoria como factor esencial en el cambio de paradigma cognitivo.

Valoración y afectividad en la percepción. La base neurobiológica

¿Por qué la neurobiología podría contribuir a la validez de un enfoque que privilegie la percepción en la fenomenología de las lenguas? Resulta obvio que siendo las lenguas, en esencia, objetos de conocimiento (tanto de conocimiento autorreferencial, esto es, dirigido a la lengua como objeto, cuanto de conocimiento externo, sea individual, sea extraindividual), de expresión y de pensamiento, están ligadas a la constitución de la mente humana. En una perspectiva integradora, que se define contraria a la visión dualista mente/cuerpo, la mente constituye una red de mecanismos fisiológicos y químicos de gran complejidad que forman la base de la vida consciente del individuo (Searle 1984, 1995, 2009). Siendo el lenguaje el instrumento esencial de la actividad pensante, y la percepción el único camino para aprehenderlo, los descubrimientos en el ámbito de las ciencias neurobiológicas proporcionan información de primer orden tanto para la comprensión de la naturaleza de la mente, cuanto de su construcción más grande: el lenguaje. A este respecto, los planteamientos de Klaus Zimmermann, quien se vale también de los hallazgos neurofisiológicos, si bien a partir de una teoría distinta como la de Humberto Maturana, se muestran compatibles con la visión sostenida en este trabajo (*cf.* Zimmermann 2006, 2008a). Al entender el lenguaje en el sentido de construcción cognitiva, no me refiero al origen del lenguaje en las especies, sino a su adquisición y desarrollo, a través de una variedad de lengua, por parte del individuo. Por consiguiente, no abordaré aquí la discusión sobre el carácter innato del lenguaje, en el sentido chomskiano (Chomsky 1975, 1980), o adquirido evolutivamente, como lo propone Pinker (1994) desde una perspectiva neo-darwinista,oTomasello(2008) desde un enfoque evolutivo/ comunicativo. Tampoco enfrentaré el problema de la dependencia o autonomía del lenguaje respecto de otras capacidades racionales, que chomskianos y no chomskianos ponen en el centro del debate científico. Lo importante es resaltar que ninguno de los postulados mencionados lograría invalidar el papel que desempeñan los mecanismos perceptivos en la adquisición, pues son los que permiten aprehender una variedad lingüística en concreto, caracterizada por una gran cantidad de fenómenos específicos y exclusivos que no son comunes a toda la lengua en sentido global.

Utilizaré los postulados neurobiológicos, en la medida en que servirán de apoyo para la discusión sobre la naturaleza de la percepción puesta en funcionamiento en el conocimiento de las lenguas. De modo específico, me valdré de las propuestas desarrolladas por Edelman (1989, 1992), quien postula la existencia en la mente de sistemas de motivación, reguladores de diferentes tipos de información que tienen un asiento en el cerebro, y que se ponen en funcionamiento a través de determinados neurotransmisores.

Se trata, por un lado, de dos sistemas innatos, propios de la especie, y, por otro, de uno adquirido. Los innatos, según Edelman, pueden clasificarse en dos tipos: *homeostático (homeostatic system)* y *socioestático (sociostatic system)*. El primero se encarga de la regulación de las necesidades primarias del individuo, relacionadas con el hambre, la sed, la temperatura corporal, y demás. El segundo se refiere, en cambio, a la capacidad de interrelación social entre los seres humanos. De aquí que la condición social estaría anclada en los mecanismos neurológicos y no debe verse como fenómeno externo a la cognición (Damasio 1994). Lejos de actuar de modo autónomo, ambos sistemas innatos se ponen en contacto entre sí en el desarrollo del individuo. Pongo especial énfasis en esta consideración central para la interpretación de los fenómenos de variación y del papel de lo social en la cognición del significado.

Según Edelman, entra a tallar aquí un tercer sistema, de orden adquirido, que servirá de puente entre los dos sistemas innatos mencionados. Se trata del llamado *somatic value system,* cuya traducción literal sería *sistema de valores somático,* el cual se desarrolla en los primeros meses de vida del individuo. Su función consiste en entrelazar el sistema *homoestático* con el *socioestático,* poniéndolos en relación con el tipo de estímulos aprobatorios o desaprobatorios que recibe el niño de los primeros contactos con la figura materna. Este tercer sistema, que implica el desarrollo de valoraciones en el individuo, comprendería las preferencias, simpatías, sensaciones de agrado, de desagrado, incluso aversiones, como respuestas a las actitudes manifestadas por la madre (y, en un segundo momento, con el padre). Esta expresa, desde los primeros contactos con el hijo, aceptación o rechazo de su comportamiento en distintas esferas, incluso en la del lenguaje. Tal componente se aplicaría a cualquier acción desplegada por el infante y, más adelante, a las actividades y a los objetos en general. El sistema de valoraciones, que se desarrollará en los primeros años de vida será, pues, determinante en la conducta futura del individuo, condicionando su posición respecto de innumerables objetos y situaciones del mundo que le tocará afrontar en la vida adulta.

Un aspecto fundamental de las investigaciones comentadas reside en la función asignada a la afectividad en todo el proceso de aprendizaje lingüístico. Desde la teoría del constructivismo radical, Zimmermann (2006:119) señala la importancia de las emociones y de los afectos en la percepción. Asimismo, en relación con las lenguas, Schumann (1997) concede una gran importancia a la dimensión afectiva tanto en el aprendizaje de segundas lenguas, cuanto en la adquisición de la lengua materna. No se le escapan al autor las diferencias existentes entre una y otra actividad cognitiva. La segunda lengua, como su nombre lo indica, presupone que el individuo ha adquirido la materna y, por lo tanto, posee ya un sistema perceptivo desarrollado en función de esta. Añadimos aquí que esto vale para la variedad de lengua adquirida respecto de las demás variedades de la misma lengua, a las que puede exponerse el individuo en su contexto social o en otros ajenos a él. Se pregunta el autor si es posible pensar que interviene un componente afectivo en la adquisición de las estructuras gramaticales de la lengua materna. Al parecer, según su opinión, todo lo que tiene que ver específicamente con la adquisición sintáctica de una lengua no tendría una conexión directa con los sistemas de preferencias, con las evaluaciones o con la afectividad. Así, sean cuales fueren sus estímulos afectivos, el niño adquirirá el funcionamiento de los artículos, de las preposiciones o de las construcciones subordinadas; es decir, estará en condiciones de aprender el sistema gramatical de su lengua en su naturaleza composicional o segmental y en su capacidad generativa, de modo aparentemente independiente de su afectividad.

Sin embargo, caben ciertas matizaciones sobre este punto, que el propio Schumann introduce adoptando los postulados de Locke (1995). Este último autor sostiene la separación de dos sistemas neurológicos en el cerebro: uno relativo a la cognición social, denominado *specialization for social cognition (SSC),* y otro específicamente reservado al desarrollo de la gramática, llamado *grammatical analysis module (GAM).* Este último componente, localizado en el hemisferio cerebral izquierdo, no entraría en función hasta aproximadamente 20 (a 30) meses del nacimiento, en una tercera fase. La conjetura central reside en que la intervención de este componente ocurriría posteriormente a la puesta en funcionamiento del SSC (que corresponde a la cognición social), que empieza a actuar desde el momento del nacimiento, esto es, desde los 0 a 20 meses, en un periodo que Locke ordena en las siguientes fases primarias (Locke 1995, Schumann 1997:192 y ss.).

La primera fase se iniciaría en el tercer mes de gestación y se extendería hasta el primer año de nacido. El niño desarrolla con mayor intensidad el componente socioestático (social) a través de la búsqueda del contacto facial y vocal con la madre o la persona encargada de cuidarlo. Empieza una interacción recíproca entre madre e hijo a través de un intercambio de miradas y de vocalizaciones, que comienzan a coordinarse en una suerte de toma de turnos, lo que revela hasta qué punto la génesis del lenguaje está anclada en el diálogo. El niño llega a calibrar el estado emocional de la madre a través de la percepción de sus tonos de voz, de su entonación y de su expresión facial. Lo mismo hace la madre con respecto al niño. Este llega a imitar el patrón de entonación de la madre. Llegado al séptimo mes, el niño comienza a emitir las consonantes que añade al espectro vocálico adquirido antes y produce el balbuceo de tipo *ba ba, da da.* Se asiste aquí a los primeros diálogos interactivos con tomas de turno, en las que el niño sigue la mirada de la madre mientras esta vocaliza, en un intento por reconstruir el significado de los sonidos mediante los referentes a los que apunta la mirada de la madre. Según mi interpretación, es probable que este sea ya el inicio de la adquisición conceptual y léxica o de la aprehensión del signo, en el intento de asignar a un sonido un contenido, o, en términos searleanos, de configurar el carácter representativo de las emisiones. Como lo he sostenido en el apartado anterior, la percepción auditiva busca un apoyo visual localizable espacialmente, sin el cual no es posible reconocer el mundo y los objetos circundantes.

La segunda fase se extiende hasta el segundo año de vida. En este periodo el niño llega a adquirir palabras y hasta enunciados, lo que supone, a mi entender, que el proceso de reconstrucción de los signos con su doble fase se ha completado. Pero, según Locke, el manejo de estas unidades no implica su inserción en un verdadero sistema fonológico y sintáctico recursivo. Se trata de un material formulístico que el niño asocia a determinados contextos fijos sin que puedan tener un carácter generativo; es decir, sin haber puesto en marcha todavía la capacidad combinatoria de las unidades y su distribución sintáctica y, por lo tanto, sin la intervención del módulo gramatical (GAM). La descripción evolutiva de la adquisición de Tomasello (2008) coincide plenamente con esta propuesta. Como lo hemos analizado antes, este estudioso se refiere también a una lengua formulística, que consiste en frases fijas que se repiten de modo aislado y permiten la interacción microsocial con los padres. Por lo tanto, es el sistema socioestático (social) de base neurológica el que parecería guiar los primeros momentos de la adquisición del lenguaje, como lo cree Schumann, y que se postularía como determinante para el uso comunicativo y pragmático de la lengua, aun antes de haber adquirido el módulo gramatical.

Solo en la tercera fase, considerada analítica y computacional, que va desde los 20 a 35 meses (un año y 6 meses hasta casi 3 años) entra en función el "módulo de análisis gramatical" (GAM) en el hemisferio izquierdo, que permite hacer combinaciones de elementos de la misma categoría a partir de principios o reglas de emparejamiento. Durante este periodo el niño descubre las unidades fonológicas, morfológicas y sintácticas de su lengua junto con el modo de producir combinaciones potencialmente infinitas, que correspondería a la capacidad generativa enunciada por Chomsky desde sus primeros modelos sintácticos (Chomsky 1957, 1965). Solo que esta capacidad, según los más recientes descubrimientos neurológicos, dependería de otras capacidades de mayor envergadura como la social, y no se consideraría autosuficente en el conocimiento del lenguaje.

En la cuarta fase se integran las funciones provenientes del módulo de cognición social (SSC) con el módulo gramatical (GAM). Esto quiere decir que el niño no solo es capaz de construir enunciados en su lengua, sino que aprende a adaptarlos a determinadas situaciones sociales, dado que el módulo de la cognición social dirige el conocimiento pragmático de la lengua. Resulta interesante la observación de Locke, según la cual el lazo afectivo con la madre se realiza también en esta fase a través de los canales sensoriales faciales y vocales de los primeros momentos, lo que avalaría la conexión de la percepción auditiva y visual, cuyo *locus* es la persona más cercana al niño.

Reproduzco aquí literalmente el texto de Locke:

> In contemporary parlance, this facial-vocal channel "buys" theorists a great deal, for it has the infant paying attention to the things people do when they talk. It has the mother remaining at close range, and providing her infant with facial and vocal behaviors that cement and sustained emotional attachment. Because she happens to use *speech* as the primary vehicle for this affective communication, rather than merely vocalizing nonverbally, we have both parties acting as they should if spoken language is to be the result (Locke 1995:289).

La importancia de la relación diádica a través de las interacciones visual y vocal como estímulo para el desarrollo del sistema nervioso del niño es también puesta en primer plano por Schore (1994). Según este autor, los sentimientos de placer o de disgusto están ligados a los gestos de la madre y, sobre todo, a los cambios en su mirada. Conforme el niño expande sus posibilidades motoras y se aleja de la madre para explorar el espacio que lo circunda, percibe con mayor intensidad sus miradas aprobatorias o desaprobatorias, las cuales le permiten regular su comportamiento en relación con otras personas, acciones y objetos circundantes. Es más, estas primeras sensaciones afectivas de las interacciones madre/hijo, según los planteamientos de Leventhal (1984) y Leventhal/Scherer (1987), se almacenan en la memoria y forman parte de una estructura que actúa de filtro en la percepción de los eventos, sin que el individuo sea consciente de esto.

De las anteriores conjeturas, la cuestión fundamental que me interesa destacar reside en que el sistema social aludido, actualizado en la relación dual con la madre, posee una fuerte base afectiva. En efecto, el primer contacto humano está ligado a la relación lingüística que se crea a través de la percepción sensorial visual (del rostro y de la expresión materna infantil) y auditiva (la simultaneidad de la emisión que surge del tracto bucal de la persona más cercana). Se crea una asociación entre estos dos tipos de percepción sensorial que une la sonoridad a la visualización del gesto.

Ahora bien, si un individuo tiene afectado el hemisferio derecho en que se da la capacidad social junto con el aspecto afectivo y pragmático del lenguaje, puede mantener intacto su manejo gramatical de la lengua, que forma parte del otro hemisferio, aunque sea incapaz de moverse en la interacción comunicativa. En este sentido, es factible imaginar que la adquisición de la primera lengua se puede ver perturbada en el desarrollo de su actualización pragmático social, aun cuando se haya llegado a dominar las características de su sintaxis o, lo que en la teoría chomskiana, entraría en el hipotético sistema computacional (Chomsky 1995).

¿Qué relación se establece entre el componente social, la afectividad y la pragmática? Schumann (1997: 191 y ss.) sostiene que todo lo que atañe a la pragmática de una lengua, esto es, a su actualización en las diversas relaciones comunicativas, está poderosamente ligado a la sociabilidad, conectada a su vez con la afectividad primaria. El *sistema de valores* está directamente implicado en el desarrollo pragmático, en la medida en que supone siempre selección: el ¿qué decir, a quién, cómo? En otras palabras, se ponen en juego procesos de decisión entre alternativas estilísticas o comunicativas de la propia lengua, que el individuo aprende en los primeros años y que va desarrollando conforme la gama de interacciones sociales se hace más amplia y abarcadora. La génesis de la variación estaría, pues, en mi interpretación, anclada en la naturaleza afectiva del aprendizaje, aspecto todavía no explorado en la teoría canónica de la variación. Este aspecto es independiente de la gramática básica de una lengua, pues teóricamente un individuo puede llegar a conocerla sin el dominio de la pragmática. Pero nadie habla una lengua con solo una gramática autónoma y descontextualizada o no socializada. De aquí que lo social en la lengua no puede ser considerado marginal ni complementario, sino que es el aspecto que guía la cognición del lenguaje.

De acuerdo con lo dicho, si consideramos que el lenguaje es de naturaleza social y, aún más, que la sociabilidad está ligada a ciertas capacidades neuronales que se ponen en juego en la elaboración de los sistemas de valores y, por consiguiente, en el desarrollo de la afectividad, no hay modo de desligar el conocimiento pragmático del conocimiento gramatical de la primera lengua, en la medida en que la adquisición de la lengua supone la gramática en su funcionamiento pragmático. Además, si desde tan temprano se ponen en juego los mecanismos de adecuación social, es lógico suponer que el individuo percibirá los aspectos de una lengua que marcan las relaciones sociales, no solamente las designativas, como lo sostiene Labov. Tales mecanismos participarían de lleno en todo el proceso de cognición de una lengua como ligado no solo a la captación de lo categórico y referencial, sino de lo variable y de lo indexical. Y es el sistema de valores, unido al componente afectivo, el que se colocaría en primer plano en el proceso adquisitivo, regulando la percepción y orientando la atención a determinados aspectos de la lengua. Tal orientación se relaciona íntimamente con la normatividad como condición inherente a las lenguas. En diferentes estudios, Searle subraya cómo toda función en el lenguaje depende de un sistema de valores que es de carácter normativo (Searle 1994, 2009).

Por lo tanto, el hablante percibe tanto lo que está aceptado como lo que no lo está, y lo evalúa, según el caso, con la intervención del componente afectivo que forma parte del sistema de valores transmitido por los padres. Ni la autoridad objetiva de la lengua ni las instituciones son las verdaderas reguladoras de la variación. Antes bien, son las evaluaciones heredadas de modo natural en el ambiente del individuo y luego puestas en funcionamiento por el aprendiz las que dirigen su conocimiento de la lengua y le ayudan a discriminar entre lo aceptable y lo que no lo es. Falta determinar qué relación tiene la valoración con la percepción, cuestión que abordaremos en el siguiente apartado.

La valoración

A partir de las hipótesis neurolingüísticas que acabamos de examinar, es necesario situar con claridad el estatuto de la valoración respecto de la percepción lingüística. Normalmente la valoración se da por consabida o descontada, y por lo tanto no se la define, lo cual pone en riesgo la explicitud de los planteamientos. Esbozaré una definición que parece ajustarse al saber común, para después replantearla.

En una primera mirada, la valoración puede definirse como una expresión calificativa aplicada, sea de modo global a una lengua, a una variedad de ella o a un modo de hablar, sea de modo específico a un fenómeno en cualquiera de los rangos del sistema. Podría decirse que constituye una manifestación de la percepción, en la medida en que solo es posible valorar algo si primero ha sido percibido. No es ni siquiera imaginable una valoración sin que haya intervenido la percepción. En consecuencia, la percepción es la condición *sine qua non* de la valoración y constituye el instrumento por excelencia para pronunciarse, adoptar una actitud o una posición determinada respecto de lo observado.

Sin embargo, el desarrollo del *sistema somático de valores* en la cognición, propuesto por Edelman, comentado en el apartado anterior, hace pensar que es este sistema el que guía la percepción y no a la inversa. Hay que hilar muy fino antes de dar una respuesta. En primer lugar, es necesario tener en cuenta la diferente naturaleza de cada uno de estos elementos. Así, la percepción es el instrumento fisiológico-mental de la valoración, mientras que esta es el *output* del proceso perceptivo. En segundo lugar, es necesario deslindar, por un lado, lo que se refiere al mecanismo general y, por otro, el aspecto evolutivo de la percepción expresado cronológicamente. Desde el punto de vista cronológico, es probable que el niño esté en condiciones de ejercitar la capacidad perceptiva antes de detectar el sistema de valores específico de su comunidad. Pasado el periodo primario, la percepción no deja de actuar, aunque con intensidad variable y decreciente a lo largo del tiempo. La percepción desarrollada después de la fase primaria deja de ser ingenua y está dirigida por el sistema de valores transmitidos. A partir de este momento, resulta lógico que se produzca una mutua influencia, es decir, en dos direcciones: los valores ya establecidos orientan la percepción (como lo establece Edelman 1989, 1992) y, viceversa, lo percibido influye en los valores. Se trata de una suerte de efecto de ida y vuelta, en el sentido de que percibidos los valores, estos a su vez condicionarán la percepción del individuo conforme este avance en el conocimiento de su lengua, de modo que se operará una interrelación constante que hace imposible y hasta inútil determinar la prevalencia de un elemento frente al otro. La percepción, sobre todo en el adulto, dejará de ser ingenua y se concentrará en los aspectos que ha aprendido a valorar. El reconocimiento de esta interacción resulta central para entender la selectividad y parcialidad de lo que se percibe.

Al definir la valoración como expresión calificativa, parece claro que se trate de una verbalización explícita positiva o negativa respecto del objeto observado. En este sentido, podríamos hablar de textos o enunciados valorativos. Hay que tener en cuenta que la valoración puede aplicarse en principio a cualquier objeto de la realidad. Más aún, la valoración es una actividad propia de la condición humana, del libre albedrío y de la capacidad de comparar, de juzgar, de contrastar. Todas las lenguas contienen una serie de recursos que sirven a este propósito. Pero la valoración de la que me ocuparé aquí va limitada de modo estricto a la que tiene como objeto el propio lenguaje. En términos jakobsonianos, entraría en el campo de la función metalingüística (Jakobson 1960). Obviamente el hablante se valdrá de los recursos lingüísticos evaluativos de su propia lengua al ejercitar la valoración lingüística *explícita*, dado que existe un lenguaje de tipo evaluativo específico en cada lengua.

White (2011:16-18) agrupa en tres clases el lenguaje evaluativo: el *afecto (affect)*, el *juicio (judgment)* y la *apreciación (appreciation)*. Según este autor, el primer dominio está ligado a la emoción e implica individualmente al sujeto (verbos como *gustar, desagradar;* adjetivos como *feliz, satisfecho, ansioso,* o adverbios como *felizmente* constituyen ejemplos de expresión emotiva de la actitud del sujeto hacia un objeto). En cambio, el *juicio* atañe a una calificación del comportamiento de los individuos respecto del cumplimiento de ciertas normas sociales (son buenos ejemplos los calificativos del tipo *creíble, auténtico, estándar,* de lado de los valores positivos; y *excéntrico, raro, desafortunado,* de lado de los negativos)[6]. Por último, la *apreciación* se refiere a las cualidades

---

6   He hecho una traducción selectiva de una lista bastante amplia de calificativos que propone el autor, como *standard, everyday, average, reliable, skilled, insightful, credible, fair,* etc. como calificaciones positivas, mientras que figuran *eccentric, odd, unfortunate, unfocussed, lazy,* etc. como negativas (White 2011:23).

estéticas asignadas a los objetos. Se mencionan calificativos del tipo *fascinante, cautivador, intenso, armonioso, puro, preciso, penetrante,* para los valores positivos, al lado de *tedioso, monótono, simple, desorganizado, prosaico,* etc. para los negativos.[7]

Sería interesante examinar si se aplican y de qué modo los deslindes mencionados al discurso que tiene como objeto el lenguaje, es decir, a la valoración lingüística. A mi juicio, en este campo, lo afectivo no está claramente separado de los juicios sociales o de los valores estéticos, y en muchos casos se incluye en un engranaje que funciona como una totalidad imposible de desarticular. No obstante, podría resultar revelador emprender un análisis textual de las valoraciones directas o explícitas más usadas por los hablantes, que permitiría separar el lenguaje de tipo afectivo respecto de los juicios morales o estéticos, algo que me propongo hacer en otra ocasión.

Hasta aquí hemos utilizado la valoración en el sentido de explicitación verbal, de modo que el análisis parecería restringirse a los textos o enunciados que revelan calificaciones positivas o negativas del objeto observado. Sin embargo, la valoración puede darse de modo implícito o indirecto respecto del lenguaje. De hecho durante el periodo adquisitivo y de aprendizaje el niño capta numerosos discursos que, aunque no sean explícitamente valorativos, implican en sí mismos una valoración. La propia configuración discursiva que respeta ciertas funciones de los elementos lingüísticos presupone una adecuación a ciertos criterios y, en esta medida, un acuerdo con pautas aceptadas y, por lo tanto, valoradas socialmente. Cualquier relajamiento de estas pautas originaría el efecto contrario: la devaluación. En líneas generales, Searle afirma que toda función es normativa, dado que es siempre relativa a un sistema de valores (Searle 2009:109). Como hemos visto al tratar el componente normativo, otros autores se han detenido en los efectos de la normatividad en las funciones comunicativas del lenguaje (*cf.* Bartsch 1987, Tomasello 2008, Lara 1999, 2004a).

Un ámbito en el que suele darse la valoración lingüística implícita es curiosamente el de la reflexión científica. En la descripción lingüística, por ejemplo, la valoración puede estar camuflada incluso cuando el descriptor se vale de un lenguaje aparentemente neutro, pero que sitúa lo observado en un ámbito marginal o periférico (Caravedo 2013). Valgámonos de un ejemplo para ilustrar lo que digo. Cuando se clasifican los rasgos distintivos de los fonemas, no se consigna como parte del paradigma fonológico del español el rasgo asibilado de las

---

7   Los ejemplos mencionados son traducciones mías de algunos de los calificativos que figuran en la lista propuesta por White: *captivating, fascinating, intense, harmonious, pure, precise, penetrating,* de lado de los positivos, y *tedious, monotonous, simple, disorganized, prosaic,* de lado de los negativos (White 2011:26).

vibrantes, que se realiza en grandes zonas del español actual. Si se lo toma en cuenta es solo para indicar una diferencia de orden diatópico o diastrático que no afecta la caracterización inherente al fonema. En otras palabras, en la fonología del español no se considera que el sonido asibilado de /r/ forme parte del sistema. Esta consideración implica una valoración implícita, pues la variedad que posee esta forma es considerada periférica, no estándar o no perteneciente a la organización fonológica del español. Sin embargo, es un hecho conocido que esta variante está muy extendida en distintas zonas hispanoamericanas y peninsulares con diverso valor: en una es estigmatizada, como en las zonas andinas peruanas (*cf.* Caravedo 1990, De los Heros 2001, Klee/Caravedo 2006); en otras, es rasgo neutro o prestigioso, según datos de Rabanales (1992) para Chile, de Donni de Miranda (1996) y Rojas (1980) para Rosario y Tucumán en Argentina, y de Moreno de Alba (1992) y Perissinotto (1975) para México. La ausencia de esta característica en el paradigma fonológico implica que solo la vibración forma parte del fonema, mientras que la asibilación no es considerada una característica de este, o —dicho de otro modo— no corresponde a la unidad referencial o a la forma óptima del fonema. ¿Por qué se descarta una de las formas aun cuando está extendida y aceptada en ciertas zonas del español? ¿Por qué no se consigna la asibilación como posibilidad válida equivalente a la vibración? Resulta obvio que no existe otro motivo que el valorativo, aun cuando no se lo explicite. Esta misma actitud se da en relación con muchos fenómenos en todos los planos del sistema: la forma referencial es aquella que es valorada por los descriptores como la realización óptima, estándar o neutra, que en la mayor parte de los casos corresponde a una variante diatópica y diastrática de la lengua, en desmedro de las demás. En términos cognitivistas la forma referencial coincidiría con el prototipo, concepto que implica de suyo una valoración. Así, la idea del mejor ejemplar de una categoría, va unida a una consideración evaluativa. El discurso científico no es, pues, inmune a la valoración, dado que el lingüista no deja de ser hablante con sus propias preferencias y su sistema de valores, y en ciertos casos no logra construir un discurso epistémicamente objetivo. Volveré sobre esto en diferentes puntos de la parte aplicativa de esta reflexión.

En síntesis, la valoración forma parte de los recursos mentales humanos de conocimiento, de modo que es imposible y hasta inútil el esfuerzo de evitarla. En este sentido, no tienen lugar las consideraciones que se plantean la eliminación de la valoración en materia de lenguaje.

Características de la percepción

Son tres las características fundamentales asignables a la percepción: *selectiva, orientada* y *diversa.* Comentaré cada una por separado con el objeto de comprender la aparente arbitratriedad en la valoración de los fenómenos de las lenguas.

El carácter selectivo de la percepción

Una de las características de toda percepción es su carácter *selectivo*, lo que implica que un objeto dado no se percibe de modo exhaustivo y que la representación de lo percibido, llamada *percepto,* no constituye una copia fiel de la realidad sensorial. El percepto es, más bien, el producto de "un mecanismo selectivo de percepción que enfoca unos elementos mientras desenfoca otros" (Caravedo 2009b:25). No sucede algo distinto con respecto a un fenómeno tan complejo como el lenguaje. Para los innatistas, la percepción estaría guiada por ciertas condiciones de la mente que hacen posible que el individuo analice estructuralmente un objeto complejo como el lenguaje. Se trataría de una suerte de segunda visión dirigida por el dictado de una facultad mental autónoma. Sin pronunciarme sobre el carácter innato que puede guiar la percepción del lenguaje, me detendré en cómo se dirige la percepción a todos los aspectos de una variedad concreta de lengua y cómo se cristaliza en su reproducción. En primer lugar hay que tener en cuenta que independientemente de la fase cronológica en que se encuentre un individuo, este mecanismo selectivo supone una percepción focal, esto es, un enfoque en primer plano de un elemento determinado que se sobredimensiona respecto de otros elementos que salen del foco principal y se perciben en un segundo plano, de alguna manera difuminados. Estos últimos no desaparecen sino que son percibidos con menor nitidez, de modo a veces descuidado y permanecen en estado de latencia. El mecanismo cognitivo que entra en función en este doble juego de *enfoque* y *desenfoque* es, como lo hemos desarrollado antes, la atención.

Para comprender el carácter selectivo de la percepción, he adoptado la clasificación de Landi propuesta desde la filosofía con el objeto de extrapolarla, con adaptaciones, a la percepción lingüística (*cf.* Landi 1995 y Caravedo 2009b). La justificación de esta extrapolación reside en que, a mi juicio, las distinciones de Landi establecen diferencias significativas en el estudio del proceso perceptivo en general, las cuales echan luz sobre la aparente arbitrariedad de la percepción, que se revela en toda su magnitud cuando se aplica al lenguaje.[8] Sin ninguna referencia a lo lingüístico, dado que no constituye el objeto de estudio del autor mencionado, en lo que respecta a la percepción en general, este filósofo distingue entre tres tipos de datos con los cuales se enfrenta el perceptor en el proceso perceptivo del individuo normal no dirigido al lenguaje: *sensoriales, nemónicos y conceptuales* (Landi 1995). Analizaré cada uno de estos tipos por separado, con la finalidad de adaptar su tipología a la reflexión sobre la percepción lingüística que presento en este trabajo.

Los *datos sensoriales*, según Landi, son los datos primarios que observa el individuo a través de los sentidos sin ninguna discriminación aparente. Si los aplicamos a las lenguas, se trataría de los datos que recibe el hablante como *input*, pertenecientes a una variedad concreta de lengua en situaciones determinadas, los cuales son transmitidos por los padres. Tales datos podrían traducirse en términos searleanos como *hechos en bruto* (*brute facts*), que se diferenciarían de los hechos institucionales (*institutional facts*).[9] Pero tal información no puede ser captada en modo alguno con exhaustividad por el aprendiz. Este es capaz de observar solo ciertas propiedades o elementos generales o saltantes del objeto al que se enfrenta. Los datos sensoriales, en el caso del lenguaje, son de carácter sonoro, esto es, se emiten a través del aparato fonador, se transmiten mediante el aire que impulsa las ondas sonoras y se reciben auditivamente. Aparentemente, el individuo puede recibir mediante el oído, excepto en caso de sordera, todas las secuencias sonoras proferidas por su interlocutor: en este sentido, las percibe sensorialmente, lo cual no significa que las observe de modo exhaustivo, ni mucho menos que las retenga en la memoria. Si bien es esta la condición natural del lenguaje, no hay que olvidar los efectos de la materialidad visual en la escritura, a partir de la etapa escolar, que constituiría otro tipo de dato sensorial. Por ahora restringiré mi reflexión a los datos fónicos, la primera información que normalmente recibe un ser humano del objeto lingüístico.

Siguiendo a Landi, los *datos nemónicos* son aquellos que el observador puede fijar en la memoria de todo lo percibido sensorialmente. Se trata de un proceso de filtrado de los datos sensoriales, que implica una primera reducción de la materia observada. Esta fijación hace posible que cuando el perceptor vuelva a exponer-

---

8   No es naturalmente la única posibilidad descriptiva para destacar la selección perceptiva. Véase, por ejemplo, la propuesta de Zimmermann (2006:119) sobre esta cuestión, la cual es básicamente compatible con la que sostengo aquí.

9   Cabe precisar que todo enunciado lingüístico será de suyo un hecho institucional, siguiendo la clasificación de Searle, pues el lenguaje es el paradigma de tal tipo de entidades, solo que en este caso me refiero al hecho cronológicamente determinado de que el niño en el primer momento de exposición a una lengua, aunque esté ante hechos institucionales, los recibe como hechos en bruto, en la medida en que no los conoce.

se a datos del mismo tipo, los reconozca. Respecto de los objetos visuales, por ejemplo, si por primera vez el niño observa un objeto desconocido cualquiera y lo hace recibiendo los datos sensoriales, solo si fija ciertas propiedades de este podrá reconocer el objeto cuando lo vuelva a ver. Si no hubiera memorizado algunos elementos centrales del objeto tendría que realizar una operación de análisis cada vez que vuelve a ver un objeto, cosa que no ocurre en la realidad, pues el individuo automáticamente reconoce los objetos que lo rodean solo mirándolos. Se genera una suerte de automatismo perceptivo después de las primeras exposiciones a determinados objetos. En otras palabras, los datos *nemónicos* son producto de la identificación de rasgos que se han podido almacenar memorísticamente y, por lo tanto, nunca podrán ser exactamente iguales a los datos sensoriales primarios, tal como lo he desarrollado en el apartado asignado a la fijación.

Aplicando esta distinción al lenguaje, el proceso nemotécnico resulta más complicado porque el objeto es variable desde todo punto de vista, incluso en sus formas de presentarse, dejando aparte naturalmente la base fónica, que supone un proceso perceptivo de tipo sensorial. Pero el lenguaje es mucho más que un conjunto de sonidos. Cabe preguntarse: ¿qué cosa percibe el hablante de ese mundo de significados y funciones que involucra el flujo sonoro al que diariamente se expone? ¿Cuáles son los datos que el individuo termina memorizando de esta complejidad dinámica y cambiante? Aún más, los datos nemónicos estarán en constante reorganización y reconstrucción conforme el hablante vaya recibiendo mayor información sensorial con las continuas exposiciones al objeto observado, hasta que llegue a una forma estable, que es la que fijará sobre la base de múltiples experiencias perceptivas del objeto. Ya solamente la fijación supone cierta deformación perceptiva, cuando no alguna pérdida informativa respecto del dato sensorial. Hay que tener en cuenta, además, que el lenguaje es un objeto móvil en perpetuo dinamismo que no se presenta con una forma inmutable o estable. Sin embargo, se fijan sonidos, construcciones, palabras ligadas a situaciones, a eventos, a sensaciones, a personas específicas.

Finalmente, para Landi los *datos conceptuales* son aquellos que el observador construye sobre la base de los nemónicos. Esto supone que, después de haber fijado elementos centrales de reconocimiento del objeto, el individuo establece una reducción mayor de tipo cualitativo más que cuantitativo. Aplicado este término a la percepción lingüística, es posible sostener que el hablante activa un proceso racionalizador, identificando lo pertinente durante la propia exposición al objeto; esto es, en el proceso comunicativo mismo. En cierta medida, el sujeto confiere una forma racional o un sentido al dato nemónico, descartando la información marginal que pudiera haber retenido para conservar la información pertinente en aras de la finalidad expresiva y comprensiva. El proceso de conceptualización presupone tanto la aprehensión de lo general y de lo prominente, pudiendo incluir lo menos general y accesorio, como su memorización. Se trata del pasaje de la mera sensorialidad de los datos primarios (datos sensoriales), posteriormente limitada por el proceso memorístico (datos nemónicos) hacia lo interpretativo o imaginativo (datos conceptuales), de modo que el dato sensorial primitivo deja de tener importancia.

Para Landi entre el dato sensorial y el conceptual puede haber una gran distancia mediada por el proceso lógico de la inferencia, y naturalmente restringida por el dato nemónico. La inferencia supone, para este autor, el paso de lo sensorial a lo conceptual a través de la activación de la imaginación. Siguiendo con la aplicación al lenguaje, es esta fase, añado yo aquí, la que permitiría entender la aparente arbitrariedad de la percepción entre los diversos grupos sociales, el hecho de que no todos interpreten ni aprecien de la misma manera el mismo dato sensorial. Lo que me interesa destacar para la reflexión sobre el lenguaje es el hecho de que este paso inferencial no se circunscribe a la lógica individual, sino que abarca la social.

Con esta clasificación propuesta en el ámbito de la filosofía de la percepción se puede llegar a comprender de modo claro la gran distancia entre las supuestas características objetivas de la lengua o de la variedad implicada y lo que verdaderamente perciben los hablantes de ellas, que se mueve en el dominio de lo subjetivo, además de la lógica interna del proceso. Respecto del lenguaje, se pueden dar diferencias perceptivas incluso entre un hablante y otro. Pero lo que me interesa subrayar aquí, es el hecho de que, por debajo de las diferencias individuales, existe una gran coincidencia perceptiva entre los miembros de una misma comunidad de habla, en lo que estos consideran rasgos sobresalientes de una variedad o de varias, y en el modo como reaccionan ante ellos o los evalúan. El origen de las variaciones sociales y dialectales de una lengua debe de guardar relación directa con esta coincidencia perceptiva, que sin embargo no es universal entre los hablantes de una lengua, y que invade todos los planos del sistema lingüístico. Se trataría de descubrir la configuración consensual de los datos *nemónicos* (lo que los miembros de una comunidad han fijado en la memoria colectiva) y de los *conceptuales* (los que se han convertido en representativos o estereotípicos), que forman la base del sistema de valores que el sujeto ha desarrollado a lo largo de la primera parte de su vida. Más adelante, intentaremos aplicar esta diferenciación a la variación del español.

Los datos conceptuales, tal como los hemos reformulado aquí, que implican una elaboración y una selección de rasgos centrales o básicos, en apariencia poseen algunos elementos comunes que parecen acercarlos al concepto de *prototipo* de la lingüística cognitiva. Sin embargo, es posible identificar algunas diferencias que los separan. La noción de prototipo constituye un producto más que un proceso, a la que además se le asigna un sentido generalizante. A diferencia de lo que sucede con este concepto, los datos conceptuales, tal como los hemos reformulado, aspiran a captar el proceso anterior al producto en su ligazón con la sensorialidad primaria y con la limitación nemotécnica. Además, estos datos permiten subrayar los criterios de selección (más que la selección misma) como esencialmente sociales, sin avalarlos como únicos, sino como parcialmente compartidos por ciertos grupos, aunque no de modo general. Se trata de asomarse a la variación interpretativa y conceptual del lenguaje más que a la homogeneidad implícita en la idea del prototipo.

En este sentido, resultaría más adecuada la aplicación de la noción de *estereotipo* introducida por Putnam (1975), si bien con un propósito muy diferente al presentado aquí: el de formular un modelo del significado que supere las débiles distinciones entre intensión y extensión y haga intervenir al hablante mismo en la construcción del significado. Independientemente de este propósito específico, lo que se puede rescatar del concepto de Putnam es el carácter convencional que este asigna al concepto, el cual comprende rasgos o características del significado de una palabra atribuidos por los hablantes comunes, sobre la base de consideraciones que pueden ser muy imprecisas. Textualmente:

> In ordinary parlance a 'stereotype' is a conventional (frequently malicious) idea (which will be wildly inaccurate) of what an x looks like or acts like or is. Obviously, I am trading on some features of the ordinary parlance. I am not concerned with malicious stereotypes (save where the language itself is malicious); but I am concerned with conventional ideas, which may be inaccurate (Putnam 1975:249).

Aunque aplicada básicamente a la problemática del significado léxico, la noción de *estereotipo* introducida por Putnam puede aplicarse al estudio de la variación o de la invariación, en el sentido de que incluye a los hablantes comunes y corrientes en el propio proceso, separando el discurso del lego del discurso técnico.[10] Más recientemente, desde el ámbito de una nueva sociolingüística

---

10	Muy distinto es el sentido asignado por Labov a este mismo término para caracterizar los *marcadores sociolingüísticos (sociolinguistic markers,* aquellos que establecen diferenciaciones de clase combinadas sistemáticamente con diferenciaciones estilísticas) que suponen una conciencia social abierta (*overt social consciousness*) (Labov 1972:237). La idea laboviana de *estereotipo* parece ligarse a lo que los hablantes ingenuos perciben como rasgos definitorios de una modalidad dada, y —según Labov— se basan en la percepción de la frecuencia de los rasgos. Siguiendo a este autor, habría también rasgos percibidos de modo inconsciente que no son estereotipos y formarían parte de las normas encubiertas (*covert norms) (cf.* Labov 1972:248-249). Aunque no es el concepto laboviano sino más bien el putnamiano el que interesa para los propósitos de esta reflexión, resulta indudable que el concepto de estereotipo, tal como lo propone Putnam, está íntimamente ligado con el modo de percibir una variedad, y activa tanto la captación de lo frecuente cuanto de lo sobresaliente.

cognitiva, Geeraerts (2008:34), al establecer las limitaciones del concepto de *prototipo* en el análisis de los hechos sociales, vuelve al término *estereotipo* de Putnam y lo revalida, para indicar que este se adaptaría mejor al estudio de la variación de tipo social, dado que incluiría no solo los aspectos centrales y representativos de los elementos lingüísticos (específicamente el léxico), sino que además involucraría los modos distintos de concebir la centralidad incluso en el ámbito de una misma lengua, asunto que no ha sido abordado desde el enfoque cognitivo clásico. En la misma línea, Kristiansen (2008) se vale de los conceptos de *categorización*, *prototipo* y *estereotipo* para extenderlos a la variación lectal de una lengua, que comprende la variación regional, dialectal y estilística. En sus términos: "Lectal categories, in short, constitute prototype categories, some realizations will be more 'typical' or 'central' or 'better examples' of a given variety than others" (p. 59). Por otro lado, se refiere a los estereotipos como efectos laterales de la categorización en relación con modelos sociales y culturales. Ambos conceptos aparecen íntimamente relacionados por Kristiansen, si bien no se presentan deslindados con nitidez en su discurso. Lo que parece claro es que ambos presuponen necesariamente la percepción, pues no se puede construir ningún proceso de categorización sin que medie la observación.

El concepto de prototipo se situaría en un rango de abstracción superior al de estereotipo, lo que parece apuntar a la existencia de un criterio valorativo que funciona en esta distinción, dado que el prototipo es concebido como el mejor ejemplar de una entidad dada, mientras que el estereotipo admite desviaciones. En el ámbito hispánico, el concepto de prototipo ha sido aplicado, a la reflexión sobre la lengua española y su relación con las variedades geográficas por López García (1998), quien separa acertadamente las definiciones de los lingüistas de las caracterizaciones de los hablantes que estarían reguladas por visiones prototípicas. Para los hablantes habría, pues, modalidades más cercanas (nucleares) o más alejadas del prototipo (periféricas), esto es, mejores o peores ejemplares del prototipo. Moreno Fernández (2010:44-45, 2012:221-222) acoge esta propuesta interpretativa y la aplica a las variedades lingüísticas del español. De acuerdo con esta, asigna carácter prototípico al español de Castilla para los hablantes de las demás regiones de España y también para los hablantes hispanoamericanos. Sin embargo, en relación con estos últimos, establece algunas precisiones, que reproduzco textualmente:

> En otros países hispánicos [además de España] también es frecuente el pensamiento de que el mejor español es el que más se aproxima al prototipo castellano: en Cuba se reconoce como "mejor" el español que se habla en Camagüey, y sus características, dentro del país, son las más parecidas al castellano de Castilla; en Colombia se piensa que su español es más "puro" que el de otros territorios por razones parecidas. Y no deja de llamar la atención que estos prototipos funcionen incluso cuando no se tiene

un conocimiento personal y directo de las variedades sobre las que se opina, en este caso, la castellana (Moreno Fernández 2000). (Moreno Fernández 2012: 221-222).

Estas precisiones son pertinentes, en la medida en que no es posible extrapolar esta concepción prototípica a todos los países hispanoamericanos que, al tener distintos grados de percepción de la modalidad castellana no coincidirían necesariamente en considerarla prototípica. En este sentido, a mi juicio, una visión estereotípica de las variedades del español podría adaptarse mejor a la diversidad perceptiva de los diferentes grupos o comunidades, dado que no existe uniformidad absoluta en lo que a la percepción de la propia lengua/variedad se refiere, que sea válida para todos los hablantes hispánicos. De este modo quedarían incorporadas las diferencias subjetivas en la selección de los hechos relevantes o supuestamente característicos que hacen los hablantes de las variedades observadas, los cuales no necesariamente corresponden a la realidad.

En síntesis, la diferenciación de los datos en sensoriales, nemónicos y conceptuales, y la distancia entre ellos en el proceso cognitivo permite echar nuevas luces sobre el carácter selectivo de la percepción. A este respecto, el concepto de estereotipo, más que de prototipo, va en esta dirección y puede reinterpretarse como una forma de dato conceptual subjetivo.

El carácter orientado de la percepción

El carácter orientado de la percepción alude a la dirección de las preferencias lingüísticas que el individuo recibe de su entorno social de modo explícito o implícito. Si bien la percepción es un mecanismo que el sujeto activa individualmente en materia lingüística, esta no es caótica ni antojadiza, sino que está guiada por un agente externo (los primeros interlocutores en la fase primaria o en la secundaria) que lleva a reconocer determinados puntos sobresalientes de un objeto complejo. Esta característica guarda una estrecha relación con el carácter selectivo, desarrollado en el apartado anterior. Así, dado que no todos los fenómenos se perciben en igual medida, pero a la vez se registran comportamientos grupales semejantes, hay que suponer una orientación externa que permite la coincidencia selectiva. Al suponer la intervención de un agente externo al individuo, la percepción deja de ser un mecanismo solipsista o arbitrario y se convierte en un fenómeno social, de alguna manera ordenado. Tal agente, a su vez, no es un individuo aislado sino un integrante de una comunidad, que orienta al sujeto, de modo voluntario o no, en el camino del conocimiento de su lengua. Se trata entonces de una *orientación perceptiva*, no necesariamente premeditada, que se desarrolla en distintas fases evolutivas coincidentes con las fases primaria, secundaria y terciaria que he propuesto en apartados precedentes. La orientación, pues, está dirigida desde fuera y, por lo tanto, tiene como protagonistas distintas agrupaciones sociales, a saber, la familia, el ambiente escolar (cuando este se da) y, paralelamente, la comunidad local a través de los distintos interlocutores que se relacionan de diversas maneras con el individuo. El tipo de orientación institucional, que desempeña también un papel en el proceso de cognición, se comunica a través de la enseñanza en la escuela (cuando se trata de sociedades escolarizadas), pero esta no siempre tiene la fuerza de las orientaciones espontáneas o asistemáticas de los modelos familiares y amicales. Obviamente, las sociedades orales plantean diferentes problemas de percepción, lo cual no significa que esta deje ser orientada, sino que parte de modelos distintos.

En las sociedades hispánicas, en general, la transmisión institucional del conocimiento suele ser muy desigual entre los distintos países. El área educativa se desarrolla de manera asimétrica, incluso dentro de un mismo país, lo que es un reflejo de la fuerte estratificación de la sociedad, de modo que la mayoría de la población no tiene acceso a un sistema de aprendizaje calificado, uniforme y consistente. En situaciones normales, el individuo se inserta en el mundo de preferencias, primero, de las personas con quienes convive, después de sus coetáneos o compañeros de juego y, más adelante, de aquellos con los que comparte intereses comunes y forman su grupo referencial.

Esa armonía se rompe en situaciones conflictivas, como las de contacto de lenguas por migración, en que no existe una coincidencia de valores y el individuo primariamente orientado encuentra un mundo hostil cuyos valores están en disonancia con los propios. En consecuencia, se desarrolla lo que he llamado una *desorientación perceptiva,* que trataré más adelante al analizar fenómenos producidos en contextos conflictivos. Esta desorientación constituye la ruptura del orden dado e interiorizado por el individuo en sus primeros años, el cual no sabe qué fenómeno resulta relevante y admisible y cuál, marginal o descartable. Situaciones como esta son las que favorecen los cambios lingüísticos abruptos a partir de las indecisiones, de las falsas percepciones, de las incomprensiones y las valoraciones erradas en cuanto no corresponden a las de la comunidad.

Resumiendo lo dicho hasta aquí: la percepción es una capacidad cognitiva que implica una *selección* que se pone en juego en el contacto social y está *orientada* por los hablantes que forman parte del contexto esencial en que vive el individuo.

El carácter diverso de la percepción

Aparentemente las características de *selectividad* y *orientación* podrían llevar a pensar que la percepción es fija e inmutable y que se recibe ya hecha, de modo que la intervención del sujeto es nula. Si así fuera, habría entonces un solo sistema perceptivo de una misma lengua. Nada más alejado de la realidad. Una característica saltante de la percepción, incluso en el ámbito de una misma lengua/variedad, es su diversidad. En el caso del español ni las normas institucionales llegan a unificar el sistema perceptivo de los hablantes de español. Y esto no debe sorprender dada la naturaleza de los mecanismos cognitivos, de modo que es esperable que ni siquiera los hablantes de una misma lengua compartan el mismo sistema perceptivo sobre ella.

¿Existe entonces una contradicción entre carácter *selectivo* y *orientado* y la *diversidad*? Para justificar una respuesta negativa a esta pregunta, hay que volver a la definición esencial de la percepción como un mecanismo que no implica una captación sensorial pura. Al diferenciar en la realidad percibida entre datos *sensoriales*, *nemónicos* y *conceptuales*, hemos establecido que el proceso perceptivo no lleva a una copia de la realidad que es objeto de observación. Y aquí entra la dimensión individual del perceptor, que se fusiona con la colectiva. Existe una intervención intelectual del individuo que le permite seleccionar los rasgos salientes o pertinentes de lo observado. Ahora bien, como la realidad no se absorbe de modo absolutamente mimético (en el sentido sensorial) ni exhaustivo (en el sentido nemónico), la percepción individual de alguna manera deforma el objeto en cuestión tal como este se presenta en su materialidad o fisicidad transmitido por los mayores; lo parcela y hasta cierto punto lo falsifica, pero no de modo absolutamente arbitrario, sino dirigido o —como lo acabamos de proponer— orientado. Como ese proceso interpretativo de los datos ocurre dentro de los límites de un ambiente reducido, el sujeto recodificará la información de los integrantes con quienes convive la mayor parte del tiempo. Pero cada individuo podría elegir aspectos distintos de una misma realidad sensorial. Por ello no sorprenderá que un mismo fenómeno de la misma lengua, como lo mostraré, se pueda percibir de modo diferente y hasta opuesto, según el tipo de hablante y de comunidad. Historias distintas y procesos sociales incomparables llevan a percepciones también diversas de la realidad.

Pero la diversidad no solo atañe a una dimensión sincrónica, esto es, diversas percepciones sobre los mismos fenómenos en un momento determinado de la historia, sino que alcanza a la dimensión diacrónica que, en última instancia, es parte de la misma problemática. El cambio lingüístico es la manifestación patente de la diversidad perceptiva que ha llevado gradualmente a la modificación de los modelos lingüísticos. ¿Por qué un fenómeno estable en un momento dado deja de serlo, comienza a fluctuar o a modificarse, si existe una coincidencia perceptiva colectivamente aceptada? Resulta obvio que en una circunstancia determinada se ha producido una ruptura en el orden de la percepción, un cambio de rumbo o de dirección en ella. Se sabe que lo que en una época era bien valorado o considerado correcto puede ser minusvalorado o volverse incorrecto en otra. Toda la evolución del sistema implica cambios en materia valorativa. El asunto central no reside, pues, en el cambio de las entidades mismas cuanto en el cambio del modo de percibirlas y de valorarlas, lo que no hace sino reforzar la relatividad de los valores lingüísticos, que está directamente conectada con la subjetividad. Esto revela la imposibilidad de que se puedan tratar ciertos usos considerándolos como expresión de valores objetivos, como sucede en muchos casos dentro del discurso institucional, en que se presenta una forma como objetivamente correcta, como si no se tratara de un valor subjetivo y provisional. Mostraré con ejemplos concretos este punto en la aplicación empírica.

La dirección de la percepción

Toca preguntarse: ¿cuál es el objeto de la percepción? ¿Hacia dónde se dirige? Intrínsecamente ligados al carácter evolutivo de la percepción, que he identificado en las fases *primaria, secundaria* y *terciaria*, se presentan los siguientes tipos de percepción respecto del objeto percibido, a saber, *percepción interna, percepción externa y autopercepción* (Caravedo 2009b, 2010a). Antes de explicar cada uno por separado, subrayo nuevamente la necesidad de tener en cuenta, en lo que respecta a cada uno de los tipos de percepción, la fase cronológica en que esta se encuentra, fundamental en la comprensión del funcionamiento de la percepción.

La percepción interna

Llamo percepción interna a la que se desarrolla como consecuencia de la identificación y observación de la variedad local, objeto de la adquisición. Aparentemente esta percepción está ligada con la etapa que hemos identificado como primaria, pero esto no significa que esté absolutamente circunscrita a esta etapa. Así, después de la etapa adquisitiva el individuo puede continuar, aunque con diferente intensidad, en las etapas posteriores a percibir selectivamente ciertos aspectos de su propia variedad ya adquirida.

Hecha esta precisión es indudable que, en un primer momento, la adquisición lingüística se dirija a la percepción de una sola variedad, incluso monoestilística. Me refiero al primer contacto que tiene el recién nacido con un objeto de naturaleza lingüística durante la fase primaria. Según las investigaciones neurolingüísticas antes comentadas en las que nos apoyamos, el niño recibe el primer *input* lingüístico de la madre o de la persona que la sustituye, y va desarrollando progresivamente su sistema de valores como producto de la asociación afectiva, ligada a necesidades primarias (homeostáticas), con el primer interlocutor. En los primeros momentos, el niño está expuesto a una sola variedad de lengua, la de la localidad en que le ha tocado circunstancialmente nacer, y la recibe de la persona a su cargo. Por lo tanto, los fenómenos resultan básicamente invariantes en cuanto provenientes de una sola variedad, si bien progresivamente —según lo hemos desarrollado antes— se expondrá a una variación individual estilística de la madre en la comunicación dual, que le proporciona información valorativa de primer orden, en cuanto las emisiones vocales se asocian a la gestualidad facial, al contacto corporal, y le permiten interpretar aspectos positivos y negativos o desaprobatorios.

Por ello, las primeras valoraciones tienen un fuerte componente afectivo que influirá en la adquisición lingüística. La variedad recibida se convertirá en el punto de referencia para observar o procesar el mundo exterior y, asimismo, otras variedades, a las que más adelante se expondrá con la ampliación de la socialización más allá del ámbito familiar. Es más, como lo he afirmado antes, la propia variedad adquirida en la fase primaria tiene valor neutral, o cuando no, se trata de la variedad óptima a partir de la cual todas las demás se desvían o son anómalas. El hablante normalmente no dirige su percepción a su propia variedad, a menos que la confronte con otra, lo que no significa que no la haya tenido que percibir en el momento de adquirirla. Por ello, es necesario tener en cuenta la fase evolutiva del proceso en que se encuentra el hablante. Así, en la fase primaria el sujeto activa al máximo la percepción para poder captar y reproducir su variedad, y también en la secundaria para aprenderla. En cambio, en la terciaria la percepción se reduce de modo considerable, en la medida en que la etapa cronológica crítica para el aprendizaje ha llegado a su fin y el individuo solo posee una percepción interna neutral, la cual reducida al mínimo solo se activa en el reajuste estilístico con los demás hablantes, o en la confrontación con hablantes de un grupo social diverso. En estos casos, el individuo puede percibir que su interlocutor habla distinto en relación a su propia modalidad.

El reconocimiento de la *percepción interna* tiene una enorme trascendencia en el discurso disciplinario, sobre todo cuando los analistas parten del conocimiento de su propia variedad (esto es, de la percepción interna de ella) para la elección de las categorías o de los fenómenos referenciales, respecto de los cuales los demás no caben en el modelo descriptivo, o en el peor de los casos, resultan una desviación. En este caso, como se trata del discurso técnico epistémicamente objetivo, los expertos deben tratar de distanciarse de su propia percepción interna para percibir las otras variedades sin valorarlas como desviadas. Y este es un punto que, aunque se da por descontado suele presentarse, como lo veremos en la parte empírica, de modo camuflado en el discurso técnico.

La percepción externa

Cuando el individuo se confronta en el proceso de socialización con variedades distintas a la adquirida en la fase primaria, desarrollará una *percepción externa*, que supone la captación de variedades ajenas, las cuales se reconocerán en referencia al primer modelo adquirido mediante la percepción interna. Al constatar que existen variedades distintas de la propia, el individuo pone en funcionamiento la comparación. Antes de exponerse a la percepción externa, el niño tiene una variedad homogénea con ciertas regularidades (que implica una articulación de invariables y variables, que desde el punto de vista cognitivo, son uniformes y constantes). La verdadera captación de la variación se verifica en el momento en que se confrontan variedades distintas, la propia con las ajenas; esto es, en el instante en que se ponen en juego dos tipos de percepción: la interna y la externa. Aquí se intensifica la acción del componente valorativo porque se percibe que aquello recibido en la fase primaria debe medirse con otras posibilidades distintas, que normalmente surgen en la escuela, a través de la información metalingüística normativa y de la exposición a las variedades de los compañeros de clase.

La génesis de la percepción de la variación se encuentra en la comparación entre la variedad propia y las ajenas. Si en el ambiente en que vive el hablante no existen diferencias sociolingüísticas marcadas entre variedades, las percepciones interna y externa serán relativamente armónicas o compatibles. El individuo no tendrá que renunciar a la variedad adquirida internamente; antes bien, solo se tratará de ampliarla o de enriquecerla con información pragmática de tipo estilístico para diferenciar los tipos de discurso situacional. Pero esta armonía es utópica en las sociedades que sufren transformaciones demográficas o en las que las variedades están muy jerarquizadas en el ámbito nacional.

El mecanismo perceptivo que, como hemos dicho, tiene periodos críticos con un límite cronológico en la primera infancia y periodos de invernadero en la adultez, se reactiva en situaciones como las de migración. Esto ocurre porque el individuo se enfrenta de modo abrupto a sistemas muy diferentes o a variedades distintas de su propia lengua, que lo obligan a revisar tanto su percepción interna como la reducida percepción externa adquirida en su contexto ambiental originario. Desarrollaré los conflictos entre ambos tipos de percepción surgidos en el contexto migratorio en la tercera parte de este trabajo.

La autopercepción

Este tercer tipo de percepción, como su nombre lo indica, implica que esta va dirigida a la propia variedad, algo que no se producía en la percepción interna, en la cual es la variedad local representada por los padres la que se adquiere. Con *autopercepción* quiero significar el desarrollo de una conciencia de la propia variedad de parte del individuo, o de solo ciertos fenómenos pertenecientes a ella, con su eventual evaluación. En otras palabras, poner en juego la autopercepción implica asumir el papel de receptor de sí mismo, auto-observarse. Normalmente en situaciones cotidianas y rutinarias no nos percibimos lingüísticamente ni controlamos el propio discurso, ni mucho menos los fenómenos específicos de nuestra variedad, pues esta forma parte de nuestra interioridad, que no solemos enjuiciar.

Aparentemente, la autopercepción se movería dentro de lo que Labov (1972) llama *estilo formal*, esto es, aquel en el que el hablante dirige su atención a su producción, y puede eventualmente controlarla. Sin embargo, hago hincapié en el hecho de que la autopercepción puede ejercerse tanto (y con indiscutible mayor razón) en situaciones formales cuanto en situaciones informales. Particularmente, la situación de habla espontánea puede también ser autopercibida y, en cierto modo, autocontrolada si el hablante encuentra disparidad entre los estilos o asigna un valor específico a determinados fenómenos coloquiales de acuerdo con determinado tipo de interlocutores. Si un hablante atribuye un valor peyorativo al discurso ajeno que singulariza un grupo determinado, es de esperar que controle su propio discurso para evitar determinadas marcas e indicar su distanciamiento respecto de lo juzgado negativamente. Asimismo, si el hablante se autodefine positivamente en contraste con otros buscará elaborar conscientemente su discurso espontáneo, lo que supone que concentrará su percepción en determinados fenómenos coloquiales.[11] De lado de la formalidad, resulta obvio aceptar el ejercicio de la autopercepción. Pero esta coincidencia no debe llevar a pensar en una relación necesaria entre autopercepción y formalidad, en la medida en que pueden existir formas anquilosadas de carácter formal que el hablante utilice de modo automático, sin autopercibirlas, sobre todo si estas han sido adquiridas tempranamente y no sujetas a evaluación. Existen en el habla muchas fórmulas repetitivas que el hablante utiliza automáticamente en situaciones de alta formalidad.

---

11   Cf. el concepto de *estilo social* que, según Eckert (1999, 2008), revelaría una cognición de tipo social referida a los adolescentes). Ver también las formas de cognición social en Campbell-Kibler (2010).

En la propuesta esbozada aquí la *autopercepción* no coincide con la formalidad situacional laboviana. Antes bien, se trata de una operación consciente que surge como una consecuencia de la disparidad entre percepción *interna* y *externa*. Cuando el individuo percibe una tajante diferencia entre su propia variedad y la ajena, se vuelve consciente de aspectos que no reconocía de su propia variedad percibida internamente, en la medida en que —como hemos dicho— esta es neutral. Pero cuando el hablante está en un contexto ajeno y percibe la variedad externa como absolutamente diferente, vuelve a la suya para juzgarla. Esta autoobservación de su variedad, que daba por consabida y que no era objeto de evaluación, lo lleva a descubrir fenómenos y estilos en los que no se reconoce y, según el resultado de la evaluación, puede generar el intento de un cambio de comportamiento, cuando no, una autoafirmación de la propia variedad. Esto ocurre con mayor intensidad en los contextos conflictivos de migración tanto nacional como internacional, cuando es el inmigrante el que se autopercibe, más que el poblador local. Dependiendo de la sociedad en que se haya insertado y de su situación social en ella, el hablante puede desarrollar una valoración positiva o negativa tanto del fenómeno autoidentificado como de su variedad en bloque. Sea positiva o negativa la evaluación, a veces los usos son hiperpercibidos. Como no se trata de especialistas, los fenómenos no son comprendidos en su distribución contextual y desencadenan, además, evaluaciones desproporcionadamente negativas o positivas, en la medida en que están guiadas por la afectividad.

De un lado, el poblador local, que ocupa una posición superior en la sociedad de origen, tiende a reforzar una autoevaluación positiva respecto de los inmigrantes, que termina en un sentimento de seguridad y hasta de orgullo que consolida los usos de su variedad como los mejores, en relación con los que vienen de fuera y hablan de modo diverso. De otro lado, en el inmigrante la autoobservación puede resultar en evaluaciones negativas de su propia variedad, que nunca había juzgado ni cuestionado en su lugar de procedencia. El resultado en estos casos puede ser psicológicamente dañino porque el individuo desarrollará un sentimiento de inhibición y de vergüenza ante su forma de hablar que resquebrajará profundamente su identidad originaria, y que le impedirá interactuar con los pobladores locales en igualdad de condiciones. Las consecuencias de la autopercepción en los fenómenos lingüísticos serán desarrolladas especialmente en la tercera parte de este trabajo.

La percepción y el objeto

¿Cómo se percibe el objeto lingüístico? ¿De qué recursos se vale el hablante común para percibir en materia del lenguaje? ¿Qué es lo que se percibe?

En relación con la percepción interna (variedad local) y externa (variedad ajena) del objeto, se ponen en juego dos recursos lógicos primarios que, a mi juicio, forman parte de la actividad cognitiva en su totalidad, cuya finalidad es cumplir con el proceso de percepción a través de la conversión del dato sensorial en nemónico y, posteriormente, en conceptual. Tales recursos son el *análisis* y la *síntesis*, respecto de los cuales se puede hablar de percepción *analítica* y *sintética* (Caravedo 2003b:555-556).

La percepción *analítica* supone la capacidad de aprehender rasgos aislados o, más precisamente, discretos (sean fónicos, morfosintácticos o léxicos), tanto del patrón invariable estable cuanto del variable de una lengua. En cambio, la percepción *sintética* implica la capacidad de captar las modalidades lingüísticas (no solo las propias) en su globalidad sin individualización de entidades discretas o de bordes bien definidos (ibíd., pp.555-556). Ambas dimensiones constituyen elementos fundamentales para entender la percepción, tanto de los rasgos característicos vistos separadamente, como de las variedades en su totalidad, desde el punto de vista del lego y del lingüista. Uno y otro se valen —aunque con diferentes propósitos, modalidades y grados de intensidad— de estas estrategias cognitivas básicas para acercarse al conocimiento de una lengua. Ahora bien, resulta obvio que en el discurso ingenuo tales estrategias son asistemáticas, arbitrarias, no programáticas, mientras que en el discurso científico, estas mismas se aplican de modo sistemático, organizado y programático (dependen de un programa conceptual, teórico o empírico). Sin embargo, los instrumentos lógicos cono análisis y síntesis son fundamentalmente los mismos, aun cuando intervenga el componente afectivo en la selección perceptiva. En la parte empírica de este trabajo abordaré de modo específico algunos planteamientos del discurso técnico en relación con fenómenos concretos y su repercusión en la conceptualización de las diferencias lingüísticas. Analicemos cada una de las dos dimensiones por separado.

La percepción analítica

El *análisis* consiste en una operación lógica (naturalmente ligada a la percepción) que supone la descomposición de una totalidad en las partes que la integran. Obviamente, el resultado depende del objeto analizado. Si se trata de un objeto claramente deslindado de los demás, como un cuadro, una escultura, o de

cualquier objeto normal de la realidad exterior, el sujeto tendrá ante sí una construcción en cierto sentido autónoma y claramente recortada respecto de otros
objetos. Como las partes no están divididas ni separadas, ya que se trata de una
totalidad, toca a la mente del individuo seccionar o segmentar de acuerdo con
ciertos criterios de prioridad o de pertinencia, las partes relevantes que conforman el todo. Habrá secciones, partes o rasgos más importantes o más saltantes
que otros para identificar un objeto determinado. Resulta natural que sea el análisis la operación mental central para reconocer un objeto de la realidad, sobre
todo si es la primera vez que el individuo se expone a él. Después de enfrentarse
a muchos objetos con las mismas características que se han analizado, la memoria se encarga de fijarlas y permite el reconocimiento automático de la entidad
en juego sin necesidad de repetir el proceso analítico para identificar las partes.

¿Qué sucede cuando el objeto percibido es del tipo del lenguaje, que no puede considerarse en sentido estricto una totalidad, aunque sea sensorialmente
aprehensible?[12] ¿Cómo se ejercita la percepción analítica? ¿Cuáles son las partes
que deben seccionarse como esenciales? Una lengua es por naturaleza inasible,
mutable, infinita en sus posibilidades de actualización, y si a esto añadimos el
hecho de que la visión no puede fijarla, el oído no tiene la capacidad estabiliza-
dora para percibir un objeto inmóvil e inmodificable como una pintura, al que se
puede volver infinitamente con finalidad comprobatoria. La audición es también
de modo natural en los individuos no entrenados especialmente menos precisa
que la visión. La idea de que una vez oído un enunciado, desaparece y ya no
es posible recuperarlo en su autenticidad se revela absolutamente válida (Ong
1982). ¿Qué se puede captar de estas cadenas infinitas e instantáneas que van
desapareciendo una vez pronunciadas? Resulta natural suponer que el acceso
auditivo a los elementos mínimos del sonido es una tarea de un orden distinto
a la captación de los elementos significativos en combinaciones infinitas, que
supone el aparato gramatical de una lengua para producir enunciados, como lo
hace notar Pinker en su teoría adquisitiva del lenguaje (*cf.* Pinker 1994:150-
155). Por lo demás, es obvio que el niño debe ejercitar un análisis con capacidad
memorística poderosa que le permita percibir y casi al mismo tiempo catalogar
unidades de distinto nivel respecto de los múltiples enunciados que recibe durante todo el día.

¿Pero existe algún criterio que permita organizar la percepción y dirigirla hacia fenómenos cambiantes? A partir de diversos estudios precedentes se pueden
identificar dos criterios básicos: la *recurrencia* y la *prominencia*.

---

12   Me refiero al lenguaje en cuanto tipo de objeto de percepción, aunque obviamente lo que
     se percibe de modo concreto no es el lenguaje, ni objetos abstractos como la lengua, sino la
     cadena de emisiones de habla.

El criterio de *recurrencia* está ligado a la frecuencia relativa de aparición de una entidad o de un conjunto de entidades. Este criterio se aplica con mayor intensidad en el dominio de lo fonológico, en menor medida que en lo morfológico y en lo sintáctico. La recurrencia actúa, pues, como criterio primario de la selección perceptiva en todo aprendizaje. La repetición incesante de las unidades, que en el caso fonológico terminan siendo ubicuas, a la vez que sirve de ejercicio memorístico, ayuda al reconocimiento de las entidades. Cuando el individuo está en condiciones de percibir detrás de las secuencias infinitas ciertas estructuras recurrentes, es decir, las que manifiestan los principios combinatorios y jerárquicos de la morfosintaxis, podrá ensayar sus propios enunciados valiéndose de las entidades léxicas que ha almacenado. Aunque considerado tradicional y erróneamente exógeno respecto del sistema combinatorio de la sintaxis, el léxico reviste una importancia capital en la construcción de los enunciados y del significado mismo, que se enriquece y se renueva en la combinatoria. La sintaxis no puede existir lingüísticamente sin los elementos que la corporeizan, las palabras.

La recurrencia se aplica, pues, tanto a las entidades cuanto a sus posibilidades de combinación. A este último respecto, la propuesta programática de "The Five Graces Group", centrada en el carácter dinámico y adaptativo del lenguaje, resalta la repetición de patrones convencionales, especialmente en el plano sintáctico, tratando de contradecir el carácter generativo infinito de las estructuras ("The Five Graces Group" 2008: 6).[13] La recurrencia constituye un criterio de distinción que se actualiza no solo en la identificación de las unidades de distinto rango, sino también en la de los conjuntos combinatorios, en la medida en que el conocimiento de los hablantes se orienta hacia la concurrencia e integración de las unidades, más que a la captación de unidades aisladas o descontextualizadas. Hay que tener en cuenta que la recurrencia se percibe de modo distinto según la naturaleza de la entidad en juego y de la función que desempeña dentro del conjunto. Así, la frecuencia no se expresa de la misma manera en el plano fonológico, en que se trata de un inventario muy reducido, que en el plano léxico, en el que el inventario se amplía notablemente, o en el sintáctico, en que se repiten ciertas combinaciones fijas ligadas a contextos discursivos definidos.

Es un hecho que la frecuencia en que ocurren las entidades o sus combinaciones facilita la percepción de parte del que adquiere una lengua, en la medida en que constituye un auxilio memorístico de primer orden.[14] Por ello, en el proceso ad-

---

13　*Cf. supra* nota 14. En la consideración del carácter dinámico y a la vez complejo (pero ordenado) del comportamiento del hablante en lo que respecta la variación, *cf.* Martín Butragueño/Vázquez Laslop (2002).

14　A este respecto, Zimmermann (comunicación personal) añade —y muestro mi acuerdo con esto— que la frecuencia permite la identificación funcional de las diferencias y, en este sentido, lleva a la estabilidad cognitiva.

quisitivo se sitúan primero las características o los fenómenos recurrentes que el individuo termina memorizando, lo cual permite el reconocimiento de la entidad observada en diferentes circunstancias cuando esta reaparece en la realidad fáctica. Ahora bien, hay que añadir que la percepción de las unidades o de las combinaciones con alto grado de frecuencia supone también percibir las que tienen un bajo índice de frecuencia, si están ligadas a ciertas condiciones y responden al principio de prominencia.

La *prominencia (saliency)* supone que el individuo puede percibir (o hiperpercibir) elementos que incluso no siendo frecuentes poseen ciertas características sobresalientes *(salient)*, que este asocia a determinados referentes, contextos, interlocutores o situaciones discursivas.[15] La asociación constituye, pues, el resultado de un tipo de percepción que no va guiada por el criterio de recurrencia. Así, por ejemplo, la asibilación de las vibrantes en el español del Perú es un rasgo prominente, aunque no necesariamente frecuente, en este espacio, en virtud de que los grupos limeños lo asocian a los andinos, que son objeto de percepción negativa. Un rasgo no es prominente en sí mismo sino como resultado de una asociación con elementos de orden no lingüístico. La prominencia resulta un criterio ligado a la tarea selectiva del hablante y, por consiguiente, al carácter subjetivo de la percepción.

Se podría medir el efecto de la prominencia de una unidad en su posibilidad de ser seleccionada en el terreno de la producción. Ciertamente, la cualidad de prominente o sobresaliente atribuida a ciertos hechos lingüísticos es muy difícil de identificar empíricamente, como lo han observado con acierto Hinskens/Auer/Kerswill (2005: 43-45). Los autores destacan la necesidad de determinar para quiénes ciertos elementos pueden considerarse salientes. De hecho, es necesario tener en cuenta, en primer lugar, el desdoblamiento de las funciones del hablante, sea como oyente, sea como emisor, que pueden dar lugar a distintas elecciones de lo prominente. En segundo lugar, es necesario considerar que lo percibido como prominente puede variar durante el proceso adquisitivo y durante la adultez en relación con la percepción de variedades ajenas.

En otras palabras, el sentido que asigno aquí al criterio de prominencia solo puede ser entendido desde la percepción de los hablantes hacia las variedades que son objeto de observación por aprendizaje en el periodo adquisitivo (*i.e.* a la variedad local) y hacia variedades diferentes, a las que el individuo se expo-

---

15   El término *prominencia* que utilizo aquí no debe confundirse con el concepto lingüístico adscrito, por ejemplo, a las características suprasegmentales de las lenguas, como la acentuación en el francés o en el alemán. La prominencia se refiere aquí a una hiperpercepción subjetiva de un fenómeno dado, independientemente de su frecuencia, porque se lo identifica con un grupo o una circunstancia comunicativa.

ne a lo largo de su vida. La prominencia no es, pues, una característica de los fenómenos mismos, por ello no basta señalar los rasgos que debe satisfacer un elemento para ser considerado saliente, como lo hace Trudgill (1986: 11). Más bien, se trata de un fenómeno cualquiera que atrae la percepción de los hablantes debido a circunstancias de diverso orden que no tienen relación directa con las propiedades del fenómeno mismo. El hablante dirige la atención hacia una entidad de la variedad observada (propia, si se trata de la fase primaria, o ajena) por asociación externa de esta con determinados hablantes, grupos o valores. En este sentido, resulta ocioso buscar en las propiedades generales o internas de los fenómenos lingüísticos la motivación de la prominencia de una entidad para los hablantes.

En conclusión, la operación analítica está regida por la percepción selectiva, como lo hemos sostenido en el apartado anterior, que hace el hablante de las propiedades, sean recurrentes, sean prominentes (estas últimas, por razones independientes de lo cuantitativo) del objeto que tiene en observación. La abstracción es la operación lógica por excelencia para realizar la selección. Es posible presumir que si, en líneas generales, los hablantes de una variedad lingüística la logran reproducir de modo relativamente uniforme, esto significa que la abstracción ha seguido un camino semejante, y que estos han coincidido en elegir de la entidad analizada los mismos rasgos generales. Pero como la reproducción nunca será totalmente fiel, siempre podrá existir un rasgo que se escape a la atención o que sea ignorado por diferentes circunstancias. Puede surgir respecto de cualquier punto del sistema una no coincidencia perceptiva entre los hablantes, que se convertirá en una de las principales fuentes de la variación y del cambio. Con todo, el análisis tendrá, en líneas generales, un resultado común, que es el que asegura la interacción más o menos exitosa entre los hablantes de una misma variedad local.

Retomando las consideraciones jakobsonianas, según las cuales los signos auditivos de la naturaleza del lenguaje exigen un modo de percepción que tiene que ver directamente con la sucesividad temporal en que se dan, parece natural que sea el análisis la operación central que se pone en juego para captar la organización lingüística. Es obvio suponer que si el infante tiene ante sí un objeto que no posee una forma fija, sino que se presenta de modos distintos, siempre fugaz, multifacético, tendrá que utilizar recursos analíticos para aprehender algunos aspectos constantes que le permitan reconstruir un orden. Al parecer, solo el análisis garantizaría la percepción de la sucesividad en un primer momento de la adquisición. Cuando el análisis haya logrado fijar y conceptualizar ciertas características del objeto percibido y elaborar algún tipo de modelo representativo, se estará en condiciones de poner en marcha la percepción sintética. Volveré sobre esto en el siguiente apartado. *Operaciones cognitivas de selección analítica.* Para captar la recurrencia y la prominencia de las entidades lingüísticas dos operaciones cognitivas básicas se ponen en juego: la *generalización* y la *singularización*, respectivamente (Caravedo 2003b:556).

La *generalización* supone la captación de entidades con mayor grado de frecuencia de aparición entre los enunciados recibidos por los hablantes que rodean al niño respecto de diversas situaciones y contextos. Como lo hemos desarrollado en la primera parte del trabajo, Labov postuló la existencia de una capacidad probabilística en el individuo, que le permite captar también los valores no categóricos pero frecuentes, reproduciendo de esta manera los patrones variables de la lengua. A pesar de la validez general de la conjetura laboviana discutida en la primera parte de este trabajo, esta consideración dejaría al margen la adquisición de los valores no frecuentes, respecto del criterio de prominencia. Hemos sostenido que los cálculos probabilísticos son resultado de la aplicación de estrategias de medición de orden científico, mientras que los hablantes tienen una percepción laxa o intuitiva y, por lo tanto, falible de lo recurrente. La falibilidad cuantitativa es un aspecto crucial que habría que incorporar a la investigación empírica, pues hace posible entender la desviación respecto de lo frecuente en cualquier periodo evolutivo y, en consecuencia, puede explicar el camino hacia el cambio lingüístico. Esta falibilidad forma parte del ejercicio de la generalización, que revela una inferencia potencialmente equívoca dada la condición de infinitud de los datos sensoriales frente a la finitud de los nemónicos y conceptuales. En otras palabras, la generalización es una fuente de error perceptivo respecto de lo frecuente.

Por otro lado, la *singularización* supone la capacidad de discriminar en un conjunto determinados fenómenos poco frecuentes, pero con un perfil definido como relevante por su valor caracterizador o representativo de un hablante, que, a su vez, puede ser representativo de un grupo. En otras palabras, el criterio de prominencia se actualiza a través de la singularización. Pero ¿cómo se determina que un rasgo es caracterizador o representativo? Es obvio que aquí entra de lleno la subjetividad del hablante y el sistema de valores transmitido generacionalmente, así como la capacidad de asociar metonímicamente un rasgo a un individuo, a un grupo, a un estilo (entendido en el sentido individual y social), a una situación, y asignarle algún tipo de valor.

Un acercamiento al sistema cognitivo de los hablantes debe suponer el funcionamiento articulado de ambos recursos, generalización y singularización, algo que nos proponemos hacer en las páginas siguientes, en la aplicación empírica a la realidad hispánica.

En suma, la capacidad analítica se ejercita intensamente durante el periodo adquisitivo de la lengua, teniendo como referencia la figura materna o la del primer interlocutor, para luego seguir desarrollándose en la etapa escolar. Obviamente esta actividad lógica se pone en juego ante el aprendizaje de lenguas diversas de la propia, o ante la exposición a variedades ajenas. Resulta pertinente preguntarse cómo se ejercita la percepción analítica en el individuo adulto. Volveré más adelante sobre esto.*La percepción sintética.* La percepción sintética implica la capacidad de identificar de modo global un objeto determinado. Normalmente la síntesis opera sobre un análisis previo o simultáneo a la percepción del objeto, en el que se identifican algunos rasgos aislados caracterizadores de este. En verdad, *análisis* y *síntesis* son procesos complementarios que no se dan de modo absolutamente separado, sino que concurren en el mismo proceso de percepción. No es posible imaginar una síntesis que no haya identificado rasgos característicos, aunque sean incompletos o imprecisos, de un objeto y viceversa, tampoco un análisis que no considere, aunque sea ideal o parcialmente, el objeto total. Sin embargo, desde el punto de vista ontogénico, en lo que se refiere a la evolución de la percepción en la temprana niñez, las investigaciones en la línea de Piaget (1975) han descubierto que los niños de 3 a 5 años no parecen percibir analíticamente formas, mientras que los que tienen de 8 a 10 años, sí. Los experimentos de este autor revelan la prioridad de la síntesis respecto del análisis en el proceso de evolución cognitiva. Así, a un grupo de niños con los ojos vendados representantes de ambas fases generacionales se les dieron objetos de formas geométricas, de modo que podían tratar de utilizar el tacto para descubrir de cuál objeto se trataba. Los niños de 8 a 10 años hicieron una exploración sistemática de los contornos y del conjunto antes de identificar el objeto total, mientras que los de 3-5 años se mantuvieron pasivos cogiendo el objeto sin moverlo. La conclusión de Piaget es la siguiente:

> E' senza dubbio a queste difficoltà di esplorazione sistematica nei bambini che bisogna attribuire il carattere globale o sincretico della loro percezione, che non corrisponde a leggi strutturali ben definite (...) ma esprime semplicemente il difetto di attività analitica o esplorativa" (Piaget 1963:30). (Sin duda estas dificultades de exploración sistemática [analítica] es necesario atribuirlas al carácter global o sincrético de su percepción, que no corresponde a leyes estructurales bien definidas (...), sino que expresa simplemente la deficiencia de la actividad analítica o explorativa [míos la traducción de la versión italiana y el comentario entre corchetes].

En este sentido, reinterpretando los postulados piagetianos en los términos aquí propuestos, sería la percepción sintética, antes que la analítica, la que se desarrollaría en la primera infancia. Al parecer, efectuar un análisis supone una exploración más exhaustiva del objeto, que solo se desarrollaría más tarde. Aunque no cuento con argumentos empíricos para contrastar críticamente las hipótesis piagetianas sobre las operaciones lógicas desde la perspectiva evolutiva, se puede sostener que la posibilidad de que la percepción global anteceda a la analítica no contradice la relación de complementariedad de estos dos mecanismos una vez que se han desarrollado. En efecto, desde el punto de vista lógico, resulta imposible imaginar que pueda realizarse uno sin el otro, en la medida en que todo análisis presupone algún tipo de percepción del objeto total, y viceversa, toda síntesis implica haber distinguido analíticamente rasgos que caracterizan el objeto global. Además, es posible establecer la existencia de una interacción entre ambas actividades en un proceso constante de ida y vuelta, en el sentido de que estas evolucionan y se perfeccionan con el paso del tiempo y con la intensificación de la práctica, de modo que permiten un conocimiento más profundo del objeto observado. Así, es lógico imaginar que mayores análisis llevarán a síntesis más completas o más ricas de la porción de realidad percibida. Y, por otro lado, la construcción de una síntesis más inclusiva puede contribuir a un análisis cada vez más exhaustivo de la realidad. De otra parte, también es posible hablar de análisis superficiales, incompletos o desordenados que no permiten obtener una síntesis adecuada de la entidad en cuestión.

A pesar de lo afirmado por Piaget, en lo que respecta a la percepción del lenguaje parece natural suponer la prioridad de lo analítico en las primeras fases de conocimiento, pues nunca se está ante un objeto completo e idéntico. Además, dada la manifestación fragmentaria e impredecible del lenguaje, la capacidad analítica se verá incrementada con la información metalingüística recibida en la escuela y, más todavía, en la actividad profesional, sobre todo si esta tiene como centro el lenguaje. Así, una mayor reflexión metalingüística llevará a análisis más refinados que pueden llegar a modificar la construcción sintética del objeto. Lo dicho no significa que los análisis sean necesariamente acertados, ya que están siempre dirigidos de modo subjetivo por un componente afectivo. Hay que tener en cuenta el hecho de que las observaciones de Piaget se refieren a la evolución lógica en relación con el conocimiento de objetos visuales, que pueden ser percibidos de manera total, y no están referidas al lenguaje.

Cuando se trata de la percepción lingüística, la situación es más compleja, pues no nos enfrentamos a objetos materiales con totalidades bien definidas. Volvemos aquí a las consideraciones de Jakobson (1976), respecto del tipo de signo auditivo que exige un modo de percepción de la sucesividad. Son los signos visuales de naturaleza simultánea los únicos que podrían ser percibidos sintéticamente, de acuerdo con este autor. Si seguimos esta línea de pensamiento, no podríamos aplicar la percepción sintética al fenómeno lingüístico, por el simple motivo de que no puede ser percibido en bloque como ocurriría con una pintura. No obstante, sostendré que así como con los objetos visuales no es posible descartar las operaciones analíticas que enriquecerán la percepción de la totalidad, tampoco los objetos auditivos se sustraen a la percepción sintética. Explicaré el porqué.

En el discurso de Jakobson las ideas se refieren básicamente a la naturaleza del signo y, en esta dimensión, la hipótesis es acertada. Cuando la aplicamos al momento adquisitivo en que el hablante recibe secuencias sonoras que desaparecen apenas pronunciadas, el sujeto solo puede ejercitar operaciones analíticas de distinción o discriminación. No es posible imaginar una percepción sintética de un objeto siempre cambiante, en constante movimiento, que se construye y se reconstruye en la propia interacción de modos imprevisibles, a menos que la síntesis se dirija a identificar un discurso dado o, incluso, un enunciado como su objeto global. En este último sentido, el aprendiz elaboraría síntesis particulares de los discursos a los que se expone, respecto de las cuales tendría que llegar a una síntesis mayor, o a una síntesis de síntesis, lo cual no es imposible de imaginar. Al margen de esta consideración, la operación por excelencia en el periodo adquisitivo es el análisis, lo cual resulta difícil de compatibilizar con la hipótesis piagetiana de la prioridad de la síntesis sobre el análisis, a menos que esta se refiera solo a los objetos visuales.

No obstante, los postulados jakobsonianos no implican que no se utilice en absoluto la operación sintética en la percepción de objetos secuenciales, pues esto sería como negar la existencia de un orden sistemático en el lenguaje, en el que están representados los rasgos centrales en su simultaneidad paradigmática, algo no atribuible a la lógica del pensamiento del maestro.

La percepción sintética del adulto, a la que aludo en este trabajo, se refiere a la identificación de modalidades o variedades lingüísticas en bloque. A mi juicio, los hablantes desarrollan de modo paulatino percepciones globales sobre estas (siempre imperfectas o imprecisas), guiados por las operaciones analíticas. En efecto, tales percepciones parten por lo general de análisis parciales, a veces, hipercaracterizadores, que luego se generalizan para identificar una variedad. En esta línea podría caber la formación de estereotipos, extendiendo la propuesta de Putnam (1975), como producto de percepciones analíticas imperfectas que sobredimensionan ciertos rasgos sobre otros y llevan a la percepción sintética de una variedad o de varias. Es importante considerar que la síntesis se realiza sobre las variedades ajenas y no sobre las propias.

Es obvio que una variedad no tiene existencia autónoma aprehendible en bloque, como la de los objetos visuales. Antes bien, constituye un constructo mental totalizador cuyos constructores son los hablantes mismos, o, de modo obvio, los que se dedican al estudio del lenguaje. Exista o no, el hablante tiene la impresión de estar ante una variedad real totalizadora, mientras que el científico la construye de modo un tanto artificial a través de una conceptualización que hace corresponder con una pseudorrealidad. Por ello, las variedades tienen carácter subjetivo y no existe acuerdo sobre las delimitaciones de estas.[16] El proceso que lleva a la construcción de variedades exige constantes análisis y reconstrucciones de la síntesis. Solo que llega un momento en la evolución del conocimiento del individuo común en que el aprendiz deja de aprender y, por lo tanto, en la generalidad de los casos, de percibir su propia modalidad o de ejercitar la observación sobre ella, aunque no dejará de hacerlo cuando se expone a modalidades distintas de la propia. Las variedades son, pues, elaboraciones abstractas provenientes de continuos análisis del objeto observado, cuya realidad solo puede ser de naturaleza subjetiva, porque depende de los principios que hayan guiado la selección de lo relevante.

La percepción en el adulto se desarrolla, por lo tanto, en la confrontación con un objeto distinto del propio. Se trata de un movimiento alienador, es decir, hacia afuera del individuo sobre la base de la comparación que permite discriminar lo diferencial. Lo que aquí proponemos como objetivo de investigación es averiguar el modo como los hablantes ponen en juego análisis y síntesis en el manejo y evaluación de la variación de su lengua. Además, será nuestro propósito determinar cómo las percepciones analítica y sintética coinciden y, a la vez, divergen en relación con diferentes aspectos lingüísticos entre grupos con características sociogeográficas diversas en el ámbito de lo que se reconoce como una misma lengua.

La percepción en el discurso científico

Como lo he señalado en el subcapítulo dedicado a la normatividad, el discurso científico implica necesariamente la actividad perceptiva de hablantes nativos o no nativos de la lengua estudiada. Es un hecho que al representar el juicio objetivo termina influyendo a la larga en la dirección perceptiva. Este punto no ha sido suficientemente tomado en cuenta en los estudios lingüísticos. En su célebre indagación sobre el significado, Putnam propuso, en relación con el significado léxico, la separación del discurso propio del experto respecto del discurso del hablante común, de acuerdo con lo que denominó *división del trabajo lingüístico* (*division of linguistic labor*) (Putnam 1975). Esta distinción resulta relevante en el análisis que presento aquí, en la medida en que se confrontan dos tipos de percepciones distintas, a saber, la del científico y la del hablante común. La

---

16   He desarrollado el concepto de subjetividad para el supuesto español de América en Caravedo (2005). Moreno Fernández identifica acertadamente las relaciones entre tipos de variedades hispánicas acudiendo a los criterios de variedades básicas, superordinadas y subordinadas, lo que a mi entender avalaría el principio de subjetividad en la percepción de variedades, que sostengo aquí (*cf.* Moreno Fernández 2009b, 2010, 2012).

percepción razonada y justificada (cuando lo es) de los hechos lingüísticos que corresponde al discurso técnico debe considerarse significativa en virtud de que influye, aunque indirecta o asistemáticamente, en la construcción conceptual de los hablantes comunes de una lengua. Por otro lado, el discurso científico (sobre todo el de carácter empírico) se nutre de la observación del uso de los hablantes comunes. Se trata de un proceso complejo de mutua influencia e interacción que debe recibir evaluación disciplinaria constante para ser legitimado.

Es pertinente distinguir entre el discurso de los lingüistas que son, a su vez, hablantes nativos de la lengua que se estudia y el de los estudiosos que no poseen la lengua que estudian como lengua materna, sino como segunda lengua, a veces con una competencia comunicativa oral no desarrollada, o con un dominio pasivo de la lengua objeto. En el primer caso, se cuenta con la ventaja del conocimiento de lo que es propio y simultáneamente con la desventaja de ser juez y parte.[17] Esto no debe llevar a implicar que el discurso sobre la lengua sea necesariamente subjetivo, pues el discurso científico debería ser, en términos de Searle, epistémicamente objetivo, aun cuando el objeto de observación sea ontológicamente subjetivo. Lamentablemente esto no ocurre siempre en la realidad. En el segundo caso, si se tiene la ventaja de la distancia respecto de lo observado, no se cuenta con la intuición del hablante nativo y la percepción resulta de carácter externo. En cualquiera de los dos casos, la percepción se pone en juego en la elección y análisis de los fenómenos.

El discurso científico, aunque se construye a través de un encadenamiento ordenado y sistemático de discursos de otros momentos históricos, ontológicamente es de la misma naturaleza perceptiva que la del hablante común. Así, la percepción científica posee las características que hemos identificado en la ingenua: es *selectiva, orientada* y *diversa*, y se puede aplicar de modo *analítico* y *sintético*. Obviamente tanto la selección como la orientación están poderosamente ensambladas en tradiciones muy antiguas del discurso disciplinario, que reciben la influencia del marco teórico y conceptual y del sistema interpretativo adoptado por el lingüista. Incluso los fenómenos que en ciertos periodos se presentan como sobresalientes para la investigación, en desmedro de otros que ni siquiera son percibidos, constituyen muestra palpable de la orientación de los criterios selectivos. Hay que contar además con los variables paradigmas científicos y los modelos teóricos vigentes en determinadas épocas que condicionan la elección y la marginación de los fenómenos dignos de estudio, así como la modalidad con

---

17   Y esto vale incluso para los que observan variedades ajenas, dado que en muchos casos, como lo mostraré en la parte empírica, la descripción tiene como patrón referencial la propia variedad, respecto de la cual la variedad que se estudia termina considerándose desviada.

que se los observa, se los describe y se los intenta explicar. La diversidad de la percepción resulta, pues, evidente.

La percepción analítica en el discurso científico se pone en juego en la identificación y concentración de algunos fenómenos, mientras que la sintética se basa en la aceptación de modelos de lengua o de variedades preestablecidos. Respecto de la percepción analítica se infiere que los fenómenos considerados objeto de análisis guardan estrecha relación con los principios selectivos. La síntesis, en cambio, se basa en la aceptación de la existencia de variedades en bloque, bien nacionales, bien regionales, bien sociolectales, bien ideales, que se convierten en centro de investigación y que aparecen como totalidades deslindables. Pocas veces se ponen en discusión las variedades mismas cuando estas se perciben y se aceptan como reales. En el ámbito hispánico se presume la existencia de entidades en bloque como el español peninsular, el español de América y variedades regionales dentro de estos grandes bloques, del tipo del español andaluz o meridional, español del Caribe o andino, aun cuando es obvio que tales variedades no son realidades con bordes definidos, y solo señalan determinadas correspondencias muy selectivas entre las delimitaciones espaciales y la identificación de determinados rasgos caracterizadores. Se habla también de variedades estándar, de variedades diatópicas, de variedades diastráticas o diafásicas, cuya distinción se basa en el análisis de un conjunto de propiedades que justifican la existencia separada de cada una de ellas.

Fuera de la determinación geográfica, que alude de manera trivial al hecho de que se puede describir el español hablado en un punto geográfico, sea en un continente, sea en un Estado nacional, sea en una región o hasta en una localidad, la lengua hablada en América o en España no corresponde a una realidad objetiva separable en bloque, sino a un grado de acercamiento a ella. Se trata, más bien, de un tipo de percepción que se cristaliza en una construcción científico-conceptual y, en consecuencia, solo tiene un carácter subjetivo, en el sentido searleano ya mencionado; es decir, se trata de un objeto cuya existencia no es autónoma, sino que depende de un observador que reconoce y destaca determinadas características como propias de una variedad. Lo dicho no pone en tela de juicio que tal carácter implique algún tipo de existencia no desprovista de soporte real. Como lo he desarrollado arriba, los objetos ontológicamente subjetivos cuentan con un soporte material. Lo que se persigue destacar es que tal existencia no puede ser concebida como un hecho autónomo o independiente de los sujetos (en un sentido colectivo), sino como intrínsecamente dependiente de estos o, dicho en otros términos, de las percepciones que guían la observación científica en determinadas direcciones, de acuerdo a un sistema cognitivo adquirido.

Sobre este último punto es urgente la siguiente precisión. Sostener la subjetividad no significa minusvalorar o descartar las entidades mencionadas considerándolas como no susceptibles de conocimiento. Todo lo contrario: los hechos calificados de subjetivos o de relativos al sujeto pueden ser —o deben ser— abordados de modo objetivo; en los términos de Searle son pasibles de *objetividad epistémica,* y en este sentido constituyen materia del discurso científico. Cito literalmente:

> Observer-relative features [subjective] are always created by the intrinsec mental phenomena of the users, observers, etc. of the objects in question. Those mental phenomena are, like all mental phenomena, ontologically subjective; and the observer-relative features inherit that ontological subjectivity. But this ontological subjectivity does not prevent claims about observer-relative features from being epistemically objective (Searle 1995:12-13).

Es necesario aclarar los alcances de lo epistémicamente objetivo. Parece una paradoja considerar un discurso objetivo cuando aquello que se percibe tiene carácter subjetivo. Pero tal paradoja se disuelve cuando, identificados determinados rasgos subjetivos, se reconoce que tales rasgos están aceptados colectivamente y que presentan comportamientos regulares y motivados, esto es, que no constituyen producto del azar, de la imaginación o de la preferencia idiolectal del individuo. Con frecuencia este objetivo no se alcanza en muchos estudios en relación con fenómenos específicos, como lo mostraré en la tercera parte. En algunos casos la percepción subjetiva de quien es representante de la variedad analizada contamina la propia descripción, pues el observador no puede apartarse de su propia percepción interna o de su sistema cognitivo individual. El discurso científico sobre entidades subjetivas se basa, aunque no haya sido explicitado, en la convicción de que el comportamiento de ciertas entidades o rasgos de ellas puede estar motivado lingüística o extralingüísticamente en una comunidad o agrupación social determinadas. Como ya hemos dicho, la subjetividad ontológica no implica arbitrariedad ni casualidad. Precisamente en la parte empírica de este trabajo nos proponemos ofrecer un discurso epistémicamente objetivo sobre la subjetividad ontológica del objeto de reflexión.

TERCERA PARTE

APLICACIÓN EMPÍRICA

A través de la aplicación empírica intento ofrecer un soporte real a la propuesta teórica presentada en las primeras partes de este trabajo, que pone en primer plano la importancia de la percepción en el conocimiento tanto natural (del individuo normal) como científico de la lengua. Asimismo, es mi propósito mostrar cómo la variación en la producción de los hablantes de la comunidad hispánica constituye un reflejo de una diversidad perceptiva, tanto ingenua como técnica, que se ha continuado a lo largo de la historia, y que pocas veces se ha tenido en cuenta en el tratamiento de los fenómenos mismos. Abordarla directamente permite acercarse de modo realista a los procesos de invariación, variación y cambio lingüístico del español, evitando así partir de lugares comunes, que forman parte también de un tipo de percepción que tiende a ser uniformadora y generalizante y, por lo tanto, contribuye a falsificar la realidad.

Independizaré, de acuerdo con una práctica analítica consagrada, la percepción de los fenómenos sonoros respecto de los sintácticos y de los léxicos. Esta práctica tiene como único propósito separar y organizar materialmente fenómenos de tipología variada con una finalidad ilustrativa. Desde el punto de vista cognitivo, el lenguaje no es para los hablantes un conjunto de entidades agrupadas de modo jerárquico en los niveles tradicionalmente aceptados. Tal agrupación es producto de un modo de ordenar y presentar la realidad lingüística a partir de un sistema perceptivo analítico/sintético desarrollado desde determinados enfoques científicos, de indudable utilidad metodológica en el discurso epistémico para estudiar aspectos separados de una realidad compleja. Si asumimos el papel de los hablantes, tendremos que aceptar que las operaciones perceptivas para captar el objeto no necesariamente coinciden con las separaciones analítico-sintéticas de los modelos lingüísticos. Más bien, me inclino por postular en el sistema cognitivo de los hablantes la articulación solidaria de los fenómenos lingüísticos de cualquier rango (sean variablesoinvariables), con un denominador común funcional que es de carácter discursivo/comunicativo, en que están implicados los agentes que construyen los discursos. Por lo tanto, todos los fenómenos correspondientes a niveles distintos, como los tradicionales fonológico, léxico, morfológico y sintáctico (incluso el menos feliz que separa lo semántico como nivel aparte) serán solo metodológicamente separables con un propósito analítico, pero tratados en su realización en el ámbito del discurso, que no es sino la expresión de la función comunicativa del lenguaje. Lo discursivo no será, pues, considerado como un nivel adicional superior y separado de los tradicionales niveles fonológico, léxico y sintáctico, en virtud de que se trata de una dimensión común a través de la cual cobran sentido todos los planos de organización señalados.

Aclarado este punto, una cuestión central que debería orientar la investigación futura en el estudio de la variación en general es ¿cómo incide la percepción en la continuación de los patrones, bien invariables, bien variables del español, o en la proyección de estos últimos en el cambio? Resulta natural imaginar que los fenómenos no percibidos por los hablantes seguirán un curso independiente, en una inercia mecánica de los procesos ya iniciados. Por el contrario, si el hablante logra percibir determinados fenómenos, y además les asigna una valoración respecto de sus ideales lingüísticos, podrá asimismo controlar la producción y orientar la dirección del cambio estimulándolo o frenándolo. Estamos muy lejos todavía de poder responder de modo puntual a estas cuestiones, dados los vacíos hasta ahora existentes en el conocimiento organizado de los fenómenos de la producción y de la percepción misma en ambos lados del Atlántico, pero situarnos en la perspectiva adecuada constituye ya el inicio del camino hacia respuestas o hacia nuevas preguntas plausibles. Y esto porque toda reflexión sobre la percepción debe apoyarse en un análisis detallado de la producción, de modo que puedan plantearse y razonarse cuestiones como las siguientes:

a.   Cuáles son los aspectos de la variación realmente percibidos —evaluados o no— por los hablantes del español de las diferentes zonas de América y de España?[1]

b.   ¿Existe acuerdo o desacuerdo en lo reconocido como correcto o evaluado como positivo en la lengua en cuestión?

c.   ¿Cuáles son los fenómenos que al ser evaluados son susceptibles de control consciente de parte de los hablantes, y cuáles se desarrollan de

---

1   Es fundamental incorporar el estudio de los patrones de variación del español peninsular, y no solo concentrarse en el español de América como la única fuente de variación. En este sentido, la intensificación de los estudios sociolingüísticos del español de España, análogos a los de Hispanoamérica, permitirán análisis contrastivos simétricos, como los enmarcados en el PRESEEA (*Proyecto de Estudio Sociolingüístico del Español de España y de América*, (cf. Moreno 1993). V. Samper (2012), quien presenta un panorama bien documentado de las más recientes investigaciones sociolingüísticas en España realizadas precisamente en el marco del PRESEEA.

modo incontrolado y constituyen el germen del cambio lingüístico en la transmisión y la expansión colectivas de nuevas estructuras?

d.   ¿Cómo interviene, en la dirección perceptiva del hablante, el cambio social motivado por los fenómenos migratorios externos e internos en ambos continentes que ocasionan la reestructuración demográfica del espacio social del español?

Antes de entrar en el análisis de los fenómenos mismos, subrayo que la percepción en sentido colectivo, objeto de este estudio, supone la consideración de la convergencia —si bien no absoluta— de modos perceptivos y de juicios entre conjuntos de hablantes que pueden confluir en un grupo social o en comunidades más amplias coincidentes con espacios regionales, nacionales o incluso continentales. Por último, la percepción puede no ser directa y explícita sino más bien indirecta e implícita, en el sentido de que el hablante no está siempre en condiciones de identificar el rasgo o el objeto percibido de modo claro y puntual, si bien puede mostrar determinado tipo de conducta o expresar una reacción ante su presencia, de acuerdo a lo que Labov (1972) ha identificado como *normas encubiertas (covert norms)*.

La percepción fonética

En las líneas que siguen, abordaré analíticamente los principales fenómenos fonético-fonológicos del español actual partiendo de la percepción de tales fenómenos de parte de los usuarios, asociándola, cuando es pertinente, a la percepción científica. Este cambio de perspectiva no invalida naturalmente la tradicional basada en la observación de los fenómenos a partir de su producción. El programa de investigación, cuyos lineamientos he expresado en la primera parte, consiste a grandes rasgos en un acercamiento a los fenómenos lingüísticos teniendo en cuenta la base cognoscitiva de los propios hablantes y su influencia en la dirección de la variación y del cambio adoptando el punto de vista del receptor u oyente, sea o no destinatario. Esta perspectiva permite interpretar y comprender la desigual variación fonética y las diferencias en la elección de los usos de los diversos ámbitos hispánicos.

Como lo hemos apuntado en la primera parte, la percepción lingüística es *selectiva, orientada* (aunque pueda *des-orientarse*) y *diversa*, de modo que no se concentra de la misma manera ni con la misma intensidad en todos los rasgos de una lengua. Por otro lado, la percepción del lingüista, en la que no deja de actuar su propia experiencia como hablante de una modalidad específica de la lengua, con sus preferencias y evaluaciones, debe ser también considerada objeto de examen, en la medida en que influye de modo a veces decisivo en la fijación de ciertos cánones considerados prestigiosos y en la discriminación negativa de otros al tratar de justificarlos y razonarlos en el marco de una teoría, de un modelo descriptivo o de un sistema conceptual, y de transmitirlos a la comunidad.

La justificación de la separación de un plano fonético no implica que este no esté articulado con las entidades léxicas y la organización sintáctica de modo inseparable. En la percepción de los hablantes las variedades lingüísticas se presentan como una totalidad sintética en la que resulta difícil separar con sistematicidad cada una de las partes implicadas. Sin embargo, es un hecho que los hablantes dirigen su capacidad analítica hacia determinados elementos que parecen disociar la unidad solidaria de las partes. Perciben ciertos sonidos, incluso poco frecuentes, de modo a veces sobredimensionado, mientras pasan por alto otros que pueden ser muy frecuentes. Pero no hay que olvidar que tales sonidos se dan en un flujo discursivo y están insertados tanto en las entidades léxicas cuanto en las combinaciones de los enunciados. Los hablantes perciben también de modo destacado algunas palabras y construcciones, mientras dejan en segundo plano la percepción de otras.

La necesidad de la segmentación fonológica en el estudio científico (sea articulatoria, sea acústica) tiene un sólido sustento en el desarrollo adquisitivo que, a juzgar por la investigación empírica, recorre un camino que se inicia con la captación ordenada de la materialidad sonora como primer paso en la percepción sensorial del lenguaje. Pero completado el proceso adquisitivo en la fase primaria, el individuo deja de dirigir su atención hacia segmentos fonológicos, y la percepción analítica solo se da en determinados puntos sonoros de la cadena discursiva, coincidan o no con los criterios categorizadores del discurso técnico. En todo caso, no deja de actuar tanto la percepción analítica cuanto la sintética, a veces de modo entrelazado.

Los espacios de variabilidad

De acuerdo con lo razonado anteriormente, me propongo la construcción de un texto epistémicamente objetivo sobre hechos ontológicamente subjetivos, utilizando en este punto la terminología de Searle ya comentada en la primera parte. Antes de pasar revista a las principales características de la variación fonológico-fonética del español, definiré el sistema fonológico en el mismo sentido laboviano como conjunto de *variables*, más que de invariantes abstractas como los fonemas. Pero, a diferencia del modelo laboviano, cada variable no constituye una unidad segmentable en sentido estricto sino, más bien, un conjunto de posibilidades que he denominado *espacio de variabilidad* (Caravedo 1990, 1991). Se trata de un *continuum* sonoro dentro del cual se hacen posibles ciertas fluctuaciones, que tienen determinados límites en la realización y en el reconocimiento de los hablantes. Tales límites pueden o no coincidir con la capacidad discriminativa de significado. El hablante produce fluctuaciones respetando tales límites, que pueden ser definidos como una zona funcional, pues delimitan cierto espacio permisible que normalmente el individuo no transgrede. Estas fluctuaciones tienen un carácter recurrente entre diversas agrupaciones de hablantes, y se manifiestan sea como variación *funcional,* sea como variación *no funcional.*

Según lo he definido en la primera parte de este trabajo, llamo *variación funcional* al fenómeno que afecta distinciones de significado léxico, fenómeno que no era considerado dentro de los límites del concepto de variable en la teoría canónica. A nuestro juicio, un fenómeno de esta naturaleza entra en el campo de la variación, en la medida en que no ocurre de manera fija y estable en una lengua, es decir, no es uniforme en una comunidad lingüística. Dicho de otro modo, dentro de una lengua, la *variación funcional* implica una modificación concreta de una función distintiva en cualquier punto del sistema, que no se extiende a todos los hablantes de una lengua, mientras que la *no funcional* no ocasiona en la coordenada sincrónica analizada ninguna alteración de la función distintiva léxica en ningún contexto. Es importante señalar que no son los hablantes los que categorizan esta distinción, que es propia del discurso técnico, en la medida en que si un hablante admite fluctuaciones, no es capaz de percibir lo que es funcional de lo que no lo es. Esta diferenciación es fruto de la percepción científica (es decir, del discurso epistémico que aquí propongo), la cual, analizada la producción, ha optado por organizarla de acuerdo con estos parámetros, la mayoría de los cuales se originan de modos tradicionales de estudiar los fenómenos que no han tenido en cuenta la cognición del hablante individual. Sin duda el reconocimiento de una función distintiva en el orden del significado léxico permite identificar entidades fonológicas o espacios de variabilidad. No obstante, este principio de distinción, que se desprende del carácter sígnico del lenguaje, será utilizado aquí como método de organización, más que como fin en sí mismo. El hecho patente de que los hablantes no actúan siguiendo ciegamente esos principios delimitativos explica la tendencia natural de las lenguas hacia la variación y el cambio. De acuerdo con esta organización, que proviene del replanteamiento tradicional del concepto de variación de la línea estructuralista y de la sociolingüística laboviana, abordaré primero los casos de *variación funcional* en la fonología española actual para luego analizar los de *variación no funcional,* teniendo en cuenta la percepción de los usuarios no técnicos.

Se impone precisar, ¿cuál es la conexión entre los espacios de variabilidad y la percepción? Es necesario decir que el concepto de espacio de variabilidad tuvo como objetivo en el momento de su formulación la definición de la variación fonética como un *continuum* más que como un conjunto de unidades claramente delineadas en la producción de los hablantes. La razón de esta decisión tuvo como base la investigación empírica que realicé a fines de los ochenta, en la que pude observar en el proceso de cuantificación que los hablantes no emitían fonos claramente delineados (ni siquiera las consabidas variantes eran idénticas entre ellas), sino que producían fluctuaciones (variaciones aparentemente no sistemáticas), y con frecuencia se presentaban contaminados con los demás fonos de la secuencia, en los que era imposible desde el punto de vista perceptivo identificar el perfil fónico constante de una entidad (Caravedo 1990). Lo interesante en esta constatación fue observar que en la producción de las fluctuaciones el hablante no traspasaba ciertos límites. Me preguntaba en ese entonces cuál podría ser el principio que marcaba el límite entre entidades sonoras tan contiguas en el aparato fonador. Así, los hablantes no producen una solo realización bien delimitada de un segmento sonoro, sino más bien conjuntos alternantes en diferentes momentos o estilos discursivos, con diversas intenciones comunicativas y según múltiples circunstancias relacionadas con la posición del segmento dentro de la palabra o de la secuencia, con la línea melódica, el énfasis y otros factores de orden emotivo que dirigen las inflexiones sonoras. Sistematizar todo ello llevaba a una multiplicación de factores que hacían imposible cualquier predicción. Ahora bien, tales fluctuaciones, consideradas desde la perspectiva tradicional como no pertinentes o libres, que pueden organizarse o no organizarse contextualmente, son propias de la emisión más que de la recepción. No hay que olvidar que es en esta última función, en la que el oyente ejercita la percepción para comprender un mensaje, de modo que es necesario aclarar si los espacios de variabilidad son perceptibles para el receptor.

¿Qué tipo de entidad percibe el oyente para organizar la sonoridad en función de los fines comunicativos? Aunque esta es materia de investigación futura, en apariencia, si seguimos los moldes interpretativos tradicionales, el hablante captaría entidades categóricas o fijas (para algunos, prototípicas). En este sentido, si recibe secuencias variables debe restituirlas a algún tipo de unidad virtual o ideal. Pero creo que no es este el camino perceptivo cuando se trata del adulto que ya ha adquirido la lengua materna, y por ello resulta imprescindible mantener la diferenciación cronológica de la percepción. Conjeturo, más bien, que conociendo ya el sistema sonoro de su variedad, el individuo adulto capta todas las fluctuaciones automáticamente sin advertirlo, y solo se detiene a percibir de modo consciente las emisiones fónicas que salen de las fronteras de los espacios de variabilidad a los que está habituado. Dicho de otro modo, si se traspasan los límites de tales espacios regulares, los hablantes perciben con claridad los elementos ajenos a esos espacios y desarrollan actitudes valorativas ante ellos. Esta transgresión de las expectativas convierte el hecho en prominente, aunque no sea necesariamente frecuente. La percepción focaliza o enfoca lo diverso, mientras terminan desenfocadas las fluctuaciones admisibles en la propia variedad. En este sentido, el concepto de *espacio de variabilidad*, así reformulado, podría aplicarse a la percepción de los hablantes, de modo que permitiría comprender la dirección de la percepción y la motivación de la diversidad perceptiva en una misma lengua, como lo mostraré en el siguiente apartado.

Al separar los fenómenos teniendo en cuenta las diferencias entre variación funcional y no funcional, comentaré solo aquellos que he investigado de modo exhaustivo, de modo que no abordaré todos los fenómenos fonológicos del español. Dejaré de lado, por lo tanto, fenómenos funcionales como la indistinción /r/ /l/ en posición silábica distensiva manifestada en la producción de cualquiera de los segmentos que representan las unidades virtuales. Las zonas andaluza y caribeña son representativas de estas indistinciones con distintas manifestaciones, desde el punto de vista de la producción y de la percepción de los hablantes que no poseen estas modalidades. Se sabe, sin embargo, que existen preferencias hacia la producción de la vibrante o hacia la lateral. En el Caribe, a partir de investigaciones como las de López Morales (1983) se hace posible intuir grados de percepción y de tolerancia distinta de estos fenómenos en determinadas zonas. Según este estudioso, en Puerto Rico este fenómeno está diastráticamente marcado, de modo que en la percepción de los que no lo poseen se considera negativo. Algo similar advierte Alba (2012), no solo para Puerto Rico sino para todo el espacio insular caribeño, al presentar una visión de conjunto de las investigaciones en el área del Caribe, quien llega a señalar el estatuto negativo que tiene la variación de estas consonantes en todos los lugares de esta zona, de modo que al parecer se trataría de una uniformidad perceptiva del fenómeno de indistinción de las líquidas, presumiblemente por parte de quienes no lo realizan. *Variación funcional: las sibilantes.* De los fenómenos de variación funcional, el más conocido y caracterizador del español es, como bien se sabe, la presencia de la distinción /s/ y /θ/ en una parte del mundo hispánico frente a la ausencia de esa misma distinción en la mayor parte de él. Aunque abundantemente tratado, la actitud predominante ha sido la observación de la producción, más que el trasfondo cognitivo de esta. Lo primero que hay que tener en cuenta desde el punto de vista de la cognición es que cada una de las modalidades (nos referimos a la castellana frente a la americana, excluyendo la andaluza que trataremos aparte), se presenta estable e invariable en este momento de la historia, de modo que no es percibida por sus propios hablantes, a menos que se confronten entre ellas. Esto quiere decir que quien practica la distinción lo hace siempre, y quien no la practica, también. La coexistencia de estas dos modalidades no corresponde, pues, a la *variación intra-individual* en sentido cognitivo (en el mismo hablante), sino, más bien, a la *extra-individual* en un sentido general, considerando la lengua histórica en la sincronía actual, sin tener en cuenta la cognición de los hablantes como individuos.

De acuerdo con la distinción precedente, los hablantes hispanoamericanos pueden en general reconocer la existencia de una interdental (que identifican solamente con la grafía *zeta*), pero sin distinguir ninguna funcionalidad en ella, ni mucho menos ninguna intervención en la discriminación de significado. Se considera una mera marca de origen geográfico que incluso es denominada como 'ceceo', con un valor que no coincide con los términos técnicos. Es decir, para los hispanoamericanos son los castellanos los que 'cecean', solo porque la unidad en la que concentran su percepción es la que no poseen en su propio sistema.

Existen, pues, en español desde un enfoque epistémico dos subsistemas distintos y autónomos en el orden de la fonología. Analizados separadamente, y teniendo en cuenta la cognición de los hablantes, quien practica la modalidad distintiva puede poseer una *percepción externa* de la indistinción, en el sentido que hemos asignado a este término, pero no forma parte de su sistema perceptivo interno y, por lo tanto, no está en condiciones de actualizarla en su habla. Del lado del que no la practica (*seseo*), la percepción externa del hablante es asimismo capaz de identificar de modo pasivo la modalidad distintiva, pero sin captar sus principios de organización y sin poder reproducirla en su discurso. Lo que este hablante percibe no es una oposición binaria, sino un solo elemento de esta, representado por el sonido que le es ajeno, la interdental. Por lo tanto, no conecta este sonido con la capacidad discriminativa de significado porque tal capacidad no existe en su propio sistema cognitivo. Como lo hemos tratado anteriormente, en la generalidad de los casos, en el momento de adquisición de la variedad primaria, el hablante no es capaz de autopercibir su propia modalidad hasta que se exponga a una modalidad ajena. Este hecho es fundamental para comprender los alcances de las distinciones para los hablantes.

Una situación diferente se presenta con la llamada modalidad meridional que incluye sobre todo a Andalucía, si bien se extiende fuera de ella y no constituye una modalidad homogénea, como bien se desprende de los diferentes estudios sobre el tema (sin intentar la exhaustividad, *cf.* Alvar 1973,1996c, Morillo Velarde 1997, Narbona/Cano/Morillo 1998[2011], Moya 2000,Villena Ponsoda 2001, 2012, Carbonero 2003, Narbona 2013, Bustos Tovar 2013).[2] Genéticamente esta variedad, caracterizada como de indistinción, se ha identificado con la americana, si bien desde el punto de vista cognitivo constituyen fenómenos de naturaleza muy distinta, como lo pasaré a explicar. En primer lugar, hay que

---

2   No abordaré aquí el seseo que se produce en otros lugares de España, sobre todo en algunas modalidades en que el español está en contacto con otras lenguas como el catalán, el vasco o el gallego.

considerar que la modalidad meridional peninsular registra actualmente una amplia variación, donde no se presenta de modo exclusivo el patrón no distintivo considerado propio y característico de ella, como ocurre en América. Antes bien, siguiendo a los mencionados estudiosos, en ciertos puntos de la zona andaluza y entre ciertos hablantes en determinadas coordenadas sociales y estilísticas se combinan ambos patrones, para no mencionar las zonas en que se abandona el seseo para adquirir el patrón distintivo. Estas diferencias de comportamiento dentro de una misma región son solo comprensibles cuando se acude a la dimensión perceptiva y se tiene en cuenta que el modelo referencial vigente en estas zonas es el distintivo. De acuerdo con lo dicho, el hablante andaluz que *sesea* poseería como parte de su cognición del español, la distinción castellana canónica, aunque de modo pasivo, a través de los modelos educativos, de los medios de comunicación o de los contactos migratorios. Esto significa que ha desarrollado una percepción externa de esta, que es cualitativamente distinta a la desarrollada en América. No se trata en este caso de una mera marca diatópica, como ocurre en la percepción externa hispanoamericana, sino de un fenómeno más complejo, en que el aspecto valorativo cobra especial relevancia.

Pasemos a explicarlo. En América (con las limitaciones que toda generalización comporta), el *seseo* en la actualidad no constituye materia de percepción, en la medida en que no es término de contraste con el modelo distintivo, cuyo único valor reside en ser representativo de una variedad diatópica distinta: se trata, pues, de un mero marcador espacial, que no determina un cambio de dirección en el comportamiento. Naturalmente esta situación cambia en contextos migratorios cuando ambos grupos coexisten en el mismo espacio, y en toda situación en que hablantes de ambas variedades se confronten en la esfera comunicativa. No sucede así, como es natural, en Andalucía donde la distinción está omnipresente como punto de referencia a través de distintos tipos de información proveniente del contexto sociocultural del individuo. Inmerso en una sociedad donde rige un doble sistema de valores en lo que respecta a las sibilantes, el hablante andaluz debe confrontar durante todo el periodo de aprendizaje el modelo indistinguidor con el distinguidor. Por lo tanto, la percepción externa que se pone en funcionamiento asocia la distinción a una valoración social positiva que lleva a indecisiones de comportamiento.

En definitiva, si nos colocamos en un plano general, no se puede hablar del *seseo* o indistinción como un fenómeno único en el mundo hispánico, aunque así lo sea desde el punto de vista estructural. En el sentido epistémico, haciendo un reordenamiento sintético de los estudios mencionados sobre el tema, se pueden considerar por lo menos tres fenómenos cualitativamente distintos, si se integra el aspecto perceptivo en la configuración del sistema teniendo como referencia la diatopía, a saber:

a.   el modelo indistinguidor categórico (castellano septentrional y central),

b.   el modelo seseante categórico (hispanoamericano), y

c.   la interacción variable (no categórica) entre modelos con resultados diferentes en la producción, que incluiría:

- la solución sibilante (*seseo*),
- la no sibilante (*ceceo*),
- las mezclas entre ambas soluciones en un mismo hablante (*seceo/ceseo*)
- las mezclas entre patrón indistinguidor y patrón distinguidor entre diferentes hablantes.

La interacción variable entre modelos (c), el fenómeno más complejo y rico, correspondería al español de tipo meridional peninsular que posee, en lo que a este punto se refiere, una base cognitiva distinta de la castellana distinguidora o de la americana seseante que constituyen modelos categóricos invariantes. La interacción de modelos está distribuida espacialmente, de modo que la diatopía interna es un elemento determinante en la dirección de la variación en la zona andaluza. No he considerado el patrón oriental dentro del modelo de distinción categórica, a la luz de las investigaciones empíricas de Villena Ponsoda, que revelan predominios cuantitativos de una modalidad respecto de otra en un mismo hablante, pero no invariabilidad absoluta (*cf.* Villena Ponsoda 2012). Dado este panorama, no se ha incluido dentro del modelo indistinguidor categórico la diatopía andaluza tomada en su conjunto, de modo que el seseo hispanoamericano responde a un modelo completamente distinto al andaluz. En la interpretación sintética del español andaluz, reproduzco el esquema presentado por Villena Ponsoda (2001:54), en el que se organizan las posibilidades del patrón meridional (M) del siguiente modo:

1.   Reducción incompleta (RMI) que comprende la coexistencia entre, por un lado la distinción canónica y, por otro, la posibilidad de realizar /θ/ como [θ], pero también como [s], lo que quiere decir que la distinción se entremezcla con la indistinción en el mismo hablante.

2.   Reducción completa (RMC) que comprende la realización sibilante (seseo) o la realización no sibilante (ceceo).

3.   Reducción indiferenciada (RMIF) que comprende entrecruzamientos en todas las direcciones (seceo) (ceseo). La /s/ puede realizarse como [s/θ] y la /θ/, como [θ/s].

Teniendo en cuenta este ordenamiento, se pueden establecer algunas generalizaciones. Por un lado, el patrón occidental supone la indistinción hacia la realización de la sibilante o de la interdental (dento-interdental), en lo que se conoce como *seseo* / *ceceo*, respectivamente, y, más frecuentemente, *ceseo,* con alternancias internas de cualquiera de los fonos sin las correspondencias fijas del patrón distintivo (*cf.* Morillo Velarde 1997, 2001, Narbona/Cano/Morillo 1998[2011], Moya 2000, Villena Ponsoda 2001, 2012, Carbonero 2003). Curiosamente, a este último respecto, Villena Ponsoda afirma que las pautas alternantes *ceseo/seceo* "son más corrientes que las derivadas de la regularidad teórica del 'seseo' y del 'ceceo" (Villena Ponsoda 2012: 55). Por otro lado, el patrón oriental incluye, además del *seseo,* la reaparición del patrón distintivo castellano como integrante de la variación (*cf.* Villena Ponsoda 2012). Textualmente:

> Esta forma de realización meridional *sui generis* del sistema estándar (E) constituye, indudablemente, un patrón regional y responde, seguramente, **a un proceso de variación mimético** que, en el afán por seguir los modelos ejemplares nacionales, puede acabar desarrollando modelos intermedios ideales propios (Auer y Hinskins 1996b). (Villena Ponsoda 2012: 43) [mío el énfasis].

El texto anterior destaca la intervención de la percepción analítica en la asunción del patrón distinguidor, pues cuando se afirma que la variación es mimética no se hace sino resaltar el reconocimiento consciente; esto es, avalado necesariamente por la percepción de parte del hablante, del fenómeno en cuestión, de acuerdo con el criterio de prominencia que identifica algún elemento, aunque sea de modo equivocado, como sobresaliente. Precisamente, la asunción del patrón distinguidor en Andalucía oriental constituye, a mi modo de ver, una clara muestra de la importancia de la percepción en la dirección hacia el cambio lingüístico, que en este caso es una dirección anómala hacia el sistema más complejo y, por lo tanto, supone la progresiva inclusión de un elemento distintivo que no se poseía, el cual reestructura el anterior, sin llegar a cancelarlo totalmente, encajándolo en un sistema de distribuciones secuenciales variables, más difícil de adquirir, si el punto de partida ha sido la indistinción. A este respecto, es interesante considerar que en la asunción del modelo distintivo no se reproducen las características fonéticas de la /s/ castellana, básicamente apicoalveolar, que permite una clara polaridad acústica o de punto articulatorio que se añade a la oposición estridente/mate. Así, la modalidad andaluza distinguidora no mantiene con nitidez articulatoriamente separadas las variables, pues ambas son de naturaleza dental (acústicamente densas). La distinción pendería del rasgo de la estridencia. Este desplazamiento originaría, según Villena Ponsoda, un cambio en el sistema de relaciones, permitiendo la copresencia de la fricatización de la palatal africada, ausente en el sistema castellano, en la medida en que colidiría con la sibilante apicoalveolar que se acerca a la zona palatal (Villena Ponsoda 2012).

Queda para la investigación futura determinar en qué momento y bajo qué circunstancias sociales el sistema seseante se trastoca y se modifica la percepción de los hablantes en un medio tradicionalmente indistinguidor para adquirir la distinción. Si gran parte de los modos de percepción se heredan y se transmiten, ¿cómo explicar el cambio de ella? Según lo sostienen Villena Ponsoda/ Vida Castro (2012), este cambio regresivo está motivado por el prestigio social de la distinción, diferenciado diatópicamente, de tal manera que no coincide con los ideales sevillanos que impulsan las soluciones innovadoras de la indistinción. Las investigaciones empíricas realizadas por Lasarte Cervantes (2012), integrante del equipo de investigación de Villena Ponsoda, revelan hasta qué punto las diferencias de educación y de generación son determinantes en la percepción de la distinción, pues son los hablantes más jóvenes y con mayor grado de escolaridad los que adquieren el patrón distintivo. Los mayores con menor grado de escolaridad tienden a percibir la distinción como diferencias en el orden de la intensidad de la sibilante según los resultados del test de percepción llevado a cabo por la autora. Es necesario tener en cuenta la dificultad de los tests para explorar la percepción en circunstancias naturales, dado que someten al individuo a un esfuerzo de razonamiento adicional para discernir las diferencias en situaciones que no corresponden a las del habla. En todo caso, como instrumento de medición es indudablemente útil y debe complementarse con observaciones en situaciones normales.

Lo revelador de las investigaciones anteriores reside en el hecho de que es el cambio de percepción el que impulsa el cambio lingüístico, en este caso fonológico, y no al revés. En otras palabras, no es el cambio el que induce a una alteración perceptiva. Resulta altamente probable que tal cambio esté motivado por un desarrollo, entre las nuevas generaciones, de una *percepción externa* más amplia de otras variedades que la de las generaciones mayores con menor grado de escolaridad. Es indudable que la etapa escolar, que contribuye al desarrollo de la *percepción secundaria,* a través de la formación metalingüística, desempeñe un papel de primera importancia en el cambio perceptivo, en el sentido de que agudiza la percepción y la orienta por un camino distinto del transitado por los mayores. Pero no debe subvalorarse la percepción *terciaria,* la que se adquiere en la interacción social y supone observaciones y asociaciones de diverso orden, relacionadas con el estatuto social del hablante y su exposición a diversos ambientes, que le permiten un mayor desarrollo de la percepción externa.

No es, pues, el fenómeno en un sentido objetivo el importante, sino el modo como el hablante se sitúa ante él, porque lo capta de determinada manera y le confiere una significación que no rige para los hablantes que no han desarrollado esa misma percepción, como los sevillanos o los hispanoamericanos. Estos últimos, si fueran sometidos a una prueba perceptiva no sabrían dónde encajar la interdental, pues esta no tiene un valor significativo y, aunque forme parte de su percepción externa pasiva adquirida en el ambiente escolar o por otros medios, no integra la variación operativa de carácter intraindividual de su sistema fonológico. Faltaría explicar por qué en el caso del andaluz occidental, a diferencia del oriental, se desarrolla una percepción distinta que no lleva a la adquisición de la distinción. Los hablantes sevillanos comparten también con los orientales la misma referencia nacional. Sin embargo, no se desencadenan cambios en la dirección hacia el patrón conservador, como sucede en Andalucía oriental. Resulta plausible imaginar que los hablantes de la zona occidental han desarrollado, debido a distintas circunstancias históricas y geosociales, una percepción primaria positiva del seseo sibilante en el propio espacio, la cual llega a ser más fuerte que la recibida a través de influencias externas, como la escuela o los medios de comunicación, que van en la dirección del modelo nacional conservador. Son reveladores los datos que proporciona López Serena (2013), quien pone en relación la problemática del andaluz occidental con la diferenciación gradual entre distancia e inmediatez comunicativas según el modelo propuesto por Koch y Oesterreicher (1985) y Oesterreicher (1996). La autora observa que en las situaciones de distancia, los locutores televisivos restituyen la diferenciación fonológica aludida y esto demuestra la naturaleza distinta del seseo hispanoamericano respecto del andaluz. En este último (en este caso la autora se refiere a la variedad occidental) existiría una valoración subyacente positiva del modelo castellano, que sale a la superficie en situaciones de alta formalidad, lo que en nuestros términos sería de alta perceptibilidad. De todos modos, añado aquí a la luz de las pertinentes observaciones de López Serena, con el propósito de interconectar el andaluz occidental con el oriental, que el hablante sevillano cuando está involucrado en interacciones espontáneas no abandona el patrón seseante/ceceante. Esta actitud distinta ante los diferentes grados de distancia comunicativa separaría el andaluz occidental respecto del oriental. En este sentido, el grado o, más bien, el modo de percepción determinaría las diferencias entre patrones de una misma región.

En suma, las diversas modalidades andaluzas en relación con la fonología, especialmente referidas a las sibilantes, constituyen un ejemplo patente del peso de la percepción en el cambio de las estructuras lingüísticas.

Aspiración y elisión de la sibilante

A partir del análisis de la producción, la simplificación distintiva que supone el *seseo* se suele conectar con la aspiración y la elisión de la unidad resultante, como parte de una misma tendencia innovadora y simplificadora en las posiciones de coda silábica (Villena Ponsoda 2012, Lasarte Cervantes 2012). No parece caber duda de que los índices más altos de debilitamiento y caída de la sibilante están localizados aparte del Mediodía español, en las zonas del Caribe, continentales o isleñas, aunque no de modo exclusivo, pues se encuentran con considerable intensidad en otros puntos alejados de estas zonas, como en Chile, Argentina, Ecuador, Perú, de modo que resulta difícil trazar un panorama de difusión zonal o regional de este fenómeno. Sin embargo, hay que cuidarse de las generalizaciones, pues la aspiración se da también, aunque no con la misma intensidad, en la zona distinguidora peninsular, como lo muestran los reveladores datos de Quilis (1965), quien se refiere específicamente a la extensión de la aspiración preconsonántica en Madrid, y de Moreno Fernández/García Mouton (1994) en Castilla La Nueva (*cf.* además Moreno Fernández 1996). Posteriormente, Moreno Fernández (2009b:140-143) consigna de modo específico la aspiración en el área de Madrid y en la zona de La Mancha, que incluiría Toledo, Cuenca, Ciudad Real y Albacete. A la luz de tales testimonios, no es posible establecer una conexión absoluta entre mantenimiento de la distinción fonológica y conservación o no aspiración de la /s/ implosiva, por un lado, y simplificación seseante y debilitamiento o pérdida de la /s/ implosiva, por otro. Hay que considerar la posibilidad de que se trate tan solo de una falsa inferencia no respaldada por datos organizados cuantitativamente de las zonas peninsulares, en lo que respecta a este fenómeno fonético. A esto hay que añadir que los recientes estudios del grupo malagueño dirigido por Juan Andrés Villena Ponsoda presentan información sistemática y detallada de la aspiración de /s/ en las posiciones implosivas interiores de palabra frente a la frecuencia notable de elisión en el final de la palabra, procesos que coexisten con la restitución del patrón conservador distinguidor (*cf.* Lasarte Cervantes 2012). Esta información contribuye a reforzar la tesis de la coocurrencia no obligatoria del debilitamiento y la indistinción.

La aspiración de /s/ ha sido, como bien se sabe, interpretada a la luz de los procesos diacrónicos y sincrónicos del español como una fase en el proceso de debilitamiento en la distensión silábica. Tal proceso no afecta solamente a las sibilantes, sino a un conjunto más amplio de segmentos, y tiene como primera etapa precisamente la velarización en posición implosiva (además de la aspiración de la sibilante, la velarización se puede dar en las nasales, en las obstruyentes sonoras, en la vibrante, rasgos no siempre concurrentes en cada lugar) y como fase final la eliminación del segmento. Asimismo, se han investigado de modo proficuo los condicionamientos pertinentes en cada una de esas fases de debilitamiento, teniendo en cuenta no solamente la existencia del fenómeno, cuanto el peso cuantitativo de los factores posicionales o contextuales en relación con determinados parámetros sociales y estilísticos. Respecto de los factores posicionales, los estudios de variación han permitido mostrar una jerarquía cuantitativa en la fuerza del condicionamiento del contexto inmediatamente posterior a la /s/: consonante, pausa y vocal (*cf.* Terrell 1975, López Morales 1983, Samper 1990, Caravedo 1990). Si a esto se añade la presencia relativa de la elisión que afecta sobre todo el fin de la palabra, como expresión de una tendencia más acusada de debilitamiento, es posible identificar las zonas donde el proceso se encuentra relativamente más avanzado que en otras, sin que esto signifique que haya un camino insoslayable para alcanzar un fin. Quiero decir que la interpretación de procesos más avanzados que otros presupone una hipótesis evolutiva que tiene como meta la elisión, si bien hay que proceder con cautela cuando se trata de inferencias sobre datos muy limitados y provenientes de distintas áreas. No obstante, es significativo el hecho de que los índices de aspiración ante vocal, siendo en general relativamente inferiores a los que se presentan ante consonante, son largamente superiores en las zonas debilitadoras de las sibilantes como el Caribe, que en las más conservadoras como Lima. En esta última ciudad, el contexto vocálico constituye, sobre todo en grupos de estrato medio y alto, un factor restrictivo de la aparición de la variante aspirada, la cual, no obstante, se presenta con notable frecuencia ante consonante (Caravedo1990: 147).

Concomitantemente, como la aspiración prevocálica no parece ser objeto de percepción negativa en las zonas debilitadoras en que se da, el proceso de debilitamiento no encuentra ningún freno y afecta por igual a todos los contextos de la palabra. En cambio, en los espacios más conservadores de la sibilante, la percepción del hablante individualiza de modo puntual y selectivo solo la aspiración ante vocal, es decir, la que no se identifica como típica, y no la que ocurre ante consonante, lo que lleva a interpretar la primera como rasgo negativo en el discurso de otros. Me refiero concretamente a la situación de Lima, donde la aspiración es aceptada en posición preconsonántica, de modo que los índices de percepción de este fenómeno, que adquiere un carácter neutro porque es propio de la variedad vernácula, decrecen notablemente, frente a la hiperpercepción de una aspiración prevocálica, menos tolerada o marcada diastráticamente de modo negativo (*cf.* Caravedo 1990). Interesa señalar cómo la agudeza y precisión perceptivas de los hablantes pueden llevar a identificar de modo analítico no solo una variante fonética en sentido general, sino una forma particular de esta en su distribución contextual, lo cual supone el poder deslindar los tipos de contextos implicados poniéndolos en un primer plano. No sería extraño que esto mismo se diera en otras zonas, incluyendo las peninsulares, pero el asunto debe ser cuidadosamente investigado. En Málaga, por ejemplo, Lasarte Cervantes encuentra al lado de la altísima frecuencia de elisión en posición final de palabra, una tendencia acusada a la aspiración solo preconsonántica. Sería oportuno explorar las realizaciones en contextos prevocálicos independientes de la posición del segmento respecto de la palabra, que permitirían calibrar el grado de debilitamiento fónico (Lasarte Cervantes 2012).

De otra parte, desde el punto de vista de la producción, la elisión supone un paso más decidido hacia la reestructuración funcional, al implicar la pérdida de un segmento que en posición final de palabra posee un doble estatuto morfológico como parte de la flexión nominal y verbal. Y aquí los resultados de la variación espacial son riquísimos y no siempre coincidentes. Por un lado, tenemos los casos en que la elisión se produce a expensas de la función, respondiendo a factores mecánicos como el *paralelismo de la concordancia* interna de la secuencia, según el cual la primera elisión lleva a elisiones sucesivas en los demás constituyentes del enunciado o en los enunciados inmediatos de un discurso dado. Un proceso semejante motiva la concentración cuantitativa de elisiones, como las encontradas por Poplack en el español de puertorriqueños en Filadelfia (Poplack 1980, Labov 1994).

Una interpretación diferente presenta Lasarte Cervantes en relación con la ciudad de Málaga, en que la elisión registra porcentajes altísimos en fin de palabra cuando precisamente se trata de una /s/ morfológica. La hipótesis de la autora se funda en el hecho de que el hablante intenta conservar la apariencia integral de la palabra para no producir un cambio de significado. Como el morfema /s/ no forma parte de la palabra sino que es un elemento añadido a ella, entonces el hablante lo elimina sin obstáculo (*cf.* Lasarte Cervantes 2012).

Respecto de Puerto Rico, la hipótesis sostenida empíricamente por López Morales reside en el hecho de que la elisión aparece frenada por mecanismos funcionales solo cuando no se presentan elementos desambiguadores que marquen pluralidad en la secuencia (*cf.* López Morales 1983:74-75). Como esta posibilidad, según lo observa acertadamente el autor, es ciertamente remota dada la redundante información contextual de la noción de pluralidad, la elisión se mantiene estable en las zonas debilitadoras, si bien con más vigor en unas que en otras. Se puede trazar una gradación en la dialectología interna del Caribe, y postular la existencia de zonas relativamente conservadoras como Caracas, San Juan, Cuba, a la luz de los datos de Bentivoglio/Sedano (1992), Obediente (1991) y López Morales (1983) frente a zonas fuertemente debilitadoras como Panamá y, en primer lugar, Santo Domingo (Terrell 1981) o Santiago de los Caballeros (Alba 1992). Con respecto a esta última ciudad, Alba muestra con claridad la diatopía interna del Caribe, en la que se dan diferencias cuantitativas y cualitativas respecto de diversos fenómenos, no solo en lo que respecta a las sibilantes, diferencias que no permiten avalar la existencia de una zona lingüística homogénea.

Por sus consecuencias en el cambio morfológico-sintáctico y su conexión con el problema del significado, la elisión de la sibilante ha servido a Labov para ejemplificar la intervención de factores cognitivos en el manejo de la variación como el *emparejamiento de la probabilidad* (*probability matching*) en que está implicada la percepción (Labov 1994). Como lo he mencionado en la primera parte, se trataría de una capacidad inherente a los seres animados, según la cual les es posible la percepción y el cálculo de las entidades o sucesos que presentan alto grado de probabilidad de ocurrencia. En el caso de la adquisición lingüística de parte de los niños, esta capacidad les permitiría la reproducción de los patrones estables que se manifiestan en altas frecuencias de aparición de fenómenos de la modalidad dialectal de los padres (Labov 1994:882 y ss.). Aplicada esta conjetura al caso de la sibilante, y siguiendo el razonamiento de Labov, si los modelos del niño presentan una frecuencia altísima de eliminación de /s/ final morfológica, este no podrá reconstruir el paradigma dual singular/plural, pues los ceros fonéticos naturales en el singular aparecen de modo notable también en el plural y, por lo tanto, la tasa de elisión se incrementará en las nuevas generaciones. En cambio, en los dialectos que no registran proporciones tan altas de elisión respecto de las zonas dominicanas, los ceros fonéticos que se presentan en el plural, en casos en que la información contextual recupere por otros medios esa noción, se combinan con la presencia efectiva de la /s/ morfológica. De este modo los hablantes pueden virtualmente reconstruir a partir de los enunciados percibidos tal patrón dual (permitiéndoles diferenciar entre ceros fonéticos del singular y del plural). En tales condiciones, el proceso no llegará a su fin y hasta se podría reinvertir a través de la restitución de la sibilante (v. *supra "La cognición de la variación en la lingüística laboviana"*).

En esta reinterpretación de los datos a la luz de la teoría del cambio laboviana es necesario destacar la revaloración de los procesos mecánicos e imitativos de la adquisición lingüística, lo cual —a mi juicio— contribuye a poner nuevamente en primer plano la importancia del factor perceptivo, pues incluso la repetición mecánica, como la coocurrencia repetitiva sostenida por Poplack (1980), implicaría en alguna medida un tipo de percepción, más precisamente, de autopercepción en el propio instante de construcción discursiva, aunque los objetos de esa percepción no siempre coincidan con las discontinuidades funcionales o del significado representativo.

Además, es necesario tener en cuenta no solo la mera extensión irreflexiva de los modelos de los aprendices, sino la virtual ruptura de estos, mediante su reinterpretación en relación con modelos sociales más amplios, lo cual puede llevar al retroceso de un proceso de cambio. Al respecto, Labov (2001:425-427) ofrece ejemplos de la transmisión del cambio en investigaciones como la realizada por Kerswill y Williams en Milton Keynes, pueblo vecino a Londres, de reciente migración, donde los hablantes de esta nueva comunidad adquieren la variante innovadora londinense probablemente más prestigiosa durante los primeros años de la infancia (4 años, aproximadamente), pero se van alejando de ella de modo progresivo hasta la producción de una nueva variante propia e intermedia, modificando así sus primeros modelos familiares. Aunque Labov apunta al hecho de que la transmisión e incremento de un fenómeno tienen como punto de partida la base adquirida de las madres, ilustra la posibilidad del retroceso respecto de una dirección de cambio (*cf.* Kerswill/Williams 2000).

Respecto de la perspectiva de este trabajo, los estudios comentados implican, lo expliciten o no, la intervención de la percepción social en la evaluación de los hechos y en la conformación de normas no necesariamente coincidentes con la académica. Así, distintos tipos de percepción se ponen en juego en las zonas conservadoras de la sibilante, pues en estos casos es la elisión como parte de la variedad ajena, la que se presenta de modo prominente y, en este sentido, la más percibida y, por lo tanto, la menos aceptada y, simultáneamente, la que representa un valor funcional del que el hablante no puede prescindir. En cambio, es probable que en las modalidades en que se dan altísimas tasas de elisión, el hablante que las produce no las perciba, de modo que no le es posible reconocer una necesidad funcional de la presencia de la /s/ morfológica, a menos que su eliminación lleve a un desdibujamiento de la palabra que le impida la comprensión. Sin embargo, aun así, el hablante puede haberse habituado a identificar las palabras en la forma carente de la sibilancia final, dado que las ha recibido de ese manera en la infancia, de tal modo que han llegado a formar parte de su percepción interna primaria.

Variación funcional de las palatales sonoras

Otro fenómeno análogo al comentado, representativo de la variación funcional del español, aunque con características distintas en lo que respecta a su difusión, es la pervivencia cada vez más reducida entre la distinción binaria entre palatales laterales y no laterales frente a la indistinción o *yeísmo*. ¿Por qué se trata de un fenómeno análogo al de las sibilantes? En el discurso epistémico, el denominador común es la *desfonologización*, que supone una reducción del inventario fónico que coexiste sincrónicamente con el mantenimiento de la distinción binaria. Los aspectos diferenciales residen en la difusión del fenómeno y en la fase del proceso en que se encuentran las comunidades que se dirigen hacia el cambio yeísta. Respecto de la difusión, el caso de las sibilantes plantea, como hemos visto, por un lado un cambio consumado y difundido con gran estabilidad en Castilla y en Hispanoamérica, y, por otro, un cambio en curso con distintas modalidades según las diferentes zonas andaluzas. En cambio, en el caso de las palatales sonoras, aunque el proceso está muy avanzado hacia el yeísmo, la repartición de las áreas de difusión resultan más asimétricas, como se puede ver en el volumen publicado por Gómez/Molina Martos (2012). Algunas áreas han completado totalmente el proceso de yeísmo, mientras las áreas conservadoras como Castilla están casi a punto de completar el proceso (*cf.* Molina Martos 2012). Tradicionalmente, la norma de la variedad castellana ha sido el mantenimiento de la distinción. Sin embargo, según lo apunta Molina Martos (2012:94), ya desde el siglo xix se documentan manifestaciones yeístas en Madrid, las cuales se han ido extendiendo, de modo que actualmente, de acuerdo con investigaciones empíricas, la autora muestra un proceso casi completado de yeísmo. En América el proceso se manifiesta de modo distinto en las diversas zonas geográficas y atendiendo a circunstancias diversas en las que juega un papel el contacto con las lenguas indígenas y las valoraciones internas de cada país o región (*cf.* Gómez/Molina Martos 2012). Por ejemplo, en Paraguay parecía existir una valoración positiva de la lateral, según lo apuntaba Alvar (1996d:203), si bien, como lo reconoció el mismo estudioso, esto no contribuye a frenar el proceso de indistinción, el cual sigue su camino independiente de los mecanismos de percepción.

Particularmente representativas del mantenimiento de la distinción son las zonas andinas, sobre todo de Ecuador (Córdova 1996, Gómez 2012), Perú (Benvenutto 1936, Escobar 1978, para citar solo los estudios pioneros sobre este fenómeno) y Bolivia (Coello 1996) en que juega un papel significativo el contacto con las lenguas indígenas. Sin embargo, cada una de estas representa sistemas perceptivos y valorativos con características distintas. En lo que respecta al Perú, el mantenimiento se da en un contexto diatópico conflictivo, en que las zonas andinas están subvaloradas por los hablantes capitalinos, y son estas precisamente las representantes de la distinción, de modo que la distinción entre lateral/no lateral se percibe como negativa de parte de los que siguen los modelos prestigiosos de la capital (Caravedo 1999, 2012; Klee/Caravedo 2006, Godenzzi 2012). Aquí se presenta una coincidencia entre la percepción negativa y la pérdida del fenómeno, como lo mostraré más adelante. Sin embargo, son significativas las observaciones de Godenzzi (2012), quien señala para Puno (departamento de la zona andina sureña del Perú, que limita con Bolivia) un proceso más complejo, en el que la distinción se conserva en determinados grupos para marcar la identidad basada en la procedencia del hablante, que busca establecer diferencias respecto del sistema indistinguidor limeño. Estas observaciones confirman, en cierta medida, los resultados de una investigación que llevé a cabo hace muchos años en Cuzco y Arequipa, zonas paradigmáticas de la distinción considerada prestigiosa. En ambos casos, la conversación metalingüística con informantes representativos de ambas ciudades llevó al reconocimiento explícito del prestigio y la corrección de la distinción representada por la presencia de la palatal lateral para diferenciarla de la indistinción limeña. Sin embargo, curiosamente, al contrastar estos datos con la producción real de los mismos informantes en un estilo de formalidad alta, como la lectura, que supone que el hablante controla su producción al máximo, de modo que se ponen en funcionamiento los mecanismos perceptivos, se manifestó una contradicción entre la autopercepción de los hablantes y su propia producción. Así, tanto los hablantes cuzqueños como los arequipeños pronunciaban las palabras que contenían una lateral virtual utilizando la no lateral, pero a la misma vez sostenían ser distinguidores. Lo que esta prueba reveló fue una percepción irreal, reflejada en una falsa autopercepción, porque valoraban positivamente la distinción de modo consciente, pero no se daban cuenta de que en su propia habla no producían laterales sino realizaciones yeístas. Estos datos revelan hasta qué punto la percepción no siempre sigue el mismo camino de la producción. Tal asimetría resulta un elemento significativo que confirma una vez más el carácter subjetivo de la percepción y la falta de control de la propia producción, pues el hablante no la observa realmente o lo hace de modo deformado, y hasta contradictorio con sus deseos.

Una modalidad distinta de mantenimiento de la oposición entre palatales sonoras se encuentra en la zona amazónica peruana, análoga a la registrada mucho tiempo antes también en la sierra ecuatoriana y en Santiago del Estero en Argentina.[3] En vez de la lateral puede ocurrir una fricativa rehilada o una africada tensa, rehilada o no rehilada, concomitantemente con el mantenimiento de la no lateral /j̦/ en sus contextos canónicos (correspondientes a la grafía *y*). De esta manera, se reproduce el patrón distinguidor binario, con la diferencia de que la lateralidad ha dejado de ser el rasgo distintivo para dar paso al de intensidad o tensión articulatoria. No obstante este patrón binario, se dan en esta zona entrecruzamientos análogos a los del español andino con una dirección hacia la reducción fonológica o desfonologización. Esta reducción se produce de modo más nítido entre hablantes escolarizados que, además, mantienen contactos con la capital y, por consiguiente, con el patrón no distintivo limeño expresado en la articulación fricativa, más bien aproximante, muy relajada de la no lateral (Caravedo 1995, 2012). Tales entrecruzamientos han sido tratados por Escobar (1981:430-431) como manifestaciones de variación dentro del patrón de indistinción yeísta, planteamiento justificado por el hecho de que no se da la forma lateral. Ahora bien, si observamos que la variante tensa se distribuye de modo

---

3   El fenómeno ecuatoriano es bastante complejo y ha sido documentado por Toscano Mateus (1953:99-102). V. también Boyd-Bowman (1953) y Alonso (1953). Para un estudio con datos recientes sobre el fenómeno ecuatoriano con bibliografía actualizada, que parece darse paralelamente a la indistinción, v. Gómez (2012). No estamos seguros de la semejanza del fenómeno amazónico con el ecuatoriano, pues del estudio citado no se puede inferir si la no lateral tensa o rehilada se da dentro del patrón de indistinción o de distinción. Para Santiago del Estero, *cf.* Alonso (1953:196-262), quien afirma basarse en testimonio personal de Vidal de Battini.

idéntico a las laterales del modelo distinguidor (los contextos léxicos adscritos a /ʎ/), no sería descaminado plantear que los espacios de variabilidad de las tensas están separados de los de las no tensas (adscritos a /ʝ/) con algunas zonas de intersección. Por otro lado, conviene tener en cuenta que esta región se caracteriza por un patrón articulatorio de reforzamiento (en contraste con el normal del español), manifestado en la glotalización de las obstruyentes sordas, la oclusivización de las sonoras intervocálicas y la no aspiración de la sibilante. En este contexto, el mantenimiento de una oposición binaria como las palatales sonoras, uno de cuyos miembros se articula de modo tenso, podría ser manifestación de este mismo patrón articulatorio. Por otro lado, no sorprende que tal oposición esté en proceso de variación, pues también lo está en las zonas en que la diferencia entre lateral/no lateral experimenta un proceso de indistinción. Resulta significativa la eliminación de la palatal tensa a favor de la relajada en contra del patrón articulatorio de reforzamiento de la zona amazónica, dado que supone un cambio perceptivo. En efecto, la percepción se orienta hacia el patrón yeísta y relajado de la modalidad capitalina, que se convierte en referencial en los casos en que se ponen en contacto las variedades. Aunque los hablantes amazónicos no autoperciban en su forma primaria sus variantes tensas, estas son captadas por la percepción analítica externa, sobre todo de los costeños o capitalinos, quienes reconocen las formas tensas o rehiladas como rasgos estereotípicos del español amazónico y, concomitantemente, las subvaloran.

Resulta sintomático además que la sustitución de la tensa por la palatal relajada ocurra entre hablantes que mantienen contacto con la modalidad limeña, a través de viajes continuos a la capital o de una mayor información escolar, mientras que los hablantes con menor escolaridad y que viven de modo estable en las zonas amazónicas sin relaciones externas tienden a conservar el patrón distintivo.

Variación no funcional

Pero no solo los fenómenos adscritos a los tradicionales procesos fonológicos son objeto de percepción para los hablantes, también lo son aquellos en que no está implicada una distinción fonológica, en virtud de que los hablantes no son capaces de deslindar, como se hace en el discurso científico, entre diferencias distintivas y no distintivas. Ejemplifiquemos lo dicho con algunos casos significativos de *variación no funcional. Las vibrantes.* Sea simple o múltiple, el rasgo considerado referencial estándar de este tipo de sonido es la vibración única o repetida (o, en otros términos, la intensidad o tensión relativa de un fono respecto del otro) y así lo expresan las definiciones articulatorias y acústicas de manuales y tratados de fonología, mientras que la suspensión de esta en la forma de asibilación o velarización, que se da en distintas áreas del español, sobre todo, aunque no de modo exclusivo en el ámbito hispanoamericano, no se correspondería con el perfil normativo de ese segmento y, normalmente, cuando se lo describe se le asigna el carácter fonético no fonológico (Alarcos 1964, Quilis 1981, 1993). En este contexto cabe subrayar el planteamiento de Quilis, que si bien tiene como punto de partida la descripción de las vibrantes en un sentido ideal, las cuales son caracterizadas como interrupta simple frente a interrupta múltiple, incluye también la caracterización de las diferentes realizaciones fonéticas de las distintas variedades del español, tanto de América como de España, entre las que figuran las formas asibiladas y las uvulares (Quilis 1993:347-359).

Nos centraremos en la asibilación. Esta puede presentarse tanto en los contextos de la vibrante múltiple en posiciones de inicio silábico interno o absoluto, cuanto en los de la vibrante simple en posiciones de final de sílaba, interna o final de palabra, esto es, implosivas. La variación distributiva no tiene el mismo estatuto en todos los puntos en que se da, y —como sucede con la aspiración de /s/— no es tampoco objeto de percepción ni de evaluación uniformes en el dominio hispánico. La asibilación generalizada distribucionalmente (en contextos de la múltiple o de la simple) ocurre con mucha intensidad en el español andino en las zonas correspondientes a Argentina, Bolivia, Ecuador, Perú. En este último marca un claro límite diatópico y social: la zona andina de la costeña, y constituye incluso un rasgo saliente percibido por los costeños como sintomático del español andino, el cual recibe además una valoración claramente negativa. Lo curioso es que entre los mismos hablantes costeños se ha registrado en épocas pasadas una tendencia hacia la asibilación en posición final prepausal, incluso entre grupos de clase alta (Caravedo 1990). Es probable que el abrupto movimiento demográfico hacia la capital protagonizado por los andinos, unido a las actitudes negativas que suscitan dichos grupos entre los capitalinos, haya llevado a una hiperpercepción del fenómeno de parte de estos últimos y a su retracción entre las nuevas generaciones. No ocurre lo mismo en otras zonas de Hispanoamérica donde se da también la asibilación. Así, es interesante contrastar en la percepción científica los distintos estatutos valorativos de este fenómeno según su distribución contextual. En Chile no se consigna una valoración negativa para la asibilación en los grupos *tr* y *dr* y en contextos de la vibrante simple implosiva final, mientras que en Costa Rica ese mismo fenómeno en las mismas posiciones está estigmatizado. Paralelamente, en Chile la asibilación en los contextos de la múltiple (posición inicial, intervocálica distintiva, y posterior a (*/n//l//s/*) es considerada propia del habla no culta, mientras que no parece tener el mismo estatuto en Costa Rica (*cf.* Rabanales 1992, para Chile y Quesada Pacheco 1996, para Costa Rica). Así, para Rabanales (1992:574-575), la asibilación de la múltiple forma parte de la que denomina "norma inculta informal", mientras que la de los grupos *tr, dr* y de la simple pertenecería en sus términos a la "norma culta informal".

Sáez (2000:24), en cambio, admite la extensión entre las clases superiores de la asibilación de *tr* sin mencionar la del grupo *dr*.

Donni De Mirande (1996: 215) da cuenta de una curiosa inversión de valores en el español de Corrientes (Argentina), donde al parecer es la variante asibilada de la vibrante múltiple, y no la canónica, la que concentraría la evaluación positiva. Por otro lado, tenemos la presencia de la asibilación implosiva, sobre todo en posición final prepausal, en la ciudad de México asociada en la percepción científica a grupos urbanos, mujeres, y de clases superiores (*cf.* los datos de Moreno de Alba 1994:126-138 y de Perissinotto 1975:63 y ss.). En razón de los datos proporcionados por los estudios mencionados, no parece presumible que el fenómeno esté estigmatizado, dado que incluso a través de los medios televisivos se suele oír esa modalidad de pronunciación entre grupos escolarizados.

En cambio, otra manifestación fonética de la llamada vibrante, la velarización o uvularización en posición inicial en Puerto Rico recibe, según los estudios de López Morales, una valoración negativa en esa zona y se da en grupos de origen rural, debilitándose entre los jóvenes cuando estos se integran en la sociedad urbana (López Morales 1983:137-146).

Basten las referencias anteriores para mostrar la diversidad perceptiva de carácter colectivo de los fenómenos, incluso cuando objetivamente comparten características similares, como en el caso de la asibilación.

Neutralización de obstruyentes implosivas. Otro fenómeno digno de comentario es la diferente orientación de las preferencias de producción a ambos lados del Atlántico en los casos de neutralización de las implosivas de las obstruyentes /p/, /t/, /k/, realizadas según la perspectiva fonológica normativa y epistémica como /B/ /D/ /G/ respectivamente, y consideradas en gran parte del discurso científico como archifonemas. En la descripción normativa esta indistinción se da entre pares fonológicos (v.g. /p/ frente a /b/, /t/ frente a /d/ y /k/ frente a /g/). Pero resulta que en la producción real los hablantes fluctúan de modo muy amplio entre diversas posibilidades articulatorias en todos los puntos del aparato fonador: esto es, labiales, dentales y velares pueden ocurrir en determinadas agrupaciones o espacios con una gran libertad, sin que el propio hablante que las produce lo perciba, aun cuando esas formas están diferenciadas en otras posiciones silábicas. Como lo he afirmado antes, si esto sucede, es posible conjeturar la existencia de un espacio de variabilidad amplio para el hablante, en que se dan distintas formas fónicas que el receptor no distingue, a menos que se presente una forma que no estaba incluida en el espacio de variabilidad permisible para él, o mejor, para su grupo. Así, cuando en determinados espacios, la fluctuación se detiene en la velaridad, si el receptor está expuesto a un hablante que velarice, esta forma puede ser hiperpercibida, y constituye el traspaso de una frontera no permisible dentro de sus posibilidades de producción y de percepción, esto es, dentro de su propio espacio de variabilidad. La velaridad, en este caso, marcaría una frontera perceptiva y, además, valorativa para los hablantes que no la utilizan y la perciben en la producción ajena. El significado de carácter representativo no cumple aquí ninguna función, aun cuando se llegue a decir *acto* por *apto*, en que no podría darse un intercambio, dado que se atentaría en teoría contra la capacidad distintiva de los fonemas. Sin embargo, este entrecruzamiento ocurre en muchos espacios del mundo hispánico, con alta frecuencia sin ocasionar ningún problema comunicativo respecto de la percepción del hablante que la usa.

Las tendencias entre grupos medios en algunas zonas hispanoamericanas (Caracas, Lima, para citar dos ciudades con procesos lingüísticos claramente diferenciados) se concretan en la materialización velar, concordante con el proceso de velarización de la sibilante en la misma posición implosiva, sea cual fuere el fonema representativo. Para Caracas, me refiero a la información que figura en Bentivoglio/Sedano (1992: si bien solo en relación con las bilabiales), quienes toman los datos de Obediente (1991:175-176). En Lima resultan normales las siguientes realizaciones: , [ogserˈβar], [egˈsetera], [arigˈmetica], [agˈdomeŋ] (Caravedo 1990: 97), las cuales no son percibidas por los hablantes comunes.

En cambio, en la Península, sobre todo en el área castellana central, es notable una dirección articulatoria inversa hacia el adelantamiento, manifestado en la interdentalización en los mismos contextos. Tal dirección está ampliamente documentada para todo el conjunto de obstruyentes implosivas ([aθmiˈtir],[ˈaθto], [eˈfeθto]). Baste citar Alarcos (1964: 157); Quilis (1965); Martínez (1983:133-134); Hernández Alonso (1996: 200-201). No deja de ser sintomático que la expresión de tal preferencia recaiga precisamente en el miembro de la distinción fonológica más representativa de la modalidad castellana, y probablemente autopercibida como parte de la norma prestigiosa del español cuando se pone en contraste con variedades seseantes.

Al lado de las obstruyentes mencionadas, en diversas zonas de Andalucía y de Hispanoamerica se ha registrado una tendencia hacia la velarización del conjunto de nasales en posiciones implosivas, sobre todo en posición prepausal (*cf.* Navarro 1948:101, Alvar (1959:42; 1973), Haden/Matluck (1973: 14),Terrell (1975), Guitart (1976: 22), López Morales (1980, 1983). El área del Caribe ha sido considerada como representativa de este fenómeno en la percepción científica, lo que viene confirmado por Alba (2012), quien considera la velarización nasal, a diferencia de otros fenómenos,como rasgo compartido por todo el espacio caribeño insular. En la ciudad de Lima la velarización resulta la norma general en posición final absoluta y, en segundo lugar, en posición preconsonántica interna de palabra (Caravedo 1990:196 y ss.). Nuevamente se muestra con claridad la frontera perceptiva respecto de los fenómenos fónicos. Resulta interesante hacer notar nuevamente la no percepción del fenómeno cuando se trata de la propia modalidad y la hiperpercepción de él en las modalidades ajenas. Así, en Chile uno de los rasgos estereotípicos para reconocer el español peruano, incluso en contextos irónicos, es la imitación de la pronunciación de la /n/ final de palabra postponiendo una obstruyente velar /g/, como en [pang], [xaˈmong], que obviamente no es autopercibida por los peruanos, los cuales no son capaces de reconocer las diferencias entre alveolaridad y velaridad respecto de este tipo de segmento.

Reforzamientos. Pero no son solo los fenómenos de debilitamiento los más significativos en cuanto a la caracterización y percepción de modalidades. El yeísmo rehilado de la zona rioplatense, que puede considerarse como reforzamiento articulatorio, es un rasgo saliente que actúa como marcador dialectal preciso de la procedencia del hablante. Además, este rasgo funciona como modelo de imitación para Montevideo, según datos de Elizaincín (1992:770-771). Diversos estudios muestran una tendencia mayor hacia el reforzamiento, manifestada en el ensordecimiento de parte de mujeres de las generaciones más jóvenes en todos los grupos socioculturales, incluso en el nivel superior. Para Buenos Aires contamos con los datos de Wolf/Jiménez (1979) y de Fontanella de Weinberg (1983).

Aunque no disponemos de estudios que respalden lo dicho, la distribución social del fenómeno de ensordecimiento puede justificar la conjetura según la cual los propios hablantes rioplatenses lo evalúan positivamente. Como parece descontado, ninguna relevancia tienen en este caso las caracterizaciones normativas generales de la palatal canónica, cuyo perfil óptimo sería fricativo o, por lo menos, débil. Este rasgo, en concurrencia con el voseo, forma parte de un modelo particular distinto del considerado más general con sus propios puntos de referencia. En efecto, la percepción metalingüística científica ha llegado a considerar de modo explícito incluso negativamente tanto la forma rehilada como el voseo. Basten como ejemplo, del primer caso, Lope Blanch (1997:44-45) y, del segundo, Menéndez Pidal (1945:202-203).

La variación estilística como reflejo de la percepción fonética

Un paso importante en el enfrentamiento de la variación de la fonología del español a través de los espacios de variabilidad, variación que depende de un tipo de percepción social y cultural, es la consideración de la fluctuación estilística de distintas modalidades en el habla de un mismo hablante. Al hacerlo, es necesario volver a precisar los alcances del término estilístico utilizado por Labov (1966, 1972), que implica la dualidad formal/informal y una gradación intermedia, dualidad que, según este autor, constituye la primera oposición que el niño percibe en el proceso adquisitivo de una lengua mucho antes que la estratificación social (Labov 2001:415 y ss.). El concepto de variación estilística o de formalidad/ informalidad se define como el grado de control que el hablante ejerce sobre su lengua en determinadas circunstancias y no está necesariamente ligado a ciertos tipos discursivos. Según Labov, el niño logra aprender muy rápidamente (entre los 4 y 5 años aproximadamente) las diferencias estilísticas entre variantes, ligadas a los contextos de imposición (autoridad paterna o materna, eventualmente, de otros miembros de la familia, y posteriormente la ejercida por los profesores de escuela) frente a los relajados de las situaciones comunicativas con sus compañeros de juego. Los contextos en que se ejerce la autoridad exigen un control de parte del hablante para adecuarse a ciertas normas impuestas por los adultos. Por otro lado, los contextos lúdicos en que la interacción se da entre amigos, relajan el control de los hablantes sobre su discurso y aparecen formas distintas de las permitidas por la autoridad. Se diría que la normatividad se adquiere como resultado del efecto contrastivo entre grados extremos de formalidad o informalidad situacionales, que coincide con las diferencias de relación que el niño establece entre los miembros de su grupo social.

Naturalmente esta diferencia se incrementa con el desarrollo hasta la adultez, de modo que la polaridad se convierte en una gama más fina de grados de formalidad/informalidad que el hablante reajusta según cambien sus interlocutores y las situaciones de habla. Con el propósito de investigar el espectro variacional del adulto, Labov analizó las variaciones en el habla de una mujer durante 24 horas, y observó que esta registraba distintas modalidades en su discurso según pasaba de una situación de control (contexto laboral) a otra de no control (contexto familiar o amical). Observó que la regulación interna del discurso a lo largo del continuo de formalidad coincidía con el espectro de la variación de clases sociales, de modo que las formas elegidas para la situación más formal correspondían a las usadas en la clase más alta, mientras que las utilizadas en la menos formal se acercaban a los patrones de las clases inferiores.

Los conceptos de formalidad/informalidad, que corresponden a una escala gradual más que dicotómica, en apariencia son semejantes a los de distancia e inmediatez comunicativas respectivamente, propuestos por Koch/Oesterreicher (1985), Oesterreicher (1996). A partir de un modelo reinterpretativo de la diferencia medial entre oralidad y escritura postulado por Söll (1974) y descrito para la lengua francesa, los estudiosos mencionados defienden la diferencia de tipo concepcional entre oralidad y escritura, regulada respecto de los polos de distancia e inmediatez comunicativas. Aparentemente la formalidad más alta correspondería a la distancia y la más baja a la inmediatez a partir de diversos parámetros, si bien los autores no establecen ninguna semejanza de su modelo con el laboviano. No obstante, resulta oportuno confrontar ambas escalas con el propósito de explicitar algunas diferencias importantes entre ellas para evitar confusiones. En primer lugar, los conceptos de formalidad e informalidad se definen en relación con el grado de conciencia y control del hablante sobre la variación de su lengua en determinadas circunstancias. En consecuencia, se pone en primer plano la atención al discurso y, en este sentido, se privilegia la percepción como elemento central en la regulación estilística.

En cambio, las diferencias entre inmediatez y distancia comunicativas ligadas a los prototipos de la oralidad y la escritura no se corresponden exactamente con las de informalidad y formalidad. La escala propuesta por Koch y Oesterreicher se define a partir de un conjunto de parámetros que tienen que ver con la planificación/no planificación del discurso, el carácter público o privado de este, la intimidad/distancia entre interlocutores cuando existe copresencia, la máxima o mínima emotividad, la contextualización o descontextualización y la libertad o fijación temáticas, para citar solo algunos factores que se pueden combinar alternativamente para establecer el grado de proximidad o distancia comunicativas. A pesar de estas diferencias con los postulados labovianos, en principio resulta legítimo considerar que la máxima distancia comunicativa supone necesariamente una alta conciencia de parte del hablante de determinados recursos de su lengua, esto es, un grado superior de formalidad. Pero resulta que la dirección inversa no siempre se da, pues no sería extraño imaginar que el hablante ejercitara la conciencia y el control en situaciones de inmediatez comunicativa. Así, el uso de léxico marcado entre jóvenes y otras circunstancias semejantes implican la autorregulación consciente del individuo en situaciones de inmediatez. Es decir, la inmediatez puede comportar una percepción intensa de los fenómenos de ciertas situaciones coloquiales. Por otro lado, la distancia puede también suponer un ajuste automático que no requiera de una regulación consciente, o que no corresponda a un grado de atención alta de parte del productor del discurso. Así, no es extraño imaginar una situación de distancia comunicativa en que se dé cierto automatismo cognitivo, si el hablante está habituado a moverse en determinadas situaciones. La importancia de la propuesta de Koch y Oesterreicher reside en su integración con las diferencias diatópicas, diastráticas y diafásicas tomadas del modelo coseriano de arquitectura de la lengua inspirado en los términos propuestos por Flydal (1952). Teniendo en cuenta estos delicados matices diferenciales, las escalas de distancia/inmediatez permiten incluir el uso de los mecanismos perceptivos en determinadas direcciones, y por ello este modelo resulta más amplio que el laboviano, si lo que se busca es ahondar en el trasfondo cognitivo de la variación, sea diatópica, diastrática o diafásica. Desde una perspectiva diversa, aunque convergente con esta propuesta, Briz (2010) propone una conexión de las dimensiones diatópica y diastrática con la diafásica a través de la determinación del registro coloquial como fuente de la macrovariación de una lengua, registro que en el modelo de Koch y Oesterreicher correspondería al campo de la inmediatez comunicativa, y en el de Labov, al de informalidad situacional. Es este campo el que regiría las diferencias de orden diatópico y diastrático. Volveré sobre este punto más adelante.

En el contexto de este estudio, me interesa destacar la conciencia y el control de parte del hablante con el propósito de averiguar cómo el reajuste interno que tiene lugar cuando se pasa de una situación informal de habla descuidada a una formal, en donde se ejerce autocontrol sobre el discurso y la actividad perceptiva se intensifica, permite reconstruir la propia normativa referencial del hablante, que verdaderamente guía su percepción. Y esto porque tal reajuste revela una intención del hablante —lograda o no— de acercarse de modo consciente a un ideal perceptivo real o imaginario que forma parte de su modelo de lengua. De aquí que la confrontación de situaciones de autocontrol con las no controladas proporcionan la base empírica para observar y comprender la dirección perceptiva del hablante. Para dar un ejemplo concreto, en muchos lugares del español la dental final de palabra (como en *realidad*) o la pronunciación labiodental de la /b/ cuando ocurre la grafía *v* aparecen específicamente en situaciones de autocontrol, en virtud de que se las autopercibe analíticamente como señal de habla cuidada o propia de hablantes educados o prestigiosos, a partir del criterio de prominencia. La diferencia de formalidad es también determinante en la elisión de la /s/, como lo han mostrado estudios como el de Terrell (1986). En general, en las zonas en que la elisión se da en altísima frecuencia al final de palabra, si el hablante no puede en situación de autocontrol (como la lectura y la escritura) reincorporarla en la producción, esto implica que esta no forma ya parte de su conocimiento de la lengua ni siquiera en un sentido ideal, y por lo tanto no es capaz de autopercibirla y de restituirla al lugar que le corresponde.[4]

El diferente tratamiento de la -*d*- intervocálica, sobre todo en los participios verbales y adjetivos (-*ado*) a ambos lados del Atlántico permite ilustrar una diferencia de reajuste estilístico más general marcada diatópica y distribucionalmente (en el entorno vocálico *a-o*). El discurso epistémico ha señalado la tendencia acusada hacia la elisión de este segmento en el contorno fónico mencionado entre los hablantes castellanos, incluso en situaciones formales, como se manifiesta en los medios televisivos en que participan personajes de prestigio en la socie-

---

4   *Cf.* el estudio de Terrell (1986), donde se presentan casos de ultracorrección con la aparición
     de una -s en contextos anómalos. Sin embargo, pueden verse las acotaciones de López Mora-
     les (1992:301-302), para quien tales casos de ultracorrección son cuantitativamente insignifi-
     cantes como para postular la ausencia de /s/ de los patrones de los dominicanos.

dad.[5] Esta tendencia revela una mayor tolerancia hacia la ausencia fonética de esta consonante en este contexto, que no se da en algunas zonas de América. En el habla de Lima, por ejemplo, el relajamiento y la eliminación de la -*d*- intervocálica no participial, junto con la -*b*- y -*g*- (como en *uni-ersidát* por *universidad, presi-ente* por *presidente, tra-ajo* por *trabajo,* etc.) aparecen en proporciones notables tanto en contextos informales como formales. En cambio, la -*d*- intervocálica en la secuencia participial (-*ado*) tiende curiosamente a mantenerse, aunque pueda debilitarse, acompañada de un alargamiento de la vocal anterior que pone en segundo plano la percepción del relajamiento acusado. Se trata de una tendencia distinta de la atribuida a la zona castellana, en que precisamente la elisión, cuando ocurre, parece concentrarse en este contorno fónico (Molina Martos 2006).

Respecto de la /d/ intervocálica, existe sin lugar a duda una percepción orientada de modo distinto en cada lugar, según las combinaciones secuenciales en que aparezca. Según Molina: "El contexto vocálico donde la caída de la dental está más generalizada y mejor se acepta socialmente es la terminación –*ado* (*lao, templao*), mientras que en –*ido* la pérdida está estigmatizada (*marío, unío)*" (Molina 2006:145). Como se infiere de esta cita, la permisibilidad no depende aquí de la entidad en sí misma cuanto de su distribución en la secuencia léxica. Así, en Lima he podido registrar en situaciones de alto grado de formalidad, como entrevistas televisivas a personajes políticos, en que es indudable la conciencia de sentirse observado, secuencias como las siguientes: [nesesi'aes] *(necesidades),* [uni'aes] *(unidades),* [oportuni'aes] *(oportunidades),* [agtiβi'aes] *(actividades),* [oportuni'at] *(oportunidad),* [uni'at] *(unidad),* [presi'ente] *(presidente),* [agsi'entes] *(accidentes),* en que el entorno vocálico es -*ida-* , -*ade*-, -*ide*- (no necesariamente en la parte final de la palabra), con acentuación de la primera vocal (a excepción de la repetición de la elisión), y no están ligadas a los participios ni a los adjetivos. Incluso sorprende la doble elisión de la dental en la misma palabra, al lado de su reforzamiento y ensordecimiento hasta confluir con un fono [t] cuando se trata del final de la palabra. Este reforzamiento es muy significativo en situaciones muy formales o con hablantes que quieren mostrar su alto grado de escolaridad en relación con temas profesionales. Por otro lado,

---

5   Esta información proviene de observaciones personales sistemáticas, que me han permitido identificar este rasgo como prominente desde el punto de vista perceptivo en contraste con el de mi modalidad primaria. Sin embargo, recientemente he advertido en los mismos medios televisivos una tendencia a restituir la /d/ en –*ado*, en una forma interdentalizada, en la transmisión de noticias. Este cambio de comportamiento revela la importancia del reajuste estilístico, que en este caso supone una reorientación de la percepción, compatible con las más recientes investigaciones del fenómeno de restitución, como las de Molina Martos (2006) y Samper (2012).

la investigación comparativa entre distintos puntos de España, realizada por Samper es muy reveladora respecto de las diversas preferencias contextuales o posicionales en la elisión de la dental (Samper 2012:52-55). Así, por ejemplo, en Las Palmas de Gran Canaria no es la /d/ de los participios ni de los adjetivos la que mayormente se ve afectada por procesos de elisión, antes bien, la de los determinantes y del cuantificador *todo*. Este hallazgo, si añadimos los datos de Lima, refuerza nuestra hipótesis de que la percepción, en lo que respecta a la dental sonora, está diferenciada en el ámbito hispánico en relación con su posición en el contorno fónico, e incluso con la categoría gramatical.

A diferencia de Madrid, en el caso de Lima, aunque el debilitamiento de la dental esté muy extendido en diferentes posiciones de palabra, el hecho de que se recupere el segmento fricativo en situaciones formales, precisamente en el entorno vocálico participial (*-ado*) y se refuerce en posición final, implica que este forma parte del modelo de referencia solo en determinadas posiciones. Por ello, el hablante puede no solo percibirlo, sino concretarlo en su propia producción, además de advertir de modo nítido y, eventualmente de evaluar negativamente, las elisiones de la modalidad peninsular en (*-ado*) cuando se expone a ella, como lo veremos al tratar el contacto en el contexto migratorio. Paralelamente, este mismo hablante limeño no es capaz de autopercibir sus propias elisiones en otras combinaciones vocálicas. En otras palabras, este admite la elisión, pero solo si está fijada en determinadas posiciones y se adapta a las diferencias de formalidad/no formalidad, de modo que si esta se produce en contextos fónicos y diafásicos diversos a los habituales en su propia variedad, los percibirá como anómalos. Podemos decir que se da un debilitamiento selectivo de la dental sonora en español, cuya percepción depende del espacio en que vive el hablante y de la situación comunicativa en que se da. La variación diatópica está, pues, conectada con la estilística. En otras palabras, no es el fenómeno en sí mismo el diferenciado diatópicamente. La variación se funda, más bien, en el modo como la forma sonora ocurre distribucionalmente y se admite o no en la dimensión de la formalidad. Y es en esta dimensión que se manifiesta en toda su magnitud la percepción del hablante. En este sentido, los datos aportados por Samper (2012) son muy reveladores, en la medida en que dan cuenta comparativamente de las preferencias contextuales o distribucionales de la producción de los hablantes de las diferentes zonas españolas. Una comparación análoga debería extenderse a las demás zonas hispánicas.

En el ejemplo comentado, las diferencias en el reajuste estilístico del hablante forman parte de la diatopía y revelan también diferencias de orden cognitivo y, por lo tanto, normativo de una lengua, donde una vez más la percepción desempeña una función central. Como se observa y lo mostraremos más adelante, la diatopía no constituye una diferencia agregada y externa, sino que actúa indisolublemente unida a la estilística, pues es en esta en que se manifiesta la percepción de la variación en el sistema cognitivo de un mismo hablante (i.e. lo que he denominado *variación cognitiva*). En este sentido, mostramos acuerdo con los planteamientos de Briz, mencionados arriba, respecto de la centralidad de la variación coloquial en la diferenciación diatópica, y añadimos que esta centralidad solo se cristaliza cuando existe la posibilidad de contraste entre lo formal y lo coloquial (*cf.* Briz 2010).

A veces, la formalidad de una situación revela los constructos ideales del hablante respecto de ciertas articulaciones que no son aceptadas en la normativa académica. Ocurre de modo notable respecto de la pronunciación de la /b/ en todas las posiciones cuando corresponde a la grafía <v>, como labiodental fricativa sonora. Como la percepción gráfica supone no solo un grado de escolaridad, sino también una familiaridad con la escritura y la lectura, que no es común entre los hablantes no letrados, esta correspondencia sonora-gráfica no es consecuente y se realiza solo con determinadas palabras muy conocidas y frecuentes. Aunque esta forma no se logre materializar de modo consistente, el hablante tiende a diferenciarla de la *b* ortográfica en situaciones de control (p. e. ['viða] frente a ['baile] o [aβa'niko]. Curiosamente es esta la palabra en que se da con mayor frecuencia la labiodental cuando se trata de dar intensidad al discurso. Por ello, esta forma reaparece en discursos leídos del tipo de las recitaciones o en la lectura de noticias. Se trata de un buen ejemplo ilustrativo de la percepción de una forma valorada como óptima, a pesar de su poca frecuencia de aparición. Es evidente que estos hablantes han asignado a tal sonido —cualquiera haya sido su motivación, si bien se trata de un hecho colectivo y no individual o aislado— un valor simbólico y de valoración positiva, que genera incluso una autopercepción en el momento de la producción, autopercepción que no es posible mantener en el flujo no controlado del habla.

La regulación estilística en relación con los polos de formalidad/informalidad permite, pues, captar tanto la dirección de la percepción social en la sincronía de una lengua, cuanto la canalización de la intención de acercamiento a un modelo determinado. Tal acercamiento puede no llevarse a la práctica de modo consistente, como lo hemos comentado, y además puede no ser compatible con el modelo considerado estándar o institucionalizado a través de la percepción científico-normativa. Los ejemplos analizados no implican que el reajuste estilístico se manifieste exclusivamente en el plano sonoro, como se verá al abordar los órdenes sintáctico y léxico.

En síntesis, como espero haberlo mostrado, los *espacios de variabilidad* permisibles para los hablantes, que pueden virtualmente adscribirse a una entidad sonora abstracta, corresponden a la producción y no son, en principio, percibidos por estos. No obstante, existe una excepción: que en la percepción *externa* el hablante se confronte con un sonido (o una distribución de él) en un espectro estilístico diverso que no forme parte de los espacios de variabilidad propios del sistema cognitivo de su variedad primaria.

La percepción sintáctica y léxica: los espacios de variabilidad conceptual y las zonas borrosas

Como lo hemos justificado en la primera parte, el signo lingüístico, en tanto expresión del proceso simbólico del lenguaje humano, constituye el principio rector de la identificación de unidades y, por lo tanto, del análisis mismo. En consecuencia, cuando se trata de unidades léxicas o combinaciones sintácticas es imprescindible reconocer la manifestación de la bilateralidad sígnica, es decir, de la existencia de un significante y un significado, ambos sujetos a variación.[6] En otras palabras, podrá existir una variación en el plano del significante léxico o sintáctico (*i. e.* formas materiales distintas adscritas a un mismo significado) o una variación en el plano del significado mismo atribuido a una forma material única.

Sin embargo, como lo hemos apuntado en la primera parte, la lingüística canónica de la variación ha reducido la atención de la diversidad lingüística confinándola en gran medida al plano del significante del signo, en tanto variación material expresada en el concepto operativo de *variable* (Caravedo 2011c). Por ello, en determinado momento la discusión se centraba en determinar si diferentes formas materiales (por ejemplo, la diferencia entre las estructuras activa y pasiva en el inglés) suponían o no identidad de significado. La definición de variable, que se adapta sin problemas a los fenómenos fonéticos, al intentar aplicarse a los planos superiores, ha dado origen a numerosas discusiones y propuestas interpretativas sobre la viabilidad de la extensión del principio de equivalencia del significado más allá de la fonología.[7] Tal problemática surge dado que es la diversidad material la que se considera el centro de la variación, concebida como existencia de alternativas o variantes físicamente deslindables. Pero no es este el punto que trataré en esta ocasión, que por lo demás ha sido suficientemente examinado en casi todas sus aristas (Lavandera 1978, 1984; Labov 1978, Romaine

---

6   Es relevante señalar que desde la la perspectiva funcionalista, la propuesta de Guillermo Rojo coincide con la que aquí presentamos en el desdoblamiento del plano sintáctico en una parte correspondiente al significante y en otra, al significado, si bien el significante corresponde en este caso a la función, mientras que en nuestro análisis sintáctico, el significante constituye la forma material misma (*cf.* Rojo 1979).

7   Para una propuesta de tipología de la variación sintáctica, puede verse Martin Butragueño (1997).

1981, Caravedo 1987, López Morales 1989, Silva Corvalán 1990, Bentivoglio 1997), para citar a algunos estudiosos que participaron en esta discusión. Es sobre la otra cara de la moneda que me propongo reflexionar en esta ocasión, el aspecto menos desarrollado en este mismo enfoque, y también menos evidente desde el punto de vista perceptivo: el de la variación que afecta el plano conceptual del signo, la que involucra el significado mismo, de modo tal que las variantes (si se las puede llamar así) son alternativas de conceptos, más que de formas materiales o significantes, pues estos últimos se mantienen idénticos.

Al no estar sujeto a la percepción sensorial, resulta natural que el significado plantee problemas empíricos en una línea de carácter objetivista en la que la materialidad es determinante en la identificación de la variación. Es la percepción científica, no la del hablante común, la que termina limitada a solo lo que tiene carácter sensorial. Y es esta la que proponemos ampliar, pues los seres humanos no solo pueden percibir fenómenos materiales sino también conceptuales, aunque obviamente de modo indirecto, a través de su materialización en unidades. Esta última precisión es importante, pues no se nos escapa que la percepción sensorial está siempre en juego incluso en la variación conceptual, en el sentido de que los conceptos se corporeizan en significantes directamente perceptibles por los hablantes.

Para abordar la variación del significado extenderé el concepto de *espacio de variabilidad* al plano conceptual. De acuerdo con este, sostendré que la variación no se expresa necesariamente de modo discreto en entidades claramente delimitadas que alternan entre ellas, sino que puede ondular entre zonas conceptuales distintas, las cuales se acercan y se intersectan en determinados contextos. Esta intersección da origen a ciertos puntos limítrofes, que he denominado *zonas borrosas* en que confluyen diversos valores, de modo tal que no es posible determinar la preeminencia de uno sobre otro, y se hace problemática la individualización de variantes (Caravedo 2008a). Las *zonas borrosas* implican *espacios de variabilidad* amplios, análogos aunque no idénticos a los fonológicos, en la medida en que no es la sonoridad la que está implicada. Los espacios de variabilidad de orden conceptual permiten que los hablantes fluctúen entre varias posibilidades significativas de una misma forma en los diferentes cotextos discursivos. Esa fluctuación se origina de los límites borrosos entre conceptos determinados que se atraen secuencialmente. El hablante desarrolla progresivamente durante la adquisición de su lengua este tipo de percepción primaria que admite fluctuaciones conceptuales. Terminado el proceso adquisitivo, tales fluctuaciones se realizan automáticamente en el habla, asociadas a determinados entornos sintagmáticos y comunicativos. En este proceso la fijación memorística juega un papel importante, en la medida en que hace posible que no solo las combinaciones de unidades materiales sino los desplazamientos conceptuales formen parte de la percepción interna del individuo. El receptor aprende a captar determinadas combinaciones y, dado que las memoriza, las puede predecir incluso antes que el emisor haya completado el enunciado.

Sin embargo, cuando el proceso adquisitivo ha llegado a su fin y se han fijado en la memoria las posibilidades de realización de una variada gama de estructuras, si el individuo se expone a una variedad distinta en la que aparece un concepto que no pertenece a su espacio de variabilidad conceptual primario, percibirá el uso ajeno de modo saliente, como diverso, extraño o no comprensible. Como en los demás casos analizados, la confrontación de posibilidades distintas de las propias lleva a la percepción consciente de la variación, pues en ausencia de contraste los fenómenos pasan normalmente inadvertidos. Así, como lo analizaré más adelante, si un hablante mexicano cuenta con un espacio de variabilidad conceptual más amplio de la preposición *hasta* (valor delimitativo inclusivo y exclusivo), que el resto de la comunidad hispánica, el hablante no mexicano que no posee el valor exclusivo (*atiende hasta las doce*, en el sentido de *atiende a partir de las doce*) percibirá de modo saliente este uso, independientemente de su frecuencia, y tendrá que enfrentar algunos problemas de comprensión. Se trata, pues, de reconocer que en una misma lengua se pueden dar, desde el punto de vista cognitivo, espacios de variabilidad conceptual distintos en relación con la misma unidad. Analizaré detalladamente este caso más adelante.

¿Cuál es la importancia de un estudio de estas intersecciones? Aparte su propia naturaleza de hecho variable, es un aspecto fundamental para la detección de la génesis del cambio y para la comprensión de la evolución lingüística, en la medida en que las *zonas borrosas* acercan contenidos diferentes haciéndolos compatibles, independientemente de que puedan existir otras unidades ya codificadas para tales contenidos. Como consecuencia de esta compatibilidad, pueden favorecer, a la larga, bien la creación de una nueva unidad más amplia y comprehensiva sobre la base de la fusión de los distintos significados, bien la preferencia de un significado sobre otro y su eventual categorización en una única forma.

Por otro lado, el entrecruzamiento de significados distintos que no se resuelven en uno solo pone de manifiesto el proceso mismo de conceptualización, que se convierte en empíricamente observable al concretizarse en el discurso. En este sentido, el primer instrumento para abordar el estudio de estos fenómenos constituye el análisis discursivo que tiene en cuenta el contexto lingüístico o *cotexto* y el contexto extralingüístico, el cual, dado el tipo de fenómeno, no podrá circunscribirse solo a los factores consabidos de clase, sexo, generación, estilo, y demás. Téngase en cuenta que todos los desplazamientos de las zonas borrosas en los espacios de variabilidad han sido primero captados sensorialmente por el niño a través de determinadas unidades o conjuntos de unidades que se dan de modo recurrente en el discurso de sus mayores. La coocurrencia de estos conjuntos y su repetición constante permite al individuo su captación y su fijación memorística, de modo que tales combinaciones llegan a formar parte de la lógica semántico-sintáctica de su variedad.

Desde el punto de vista empírico, es necesario identificar los puntos en que se dan zonas borrosas para poder analizarlas, objetivo que trataremos de alcanzar en relación con algunos fenómenos de orden sintáctico y léxico. Aun cuando ambos órdenes se encuentran conectados en la percepción del hablante, por propósitos de organización, empezaré por el orden sintáctico, para abordar después en un subcapítulo aparte el léxico.

El plano sintáctico: los nexos subordinantes

De modo específico, en lo que respecta a la sintaxis analizaré ciertos campos semánticos referidos a diferentes valores lógicos, como espaciales, temporales y causales en las oraciones subordinadas introducidas por adverbios, preposiciones, conjunciones, o los sintagmas a que dan lugar.

Identificar la variación y la percepción en el ámbito de la subordinación resulta particularmente relevante, pues esta plantea problemas sintácticos centrales, en la medida en que constituye un mecanismo fundamental de la construcción discursiva, basado en la expansión de los enunciados a través de las marcas precisas del tipo de relación conceptual implicado (espacial, temporal, modal, causal, condicional, concesivo, consecutivo, final); de hecho, las unidades que introducen las construcciones subordinadas permiten la articulación interior del discurso y, en ese sentido, también su comprensión. ¿Por qué las estudiamos como hechos de variación? La razón es que tales unidades se presentan como variables, en vez de categóricas, dado que sus significados a menudo pueden ser fluctuantes, de perfiles no nítidos, y presentar *zonas borrosas* en determinados contextos que el análisis debe determinar. Y aun más, el hecho de que las mencionadas unidades funcionen como armazón conceptual que sostiene la cohesión y la coherencia discursivas y, a la vez, sean fuente de variación, las convierte en el puente que permite conectar los procesos sociolingüísticos con los cognitivos. Particularmente los conceptos ligados a las dimensiones espaciales, temporales y causales están sujetos a este tipo de variabilidad.

 No es extraño que en la diacronía del español, que desde una mirada retrospectiva proporciona la prueba contundente y palpable del camino recorrido por los hechos variables, los nexos hayan sido objeto de variación y cambio a través de procesos de gramaticalización, bastante estudiados desde su enunciación por Meillet (1912) en los más recientes enfoques cognitivos (Traugott/Heine 1991,

Hopper 1991, Hopper/Traugott 1993, Heine 1994, Jacob 2003, Brinton/Traugott 2005, Company 2003, 2010, Girón Alconchel 2004, 2008). La movilidad del significado ha sido documentada en relación con diferentes unidades que se deslizan hacia distintos ámbitos conceptuales y relacionales (*cf.* por ejemplo, Méndez 1995, con respecto a los temporales; Cano 1988, a propósito de la evolución de *como*; Ridruejo (2012) en relación con el valor concesivo de *así)*. Respecto de los nexos que analizaremos, se ha llegado a trazar una dirección evolutiva de carácter unilateral; esto es, que va desde los nexos espaciales hacia los temporales y, posteriormente, hacia los que introducen relaciones lógicas de tipo causal, como causales propiamente dichas, condicionales y concesivas, pero no a la inversa. Ahora bien, tales alternancias no solo se circunscriben al proceso diacrónico ya consumado en relación con un número significativo de conectores, sino que se continúan en la sincronía actual del español, en la que es posible captar en el discurso entrecruzamientos análogos. Y es más, la observación sincrónica puede servir para reinterpretar la diacronía general de las formas en juego, sea en relación con ciertos procesos que no se han resuelto en periodos anteriores y que, más bien, han permanecido fosilizados a lo largo de la historia, sea en relación con cambios aparentemente terminados que parecen volver hacia los estadios primitivos. El hecho de que las intersecciones entre valores espaciales, temporales y causales se repitan en varias etapas evolutivas de diversas lenguas, y no solo del español, hace pensar que puede no ser el cambio lingüístico en sentido estricto lo que está en juego, y que podría tratarse, más bien, de un fenómeno de variación estable motivado por factores cognitivos que se presentan como constantes a lo largo de la historia.

Para ilustrar los aspectos fenoménicos relevantes, me valgo del análisis selectivo de diferentes corpus del español (ver las referencias completas da cada uno al final).[8] Dado el carácter de estos, mis observaciones por el momento se refieren básicamente a grupos provenientes de diversas capitales hispanoamericanas, con grado educativo superior y profesión calificada, y también con grados elementales de escolaridad, en un discurso semidirigido de tipo entrevista, relativamente controlado, que favorece la espontaneidad, de modo que se puede situar en un grado medio en una supuesta escala de formalidad. Por lo tanto, es la variable diatópica, y eventualmente la generacional y de clase socioeconómica, la que

---

8   La mayor parte de textos provienen del *Proyecto de Estudio de la norma lingüística de las capitales hispanohablantes* (Lope Blanch 1966), que incluye hablantes representativos de las ciudades más importantes de la comunidad hispánica. Cuando no he usado los corpus originales, he utilizado la versión informatizada de Samper/ Hernández/Troya (eds.) (1998) y la he citado como *Macrocorpus*. En los demás casos, he señalado los nombres de los corpus utilizados. Todas las referencias completas a los diferentes corpus utilizados figuran al final del texto.

entra en juego, pero no la estilística, lo que no significa que no sea posible una indagación más amplia que la incluya. El que se trate de una situación relativamente formal resulta curiosamente una ventaja para los objetivos de nuestro análisis, en la medida en que el hablante trata de producir un discurso cuidado y, por lo tanto, activa la conciencia perceptiva en el momento de la propia producción.

Empezaré el análisis con las fluctuaciones de los nexos espaciales y, en segundo lugar, de los temporales, que se desplazan hacia significados que se mueven en el campo de la causalidad, fluctuaciones que son comunes en gran parte de la comunidad hispanohablante. Finalmente me detendré en los casos conflictivos en que la variación diatópica representa un cambio en la configuración cognitiva de la lengua. Es necesario plantearse qué tipo de relación tienen estas fluctuaciones con la percepción. En principio, los hablantes adquieren solo las fluctuaciones permisibles en su variedad y las dejan de percibir conscientemente una vez que se integran a su sistema cognitivo. Si el individuo se expone a otra variedad en la que se dan fluctuaciones que no son compatibles con las que él posee, la percepción se reactiva, de manera que empiezan a percibirlas de modo prominente o sobredimensionado integrándolas a su sistema de percepción externa. El manejo de determinadas fluctuaciones semánticas de los nexos subordinantes dentro de *espacios de variabilidad conceptual* definidos permite al hablante la construcción discursiva con los valores previstos en tales *espacios*, cuando desempeña la función de emisor. En cambio, cuando actúa de receptor, el conocimiento (la percepción) de tales fluctuaciones hace posible la comprensión inmediata del discurso del interlocutor, que le permite incluso anticiparse a la dirección lógica de los enunciados que su interlocutor no ha pronunciado todavía. En definitiva, los nexos subordinantes constituyen marcas fundamentales de la dirección discursiva, que forman parte de la percepción primaria del hablante.

Los nexos espaciales

La espacialidad es uno de los conceptos claves de la cognición en general y de la lingüística en particular y, en este último caso, ha sido objeto de múltiples estudios en la línea de la lingüística cognitiva. Esta ha puesto en los últimos años el centro de la atención en el estudio de las categorías de espacio en las lenguas, admitiendo cómo si bien tal concepto es universal, el modo como cada lengua lo categoriza, sea referencialmente, sea deícticamente, no es uniforme. Resalto el hecho de que en la categorización espacial no está implicado solo el concepto de deixis, pues las lenguas se valen también de una porción amplia de vocabulario para referir al espacio de modo no deíctico (Miller/Johnson-Laird 1976). En lo que respecta a este campo, son particularmente relevantes, además de los autores mencionados, los estudios de Levinson (1996, 1997, 2001), en los cuales se exploran los aspectos variables en lenguas de tipología distante, lo que hace suponer que está implicado un fenómeno de cognición sociocultural. La ligazón de un enfoque sociolingüístico con uno cognitivo se presenta, pues, como una dirección natural, aun cuando no haya sido desarrollada empíricamente en el ámbito de la sociolingüística tradicional de tipo objetivista.

Respecto de los objetivos planteados, analizaré el modo como se manifiestan los desplazamientos conceptuales desde el área de la espacialidad hacia la temporalidad y la causalidad en relación con dos formas ejemplares de la espacialidad como el conector *donde* y el adverbio deíctico *ahí*, aun cuando este último no constituya un subordinante en sentido estricto. He puesto en relación ambas formas porque, como veremos, se suelen utilizar de modo simultáneo en conexiones compuestas como *ahí es donde* que se incluyen en una estructura oracional. El estudio de esta conexión, que constituye una combinación hasta cierto punto fija, muy recurrente, resulta un elemento clave para la comprensión del modo como los significados se desplazan secuencialmente en el entramado del discurso. No será objetivo de esta reflexión la identificación nominal de orden categorial de estas formas, pues interesará apuntar a la fluctuación de contenido en los discursos concretos, i. e. a la variación conceptual, a que ambas dan lugar.

Estrategias analíticas

En todos los casos analizados de variación semántica en el orden de la cara conceptual del signo, identificaré, como estrategia analítica para organizar los desplazamientos, tres posibilidades de ocurrencia de las formas analizadas en un discurso dado:

1.   Ocurrencia de solo el significado primario;

2.   Ocurrencia simultánea del significado primario y del secundario;

3.   Ocurrencia de solo el significado secundario (con anulación del primario).

Es necesario aclarar primero lo que entendemos por significado *primario* y *secundario*. Partiré de un significado consensual, que resulta ser el constitutivo de la forma en una sincronía dada, similar al propuesto por Evans como *sanctioning sense*, el cual resulta el predominante respecto de una red de significados adscritos a una forma determinada (*cf.* Evans 2003). Aplicado este sentido a nuestro análisis, *donde* y *ahí* serán categorías cuyo significado primario es básicamente espacial en el dominio del español. Sin embargo, esto no impedirá que en ciertos contextos adquieran otros significados que, en relación con el primero, serán considerados secundarios, aunque en muchos casos derivados del primario. Evitaremos asociar *primario* y *secundario* con una gradación diacrónica de anterior en el tiempo u originario, pues será posible encontrar casos en que el significado *primario* no coincida con el originario en el sentido diacrónico. Los términos *primario* y *secundario* persiguen destacar la naturaleza variable y gradual de los significados en un sentido perceptivo, que hace posible la comparación entre valores distintos, y todavía más, su concurrencia en el uso. Esto quiere decir que los significados primario y secundario pueden coincidir en la misma secuencia y no son necesariamente excluyentes, y esta condición es lo que los hace proclives a las fusiones conceptuales y al cambio lingüístico.

En el caso específico de las formas espaciales, los significados primario y secundario se distribuirían de la siguiente manera en una misma sincronía, aunque este esquema podría virtualmente aplicarse a la evolución diacrónica:

1.	Ocurrencias con significado solo locativo;

2.	Ocurrencias con significado locativo y no locativo a la vez (temporal o causal);

3.	Ocurrencias con significado exclusivamente no locativo (temporal o causal).

Como el propósito de este estudio no reside en la determinación del significado primario como invariable sino en el reconocimiento del desplazamiento de este hacia otras zonas conceptuales, es decir, la variabilidad semántica, no me detendré en analizar las ocurrencias de *donde* con una referencia inequívoca de lugar como en: *Me encontraba en Córdoba, donde he nacido.* Sin embargo, dado que la variación implica contraste, no es posible analizarla si no partimos del significado locativo, que actuará de elemento referencial en la interpretación del discurso científico epistémico. Los demás significados que puedan ocurrir podrán estar copresentes o no con el locativo.

De las anteriores tres posibilidades, que serán objeto de nuestro análisis, es en la segunda en que se concretiza el entrecruzamiento de valores en una *zona borrosa*, tal como la hemos definido. Pero será igualmente revelador abordar asimismo la tercera posibilidad, en que el valor locativo no resulta inferible contextualmente, de tal manera que se abandona de modo absoluto el significado primario. Esta posibilidad, sin embargo, no excluye la primera, de modo que el hablante puede mantener también en otros contextos el valor locativo primario. Por lo tanto, se trata de una variación cognitiva intraindividual.

Dado que los mencionados desplazamientos ocurren en los enunciados efectivamente realizados, consideraré relevante incorporar toda la información extragramatical sobre el tema, v. g. los presupuestos compartidos de tipo cognitivo

y comunicativo, los elementos del contexto situacional y la relación entre interlocutores, siempre que sean indispensables para captar el sentido del texto. Asimismo, se considerará determinante la información cotextual y, por lo tanto, se
analizará la coocurrencia de diferentes nexos que apuntan a un idéntico sentido
en una porción discursiva determinada.

El significado primario de 'donde'

Existe consenso en la bibliografía técnica en reconocer que *donde* constituye en
español el único nexo subordinante locativo, si bien, desde una perspectiva funcional, Hernández Alonso (1986) advierte el carácter accidental del significado
restringido al espacio. Desde el punto de vista categorial, la mayoría de las gramáticas coincide en considerarlo como adverbio relativo (con antecedente explícito o implícito), el cual puede aparecer solo o combinado con preposiciones
que permiten determinar la referencia deíctica (*en, por, desde, hasta*).[9] Al lado
de esto, se mencionan como usos más raros o poco frecuentes, confiriéndoles el
estatuto de dialectal, regional o rural, otros valores como temporal, y, de modo
más limitado, condicional, causal o consecutivo (Alarcos 1994, Alcina y Blecua
1989, Bello 1847, RAE 1979).

En la *Nueva gramática de la lengua española* (*NGRAE*) se considera la posibilidad de asociar esta forma a eventos, acciones o situaciones, posibilidad atribuida
sobre todo al español americano. Asimismo, se menciona su conexión con antecedentes temporales del tipo: "*es un instante donde todas las cosas se proyectan*"
(*NGRAE* 2009:1601), pero atribuyéndole un uso arcaico que se tendería a evitar
en el español actual. El valor condicional se atribuye a la construcción *donde no*,
con el valor de *si no* documentada en Cervantes (*cf.* Bello 1847: 715-716, Keniston 1937, Kany 1951:390, RAE 1979:538, Alcina y Blecua 1989:1117). Por otro
lado, Kany ofrece ejemplos no solamente diacrónicos, tanto de valor temporal
cuanto de condicional, que se remontan al Medioevo y al Siglo de Oro, sino también testimonios de la sincronía del español moderno (Kany 1951:389 y ss.). A
este último respecto, los datos allegados corresponden al español chileno, entre
los que figuran, además de los consabidos usos con valor de temporalidad, desplazamientos hacia la causalidad como en: *donde no comí el desayuno me siento
bien*; *me entretuve conversando donde se me pasó la hora y perdí el tren* (Kany
1951:388-392). Este mismo autor documenta en México el uso de *donde* para
indicar "some sudden and disagreeable interruption", como en: *estábamos pla-*

---

9   La tipología categorial, como clase de entidad a que pertenece la unidad, no constituirá el
     centro de la atención en este estudio, de modo que no entraré en el debate sobre el carácter
     relativo adjetival o adverbial de la subordinación.

ticando, y onde que llega Don Sinforiano y nos encuentra; dormíamos, y donde que un tiro nos despierta (p. 392). Este último uso parece similar al actualizable por *cuando* con el valor de continuador de una secuencia narrativa, v. g. *dormía tranquilamente cuando un ruido extraño lo despertó*, de modo que tanto *donde* como *cuando* parecen confluir en sus desplazamientos semántico-discursivos.

 No obstante, el significado general de *donde,* aceptado en el discurso técnico de gran parte de las gramáticas de la sincronía actual y consignado en los diccionarios, es básicamente locativo. Herrero (2005: 185) llega a afirmar que *donde* "en el español estándar apenas sufre desplazamientos a valores no locativos". Una afirmación similar hace Brucart (1999:508) en la gramática dirigida por Bosque y Demonte (1999): "*Donde* admite antecedentes explícitos, que han de ser congruentes con la idea de locación que le es propia". Este mismo autor reconoce que "pueden producirse esporádicamente desplazamientos metafóricos de la noción locativa a otros contenidos" (ibíd. 509), y menciona testimonios tomados del diccionario de dudas de Seco y de Lope Blanch (1986). Según Brucart, Lope Blanch (1986:121) "señala igualmente que son frecuentes los usos no locativos de *donde* en el español mexicano: *Es la única cuestión en donde todos estamos de acuerdo.* Según este mismo autor, *donde* es el nexo relativo más empleado en México después de *que*" (Brucart 1999:509).

El presente análisis aportará datos que llevarán a restringir los supuestos anteriores sobre los valores no espaciales, tanto en el orden cuantitativo (ocurrencia esporádica), cuanto en el cualitativo (fenómeno vulgar o rústico), dado que intentará demostrar su utilización frecuente en el discurso de hablantes provenientes de sectores altos de la mayoría de las capitales hispanohablantes. Si se mostrara empíricamente que tales usos están ausentes en el español peninsular o de otras regiones, habría que concluir que el uso no espacial revela una cognición distinta del significado de la forma en la percepción de los hablantes en diferentes áreas geográficas del español. Sin embargo, no existe por ahora una base empírica fuerte para sostener tal hipótesis.

Desplazamientos hacia la temporalidad

De hecho, en la diacronía del español las conjunciones o los conectores en general parecen haber seguido una evolución unidireccional que va desde la espacialidad hacia la temporalidad y la causalidad, pero no a la inversa (*cf.* Eberenz 1982, Méndez 1995, Herrero 2005). Según Eberenz (1987:342), ya en la época preclásica aparecen *donde, do* con valor temporal como sinónimo de *cuando*, aunque también con valor condicional. En cambio, Méndez (1995:271) señala como tendencia natural los pasos de uno y otro valor en cualquier dirección, si bien acota que "en las relaciones de subordinación esta interferencia siempre se produce en dirección al tiempo y se traduce en la capacidad de *donde* y sus variantes (*do, don*) para expresar relaciones temporales". Posteriormente, Herrero (2005:209-215) justifica no solo las neutralizaciones de lugar y tiempo, sino también los desplazamientos hacia valores condicionales, causales e ilativos, cuyo uso, sin embargo, se va perdiendo gradualmente hasta llegar a la estabilidad actual de *donde* en su significado básicamente espacial. Los usos ilativos de *onde* en la diacronía del español han sido documentados y exhaustivamente analizados por Cano (2002) para el periodo medieval, lo que confirma el carácter estable de los entrecruzamientos conceptuales mencionados.

Por otro lado, la conexión entre espacialidad y temporalidad viene confirmada por las diferentes líneas de investigación que ha abierto la lingüística cognitiva, en las que se señala el paralelismo natural existente entre ambas nociones (*cf.* por ejemplo, sin pretender la exhaustividad, Talmy 1988, Langacker 1987, Slack/van der Zee 2003). El espacio ha sido considerado como central en la conceptualización lingüística, tanto en su sentido estable, bien como lugar o posición (*object location*), bien como propio de los objetos mismos (*object configuration*), cuanto en su movilidad (*object mobility*) (Miller/Johnson-Laird 1976, Slack/van der Zee 2003:1). Y es quizás este último rasgo el que permite la conexión del espacio con el tiempo, sobre la base de una interpretación metafórica de este último como móvil. Es conocida la metáfora desarrollada por Lakoff y Johnson del tiempo como objeto que se mueve (*"time as a moving object metaphor"*) hacia adelante (v. g. *in the weeks ahead of us)* o hacia atrás *(v. g. that's all behind us now)* respecto de un punto fijo, que puede ser el sujeto. Sin embargo, también es posible partir de la idea de que sea el sujeto el que se mueva alrededor del eje del tiempo concebido de manera estática, como en el enunciado: *we are approaching the end of the year* (Lakoff /Johnson 1980:42-44). Sweetser (1997) muestra, a través del análisis de enunciados específicos, cómo la movilidad locativa puede proyectarse *(mapping)* en la sucesividad temporal. Pero ya desde mucho antes, como lo hace ver la autora, esa movilidad se suele representar a través de la identificación de un punto de partida originario, un trayecto o dirección y una meta, que pueden también reinterpretarse como la secuencia temporal (*cf.* las nociones de *landmark* y *trajector* en Langacker 1987).[10]

Con todo, el paralelismo espacio/tiempo parece tener como centro referencial el espacio, de tal modo que cuando se dan desplazamientos hacia la temporalidad, se suele considerar que el valor espacial es primario mientras que el temporal, secundario, como lo sostiene Fillmore (1982:32-33) valiéndose de la semántica

---

10   Contrasta con estas interpretaciones, la de Evans (2003), para quien el significado predominante del tiempo no es la sucesividad sino la duración.

de prototipos, en relación con el adjetivo *long* asignado a la extensión espacial de un objeto (*six meters long, a long stick*), que se utiliza también en el sentido de extensión temporal (*six months long*). Según este autor, existe un consenso en la determinación de que la condición espacial tiene un estatus privilegiado que identifica la categoría. Y esta afirmación es compatible con la dirección del cambio registrada en muchas lenguas, dirección que suele seguir el camino que va desde el espacio hacia el tiempo, y no a la inversa. Consecuentemente a partir de tales comprobaciones, se han propuesto escalas más generales que registran el paso de lo más concreto a lo más abstracto, como la presentada por Heine/Claudi/Hünnemeyer (1991:157): "Person → Object → Process → Space → Time → Quality", la cual sigue la línea del proceso de gramaticalización. En tal escala, el espacio aparece en un estadio anterior al tiempo. Posteriormente, desde un enfoque básicamente psicológico, Slack/van der Zee (2003) llegan a identificar espacio y tiempo como una sola unidad cognitiva actualizable en las lenguas mediante expresiones lingüísticas espacio-temporales.

A la luz de las consideraciones precedentes, que privilegian las modalidades de conceptualización de parte de los hablantes, modalidades que terminan cristalizándose en las gramáticas mismas, como lo sostiene Langacker (1999) en la frase convertida en emblemática de esta escuela: *"grammar is conceptualization"*, y lo avalan Croft/Cruse (2004:3), entre otros, no resulta raro, pues, que se den igualmente también, como lo mostraré, deplazamientos en un sentido más abstracto y ya no ligados necesariamente al espacio y al tiempo reales.[11]

En lo que sigue, dado que me centraré en la observación del español actual, no me pronunciaré sobre una dirección evolutiva, y me detendré, más bien, en el modo como se presentan los entrecruzamientos semánticos sincrónicamente dentro de las *zonas borrosas* de los *espacios de variación conceptual,* y en los enunciados específicos pertenecientes a distintas ciudades hispanoamericanas recogidos en el corpus mencionado como un primer paso para el acercamiento a la realidad cognitiva de los hablantes. Esto no contradice el reconocimiento de que si la misma variación se ha expresado en distintos momentos de la historia del español, cabe suponer que la variabilidad actual no sea sino la prolongación de un mismo fenómeno común y general; en otras palabras, una manifestación de variación semántico-sintáctica estable que tiene una filiación cognitiva también estable, de modo que no ha de ser interpretada como necesaria anticipación de un cambio.

---

11   De hecho, las nociones de *landmark* y *trajector*, básicamente locativas, pueden extenderse a nociones más abstractas, como las de evaluación y cualidad (*cf.* Sweetser 1997:135, nota 3).

Intersección de valores temporales y espaciales

En lo que sigue nos detendremos en las intersecciones a partir del análisis de enunciados provenientes de la producción de los hablantes, como medio para abordar los fenómenos perceptivos subyacentes. Examinemos primero los casos en que se intersectan los valores temporales con los espaciales, como en los siguientes ejemplos:

1.   [...] es posible que el año siguiente la viera, **donde** ya no había ninguna relación entre nosotros (*Macrocorpus* Lima: 92).

2.   En parte, esto se ha tratado de solucionar hace unos cuatro años, **donde** se intentó modificar, intensificar, diremos, la cantidad de horas para inglés y francés (*Macrocorpus* La Paz: 60).

3.   [...] esta es una época...de ofrecimientos, esta es una época **donde** todos estamos un poco, ¿no? vendiéndonos, pero sí muchos queriéndonos comprar (*Macrocorpus* Caracas: 19).

4.   Nuestro país pasó trescientos años gobernado; es decir, trescientos años **donde** ciertas clases privilegiadas fueron las que disfrutaron de ciert... de los beneficios de nuestro suelo. Nuestra raza tuvo que pasar una noche muy dura (*Macrocorpus* México: 102).

En los microtextos precedentes, el contexto inmediato que antecede a *donde* es claramente temporal. Pero existen algunos matices que separan los dos primeros textos de los dos últimos. Así, en 1 y 2 no parece caber duda de la sustituibilidad de *donde* por *cuando,* lo que reafirma la interpretación temporal. En cambio, 3 y 4 no admitirían virtualmente esa misma sustitución y, sin embargo, el antecedente en ambos casos es también un sintagma nominal con referencia al tiempo (*una época* en 3, y *trecientos años* en 4). En el primer caso, la presencia de *donde* no carece de motivación, en la medida en que *una época* puede ser reinterpretada como una localización precisa, de la misma manera que la referencia espacial. Asimismo, en el segundo caso, *trecientos años* revela un período de tiempo considerado como una unidad en bloque, que remite a una situación determinada y, en este sentido, se trata de un valor análogo al valor expresado en 3, de modo que en ambos casos resulta explicable la doble atracción de los sentidos espacial y temporal.

Se puede decir, en relación con los dos últimos enunciados, que el significado primario de espacialidad ha quedado latente y se ha entrecruzado con el de temporalidad, de tal manera que se está ante una *zona borrosa*, de confluencia de ambos valores. Otro ejemplo que viene a reafirmar lo dicho es, sin duda, el siguiente:

5.   Este seminario va a durar dos años. Dos años **donde** nosotros vamos a poner
        una tesis... sobre algún problema... interesante desde el punto de vista antro-
        pológico de la nacionalidad chilena (*Macrocorpus* Santiago: 61).

Como se observa, el antecedente vuelve a ser aquí un sintagma nominal temporal, el cual, además, se retoma después de una pausa y actúa de eje del comentario
expresado en la subordinación relativa, que implica un período de tiempo preciso reinterpretable también en bloque, como una totalidad referida al sintagma
este seminario. Tanto la identificación del *seminario* como unidad situacional
cuanto su duración han contribuido a la síntesis locativo-temporal a que apunta
donde, colocada en una zona de significado limítrofe. Resulta significativo que
a pesar de que se trate de un hecho futuro, es decir, de algo que no ha ocurrido,
evoque un dominio acotado y concretizado compatible con el valor espacial.

6.   [...] a esta altura de la vida, ya... corro pocos riesgos, ya no me arriesgo, por-
        que no tengo tantos años como para... poder perderlos, ni tan poquitos, como
        para perderlos, o sea, yo estoy en una edad intermedia **donde**... todavía me
        queda un camino por delante, y ese camino yo lo cuido [...] (*Macrocorpus*
        Caracas: 18).

En el ejemplo precedente (6) no solo el sintagma nominal antecedente es temporal, como en los anteriores textos, sino que el cotexto ofrece de modo reiterado
varias alusiones del mismo tipo, que anticipan y refuerzan el desplazamiento
del locativo hacia la temporalidad: se habla de los años de vida que quedan, de
la edad, y es así esperable que el conector, que además recibe el refuerzo del
adverbio temporal pospuesto, *todavía,* concuerde con los sentidos subrayados
por el hablante como centrales de su discurso. El *camino que queda por delante*
es claramente una alusión al tiempo que vendrá, si bien está metafóricamente representado por estructuras con rasgos semánticos de la espacialidad. El camino
es también un espacio que se puede recorrer. Y, a la misma vez, la edad puede
considerarse como una magnitud fija y circunscrita a la manera de una localización estable, aunque sea en esencia provisional.

7.   En mi carrera hay que distinguir dos fases. Una primera, al término de ba-
        chiller, **en donde** estaba presidido por una serie de influencias familiares,
        ambientales [...] (*Macrocorpus* Madrid: E-2).

En este caso *donde* aparece combinado con la preposición *en*. Pero la dirección
deíctica, en este caso textual, apunta también a períodos temporales (*dos fases*).
La secuencia *en donde* alude a la primera fase: la terminación del bachillerato. Y
lo mismo sucede en el ejemplo siguiente, un poco más complejo, porque abunda
en implícitos y presupuestos:

8.   [...] y claro usted tiene un cuadro y usted vive en mil novecientos cuarenta
        y tiene un cuadro que fue de su abuela y viene una... un temporal y se mojó
        el cuadro y se puso feo, pues lo bota [lo tira]. Y sobre todo, probablemente
        en este siglo, **donde** está toda la cosa ésta de muebles nuevos comprados en
        Sears, pagados en Sears [...] (*Macrocorpus* San Juan: 25).

Al margen de los implícitos, aquí el antecedente inmediato vuelve a ser un sintagma temporal: *en este siglo.* Resulta interesante anotar cómo en ninguno de
los anteriores ejemplos *donde* ha dejado de estar precedido por un sintagma con
valor temporal. Este último debería haber propiciado la elección de un nexo
también primariamente temporal, si las categorías usadas por los hablantes correspondieran a las previstas por una gramática ideal. Pero no ha ocurrido así,
pues se ha optado por un indicador de espacio, si bien no se puede afirmar de
modo seguro que para el hablante el nexo elegido tenga efectivamente un valor
espacial en este contexto.

Espacios abstractos

Pero *donde* no se presenta solo con valor temporal en contextos temporales sino
que coocurre con estructuras no propiamente espaciales en el sentido físico y
real, ligado a sintagmas con contenido diverso, correspondiente a esferas conceptuales que solo podrían considerarse *locus* en un sentido abstracto. Veamos
los siguientes textos:

9.   Yo creo que corresponde a toda una estructura de...mundial, una estructura
        social, **donde** el comercio...va siguiendo....este...pautas desordenadas, puesto que sigue intereses que son...intereses particulares, intereses de momento
        (*Macrocorpus* Buenos Aires: 70).

El antecedente de *donde* es aquí el sintagma *una estructura mundial o social,* el
cual no alude a un espacio concreto en sentido estricto. Sin embargo, no se excluye
la reinterpretación de la referencia como escenario en que se da o se desarrolla un
estado de cosas o una situación específica, como se propone en la *NGRAE.*

El siguiente texto remite a una reinterpretación similar:

10.   [...] en la abogacía es **donde** mejor puedo satisfacer todas las cosas (Buenos
        Aires: 19).

Obviamente, *la abogacía* no constituye tampoco un lugar concreto, sino un campo profesional, pero que no deja de aludir, como en el ejemplo anterior, a un
micromundo o a un ambiente que necesariamente tienen un soporte espacial.

11.   Yo, me resultaría muy difícil entender qué es el porteño. Pero no obstante lo
       cual... en una conversación **donde** hubiera un grupo de gente, por numerosa
       que sea, si entre ellos hay un porteño, inmediatamente me doy cuenta quién
       es el porteño (*Macrocorpus* Buenos Aires: 17).

Y en 11, perteneciente al mismo hablante, la *conversación* se puede entender
también como una situación desarrollada y delimitada en una coordenada espacial.

No ocurre lo mismo en los siguientes casos en que se dan contextos análogos, si
bien en un plano de abstracción mayor que hace más difícil la filiación con un
sentido locativo.

12.   El alumno tendrá, pues, una serie de oportunidades para aplicar en trabajos de
       campo; es decir, estudios o trabajos, análisis, si se quiere, sobre las lenguas
       nativas a nivel de fonología, morfología y sintaxis, especialmente. Se usarán
       aimara y quechua y algunas otras lenguas bolivianas [...] para hacer trabajos
       de análisis ¿no? **donde** la lingüística descriptiva no sea solamente una... una
       materia teórica, sino una materia fundamentalmente práctica (*Macrocorpus*
       La Paz: 62).

El área temática alrededor de la cual gira el texto es la enseñanza de la lingüística: una reflexión sobre el modo de abordarla en el sentido empírico a partir de
una concepción práctica y analítica aplicada a las lenguas, en este caso, las indígenas bolivianas. Es interesante tener en cuenta que el informante es lingüista.
El sintagma más próximo: *para hacer trabajos de análisis*, puede constituir la
base argumental de la que parte el enunciado introducido por *donde*. Tal enunciado tiene un carácter explicativo definicional, cuya función es encuadrar la
enseñanza de la lingüística descriptiva en la perspectiva práctica del análisis de
las lenguas concretas. Y una definición, desde un punto de vista lógico, no es
otra cosa que el establecimiento de una equivalencia entre lo definido y la definición misma (A≈B) y, en este sentido, un modo de acercar o poner en relación
de contigüidad dos dominios distintos. Tal acercamiento hace posible pensar que
los enunciados remiten a universos compatibles en el ámbito más abstracto de la
esfera mental o conceptual.

Una situación análoga se puede observar en 13:

13.   [sobre las técnicas de enseñanza] unas nuevas técnicas **donde** el centro sea el
       estudiante. El alumno, y que sepamos hacerlo bien [....] y , por otra parte él
       [el maestro] fue entonces enseñado de una manera... **donde** también el centro
       del proceso, pues, era el mismo maestro o era su profesor en todo caso, y bien
       sabemos que un maestro o un profesor que enseña, muchas veces lo hace uti-

> lizando el ejemplo que le brindaron, todos esos maestros fueron enseñados...
> con profesores que fundamentalmente eran expositores de clase, por ejemplo,
> y entonces... asimismo ellos han continuado dando su clase (*Macrocorpus*
> Caracas: 49).

En el texto precedente se dan dos ocurrencias distintas de *donde*. La primera
tiene como antecedente la estructura *unas nuevas técnicas de enseñanza*, la cual
no refiere a un espacio concreto, de modo que puede considerarse de carácter
abstracto, aun cuando aparentemente el vocablo *centro* pueda atraer el valor
espacial de alguna de sus acepciones. En lo que respecta a la segunda, a pesar
de las vacilaciones y frases incompletas de parte del hablante, se hace posible
captar el sentido básico del enunciado: el maestro recibió también el mismo tipo
de educación centrada en el profesor más que en el alumno, como lo proponen
las nuevas técnicas de enseñanza que el informante defiende. En este contexto
interpretativo, la segunda ocurrencia del nexo en cuestión tiene como enunciado antecedente: *el maestro fue enseñado de una manera*. Esta *manera* viene
inmediatamente definida por el hablante a través del enunciado introducido por
donde. En tal sentido, el mencionado nexo cumple, pues, la función de anuncia-
dor de la definición sobre la técnica de enseñanza antigua recibida por el propio
maestro, según la cual el proceso educativo se centraba en el profesor, y no en el
alumno. Como en 12, *donde* sirve para enlazar dominios o espacios mentales y
abstractos: el mundo de las equivalencias o de las definiciones.[12]

14.   [...] quiere decir que se dedicaban a buscar categorías **donde** encerrar las
      disciplinas artísticas (*Macrocorpus* San Juan: 5).

Con mayor claridad nuestro nexo, al enlazar un concepto abstracto como el de
las *categorías,* sigue el sentido de la equivalencia y se distancia de modo nítido
de toda referencia locativa estricta en cuanto remite al mundo de las ideas.

15.   Precisamente ahorita yo estoy en ese problema ¿no? de cambiar derroteros
      que es **donde** se diseña, **donde** se arma, cambiar medidas [...] Todavía no hay
      pautas precisas, no se sabe realmente cuánto va a afectar el tamaño en cuanto

---

12   El espacio mental (o abstracto), tal como aquí lo utilizo, no corresponde exactamente al con-
     cepto homónimo, introducido por Fauconnier (1994), si bien en algunos puntos es compatible
     con este, como en la siguiente precisión que hace el autor: "constructs distinct from linguistic
     structures but built up in any discourse according to guidelines provided by the linguistic
     expressions" (p. 16). Para relacionar entre sí los *espacios mentales*, Fauconnier propone la
     noción de *space-builders*, "expressions that may stablish a new spaceor refer back to one
     already introduced in the discourse" (p. 17). Estas expresiones se concretizan en las frases
     preposicionales, los adverbios y los conectores. Obviamente los subordinantes, como el ana-
     lizado en el presente trabajo, entrarían en esta categoría.

a las cartillas que ellas escriban para mantener su diseño (*Macrocorpus* Bogotá: E- 4).

En 15 la protagonista es una diseñadora gráfica que revela su intención de hacer innovaciones en el formato de una revista. Ambas ocurrencias del locativo se insertan en una subordinada (*que es donde*), la cual anuncia la definición del significado de la expresión *cambiar derroteros*. El objeto definido puede ser interpretado también en su valor locativo aunque no concreto; esto es, como un espacio en un sentido abstracto, no físico, como si se dijera, *cambiar derroteros es o implica cambiar diseños, medidas*. El espacio abstracto permite, como en los casos anteriores (12 y 13), la expresión de la equivalencia inherente a toda definición.

A la luz de los ejemplos analizados, no se puede negar que el nexo bajo examen no solo sirve para enlazar enunciados, sino que los marca también desde el punto de vista de su significado. Si no fuera así, podría caber cualquier nexo, o *donde* podría ocurrir en cualquier cotexto. Pero no ocurre ni lo uno ni lo otro. Al parecer, el nexo en cuestión solo encaja dentro de cierto tipo de relaciones semánticamente afines a la noción de espacialidad —sea concreta, sea abstracta (de tiempo o de *locus* mental)— o, al menos, compatibles con la idea de espacio.

En suma, el concepto de *espacio abstracto* utilizado aquí constituye una coordenada situacional que no se identifica propiamente con un *topos* físico, es decir, no refiere a un lugar concreto. Más bien, tal concepto remite a una entidad mental (una idea, un acontecimiento o una categoría temporal), que puede ser reinterpretada como *locus* en la enunciación o en el texto y que, en todo caso, viene comentada o desarrollada mediante el enunciado introducido por *donde*. Si esto es así, podemos interpretar estas ocurrencias como realizaciones de una *zona borrosa* en que fluctúan o coexisten en la dimensión cognitiva del hablante, varios valores de *donde,* además del circunscrito al espacio real.

Otros valores no locativos

Existen casos en que *donde* se resiste a una reinterpretación espacial, sea física o abstracta e incluso también temporal, y atrae otros valores lógicos en el dominio de la causalidad en sentido amplio, dominio que incluye, además de las causas propiamente dichas, las consecuencias, las condiciones, y en general las explicaciones, que forman el centro de todo discurso argumentativo. Podemos afirmar, pues, que se da la tercera condición de ocurrencia, en que *donde* admite solamente interpretación no locativa, como en los ejemplos comentados a continuación.

16.   [...] políticamente van a hacer impacto, porque el viejo es un viejo radical, **donde** no encuentra sino que la idea liberal debe primar, liberal en el sentido no de partido, sino de la coexistencia de todos (*Macrocorpus* Bogotá: E-4).

La interpretación de 16 exige ciertas aclaraciones contextuales y extratextuales: la persona aludida en el texto es un político importante de Colombia, que ha dictado ciertas medidas liberales para el gobierno de ese país. Desde el punto de vista sintáctico, el sujeto implícito de la subordinada se refiere al mencionado personaje. Se trata de un comentario explicativo sobre las ideas del político, que se extiende al impacto de las medidas adoptadas por él. Y es el nexo *donde,* el introductor de tal comentario explicativo, el cual, en un plano lógico, no es sino una inferencia desprendida de la condición radical del personaje aludido, predicada en el antecedente. La explicación consiste en la definición de la radicalidad de las ideas enunciada como una consecuencia, de modo que podría ser considerada como propia del ámbito de la causalidad discursiva.[13] Ni la espacialidad, ni la temporalidad parecen jugar aquí ningún papel y, en consecuencia, resultaría artificial una reinterpretación que las refiriese a tales dominios.

17.   [...] pero nosotros el alquiler lo tomamos en trescientos soles, en trescientos dólares, perdón, pero cuando ya, quince días antes ya de pasarnos, nos subieron cien dólares más, **donde** ya no pudimos pues, porque no podíamos ni él ni yo trabajando podíamos pagar el alquiler, y el agua y la luz que viene aparte, ya no, no podíamos solventar eso, así es que evitamos, y no, no hicimos eso, no, nos hemos quedado acá (*Corpus sociolingüístico* Lima, HNE[14])

En el texto anterior, el hablante, que no cuenta con medios económicos suficientes para cambiar de casa y mejorar las condiciones de vida, utiliza *donde* para introducir, como ocurre en los ejemplos anteriores, un comentario de tipo consecutivo que enlaza con una justificación cuya finalidad es proporcionar la razón por la cual el informante y su compañera no podían solventar el departamento, esto es, el hecho de que intempestivamente les subieron el alquiler. La explicación es una consecuencia del hecho mencionado, de modo que entra también perfectamente, como en los textos 16 y 17, en el ámbito de la causalidad en sentido lato. Es pertinente destacar que el texto ha sido producido, a diferencia de los demás, por un hablante de baja escolaridad.

18.   [tema de conversación: la migración masiva de provincianos a Caracas] yo siempre he tenido la pretensión de creer que yo pertenezco a la generación

---

13   Este tipo de usos son los que Herrero (2005) identifica como usos ilativos, si bien referidos a otros periodos temporales.

14   HNE significa *hablante con baja escolaridad.*

> de los últimos caraqueños, de una Caracas que ya desapareció; y desapareció **porque** fue invadida, absolutamente invadida en mayor proporción a los habitantes, por toda la gente de la provincia más unos cuantos extranjeros; o sea que el caraqueño actual es descendiente, **no** de caraqueños... **ni siquiera**... en una forma como fue mi padre, que pudo haber sido asimilado, a Caracas... **pero donde** entró en una familia caraqueña por generaciones desde la... desde... Francisco Fajardo y... por el estilo ¿no?... o sea, yo no recuerdo en las memorias de mi familia, en los cuentos de mis abuelas, de mis tías y demás, alguien que me haya dicho que nosotros no somos de Caracas [...] todos somos caraqueños; y unos caraqueños muy mezclados, muy mezclados, en clases sociales, y por lo tanto en educación... en... en... de todo (*Macrocorpus* Caracas: 82).

Para comprender el sentido del enlace en 18, hay que reconstruir la lógica de la enunciación y, por ello, he reproducido extensamente la intervención del hablante. Este trata de destacar que pertenece a una familia de Caracas, si bien sus antepasados no son originarios de esta ciudad, pero *dado que* "entró en una familia caraqueña por generaciones", es posible afirmar que son de Caracas. Los enlaces, en su mayor parte restrictivos y contraargumentativos (que he destacado en negrita), hacen que el enunciado introducido por *donde* cumpla la función explicativa y aclaratoria del argumento principal: el pertenecer a una familia caraqueña de larga data. De esta manera, el nexo en cuestión ha perdido la función de deíctico-anafórico espacial para desarrollar más bien un razonamiento justificativo cuyo propósito es reforzar la idea de que los caraqueños actuales son menos caraqueños porque pertenecen a migraciones recientes.

También la dimensión causal puede estar escondida en un enunciado de finalidad como el introducido por la preposición *para*, en el texto siguiente:[15]

19.   Enc. Pero en el plano diario, de tu vida diaria, de tu vida profesional, aparte de enseñar, ¿usas ese inglés para algo?

—Bueno realmente **donde** más lo uso es **para** lectura, **porque** en el plano conversacional no creo que se me haya dado nada, y lo poquito que sé lo he aprendido duramente y con grandes penurias [...] (*Macrocorpus* San Juan: 55).

---

15   Alcina y Blecua (1989:1117) ofrecen un testimonio de un uso similar en el siguiente ejemplo extraído del Quijote, si bien —a mi modo de ver— el valor de finalidad no deja de entrecruzarse con el locativo: "Tened confianza en Dios, que nos ha de faltar un estado donde viváis como un príncipe (Cervantes, *Quijote* vol. I: 30).

He reproducido la pregunta del entrevistador que permite interpretar de modo adecuado el texto, pues esta contiene, en efecto, la preposición de finalidad, y el hablante la repite en su respuesta, pero en vez de responder directamente *lo uso para la lectura,* echa mano a un mecanismo de topicalización a través del uso de *donde* con una función deíctica de tipo catafórico que aquí señala la dirección, y que parece ser compatible con la espacialidad. Pero si consideramos el resto de la enunciación, introducida mediante conjunción causal, nos damos cuenta de que el hablante, en vez de limitarse a una respuesta directa y puntual, ha construido un razonamiento con el que intenta explicar de modo comparativo que el uso del inglés en el plano de la lectura ocasiona de alguna manera una deficiencia en el plano conversacional. El hablante elabora su argumentación poniendo frente a frente dos términos argumentativos: el primero introducido por *donde,* y el segundo, por el nexo prototípico de causalidad, enlazados íntimamente en la lógica del razonamiento. De esta manera, *donde* remite a un plano abstracto diferente respecto del primario y concreto de la espacialidad, que se traslada al dominio causal en el eje sintagmático.

Los usos de *donde* en la condicionalidad han sido documentados en la diacronía del español (Keniston 1937, Eberenz 1982, Herrero 2005), y también en la diatopía (Kany 1951, Lope Blanch 1986), como propios de algunas regiones del español hispanoamericano.[16] No obstante, en el corpus analizado no he podido encontrar ningún uso semejante. Sin embargo, puedo dar testimonio, como parte de mi experiencia lingüística personal, del valor condicional no negativo que se puede encontrar en frases muy coloquiales en el español limeño general, del tipo: *donde tú lo dices, por algo será,* con el valor de *si tú lo dices, por algo será.* El uso condicional constituye una nueva manifestación de los desplazamientos de *donde* fuera del dominio de la referencia espacial hacia el ámbito de la causalidad.

Ahora bien, los usos causales tienen algunos puntos en común con los que señalan *espacios abstractos.* Estos últimos suponen un comentario que precisa o define una idea o una situación. Y toda definición, en cuanto tal, establece ciertos límites conceptuales o mentales en determinados dominios, que pueden acercar los valores abstractos de una espacialidad no concreta al universo argumentativo de la causalidad.

La diferencia entre estos es que cuando se trata de ideas o situaciones abstractas, estas podrían reinterpretarse como espacios y, en este sentido, pueden caber den-

---

16   Con respecto a la diacronía los testimonios se refieren a la combinación *donde no* en el sentido de *si no,* documentadas sobre todo en Cervantes, como en el texto citado por Bello (1981 [1847]: 715) "Sin verla, lo habéis de creer, confesar, afirmar, jurar y defender; donde no, conmigo sois en batalla, gente descomunal y soberbia".

tro de una zona de intersección de los valores espaciales con los no espaciales. En cambio, en los valores de tipo causal analizados aquí, la interpretación excluye el valor espacial concreto, y solo cabría un posible entrecruzamiento con los espacios abstractos.

En los casos analizados el hecho de que en la producción se presenten intersecciones de los valores espaciales canónicos con los no espaciales constituye un indicio de que a través de la percepción primaria, los hablantes han llegado a construir un campo conceptual amplio asignado a *donde*, que trasciende el significado convencionalmente aceptado o institucionalizado en la percepción técnica. Lo dicho no implica explicitud de la percepción primaria, de modo que el hablante puede no ser consciente de los diferentes valores adscritos a la forma en cuestión, lo que no excluye que los actualice de modo automático en distintos cotextos enunciativos, tal como lo hemos comprobado en nuestro análisis.

Los deícticos ahí/allí y su relación con 'donde'

El examen de la coocurrencia de los nexos o de ciertas formas, como fenómeno de concordancia lógica, resulta fundamental para determinar sus alcances semánticos en relación con el contenido del texto. En el corpus analizado abundan los casos en que se combinan los deícticos espaciales *ahí/allí* con *donde,* dentro de una construcción idéntica del tipo: *ahí es donde,* que sirve de conector central en el entramado discursivo, en el que parece duplicarse la referencia de espacialidad[17]. En la *NGRAE* se reconoce la coocurrencia frecuente de ambas categorías espaciales que refuerzan la deixis, si bien solo en la combinación *allí donde* sin la presencia del verbo.

El análisis que presento aquí me ha llevado a pensar en que la contigüidad de ambas formas desempeña algún papel en la transición del valor espacial hacia valores más abstractos, como la temporalidad y la causalidad. En efecto, como se sabe, *ahí/allí* constituyen deícticos locativos por excelencia, que pueden referir no solo a espacios concretos externos relativos a la constelación comunicativa sino al propio espacio discursivo. Como bien lo señala Fillmore (1982:53), entre otros, "One extremely common extension of demonstrative categories is from spatial to textual identifications". Ese volverse hacia el texto como *locus* de lo

---

17   La concordancia interna, en tanto mecanismo repetitivo, manifestada en los procesos fonológicos como la elisión de /s/, ha sido estudiada para el español de Puerto Rico por Poplack (1980). Un mecanismo similar, aunque no en el sentido de repetición de unidades materiales como los sonidos, se desarrolla también en el orden sintáctico-conceptual, tal como lo he propuesto en Caravedo (2008a). Se trataría, más bien, de recurrencias de tipo semántico-sintáctico (rasgos semánticos afines, nexos conjuntivos, estructuras paralelas, etc.).

expresado resulta un recurso fundamental de cohesión interna, relacionado con el carácter subjetivo de estos adverbios, que les permite una gran movilidad referencial. Al respecto, Hernández Alonso (1986:503), acogiendo la clasificación de Lenz, considera estos deícticos como subjetivos, en cuanto su valor depende de los participantes del discurso. Queda por determinar en relación con nuestro análisis qué sentido tiene la copresencia de ambas formas en relación con los espacios de variabilidad conceptual. Analicemos los siguientes casos:

20. Entonces, cuando empezaba la carrera, yo salía rápido, y lo más rápido que podía... por lo regular a los cincuenta metros, yo siempre llegaba antes, y a los setenta y cinco yo iba adelante de todos; pero de los setenta y cinco a los cien metros, **allí** era **adonde** se desinflaba uno. Entonces, tuve que ir viendo cuál era mi defecto en los últimos veinticinco metros, para ir mejorando y superando ese problema que tenía (*Macrocorpus* México: 3).

En el texto anterior el informante es un atleta que trata de explicar sus deficiencias en la carrera y el modo como las supera. La coocurrencia de ambos locativos crea una concordancia interna que permite ligar el enunciado precedente con el posterior. Pero *allí y adonde* constituyen componentes de una suboración cuyo verbo principal es *era (allí era adonde)* con función topicalizadora que permite, además, gracias a la presencia de *adonde,* la inserción de una nueva oración, pues esta última forma funciona como nexo subordinante. De tales componentes, el adverbio *allí* parece remitir a un punto preciso, tanto del espacio como del tiempo: cuando el deportista alcanzaba más de 75 metros (un punto exacto que implica asimismo un momento determinado), su resistencia empezaba a declinar. Y, además, *allí* se comporta como un deíctico textual de carácter anafórico que contribuye a la cohesión interna. Pero aparte la referencia espacial primaria, se superpone una secundaria de tipo temporal (*donde* es sustituible por *cuando*), de modo que los valores se vuelven a encontrar en una zona borrosa en que valen ambos contenidos. En este texto, la coocurrencia de *allí+adonde* no hace sino reforzar la ecuación espacio-temporal originada con el nexo solo, ya analizada aquí.

21. Enc. —Oiga usted, ¿pero sus diplomas? ¿cuál es el primero? ¿recuerda Ud. el primero?

     Inf. —Probablemente extranjero; probablemente fue un diploma que me concedieron en la Universidad Central de Madrid, durante el primer viaje a Madrid, que por cierto fue un viaje de invitación también. Estaba yo en París, cuando me llegó la invitación del Instituto de Cultura Hispánica, para que viajáramos a España. No estaba en nuestro itinerario, pero aceptamos naturalmente, y creo que tuvimos un éxito bonito **ahí**. Entonces... **ahí** fue **donde** recuerdo... bueno, no probablemente como diplomas... pues los que obtuvimos en París en cincuenta y tres [...] (*Macrocorpus* México: 96).

Se trata de un científico muy prestigioso y reconocido, que ha obtenido diversos diplomas y honores durante su vida académica, y el entrevistador le pregunta si recuerda el primero que recibió. El informante trata de recordar la situación de esta primera experiencia. Se da una construcción sintáctica análoga a la de 20, que refuerza nuestra interpretación. Solo que en 21 se presenta una reiteración de *ahí*, si bien solo se da en el plano de la ocurrencia (*token*). Así, la primera ocurrencia revela con mayor claridad la referencia espacial objetiva, en este caso, España. En cambio, la segunda ocurrencia, después del conector *entonces* que marca un hito narrativo, apunta asimismo a un valor espacial (*entonces ahí fue donde*), pero ahora de un modo más abstracto, aludiendo a la esfera mental de la memoria (*ahí fue donde recuerdo*). Y el nexo *donde* remite de modo transparente ya no al mero espacio —porque no es en España donde el hablante recuerda—, sino, más bien, al propósito del viaje a España, en relación con este. Tal relación constituye el producto de una conexión mental que hace el hablante con referencia al espacio, el cual actúa en última instancia como un soporte del recuerdo. Como efecto del esfuerzo memorístico, el informante responde que el primer diploma fue el que recibió en España. La anécdota del viaje a ese país es solo un pretexto para activar su memoria y recordar el primero de sus diplomas. Por lo tanto, podría ser interpretado como *en este punto (a este respecto) recuerdo que obtuve el primer diploma en ese lugar.* Es una referencia mental a la que se apunta, referencia que, sin embargo, no deja de conectarse de modo simultáneo con un tiempo y un espacio determinados, acercando en el plano cognitivo áreas semánticas distintas.

22. Era una chiquilla que hacía las cosas bien, pero, digamos, dejaba siempre dos, tres preguntas sin terminar. Entonces **ahí** era **donde**... nunca se le puso atención al verdadero problema de L., que era la lentitud porque... era lenta. Esa niña debe tener algún problema porque ella... para ella no existe el tiempo (*Macrocorpus* San José: 81).

Una vez más la combinación de *ahí* y *donde* mediatizada por el verbo *ser* conecta, por un lado, con el enunciado precedente y, por otro, abre un nuevo enunciado que, en este caso, explica la poca atención que se le daba a un problema real. Esta suboración permite continuar la cadena de razonamiento sobre las dificultades intelectuales de una niña, que no han sido adecuadamente atendidas por el profesor o por los familiares. Resulta interesante la nueva presencia de *entonces*, que antecede a la construcción (*entonces ahí era donde*), de modo similar al texto 21. Pero, a diferencia de este, aquí proponemos una lectura de tipo causal-consecutivo: *como la chiquilla hacía las cosas bien y solo dejaba dos o tres preguntas sin terminar, entonces nunca se le puso atención al problema,* o bien, *dado que la chiquilla hacía las cosas bien..., en consecuencia no se ponía aten-*

ción al verdadero problema. La verdadera función de la dualidad *ahí... donde* no es locativa en el sentido normal o primario, sino que, parece indicar más bien una transferencia a otro plano de significado en el orden de la causalidad.

23. El fue a estudiar seis meses a Italia, a estudiar arte, y lo curioso es que él está en matemáticas. O sea que él pero... dice que matemáticas es su trabajo, pero que su pasión es el arte. Así que nos reunimos todavía, los otros estudiantes, y fue una experiencia que nos cambió toda la visión de nuestra vida, de apreciar las cosas de la vida ¿verdad? Verdad... uno piensa que no todo tiene que ser lo material, que hay otras cosas que uno tiene que disfrutar y uno tiene que aprender a disfrutar. Y **ahí** es **donde** el arte yo creo que se vuelve parte de uno, en la manera en que uno habla, en la manera en que uno trata de conocer otras personas. Hasta en la decoración de la casa, uno va desarrollando un buen gusto (*Macrocorpus* San Juan: 12).

Tampoco en este caso el contenido a que apunta *ahí* es, en sentido estricto, espacial, si bien remite de modo general a todo lo expresado en el cotexto, es decir, a un contenido más amplio presente en el texto mismo: una nueva manera de concebir el arte, como placer y modo de vida. Y es a esta nueva concepción de las cosas, a que alude *ahí,* cuya función en este contexto es mantener el tópico discursivo (*topic continuity*), en el sentido asignado por Givón (1983).[18] *Donde* da pie al desarrollo del enunciado, que no es sino una consecuencia de lo dicho antes y, en esta medida, se enlazan espacios abstractos, si bien tales espacios se dan en un universo concretizado en el texto.[19] Pero la combinación de ambas formas conceptualmente semejantes en una oración con función topicalizadora cumple el papel de identificación precisa de lo expresado, bien una idea, bien un argumento, bien un evento, bien una situación, como si se lo intentara fijar en la coordenada espacial representada por el texto mismo al modo de un soporte concreto. Y esto mismo puede ocurrir en un sentido metalingüístico que autorrefiere al discurso oral, como en el texto siguiente:

24. [sobre las enfermedades de carácter psicosomático] **Porque** lo que vemos casi siempre es un síntoma que se está expresando en el cuerpo, digamos. Y unas veces se expresa en el cuerpo y otras veces se expresa en la mente,

---

18 Me refiero a *topic continuity*, como recurso que pone en juego el hablante para subrayar la importancia del tópico discursivo.

19 *Cf.* Werth (1997:88-89) para la noción de *text world*, como el espacio conceptual creado en el propio texto, definida en los siguientes términos: "A text world is a state of affairs in which a given text makes sense. It is thus that state of affairs which is defined by the dicourse for that text. It is, therefore, a conceptual space in the sense of Fauconnier (1994) y Langacker (1987), but one whose parameters are defined by the deictic elements of the discourse and which is furnished by the referential elements of the discourse".

> ¿verdad? **Entonces**, cuando son problemas que se expresan a través del cuer-
> po, lo que conocemos como las enfermedades sicosomáticas, por ejemplo,
> problemas de asma, la úlcera, la gastritis, problemas de piel, todo eso está
> con una connotación de tipo psicosomática. Es **ahí donde** te digo que se dan
> los aspectos funcionales que un problema que de alguna manera... Por ahí
> hay algunos teóricos que dicen que cuando uno conscientemente no se hace
> cargo del problema, entonces el cuerpo se hace cargo y va a salir a defenderte
> el órgano que en tu ser, digamos en tu cuerpo es el órgano fuerte [...] (*Macro-*
> *corpus* San José: 77).

Se presenta una exposición del problema de las enfermedades psicosomáticas,
que se retoma, se topicaliza y se continúa en la secuencia *es ahí donde*. Pero, a
diferencia de los anteriores casos, la subjetividad se hace patente en la remisión
a la propia voz *es ahí donde te digo* [...], que funciona como referida a una situación razonada: *es la razón por la que te digo que se dan los aspectos funcionales*.
Por otro camino, este enlace adquiere una función en la cadena argumentativa
del hablante, que no corresponde propiamente a la de la referencia espacial, y
que nos sitúa en un dominio meramente conceptual creado en el texto. Nótese
que la intervención del hablante va introducida por el enlace causal por excelencia, que marca desde el inicio la intencionalidad comunicativa de tipo argumental. Este enlace va seguido posteriormente por *entonces*, que continúa de modo
cohesivo la línea argumentativa.

> 25.   Bueno, el respeto para con los padres está en el entendimiento de todo lo
> que nos dieron y de su edad. De todo lo que les debemos. Porque ninguno de
> nosotros puede preciarse de haber sido autóctono, a pesar de que tal vez los
> esfuerzos de los padres en el aspecto económico no fueron suficientes para
> propiciarnos la profesión que tenemos. En muchos casos sí, pero en otros no.
> **Pero** yo considero que **no es ahí donde** está el respeto que debemos guardar.
> Respeto por todo lo que ellos han hecho por nosotros. (*Macrocorpus* San
> José: 59).

De modo claro, el sintagma *no es ahí donde,* aunque formulado negativamente,
alude también de modo subjetivo a lo dicho antes: el respeto a los padres no debe
ser considerado como un mero agradecimiento por el sustento económico que se
da a los hijos. La conjunción adversativa (en negrita) anticipa la negación de un
argumento semejante, y los adverbios prototípicamente locativos se refieren más
bien al espacio textual: no es este hecho, la razón por la que debemos guardarles
respeto. Espacio textual y causalidad terminan, pues, íntimamente asociados a
través de la combinación entre ambas formas adverbiales. Aparentemente existe
una falta de precisión en el referente a que apunta la construcción deíctica, muy
difundida en el corpus, y que volvemos a ejemplificar en el siguiente texto:

26.   Enc. —[...] ¿O es una rama de la psicología social?

Inf. —Bueno, la psicología social se debiera preocupar de la psicología de grupo, pero para mí la... ¿qué es lo que debiera estudiar la psicología social cuando se preocupa de la psicología del grupo?: cómo las conductas de los individuos, por el hecho de estar en esta cosa nueva que es el grupo, se va modificando; o sea, volvemos a lo mismo: cómo el... el medio está modificando las reacciones de un sujeto en cualquier campo que sea, pues, cualquier función que sea la que se está modificando. **Porque** los otros estudian —dicen— los grupos, **entonces** se ponen a estudiar, qué se yo, **porque** los grupos pueden ser chicos y grandes, enormes; **entonces ahí es donde** se confunden con el sociólogo, **porque** se ponen a estudiar al grupo como lo estudia el sociólogo, como... como una abstracción ya el grupo.

Enc. —Ya, ya, ya. La psicología no puede ser nunca una abstracción (Macrocorpus Santiago: 72).

Se trata de un texto argumentativo, en el que va desarrollada una definición sobre el ámbito de la psicología social y de su diferencia con el de la sociología; el informante quiere resaltar que la primera, tiene como centro al sujeto individual, no al grupo mismo, mientras que la segunda, se ocupa básicamente del grupo y no del individuo. Al hacerlo, trata de ejemplificar cómo algunos psicólogos sociales no tienen clara la frontera, e invaden el campo de la sociología. Extraídos todos los implícitos, el pensamiento resulta internamente consistente. Es significativo el encadenamiento de frases ligadas por el nexo causal *porque*. Pero el verdadero núcleo de la argumentación reside en *entonces ahí es donde*. El conector *entonces*, que aparece duplicado, marca el cambio de dirección del razonamiento hacia una consecuencia o una derivación de lo dicho. El deíctico *ahí* no señala con claridad un antecedente sintáctico. Remite, más bien, a una idea general que va más allá de lo dicho en el texto, incluyendo también lo implícito. El espacio textual, tal como lo entiendo aquí, tiene una extensión más amplia que el cotexto y abarca los presupuestos, los implícitos desprendidos de lo explicitado y la propia actitud del hablante respecto de lo argumentado. En consecuencia, el nexo *donde* tampoco remite a un espacio físico, sino a un espacio conceptual más amplio. Una situación similar se da en el siguiente texto:

27.   Enc. —El azar...

Inf. — ... que no podemos manejar y ante esas cosas uno no puede tampoco presionarse, porque también se puede morir de esa presión o tensión que ejerce sobre uno cuando algo no sale como uno deseó, a pesar de que se hizo todo el esfuerzo porque así fuera.

Enc. —Mirá tal vez ese azar que hay es la libertad.

> Inf. —Pueda ser, a lo mejor, pero la libertad a veces es de uno y a veces es de
> otros. A veces, la libertad, si es de uno, la maneja uno, pero a veces es la liber-
> tad de otros impuesta sobre la de uno, en ese margen **en donde** no se pueden
> definir los campos de la libertad de uno y de los otros, y a veces es **ahí en**
> **donde** nos afecta más allá de lo que nosotros podemos hacer (*Macrocorpus*
> San José: 63).

La contigüidad de dos ocurrencias del nexo *donde* combinado con preposición
merece comentario. El primero, aunque tiene como antecedente *en ese margen,*
uno de cuyos rasgos primarios es locativo, refiere a un espacio abstracto. El
segundo, introducido por *ahí,* nos lleva a precisar cuál es el blanco a que apunta
la deixis. Y, una vez más, esta apunta de modo general y no preciso a todo el
cotexto y a lo implicado por el hablante. Desde el punto de vista informativo resulta inútil todo intento de precisión valiéndose de la construcción *ahí en donde,*
pues esta remite, más bien, a un engranaje textual/causativo que no se relaciona
con ningún espacio concreto. Curiosamente ese distanciamiento de la dimensión
objetiva lleva, a la misma vez, a la inmersión en el mundo subjetivo del hablante
que constituye el centro deíctico por excelencia, en el cual los espacios pueden
no existir sino en su universo mental.

Diacronía de la coocurrencia

Una indagación en el CORDE que arroja 33 casos en 23 documentos, de los
cuales el más antiguo es de 1609, nos permite asegurar que no se trata de una
formación sintagmática nueva. El siguiente documento corresponde a un texto
místico de San Juan Bautista de la Concepción.

28.   Lo segundo, digo que la causa por qué el pecador no siente estos cuidados y
afanes que train consigo los officios es porque no los pisan, tienen y poseen
con corazón desnudo y pies descalzos. Pasan sin sentimiento por todo, porque no penetran sus dificultades, y sus obligaciones no les pulsan el corazon.
Visten y calzan interés. **Ahí es donde** se rompen todas las dificultades, **ahí es**
donde se despuntan todas las sutilezas, **donde** se quiebran las olas. Calzan
hierro y train manoplas de malla. Y si ese interés no buscan y con todo eso no
sienten los aguijones que esos officios train consigo, deben de ser bestias, que
comiendo cardos espinosos no lo siente. Pero el justo siente tener el officio y
no siente el dejarlo por la entereza con que vive y queda (CORDE).

Enclavada en una argumentación causal, *ahí es donde,* repetida tres veces (con
elipsis en la última) marca el centro de la argumentación y, de modo preciso, la
causalidad: así, *la razón por la que las dificultades dejan de tener fuerza es que*
el pecador pasa sin penetrar en ellas. En cambio, el justo las siente porque no

las esquiva y las enfrenta descalzo, sin protección. Del mismo autor en otra obra tenemos el siguiente texto:

29.   **De aquí** es que cuando un alma se ve afligida y desconsolada, seca y con algún desamparo, **como entonces** siente mayor falta del bien que desea, **ahí es donde** más lo desea y más lo busca (CORDE).

Nótese la construcción *de aquí,* que es resultado de una conexión interna con enunciados precedentes para indicar un enlace que congrega causa y efecto, marcando en el enunciado sucesivo la consecuencia de lo dicho en el precedente. La construcción *ahí es donde* vuelve a insertarse en una argumentación típicamente causal introducida por *como* en contigüidad con el adverbio temporal/consecutivo *entonces.* Perfectamente compatible con un valor temporal, la construcción mencionada rechazaría más bien el propiamente espacial.

Esta rápida mirada a la diacronía lleva a establecer que los valores lógicos derivados de los deícticos son internamente compatibles en el entramado textual, y no parece haber razón para considerarlos como síntomas de cambio lingüístico o de procesos de gramaticalización en ciernes, sino más bien como expresión de la cercanía semántica que los hablantes advierten entre las dimensiones físicas espacio-temporales y las subjetivas mentales.

Pero ¿cuál es la función que cumple la coocurrencia de ambos deícticos primariamente espaciales en los desplazamientos hacia valores más abstractos como la causalidad? ¿Y qué relación tiene con la percepción? La respuesta hay que buscarla en la función intratextual de ambas formas. El deíctico espacial por antonomasia *(ahí)*, que podría atraer de modo nítido el contenido locativo, no remite en sentido estricto a un *locus* material; antes bien, refiere al universo interno del discurso: lo ya dicho (a menos que se interprete de modo metafórico tal universo como un espacio) y, en este sentido, es fundamentalmente metalingüístico o, más propiamente, metatextual. Resulta explicable la concordancia interna entre las formas *ahí* y *donde*, porque comparten un rasgo semántico que las coloca en relación de contigüidad mental/lógica, hasta el punto de convertirse para el hablante en una unidad en cierta medida fija y redundante desde el punto de vista informativo. En otras palabras, ambas formas comparten un espacio de variabilidad conceptual común en la cognición y, por lo tanto, en la percepción del hablante. El rasgo semántico compartido reside en su posibilidad de referir simultáneamente a dos partes del discurso: la antecedente, a través de *ahí/allí*, y la consecuente, a través de *donde*. La primera forma refiere a lo dicho, mientras que la segunda, a lo que se dirá sucesivamente. En este sentido, Fauconnier (1994:17) considera las preposiciones, adverbios y conectores como constructores de espacios (*space builders*) dentro de su noción de espacios mentales (*mental spaces*). Estos tienen la misión de introducir nuevos espacios asociados a los primitivos. Tales constructores de espacios son percibidos y utilizados por los hablantes para configurar un discurso cohesivo.

La remisión al espacio discursivo es, en esencia, asimismo, la remisión al tiempo en que se construye: al antes y al después localizados en la secuencia. El hablante tiene acceso perceptivo continuo a esas instancias de la secuencia, de modo que las identifica y las fija memorísticamente y, en consecuencia, las reproduce en su discurso. Al establecerse esos enlaces, se crean relaciones ligadas al propio razonamiento discursivo que permiten los desplazamientos conceptuales entre distintos dominios, con la consiguiente creación de *zonas borrosas,* en que los valores pueden interpretarse en un sentido o en otro.

En suma, la percepción del hablante en materia discursiva se concentra en la relación de contigüidad de los componentes del enunciado, más que en la relación paradigmática. Y me atrevo a decir que probablemente esta última se construye a partir de las relaciones sintagmáticas recurrentemente asociadas a mundos textuales. Concomitantemente, el hablante capta las coocurrencias repetidas con mucha frecuencia, las cuales se nutren de la memoria perceptiva; es decir, de lo que ha percibido en su historia cognitiva.

Zonas borrosas del adverbio 'ahí'

Es interesante observar que las zonas borrosas que he identificado en la categoría espacial *donde,* utilizada como conectora y manifestada en coocurrencia con *ahí,* se presentan también en relación con este adverbio cuando no aparece combinado en una construcción dependiente con *donde.* Los ejemplos siguientes ilustran tales desplazamientos en hablantes no escolarizados.

30.   a. El año, bueno esto (tengo mi razón) **cuando** el padre invitó a, a la, señora, Pardo,

    b. Sí,

    a. [...] **entonces** dijo **ahí,** porque **recién** estábamos, **ahí** tengo otras fotografías de que [...] dijo, al padre, "padre qué es lo que se necesita darle prioridá-?", entonce- el padre dijo, "necesitamos luz necesitamos agua, entonces y con quién hay que hablar para eso?" (*Corpus sociolingüístico* Lima, HNE).

En el anterior enunciado el tema del discurso es la necesidad de instalar luz eléctrica y agua potable a un barrio pobre de la ciudad, necesidad que los pobladores comunican a una persona influyente como el sacerdote (que aquí es aludido mediante el vocativo: *padre*). Observamos dos ocurrencias del adverbio en las que se dan, en el primer caso, el significado temporal (reforzado por la copresencia de *cuando* seguido por *recién* con el sentido de *apenas,* y la ausencia de pausa entre el verbo y el adverbio) y, en el segundo, el espacial. En efecto, la primera ocurrencia de *ahí* no refiere a un lugar en el que se encuentra la persona aludida (*el sacerdote*), sino al momento en que este expresó lo que el pueblo necesitaba. Se advierte la necesidad de marcar un momento crucial. De hecho, como he señalado en el apartado anterior, la precisión —o más bien la intención comunicativa de precisión— se convierte en un elemento central en la semántica del adverbio en cuestión. Es interesante observar que la contigüidad de las formas adverbiales no implica igualdad de contenido; antes bien, cada una se concretiza autónomamente con su propio significado de modo disyuntivo no intercambiable, como en el concepto de polisemia canónica. Las zonas borrosas se dan aquí en la coocurrencia de los dos valores (temporal/espacial), cada vez que aparece *ahí* en el mismo enunciado.

31.   —**Primero** se vino mi papá [...] **después** se vino mi tío [...] **ahí** le dijeron a mi mamá que se venga (*Corpus sociolingüístico* Lima, HNE)

32.   [...] así dice pue- Circo Perejil, no? ento-, **entonces ahí** encargaban las sillas en la casa, los dejaron una mesita así también, y sillas, **entonces ahí** venía a hacer sus funciones el circo, **de ahí entonces** mi mamá lo alquilaba el cuartito de adelante [...] (*Corpus sociolingüístico* Lima, HNE).

33.   [...]y se fue mi hermano, **allá** al Cuzco, viajó todo, mi hermano ya iba progresando progresando, con eso, y se enamoró **allá** pues con la, señora, su señora de mi hermano que está con, la actual, y **ahí** lo conoció y, se comprometió y, él vino como si, nosotros llegamos nos cayó un vaso de agua fría pue- así que nos dijo ya, vino su hermana, **ahí** me enteré, le dije a mi mamá, mamá dice que, Leonidas está casado, qué vamos a hacer mamá? (*Corpus sociolingüístico* Lima, HNE)

En el enunciado (31) se expresa nuevamente con claridad la referencia temporal anticipada, en este caso, por otro adverbio temporal (*después*) precedido por *primero,* que marcan la sucesividad de los acontecimientos. La informante recuerda la migración de sus padres de la zona andina a la capital. En este caso, *ahí* corta la sucesividad y establece una fijación temporal equivalente a: *en ese momento le dijeron a mi mamá que se venga a la capital.* Se trata de un valor temporal neto que no permite la interpretación espacial prototípica, pero sí una derivada de esta, en la medida en que la fijación constituye una suerte de localización. Asimismo, se desprende del análisis de los demás datos que el valor dominante en el texto se repite a través del uso de otras formas que marcan la temporalidad, como las que constituyen nexos discursivos del tipo: *cuando, después, entonces.* Tal repetición no es casual; antes bien, contribuye a la cohesión interna al reforzar el sentido dominante en el texto. En general en los textos analizados, cuando el adverbio marca disyuntivamente bien un valor espacial, bien temporal, bien causal, suele ser acompañado por nexos que repiten el mismo valor en otros puntos de la secuencia. Volveré sobre esto más adelante.

Los ejemplos (32) y (33) contienen una sucesión de ocurrencias de deícticos espaciales del mismo tipo, aunque en este caso vuelven a actualizarse los valores combinados. Comentemos primero el texto (32). El tema de la intervención es el modo como se instalaba un circo llamado "Perejil" en el parque en que se encontraba la casa de la informante: la madre alquilaba una pieza de la casa al circo para que guardaran las sillas destinadas a los espectadores. La primera ocurrencia del adverbio precedida por *entonces (entonces dijo ahí)* parece aludir a una situación temporal (cuando se instalaba el circo), si bien puede también constituir, forzando la interpretación, una catáfora que refiere a la casa. Solo la segunda ocurrencia es inequívocamente espacial. En cambio, la tercera, acompañada por la preposición *de (de ahí entonces),* constituye un caso nítido de referencia temporal que implica *a partir de entonces la madre alquilará el cuarto.* Se dan en toda la secuencia las tres posibilidades de actualización del adverbio: el valor temporal exclusivo, el espacial exclusivo, y una posible intersección de ambos valores que da pie a la doble interpretación. De acuerdo con el principio de concordancia interna, es interesante observar las coocurrencias de *entonces,* elemento fundamental de enlace discursivo de tipo narrativo que se sitúa también en una zona borrosa, pues expresa al mismo tiempo decurso temporal y lógico.

En el ejemplo (33) resulta particularmente significativa la copresencia de *allá/ ahí* que, teniendo referencia espacial idéntica (la ciudad del Cuzco), hace pensar en un hecho de variación canónica. En otras palabras, estas formas se comportan como variantes con equivalencia significativa y no revelan ningún rasgo ni en relación con la distancia respecto de los interlocutores, ni tampoco con la separación de subsistemas terminados en *á* o en *í,* como comúnmente se sostiene. Si se tratara de dos subsistemas coherentes, *ahí* no podría coocurrir con *allá,* pues teóricamente corresponde a un paradigma distinto, el binario. En cambio, la última ocurrencia de *ahí* es radicalmente diferente de la anterior. No indica un espacio, sino, más bien, el momento en que ocurrió. Así, solo cuando llegó la hermana, en ese preciso instante, se entera del matrimonio de su hermano y se lo comunica a la madre. Es interesante observar cómo estos desdoblamientos no producen problemas de inteligibilidad: como si la referencia temporal fuera equivalente a la espacial y se tratara de un solo dominio mental, lingüísticamente expresado a través de ciertos espacios de variabilidad que implican zonas conceptuales amplias, en las que los límites entre espacio y tiempo se difuminan. El hecho de que el valor temporal pueda ocurrir solo en una secuencia, pero en contigüidad con el valor espacial en el mismo texto a través de la misma voz, anuncia la posibilidad de convergencia de ambos valores en la misma ocurrencia. Esto implica, desde el punto de vista cognitivo, que el hablante posee como parte de su conocimiento lingüístico esos espacios de variabilidad en que no existen fronteras conceptuales nítidas y, por ello, se trata de una variación cognitiva.

34.   Yo estudié en el Liceo Santa Rosa era particular **acá** en Breña y prácticamente me quedé en tercero pues **porque** ya no, ya no quise estudiar no que no ya no quise estudiar y **de ahí de ahí** esto empecé a trabajar, conseguí trabajo al poco tiempo y ya me gustó trabajar, ganar mi plata. (*Corpus sociolingüístico* Lima, HNE)

He marcado en negrita la ocurrencia de *acá,* reconocida como más frecuente en el español hispanoamericano para referirse a algo situado en el espacio cercano al hablante (*cf.* Sedano 1999b), con el propósito de recalcar la no correspondencia con el paradigma en *á* (pues coocurre con *ahí*) establecido por las gramáticas. En este caso la entrevista se realizó en el lugar aludido. En lo que respecta a *ahí,* acompañado de la preposición *de,* se realiza el valor temporal referido a la sucesividad (más que a la estabilidad), aunque curiosamente no deja de mantenerse el carácter de precisión que alude a un punto determinado en el tiempo.

Valores de carácter lógico

Se impone subrayar que tanto la referencia espacial cuanto la temporal convergen en indicar un valor de precisión o de fijación, que parece comportarse como rasgo común a ambas referencias. Siendo el rasgo dominante de la referencia espacial la estabilidad, esta lleva de modo natural al desplazamiento semántico hacia valores como el temporal en que se pueden trazar puntos precisos, y otros que se mueven todavía en un terreno más abstracto, precisamente el de la fijación de ideas a través del recurso de la topicalización. Justamente en este dominio se encuentran los usos de carácter lógico, como se puede ver en los enunciados (35) y (36):

35.   El niño tiene que estar, creo que sí, que a su aire... jugar... pero de todas maneras... no estaría, no estoy totalmente en contra de introducir cosas que uno pueda ver que... que él mismo... que... que despierten cosas, ¿no?, que uno vea que está dando en teclas que están **ahí**... como dormidas, que despiertan y que él se siente pues contento (*Macrocorpus* Las Palmas).

36.   [...] y es que hay que contar con la televisión, la televisión está **ahí** como estuvo la radio en sus tiempos y hay que contar con ella [...] (*Macrocorpus* Madrid).

En (35) y (36) no es la espacialidad física lo que está en juego, tampoco la temporalidad. Se trata más bien de una localización abstracta de lo referido, que no se relaciona con la distancia respecto de los interlocutores, sino con la fijación y la estabilidad del objeto aludido en un sentido no material, antes bien, mental.

37. La pintura me gusta muchísimo. Por... conexiones de... de... de publicidad me he relacionado con una serie de pintores [...] una vez por semana o dos veces por semana, después del trabajo te das cuenta que no vuelvo a casa. **Ahí** hay un complejo de culpa, ¿ves?, porque mamá en vez de volver a casa se va a una exposición. Entonces entra una lucha interna entre la madre y la mujer que quiere ver algo más de arte. A veces viene mamá con la lengua afuera a casa, desesperada para ver los cachorros, pero resulta que los cachorros están todos durmiendo y entonces **ahí** entra un poco de frustración (*Macrocorpus* Buenos Aires).

38. Porque la mayoría de los accidentes ocurren cuando... por ejemplo, está bajando y se le clava un esquí, se le queda clavado y la persona sigue cayendo, **entonces** le queda el esquí clavado, es decir el esquí no se sale si no es automático, y **ahí** generalmente es **cuando** ocurren las roturas... roturas de... rupturas de piernas (*Macrocorpus* Buenos Aires).

En los enunciados (37) y (38) las ocurrencias de *ahí* se han deslizado de modo nítido hacia un dominio abstracto que no tiene que ver, en sentido estricto, con la localización espacial, si bien naturalmente remiten a lo dicho antes, esto es, al espacio textual. En ambos casos nuestro adverbio se encuadra en un discurso argumentativo cuyo valor prioritario es causal/consecutivo. En (37) el no volver a casa es causa de un complejo de culpa y en (38) las roturas de piernas son consecuencia de que la persona aludida se clave un esquí mientras cae. Sin embargo, en ambos casos podría caber una interpretación temporal. Así, en (37) la contigüidad con *cuando* hace posible esta interpretación, que no descarta, sin embargo, el significado causal. Resulta notable la analogía de la construcción *ahí es cuando* con la que hemos comentado en el apartado anterior (*ahí es donde*). La ocurrencia con *cuando* le da el matiz de temporalidad, pero a la vez justifica el desplazamiento interpretativo desde la espacialidad. Y en (37), sobre todo en la segunda ocurrencia de *ahí,* es posible la paráfrasis con un valor temporal (*en ese momento*), la cual tampoco excluye el valor de causalidad, en este caso, de consecuencia. Nuevamente se manifiesta la posibilidad de copresencia de todos los valores, dado que los límites entre ellos no están claramente definidos en el cotexto.

Síntesis

Del análisis presentado es posible inferir los siguientes enunciados sintetizadores:

1. Los desplazamientos analizados no son necesariamente unidireccionales, en el sentido en que no predicen una dirección evolutiva. Se trata, más bien, de transiciones constantes y dentro de una misma sincronía hacia dominios conceptualmente compatibles con la espacialidad, como el tiempo, el espacio abstracto (situaciones/ideas/conceptos), la causalidad (causa, consecuencia, explicación). Por ello ocurre cualquiera de las relaciones simultáneamente en un mismo periodo.

2. La coocurrencia de *donde* con el adverbio *ahí* en su función topicalizadora desplaza la deixis al espacio textual y la hace compatible con el entramado discursivo conceptual, de modo que toda la construcción refiere a espacios abstractos y permite la progresión del razonamiento.

3. Como los valores más abstractos se sitúan en un plano más general, no son incompatibles con la referencia puntual al espacio físico. En este sentido, *donde,* en la conceptualización de los hablantes y, por consiguiente, en su percepción no necesariamente explícita, involucraría rasgos semánticos espaciales, temporales, causales e intratextuales cuyos límites, en determinados contextos, no están claramente diferenciados entre sí y, por lo tanto, los valores convergen.

4. Este mismo fenómeno se extiende al deíctico *ahí/allí* que deja en ciertos contextos de medir la distancia física para involucrar la temporalidad, los espacios abstractos y la lógica textual con un significado común de *precisión en la localización de un hecho o una idea.*

5. Las *zonas borrosas* son aquellas que en determinados tipos de contextos hacen confluir en una sola forma diversos valores, en este caso, espacial, temporal, conceptual (abstracto y causal), los cuales juegan como variantes entre sí, condicionadas contextualmente. Al borrarse los límites semánticos, desde el punto de vista cognitivo, el hablante puede asociar la forma en cuestión a distintos dominios, de modo que tal forma adquiere una mayor capacidad significativa. En algunos contextos restrictivos se actualiza solo uno de los rasgos semánticos (v. g. el espacial, el temporal o el causal), mientras que, en contextos más amplios, pueden concurrir dos o más valores a la vez. Cuanto más frecuentes sean los contextos amplios, mayores serán las probabilidades de que la variación semántica se estabilice y, en consecuencia, se categorice como una unidad distinta con un contenido diferente respecto del primigenio.

6.   Por lo tanto, no es posible concluir que *donde* constituya una unidad invariable con un solo significado categórico en español, a saber nexo espacial, ni que las demás posibilidades sean fruto de la variación regional o rústica. Todo lo contrario: desde el punto de vista sintáctico, se trata de una forma *variable en el orden del significado*, que contiene un espacio de variabilidad conceptual amplio, que permite las fluctuaciones en la producción, fluctuaciones que guardan estrecha relación con factores de orden discursivo o enunciativo.

7.   Tales fluctuaciones, según la documentación allegada, ciertamente limitada, parecerían correlacionarse con coordenadas espaciales, como las correspondientes al español hispanoamericano, si bien he incorporado algunos ejemplos provenientes de Madrid. A juzgar por los datos analizados en este trabajo, las *zonas borrosas* corresponden a grandes extensiones diatópicas en el dominio hispánico, y parecen ser más propias de ciertas condiciones de cognición social, cuyo estudio debería profundizarse en un futuro inmediato.

8.   Un elemento importante es que en estos espacios de variabilidad un significado constituye el primario o el predominante de la forma. Así, *donde* o *ahí* tienen básicamente significado espacial, el que hace imposible que el hablante use *cuando,* si quiere preguntar de modo puntual por el lugar, como en *¿Dónde vas?* Resulta improbable que el hablante pueda utilizar con esta intención significativa, *¿cuándo vas?* O responder esta pregunta con *ahí*. Estos contextos diferenciadores precisos muestran la prioridad conceptual de un significado sobre otro. La intersección con otros valores solo es posible en las *zonas borrosas,* en las que pueden invadirse otros campos semánticos sin que el hablante lo perciba en su producción, solo porque ciertas porciones del enunciado hacen posible la actualización de esos valores.

9.   Desde el punto de vista de la percepción, lo que el hablante capta son las coocurrencias de ciertos elementos, las cuales permiten que las zonas borrosas se actualicen en contextos concretos y atraigan algunos valores conceptuales mientras que hagan imposible otros.

Los nexos temporales

Al enfocar la atención sobre las sobreposiciones conceptuales, a continuación me concentraré en los nexos cuyo significado temporal constituye el cognitivo dominante o primario, como *cuando, después de que, antes de que, mientras, desde/hasta que,* para citar solo los tradicionales enlaces temporales de simultaneidad, posterioridad, anterioridad y delimitación, respectivamente. Obviamente se han encontrado muchos enunciados en que los nexos mencionados expresan de modo exclusivo este valor. Así, en *cuando era niño aprendí a montar a caballo; doy un paseo antes de acostarme; voy a tu casa después de comer; estudié en esta ciudad hasta que viajé a Europa* no se advierte ningún otro contenido que no sea el temporal. Por lo tanto, no serán estos casos —salvo una excepción— los que ocuparán nuestra atención. Tal excepción recae sobre el nexo delimitativo *hasta,* que al describir variaciones conceptuales relevantes expresadas en la diatopía, será especialmente tratado en un subcapítulo aparte.

Paralelamente, ocurren, por un lado, enunciados en que se actualiza un significado de tipo causal que no llega a anular el temporal, y por otro, enunciados, menos frecuentes, claramente causales, en que resulta más difícil advertir el valor temporal, no obstante este siga latente de algún modo en el tipo de nexo que utiliza el hablante en otros contextos con un valor definido de temporalidad. En consecuencia, seguiré la misma organización presentada para el análisis de las formas espaciales, separando nítidamente en cada enunciado una de las tres posibilidades siguientes:

   a. valor exclusivamente temporal;

   b. valores temporal y causal actualizados simultáneamente;

   c. valor exclusivo de tipo causal.

En las anteriores posibilidades, (b) aparece claramente delimitada respecto de los valores marcados de (a) y de (c) y es el punto central de nuestra reflexión, en la medida en que constituye la prueba empírica de la manifestación de las *zonas borrosas* con significados limítrofes.

Como he señalado en relación con la espacialidad, este orden puede coincidir con la dirección diacrónica, la cual a partir del supuesto de la gradualidad del cambio, permite suponer entre el punto de partida (a) y el de llegada (c), una fase intermedia de transición en que se dan las alternancias variables en relación de coexistencia (b). Lo interesante es que en la sincronía actual se encuentran las tres posibilidades al mismo tiempo, mientras que en la diacronía constituyeron, a juzgar por la documentación de algunos fenómenos, etapas sucesivas y finalmente excluyentes. Me concentraré básicamente en la segunda posibilidad, pues es la que expresa la ambivalencia que no se resuelve en ninguno de los significados, aunque haré alusión también a la tercera, que supondría abandono o pérdida del valor primario temporal en determinados enunciados. Dentro del concepto de causalidad incluiré las relaciones lógicas que la implican, además de las causales propiamente dichas, las concesivas, las condicionales y las consecutivas.

Entramos, pues, a la demostración concreta de la presencia de zonas borrosas en el comportamiento de algunos de los nexos, como *cuando, mientras, después de que, desde que, hasta que, ya que.* Estos dos últimos serán analizados de modo independiente, dado que representan situaciones particulares y complejas para la interpretación de la variación y del cambio desde el punto de vista de la percepción.

Los desplazamientos más conocidos y estudiados tanto diacrónica como sincrónicamente son aquellos asignados al nexo *cuando,* si bien se ha tendido a abordarlos en oraciones aisladas y descontextualizadas, sin tener en cuenta la ambivalencia semántica expresada en un mismo enunciado, de modo que los valores encontrados suelen ser categóricos y excluyentes: o es temporal o es condicional, por ejemplo, y no se reconoce con explicitud una problemática común en la que participan muchas categorías de este tipo. De otra parte, hay que tener en cuenta que en la diacronía este nexo poseía valor causal en latín, lo que debería llevar a revisar la hipótesis de unidireccionalidad espacial-temporal-causal.

La convergencia de valores temporales y causales: las zonas borrosas conceptuales

Como se ha visto con la formas espaciales, la cotextualidad es el principio rector del análisis, la cual nos permite comprobar que muy a menudo en un microtexto con un sentido unitario se presenta más de un nexo, sea subordinante o no. En otras palabras, se observa una coocurrencia de nexos del mismo tipo, en una suerte de *concordancia interna* de carácter semántico. Además de constituir un factor central en la percepción, la coocurrencia proporciona las claves de la interpretación y permite una compatibilidad conceptual entre los nexos implicados, que refuerza los desplazamientos de un significado hacia otro. Veamos, a modo de ejemplificación, los casos siguientes de entrecruzamiento, elegidos entre muchos enunciados con distintas modalidades de coocurrencia.

39.   —y qué parte de trabajos prácticos hace?

    —Bueno, la parte de riñón. **Cuando** tocan los problemas de riñón **entonces** [vienen] los trabajos prácticos... **entonces** recibo una pequeña comisión de cuatro, cinco alumnos... y **entonces** les hablo sobre un uso determinado de sala (*Macrocorpus* Buenos Aires: 54).

40.   [...] pero pienso que **cuando** uno tiene cuarenta años como tengo yo y no tiene una figura extraordinaria, tampoco soy un monstruo, pero no soy una figura extraordinaria, **entonces**... **si** es sensata, tiene que llegar a su término medio (*Macrocorpus* Buenos Aires: 76).

41.   **Cuando** uno se siente inspirada por algo, tiene la mística, **entonces** va y, con toda la caballería, pasa a llevar todo lo que tiene delante y va hacia su objetivo ¿no es cierto? (*Macrocorpus* Santiago: 81).

Los textos anteriores poseen como característica común la copresencia de *cuando* y *entonces* para marcar la cohesión textual o extraoracional. Esta conjunción de las dos formas no es gratuita en ninguno de los casos. La presencia de *entonces* permite avanzar la narración no solo en el sentido temporal, sino también lógico: hay un antes y un después que se conectan internamente en el texto como si fueran simultáneos. Resulta notable en el texto 39 la recurrencia de *entonces* (3 veces), que en este caso no constituye un mero recurso retórico para prolongar la enunciación; antes bien, sirve para presentar un orden de relevancia lógico en la sucesión temporal de enunciados introducida por el antecedente con *cuando*. En los tres ejemplos, la combinación de ambos conectores puede interpretarse como un esquema condicional típico de *si (cuando) p entonces q*, de modo que el nexo *cuando* forma parte de la prótasis, y está por lo tanto anclado en una estructura compuesta. Nótese además, en el texto 40, una breve pausa después de *entonces,* en que se abre una nueva condicional subordinada a la primera (*entonces... si es sensata),* de tal manera que se cuenta con una doble prótasis que lleva a la misma conclusión (*tiene que llegar a su término medio).* En el caso del texto 41, se manifiesta el mismo esquema.

Sin embargo, el significado básico de temporalidad no desaparece y queda latente en los tres enunciados introducidos por *cuando*, algo por lo demás comprensible, pues la simultaneidad propia del significado del nexo en cuestión favorece la reinterpretación lógica del pensamiento hipotético, el cual tiene su propio decurso interno. Así, los enunciados precedidos por el adverbio *entonces* suponen una consecuencia que implica una condición previamente establecida. En los casos que acabo de comentar, el concierto de nexos conforma, pues, una estructura binaria interdependiente, que permite la conjunción de dos valores: uno de tipo físico-objetivo, el temporal y, otro, de tipo lógico-causativo, en este caso, condicional.

Pero existen intersecciones más sorprendentes del tipo de las derivadas de nexos marcadamente temporales, a saber, el prototípico de posterioridad *(después de que)*, como sucede en el siguiente texto en el que nos encontramos con la superposición de un valor causal, que no ha sido el valor primario de este nexo ni diacrónica ni sincrónicamente. En la diacronía la combinación *después que* sustituye al nexo de posterioridad *pues que*, el cual se convierte en causal aproximadamente a partir del siglo XIII, según la cronología trazada por Eberenz (1982:334-335). Por otro lado, Méndez señala la poca frecuencia de aparición de este nexo con valor causal (Méndez 1995:144-145). Posteriormente, Barra

(2002:295) aporta tres ejemplos que corresponderían a las lecturas causal, adversativa y condicional. En la sincronía moderna, examinemos el ejemplo 42, que he elegido de entre varios textos del corpus con similar modalidad:

42.   Allí en todos los años tienen materias humanísticas, **sin embargo** no sirve. ¿**Por qué** no sirve? **Porque si** al muchacho **antes** le gustaba la literatura, **después de que** le ponen una materia Literatura, dejó de gustarle la literatura ¿no? **Porque** el profesor de literatura no entiende qué es lo que le debe enseñar a un ingeniero sobre literatura (*Macrocorpus* Caracas: 13).

El contexto discursivo-semántico gira en torno a una crítica de los sistemas de enseñanza universitaria, específicamente lo inconveniente de enseñar literatura de una manera convencional a estudiantes de ingeniería, que a causa de seguir este curso terminan alejándose de la literatura como fuente de placer. Y otra vez aquí la coocurrencia, en este caso, de *porque* + *después de que,* establece una concordancia entre temporalidad y causalidad. No es, pues, fruto del azar el hecho de que la estructura introducida por el nexo de posterioridad esté insertada dentro de otras estructuras típicamente causales a través de la reiteración del nexo prototípico de causalidad. La primera causa surge como respuesta a una conclusión autorreflexiva del hablante (*sin embargo no sirve...*) y a la consiguiente pregunta causal: *¿por qué no sirve?* Este par genera una dialéctica argumentativa propia que se desdobla en dos partes: la primera, que envuelve una condición (*porque si al muchacho antes le gustaba la literatura...*), viene enlazada con el nexo *después de que.* La segunda es explicativa de la anterior (una paráfrasis sería: *al estudiante de ingeniería no le gusta la literatura porque no se la enseñan de modo adecuado*). El nexo temporal, que nos interesa ahora, no abandona su sentido primario de posterioridad, resaltado además mediante la presencia del adverbio antonímico de anterioridad (*antes*) en relación de oposición, sino que adquiere asimismo un significado causal parafraseable del modo siguiente: *el motivo por el cual dejó de gustarle la literatura es precisamente la inclusión de esta como materia de estudio.* Como se puede apreciar, la temporalidad, claramente subordinada a los propósitos argumentativos, termina formando parte de la cadena de razonamiento lógico del hablante, que es de orden causal.

Otro nexo temporal que se presta especialmente al desarrollo del tejido argumentativo es *mientras*, pues —como se sabe— al marcar una relación de simultaneidad puede a su vez crear una interacción contrastiva entre los acontecimientos coexistentes en el tiempo. Tal relación contrastiva constituye el centro potencial de una argumentación, y, por ello, no resulta difícil aquí el desplazamiento de valores semánticos de la temporalidad hacia el dominio de la causalidad. En determinados textos el razonamiento viene reforzado por la condensación de varias partículas marcadamente causales, como en el texto siguiente:

43.   [...] vamos a tener que poner las cosas en su sitio, **porque mientras** creemos
       que el bilingüismo es posible, **pues entonces** vamos a creer también que la
       doble ciudadanía y la doble personalidad y la doble nacionalidad son posibles
       (*Macrocorpus* San Juan: 16).

       [El informante se refiere al bilingüismo español /inglés existente en Puerto
       Rico].

Nuevamente la copresencia de nexos resulta significativa para captar el significado textual. En primer lugar, la causa viene marcada a través de los nexos prototípicos *porque* y *pues*, este último más precisamente, consecutivo. Si el primero actúa como antecedente, el segundo introduce la consecuencia reforzado con la presencia de *entonces*, de modo que se establece también aquí una relación condicional. Por otro lado, el contraste sigue vigente y se presenta a través de un paralelismo retórico actualizado en la repetición del verbo *creer* (*mientras creemos* [....] *vamos a creer también*) y de los adjetivos en los siguientes sintagmas: *la doble ciudadanía, la doble personalidad, la doble nacionalidad*. Varias dimensiones, dialéctica, retórica y lógica, se combinan solidariamente en la argumentación (*cf.* Wenzel 1989, Van Eemeren/Grootendorst 1989). Otra vez queda justificado el desplazamiento de los valores temporales hacia los atemporales, pues las relaciones de simultaneidad temporal se entrecruzan nuevamente con la simultaneidad intrínseca del contraste y de la condicionalidad.

Resulta pertinente mencionar que los entrecruzamientos semánticos entre temporales y causales no son exclusivos del español y se han dado, por ejemplo, en el francés (Rabatel 2001), en el italiano (Giusti 2001) y en la diacronía del inglés y del alemán, si bien la variación de cada lengua se orienta en sentidos divergentes. En el caso del inglés, *while* (que podemos traducir como *mientras*) posee un valor temporal que alterna también en la sincronía actual con un valor concesivo (*cf.* Traugott 1995: 40 y ss.). Con respecto al alemán *weil,* que presentaba en el pasado intersección de valores temporal/causal en una zona borrosa, a diferencia del inglés, ha completado el cambio mediante la desaparición del valor temporal a favor del causal (*cf.* Keller 1995:27), siguiendo la misma dirección prevista para el español: de la temporalidad hacia la causalidad, pero no a la inversa. Huellas del antiguo valor temporal han quedado impresas en verbos como *weilen* para indicar permanencia en el tiempo.

Ahora bien, del contraste en la coincidencia de hechos que se predican como lógicamente necesarios en las relaciones condicionales no existe tanta distancia conceptual a la percepción de diferencias en las relaciones de oposición, y, por lo tanto, se está muy cerca de los valores contrarios análogos al del inglés, como en el siguiente texto, en el que se trata del discurso de un profesional de la televisión que habla de la diferencia entre un programa en diferido y uno en directa:

44.   [...] **cuando** se graban los programas [entonces?] se pueden corregir, se pue-
       den revisar y en un momento determinado decir, este programa sirve o no
       sirve, no pasa, se repite, **en fin**, hay la posibilidad de corregir el error, **mien-
       tras** en emisión lo que salió, salió como salió, sencillamente (*Macrocorpus*
       Bogotá: I).

Podemos dividir la construcción anterior en dos grandes componentes antagónicos, el primero introducido por *cuando* que expresa el primer argumento (el
que en su interior integra una estructura condicional), y el segundo que marca
el contraste opositivo, encabezado por *mientras*. En ambos enunciados la temporalidad se presenta reinterpretada para subrayar una relación entre contrarios,
irreconciliables. Destaco el hecho de que *cuando* no tiene aquí un valor autónomo, y no solo por el hecho de integrar una estructura binaria, sino porque además
está semánticamente subordinado a *mientras*, que marca la relación contrastiva.
Y ese contraste encuentra su expresión material en la reiteración de estructuras o
de formas léxicas (*se pueden corregir, se pueden revisar; sirve o no sirve; lo que
salió salió como salió*), como ha ocurrido en el comentario precedente, relativo
al texto 43. Se establece una suerte de armonía lógica y retórica, que supone
combinaciones recurrentes. Por otro lado, el enlace metalingüístico creado por
el conector *en fin*, que antecede al enunciado encabezado por *mientras* recupe-
ra a través de una paráfrasis, la consecuencia del enunciado con *cuando*. Hay,
pues, dos fases nítidas en la argumentación: la tesis y la antítesis unidas en una
totalidad, y respecto de ellas, *cuando* y *mientras* han creado una relación solidaria en que se unen también la dimensión causal con la temporal en su valor de
simultaneidad.

Veamos un texto más complejo como 45, en que se reúnen todos los valores posibles, a través de un concierto de nexos que sirven de eco y de refuerzo de tales
valores (aquí el hablante desarrolla una argumentación interpretativa en torno a
las ideas de la religión protestante):

45.   Lo que pasa es que... el calvinismo y el luteranismo son religiones como la...
       un poco como la musulmana, así [...] en que una pues oye, habla, te habla de
       que tú estás predestinado ya, o sea **desde que** tu naces estás predestinado:
       Dios te puso aquí en la tierra a ti, y tú, hagas lo que hagas, digamos, bueno,
       te vas a condenar o te vas a salvar; **desde el momento en que** naciste tú ya
       tienes tu destino totalmente forjado, y **entonces** la forma que tienes de pro-
       barlo ¿no? es haciendo acciones buenas, **o sea** a ti **mientras** mejor te vaya,
       mientras más acciones buenas hagas... eso es señal de o sea... **mientras** tú
       mejor te puedas comportar, así poniéndolo en términos simples, eso es señal
       digamos, de que tú después te vas a ir al... eres un elegido digamos, y vas a ir
       al cielo (*Macrocorpus* Santiago: 6).

Estamos nuevamente frente a un caso de concordancia interna, esto es, una conjunción de los distintos nexos en una armonía sintáctica que articula el razonamiento. Los nexos fundamentales tienen una base primaria temporal: *desde que, desde el momento en que, mientras* (repetido 3 veces), *entonces*. En este caso no es relevante la diferenciación entre los subordinantes en sentido estricto de los que no lo son, como *entonces*. Para los propósitos discursivos, el hablante no tiene conciencia alguna de esta distinción. La repetición como forma de automímesis cumple una función cohesiva en el interior del texto. Los primeros nexos, de límite inicial *(desde que)*, emitidos dos veces en una suerte de paráfrasis interna, representan ambivalentemente, el punto de partida temporal y el punto de partida de una causalidad. Esta progresión de la temporalidad hacia la causalidad se percibe con mayor claridad en la segunda aparición de este tipo de nexo delimitativo inicial. Una vez más, la aparición de *entonces* marca la sucesión narrativa, pero a la vez la consecuencia de una argumentación cuya prótasis es precisamente el delimitativo inicial. La presencia de *mientras* tiene un carácter explicativo de la argumentación, pues está precedida por un reformulador como *o sea*. Al mismo tiempo, *mientras* no abandona tampoco su contenido primario, de simultaneidad o transcurso temporal, pues se sitúa en el centro del razonamiento y subsume, a través de la reiteración, valores contrastivos y, a la vez, gradacionales *(mejor, más)*, los cuales anuncian asimismo una condicionalidad que va llevando progresivamente a una conclusión *(eso es señal de que te vas a ir al cielo)*. Hay cierta iconicidad y transparencia del valor temporal, que se proyecta al plano lógico. Este ejemplo es paradigmático para mostrar el paralelismo de las formas y el establecimiento de relaciones metonímicas que se van tejiendo en el eje sintagmático del discurso. El carácter primario de *mientras,* como marcador de simultaneidad durativa, se desplaza de modo natural hacia contenidos no temporales como paralelismo, condicionalidad, oposición y contraste, en este caso, entre términos graduales más que puntuales.

Valor exclusivamente causal

Los siguientes textos revelan la última posibilidad distributiva, que es la más significativa, pues implica la desaparición en el enunciado del contenido primario, a saber, la actualización de un valor exclusivamente lógico (solo causal) y la ausencia absoluta del valor primario temporal.

El texto 46, en boca de un médico importante, se refiere al éxito alcanzado solo por los médicos principales, a pesar de que son muchos los colaboradores de menor jerarquía que están detrás y han contribuido a la investigación, pero no reciben los honores.

46.   Pero ¿es suerte nomás? [solamente]

—Bueno suerte, es... es suerte, inteligencia, son muchos factores, no sé. **Pero** hay uno que se lleva al final la gloria, o varios... pocos, que sé yo, **cuando en realidad** todo eso ha sido construido lentamente y con grandes sacrificios por mucha gente totalmente ignorada, ¿no? (*Macrocorpus* Buenos Aires: 54).

Como se puede observar, en 46 casi no quedan huellas del valor temporal de *cuando*. El significado predominante, si no el único, es claramente contraargumentativo, de tipo concesivo. Es digna de resaltar la concordancia que se establece con *pero*, que anticipa la contraargumentación.

En el ejemplo 47 el entrevistado, un psicólogo, discurre sobre el test de Rorscharch que consiste en un conjunto de manchas que el paciente tiene que interpretar:

47.   [...] ahí el entrevistador le da las láminas, que siempre son las mismas para todos los sujetos ¿eh? Y el entrevistado tiene que decir qué ve ahí. **Cuando** ahí lo que **en realidad** hay son manchas de tinta, **de modo que** el entrevistado podría decir 'veo manchas de tinta'. **Sin embargo** no lo dice, ¿por qué? (*Macrocorpus* Buenos Aires: 118).

En ambos textos (46 y 47), el nexo deja de actuar de modo temporal para marcar una contraargumentación, una restricción contrapuesta a lo dicho antes, que lo coloca en el dominio concesivo, contrario a las expectativas. Son significativas en los dos, las coocurrencias de *cuando* con la forma epistémica enfática *en realidad*, que no parece desempeñar otra función que la de marcar de modo nítido, reforzativo y evaluativo, un contraste o una oposición entre creencia y verdad. Además, ambos textos refuerzan la intención contraargumentativa mediante la presencia de las formas adversativas, como *pero* en el texto 46 y *sin embargo,* en el 47. Interesante observar cómo este último texto termina con una forma causal, que es solo en apariencia una pregunta, pues tiene un carácter más bien conclusivo, que llena de significado la argumentación. En una primera lectura, a diferencia de los ejemplos analizados anteriormente, en casos como este no parecen quedar huellas del valor temporal de punto de partida. Sin embargo, resulta sintomático que el hablante eche mano a un nexo que conoce y usa básicamente en la esfera de la temporalidad. Si a esto se unen los enunciados comentados en que se dan las dos posibilidades de significado a la vez (temporal/ causal, como en b), es plausible suponer que el hablante cuenta con un *espacio de variabilidad* amplio en un área semántica en que temporalidad y causalidad no solo caben en el plano virtual, sino que se manifiestan en el fáctico de modo alternativo y excluyente a la vez.

En el siguiente caso, el valor lógico concesivo de *cuando* se expresa en un texto
de una gran complejidad que involucra diversos planos semántico-discursivos:

> 48.   Yo estaba absolutamente sola, no tenía prácticamente amigos allí y sin em-
> bargo tuve una acogida, increíblemente afectiva de parte de personas que...
> no tenían ninguna relación. Y..., a mí me llamó la atención, o sea me llama
> la atención eso, no podría decir que es lo que más me ha impresionado de
> Alemania **pero**,... descubrir otra.... otra faceta, si se quiere, de... de un pueblo,
> **cuando** aparentemente son fríos (Caravedo, Lima: 204).

Antes que nada, para interpretar el valor de *cuando* debe incorporarse el tópico
discursivo: se trata de la experiencia de una intervención quirúrgica vivida por
la informante en Alemania, donde se encontraba sola y fue tratada, contra sus
expectativas, de modo cálido y afectivo. Sin embargo, aclara que no es este aspecto concreto lo que le impresionó más: antes bien, el descubrimiento de una
nueva faceta, inesperada en los alemanes a partir del estereotipo de frialdad afectiva que se les atribuye. La siguiente paráfrasis podría corresponder al sentido
del texto: *aun cuando los alemanes son aparentemente fríos me ha llamado la
atención descubrir afectividad en ellos.* El plano subjetivo del asombro ante el
descubrimiento no obstaculiza la interpretación del carácter concesivo, pues el
hecho contrario descubierto contradice las expectativas. El hablante destaca la
sorpresa que le produce algo no esperable (la afectividad) frente a lo esperable
(la frialdad), pero marcando que lo esperable no se corresponde con la realidad.
Y esa no correspondencia está expresada mediante el adverbio *aparentemente*,
de modo que la subordinada se presenta como una aserción positiva. Destacar
que "*son fríos*" solo en apariencia equivale a decir que en realidad no lo son, y
que, por lo tanto, tampoco debería causar asombro descubrir que no lo eran. El
hecho que interesa apuntar es que el valor de *cuando* ha dejado de representar de
modo exclusivo la temporalidad para marcar una relación contraargumentativa
dentro de una perfecta lógica textual, en la que la copresencia de *pero* en su condición adversativa desempeña un papel prioritario.

> 49.   Los de la universidad N. N. dicen que les robamos el proyecto y como yo les
> dije: ... no les robó el proyecto porque nunca fue proyecto de ellos, o sea fue
> una decisión tomada por la fundación; y no es robar **cuando** no había sido
> todavía de ellos... (Caravedo, Lima: 214).

El texto anterior, perteneciente a la misma informante, implica una aclaración
metalingüística del significado de *robar*, respecto del cual la acción aludida no
puede ser considerada como un robo. *Cuando* adquiere aquí la función que puede desempeñar *porque* en casos similares, como justificación de una tautología,

que en la gramática descriptiva se suele agrupar dentro de las causales de la enunciación [*digo que no es robar porque...*].[20]

> 50.   Ahora discrepamos [sobre ideas religiosas con su hermano sacerdote] en algunos aspectos, ¿no? Y he discutido con él algunas veces... le he dado incluso las razones de mi falta... de fe, **porque** a él le preocupaba mucho. Pero... bueno, él ha comprendido, **porque** yo por lo menos soy honesta **porque** no tengo por qué estar yendo, por ejemplo, a la iglesia a rezar cuando no... **cuando** sería una farsa no? estar... yendo a la misa, y todo lo demás. Yo respeto al cristianismo, además respeto a toda persona que cree honestamente, y que actúa de acuerdo a su manera de pensar. Creo que lo más importante es ser honesto consigo mismo (Caravedo, Lima: 288).

En el texto 50 la entrevistada (que no es la misma de los dos textos anteriores) se refiere a la reacción del hermano sacerdote ante su distanciamiento del ritual católico. Hay un encadenamiento de oraciones introducidas por el nexo causal (tres ocurrencias), que conectan las subordinadas con el objeto de justificar la actitud del hablante hasta llegar a la última conexión conclusiva que revela la verdadera causa: "*sería una farsa*", y que está expresada curiosamente a través del nexo no prototípico de la causalidad: *cuando*. La interpretación podría parafrasearse del siguiente modo: '*no tengo que ir a la iglesia a rezar porque [si lo hiciera] sería una farsa [dadas mi no creencia y mi honestidad]*'. Como se ve aquí, la relación causal implica también una condición, cuya prótasis está sobreentendida o presupuesta.

Basten los anteriores ejemplos para demostrar que el tipo de variabilidad ilustrado aquí debe ser objeto de examen detallado desde la perspectiva sociocognitiva, pues no se trata de fluctuaciones idiolectales ni aisladas, dada su recurrencia en el tejido discursivo de todas las entrevistas del corpus analizadas de modo exhaustivo, análisis que no puedo desplegar aquí en toda su magnitud. Es importante señalar que no se trata de usos exclusivamente hispanoamericanos, como se podría inferir de los datos del corpus utilizado. Una prueba de ello son los siguientes ejemplos tomados de la novela *Los enamoramientos,* de Javier Marías, escritor madrileño:

> El error de creer que el presente es para siempre, que lo que hay a cada instante es definitivo, **cuando** todos deberíamos saber que nada lo es, mientras nos quede un poco de tiempo" (p. 143).

---

20   A este respecto, *cf.* los orígenes de esta problemática en Lapesa (1978). Ver de modo específico la propuesta de Gutiérrez Ordóñez (2000) sobre una causal específicamente metalingüística. Análisis de casos con esa función pueden verse en Caravedo (2003c).

(En las camas ajenas se está siempre un rato y de prestado a no ser que uno sea invitado a dormir en ellas, y con él ese nunca fue el caso; es más se inventaba pretextos innecesarios y absurdos para que yo tuviera que marcharme, **cuando** yo no he permanecido más de la cuenta en ningún sitio si no se me solicitaba) (p.147) [míos los realces].

Quedaría por definir qué tipos de contextos son los que determinan la ampliación significativa o la atracción de valores tan distintos como el tiempo y la causa, atracción que he intentado razonar aquí, de modo todavía hipotético, en relación con el sentido interno de cada texto y de cada situación comunicativa. Como espero haber mostrado, la coocurrencia de nexos y la concordancia interna de estos constituye un buen punto de partida para el análisis, pues funciona como correlato observable que refuerza cierto tipo de relaciones ambivalentes, haciéndolas conceptualmente compatibles. Todo hace suponer que los cambios en el orden conceptual, que suponen un salto desde una dimensión orientativa física como la temporal (o la espacial) a otras esferas cognitivas, lejos de ser arbitrarios, están más bien motivados por una lógica enunciativa que es la que permite acercar significados diferentes. Esa lógica se cristaliza a través de la coexistencia materialmente expresada de distintos nexos que subsumen valores compatibles y constituyen el eje de la interpretación. No todos los nexos permiten fluctuaciones conceptuales, de modo que es necesario determinar cuáles entidades admiten las zonas borrosas y cuáles las rechazan. Es de notar que la argumentación, en tanto recurso pragmático-discursivo utilizable en cualquier texto, más que como tipo textual, constituye un factor importante en el desplazamiento de una dimensión físico-objetiva hacia otra abstracta y lógico-subjetiva.

Finalmente, el panorama que he presentado aquí lleva a considerar que ciertas unidades como las sometidas a examen, aunque no solo estas, pueden situarse dentro de ciertos campos limítrofes, en *zonas borrosas*, en que los valores no son categóricos, se interpretan discursivamente y, por lo tanto, implican un espacio de variabilidad virtual que puede concretarse en cualquier sentido en el plano de la realización.

En consecuencia, las zonas borrosas constituyen un punto neurálgico para identificar los límites permisibles y perceptibles de variación de una lengua en torno a determinados puntos de la gramática, entendiendo esta en su carácter esencialmente semántico, a condición —claro está— de que se las precise, se las documente y, sobre todo, se las organice. Lejos de ser marginales, tales zonas pueden llegar a formar parte del propio sistema lingüístico como conjunto de posibilidades al alcance de todo hablante, y no conducen necesariamente al cambio lingüístico, pues pueden constituir una constante en todo el proceso evolutivo de una lengua.

La variación diatópica y las zonas borrosas

Un aspecto que se revela significativo en la configuración de las zonas borrosas, las cuales hacen posible los desplazamientos conceptuales y el cambio lingüístico, es la variación diatópica expresada en la diferente utilización de determinados nexos, que revela la diversidad en el orden de la percepción. Este tipo de variación, aunque omnipresente en los estudios sociolingüísticos, es considerada como factor externo, si bien Martín Butragueño ha puesto especialmente de manifiesto, a través de investigaciones empíricas, la influencia de la variación diatópica en la estructura sonora (*cf.* Martín Butragueño 2010, 2011). Son notables las diferencias dentro del propio sistema ligadas de modo exclusivo a las coordenadas geográficas, como es el caso de las que se encuentran en el paradigma fonológico y morfológico del español que atañe a las sibilantes, a las palatales, al sistema pronominal y deíctico en general. Relativamente menos estudiadas son las diferencias diatópicas en el orden de la sintaxis.

Respecto de esta última dimensión, me detendré en el análisis de dos entidades conectoras que presentan diferencias marcadas en el orden diatópico, cada una de las cuales comporta distintos espacios de variabilidad muy definidos respecto de las fronteras conceptuales (Caravedo 2011a, 2011c) . Me refiero a los nexos *ya que* y *hasta (que)*. Aunque los usos son muy conocidos, el reconsiderarlos en la óptica de la variación cognitiva que privilegia la percepción permite arrojar nueva luz sobre los procesos lingüísticos respecto de los hablantes que los llevan a cabo.

Ya que

Si partimos de la variedad considerada estándar en una perspectiva monocentrista, consignada en las gramáticas, *ya que* posee en el español actual solo valor causal. Pero esta perspectiva, aun considerándola de acuerdo con los criterios cuantitativos y cualitativos de lo entendido en el discurso científico, de modo más bien discutible, como español general, resulta por lo menos parcial, en cuanto no corresponde a toda la diatopía del español moderno.

Desde el punto de vista diacrónico, según lo revelan diversos estudios, esta construcción en sus orígenes tenía un valor temporal, resultado probablemente del significado primario del adverbio temporal *ya*. Esto implica que el significado primario temporal ha sido abandonado a favor del causal, el cual triunfa sobre el primero hasta convertirse en el valor considerado general y más extendido en el español actual (*cf.* Rivarola 1976:150, Eberenz 1982, Méndez 1995, Herrero 2006). Se trataría, pues, de un cambio consumado. Los estudiosos mencionados coinciden en sostener una mutación progresiva en la que primero coexistieron ambos valores. Posteriormente, de modo gradual, se fue haciendo predominante el valor causal y debilitándose el temporal, a juzgar por la baja frecuencia de aparición en los corpus investigados, hasta la supuesta prevalencia del causal en la sincronía actual. Particularmente, Herrero (2006) presenta una detallada síntesis evolutiva de la construcción, deteniéndose a analizar los casos en que los nexos no parecen designar unívocamente un solo valor en los enunciados, lo que en nuestros términos implicaría la presencia de una zona borrosa. El autor añade datos, tomados de Bartol (1988) y de su propia indagación, que permiten comprobar el valor temporal anterior al testimonio ofrecido por Rivarola (1976), este último utilizado por Eberenz (1982) y Méndez (1995).

No obstante, el corpus en el que me baso, que incluye el habla escolarizada y no escolarizada de la ciudad de México (corpus del Proyecto J. M. Lope Blanch, estudiado por Herrera Lima 2002, en cuyos resultados me apoyo), ha revelado una notable presencia de *ya que* con valor temporal de posterioridad, si bien en ausencia de datos no se puede negar su existencia en otras regiones hispánicas. Se podría postular que su presencia en esa ciudad supone la pervivencia del estadio antiguo en que esta locución tenía un valor temporal, de modo que podría tratarse de un arcaísmo si lo contrastamos con la evolución del resto de la comunidad hispánica. Pero su actual valor temporal podría también considerarse como posterior al valor causal del español moderno, en cuyo caso no solo habría que considerarlo como uso innovador, sino que se debería aceptar también la dirección retroactiva del cambio. Y todavía cabe una posibilidad más: el que ambos usos coexistan sin que uno haya predominado sobre el otro o haya dado origen al otro. No es posible arriesgar una respuesta dada la limitación de los datos de que disponemos y las vacilaciones interpretativas a que dan lugar. A esto hay que añadir la poco clara información metalingüística, como la codificada en las gramáticas, a las que pasaremos revista a continuación.

Las gramáticas y los diccionarios en la categorización del nexo

A este respecto, en el *Esbozo* de la RAE (1979), el capítulo dedicado a la subordinación temporal incluye entre los nexos que indican sucesión inmediata *ya que*, aunque sin comentarios ni ejemplos de esta posibilidad. Más adelante, en esta misma obra, esta locución vuelve a aparecer entre los nexos causales, condicionales y concesivos (*cf.* Real Academia Española 1979:540, 549, 557, 558). En la *NGRAE* (2009) existe la indicación del uso temporal con valor de *una vez que* en el español clásico, uso atestiguado en el *Buscón* de Quevedo (*NGRAE*:1790-1791). En otro lugar, esta misma gramática hace alusión al uso concesivo que alternaba con el causal en la lengua clásica y que afectaba también la locución *puesto que* (*NGRAE*:3630). Por otro lado, es de notar que Alcina y Blecua (1989:1009), en un parágrafo dedicado específicamente a este nexo, señalan como primer valor el temporal, además del causal, condicional y concesivo. Alarcos (1994:368-369), a su vez, da como valor antiguo el sentido temporal, privilegiando como valor actual, el causal. García Fernández (1999) no lo menciona en el capítulo dedicado a la subordinación temporal. Moliner (1970) registra como primera acepción la causal, y como segunda, marcada como uso antiguo, la condicional, pero no se hace alusión a la temporal. El *DRAE*, en cambio, da como acepción: *una vez que, aunque, dado que,* en ese mismo orden, que corresponde a los valores temporal, concesivo y causal, respectivamente. Seco/ Andrés/Ramos (1999) incluyen tres acepciones en el siguiente orden: la primera, *puesto que*; la segunda, *aunque*, y finalmente una tercera, *cuando;* es decir, en este caso, la última acepción es la temporal que, además, aparece marcada como *regional*. La fuente es Aldecoa, *Gran sol* en el siguiente texto: "*Cuando llegó al rancho estaba congestionado de ira. Ya que se calmó dijo: —Matao, a picar*". Los datos mencionados no permiten tener una idea clara de la extensión de los valores. Pero el hecho de que se tienda a dar como regional, hace sospechar que es el valor causal el que los autores han considerado como referencial. El siguiente texto de Herrero (2006) corrobora la preferencia hacia el valor causal, si bien con las acotaciones pertinentes:

> En el español moderno, la locución *ya que*, al tiempo que se consolida como locución causal, abandona en gran medida —en muchas variedades geográficas e idiolectales de un modo absoluto— sus otros posibles usos (Herrero 2006: 838).

El *Diccionario del español de México* (*DEM*), dirigido por Luis Fernando Lara, en la entrada correspondiente a *ya*, consigna como quinta acepción el valor causal de *ya que* mediante los sinónimos: *puesto que, dado que, en vista de que,* sin mención del significado temporal. Cabe señalar que la información que hemos recogido sobre este significado proviene mayormente de corpus orales. Un enunciado como: *ya que coma me voy a descansar*, efectivamente emitido de modo espontáneo en una situación comunicativa en que la autora del presente trabajo era la destinataria del discurso proveniente de una colega mexicana, ejemplifica este significado.

Análisis

El valor temporal comentado no excluye el hecho de que el valor causal pueda confluir con él en el mismo enunciado, de modo que, como lo mostraremos, se pueden identificar *zonas borrosas* del significado de este nexo —hasta donde

sabemos— solo en el español mexicano (*cf.* Herrera Lima 2002).[21] Así, el texto
51, en que la autora describe *ya que* como exclusivamente temporal —a mi juicio— podría atraer también el valor causal si lo analizamos en su constelación
discursiva. Obviamente esa interpretación considera las posibilidades lógicas
desde el punto de vista de la percepción del descriptor que no posee el uso mexicano. No obstante, en este caso, habría que privilegiar la percepción del propio
hablante o analista de la variedad mexicana, para el cual no cabe el valor causal:

> 51.   [...] **consecuentemente**... **entonces**, **ya que** me había iniciado, compré libros
> en inglés y toda la cosa. Vi que no era materia de mi gusto, **porque** volvía a
> encajar con las matemáticas hasta cierto punto elevadas, con las cuales ya mi
> razonamiento no llegaba a más [...] (*Macrocorpus* México: 6).

Sin embargo, si tenemos en cuenta solo las relaciones lógicas en la secuencia, sin
considerar la percepción del enunciador, en 51 resulta plausible una interpretación dual: tanto en un sentido temporal cuanto causal. Más aún, las formas que
refuerzan la causalidad, como los adverbios *consecuentemente* y *entonces*, además de la conjunción *porque,* crean una constelación que atrae la interpretación
a favor de la causalidad lógica (*como me había iniciado*) sin descartar el valor de
posterioridad temporal (*después de que me había iniciado*), que es el postulado
por Herrera Lima (2002). Considero fundamental tener en cuenta la interpretación de esta autora, en la medida en que el análisis se basa en su percepción de
usuario de esta modalidad. En este punto es necesario separar la percepción que
el hablante tiene de su propio uso respecto de la percepción ajena (de quien no
posee este uso), la cual puede poner en juego otros valores como posibilidades
lógicas virtuales, aunque no efectivas en el texto original.

> 52.   Bueno... se hacen estudios preliminares. Por ejemplo, de pruebas piloto, lo
> que.. **es decir**... **ya que** se tiene la formulación, se prueba en animales, para
> hacer pruebas biológicas, **si** puede existir alguna irritación, o alguna... ano
> malía en la piel del animal... Se ven... las... por secciones, al microscopio, y...
> **es decir**, **si** existe alguna anomalía, inmediatamente se cambia de fórmulas.
> Y se puede así en esa forma, pues... sacar un producto al mercado, ¿verdad?

---

21   Me baso solo en la documentación proveniente de México. Además de los corpus mencionados,
una pesquisa en el *Corpus del español mexicano contemporáneo* (CEMC), que ha servido de
base documental al *DEM*, me ha permitido comprobar la presencia del enlace *ya que* con valor
temporal, como en el siguiente ejemplo, que he seleccionado entre muchos enunciados presentes en el corpus: *de ese que le nombramos chile negro, se muelen. Entonces* ***ya que*** *está molido
con su pimienta, su clavito, su ajito.. en manteca se moja en el chilito ¿verdá? Luego* ***ya que***
tiene su carnita de pollo desmenuzadita... entonces se le va poniendo. A falta de datos, no me es
posible descartar que este uso pueda darse en otras zonas hispánicas.

> **ya que** ha sido comprobado totalmente *de* [*sic*] que funciona en el laboratorio
> (*Macrocorpus* México: 9).

En el texto 52 resulta particularmente significativa la repetición de los nexos en el marco de la concordancia interna, que he venido considerando como característica común de gran parte de los textos analizados. En efecto, la concordancia implica de suyo el establecimiento de un principio de semejanza entre los constituyentes del eje sintagmático. En este sentido, la repetición y el paralelismo resultante de ella no son sino materializaciones de la concordancia, que contribuyen a la unidad y cohesión discursivas. Así, el nexo en cuestión aparece repetido dos veces, y también se presenta de modo reiterado el reformulador metalingüístico *es decir*, que sirve de puente en la enunciación. Toda reformulación, como se ha comprobado antes, supone de alguna manera valoración de lo dicho inclinada hacia el establecimiento de una equivalencia (un decir de otra manera la misma cosa), aunque con un reajuste estilístico o formulativo. Tal reajuste revela una dirección hacia la justificación y el razonamiento explicativo, los cuales no hacen sino acercar el nexo al dominio de la causalidad.

La primera ocurrencia de *ya que* puede inclinarnos a una interpretación temporal (*después de que, una vez que*): la prueba con los animales se realiza después de la formulación. En el centro del texto hay un esquema condicional mediador (*si p entonces q*): *se prueba con animales para ver si existe alguna irritación, y si existe, entonces se cambia la fórmula*. Y luego viene la conclusión general: se puede sacar al mercado el producto *después* o *una vez que* ha sido comprobado. Pero este valor temporal de posterioridad, anclado en la argumentación, adquiere al mismo tiempo un valor causal: se puede sacar un producto *porque* ha sido comprobado.

Resulta pertinente señalar que también en México parecería posible encontrar enunciados en que *ya que* se pueda interpretar con un valor exclusivamente causal o exclusivamente temporal, como ocurre con los demás nexos, pero son las zonas borrosas las que convierten los hechos categóricos en variables y las que permiten la posibilidad del salto hacia una nueva organización de las formas. Veamos unos ejemplos en que se da el valor causal en el mismo corpus de México, que han sido debidamente incluidos por Herrera Lima (2002:138), precisamente dentro de la tipología de los nexos adverbiales causativos:

53. La contestación del doctor fue que podía ir yo a ingeniería o a contador. Me decidí por la segunda, **ya que** la primera **ya** la había experimentado.

54. Pido clemencia a Dios Nuestro Señor, **ya que** la justicia de los humanos no me ha podido hacer...

55.   Que puede... llegar a afectar la columna, **ya que** tiene tantas ramificaciones y médulas y... (Herrera Lima 2002).

De los anteriores fragmentos textuales solo los dos últimos pueden interpretarse de modo lógico, a mi juicio, exclusivamente como causales, lo que lleva de entrada a cuestionar la hipótesis según la cual en México se dan solo los valores temporales. En cambio, el primer ejemplo (53) podría situarse en medio de la zona borrosa entre ambos valores. Esto no invalida naturalmente el valor causal asignado por Herrera Lima, que efectivamente actúa en un primer plano interpretativo. Solo que, adicionalmente, la copresencia del adverbio *ya* después de la locución en cuestión, atrae la interpretación temporal que no deja de ser posible, y que se puede parafrasear como: *me decidí por la segunda, una vez que (cuando) había experimentado la primera*. Aunque contamos con muy pocos datos, los comentados bastan para indicar la dificultad de llegar a consideraciones categóricas. Nuevamente consideramos prioritaria la clasificación propuesta por la autora como representante de la modalidad mexicana.

Por otro lado, si bien no se cuenta con datos suficientes, parece posible encontrar contextos que se sitúen de modo privativo en el área de la temporalidad, como el siguiente:

56.   Pues sí. Digo, es cuestión de que, como acabo de salir de la escuela, se puede decir que...pues, tengo que conocer un poco el panorama, ¿verdad? de la carrera. **Ya que** me encarrile realmente, que vea cómo está el aspecto del... profesional ya de trabajo, pues claro que en la primera oportunidad que tenga, me voy a estudiar un curso (*Macrocorpus* México: 13).

En el texto 56, en que el hablante se autojustifica por no haber emprendido estudios superiores a la salida de la escuela, la interpretación de *ya que* apunta a un valor temporal, parafraseable como: *una vez que me encarrile... me voy a estudiar un curso*. Con todo, cabe señalar que la locución está inserta en el razonamiento del hablante y, por lo tanto, lejos de ser independiente de la autojustificación, contribuye a reforzarla, de modo que se está ante condiciones discursivas que facilitan el desplazamiento hacia la zona borrosa que admite al mismo tiempo el valor causal.

En cambio, enunciados como los siguientes, también recogidos por Herrera Lima (2002:60): " **Ya que** habían dejado de ser lactantes, **ya que** se habían independizado de la madre, **todavía** se iban, jugaban un poquito"; "**ya que** se descojolla, hacia abajo se barre", son considerados por la autora como temporales, interpretación que acogemos, dado que representa una opinión autorizada de la variedad en cuestión, de modo que el discurso técnico revela un tipo de percepción consensual de este valor. A primera vista, el primer ejemplo resulta ambiguo, pues podría en la repetición caber un sentido causal (*después de ser lactantes, como se habían independizado de la madre, se iban*). Sin embargo, esta interpretación no deja de ser discutible, dada la presencia del adverbio *todavía,* de modo que no resulta posible determinar si se trata de una zona borrosa. El segundo ejemplo parece más nítido en su sentido de temporalidad, aun cuando la brevedad del enunciado haga dudosa la interpretación.

Si aceptamos los limitados enunciados con los que contamos (limitados, cuantitativa y cualitativamente), y los interpretamos de modo conjetural, de acuerdo con las posibilidades distributivas de *ya que* en el uso mexicano, obtendríamos los 3 tipos de valores que he especificado en relación con los demás nexos, solo que no se puede identificar con claridad, en este caso, un valor referencial a partir del cual se generen los entrecruzamientos, de modo que tanto (a) como (c) no pueden ser reconocidos ni como punto de partida ni de llegada:

a. solo temporal

b. coexistencia temporal/causal en el mismo enunciado

c. solo causal

El problema reside en que si el descriptor posee solo el significado causal atribuido al nexo en cuestión, como es el caso, tiende a considerarlo como primario. Los enunciantes normativos suelen partir de este valor, de modo que queda codificado en el discurso científico. Si se sigue en esta línea, la tendencia llevaría a considerar el temporal como valor secundario o derivado. Si se quiere describir el uso mexicano, se corre, pues, el peligro de tomar como base una variedad ajena que no constituye punto referencial para el hablante y que, por consiguiente, no forma parte de su percepción primaria.

Si, por el contrario, partimos del uso temporal, la elección no deja de ser arbitraria, dada su coexistencia en la misma sincronía con el valor causal. Una opción aparentemente neutra sería partir de la diacronía y dar prioridad al uso temporal, pero tratándose de la descripción cognitiva de la variación, en que está en juego la percepción y, por consiguiente, la comprensión del hablante, no habría razón para privilegiar el criterio diacrónico que el hablante desconoce en la sincronía actual. Por consiguiente, los datos allegados solo nos permiten reconocer la existencia de una zona borrosa, que he denominado conflictiva con el objeto de diferenciarla de las zonas de confluencia lógica en que se presentan los demás nexos temporales que he analizado. Existe, pues, una diferencia entre los nexos temporales tratados anteriormente y este que contiene *zonas borrosas conflictivas.* Mientras los primeros pueden admitir contextos categóricos y pueden presentarse con mayor nitidez con un valor exclusivamente temporal, como valor sincrónico primario, el segundo, representado por *ya que,* plantea problemas de interpretación. Tales problemas surgen, dado que este nexo constituye un caso de variación funcional no cognitiva, si partimos de una visión global de la lengua, con dos variantes conceptuales: una causal, más extendida diatópicamente, y otra, temporal, hasta el momento solo documentada en la ciudad de México. El supuesto valor primario es, pues, doble, y esto dificulta la interpretación de las zonas borrosas y de la dirección de la variación. En el corpus analizado los contextos admiten, por un lado, causalidad y temporalidad a la vez y, por otro, aunque de modo discutible, solo causalidad o solo temporalidad. El análisis de la metalengua científica, incluso la lexicográfica, refleja hasta qué punto los valores no están claramente codificados, y no pueden ser interpretados con la ideología categorial; antes bien, exigen una interpretación desde la perspectiva de la variabilidad intrínseca y de los valores híbridos o difusos.

Lo interesante de destacar en relación con la discusión de la variación como materia de cognición es su influencia en el terreno epistémico y descriptivo. Así, la problemática que se plantea es el entrecruzamiento de la percepción científica con la no científica cuando los enunciantes tratan de describir usos que no les pertenecen. En efecto, por un lado, está el hecho de que tal percepción puede provenir de un enunciante no mexicano (como es el caso del presente análisis) o de un enunciante mexicano, dado que los sistemas cognitivos respecto de este nexo no son coincidentes. Un punto conflictivo reside en la determinación del significado primario: ¿cuál es el punto de vista que debe adoptar el descriptor de la lengua para acercarse a comprender los mecanismos cognitivos de los hablantes?

Una manera de afrontar el discurso epistémicamente objetivo sobre una realidad claramente subjetiva es reconocer la existencia de dos sistemas cognitivos distintos en juego con diferentes valores conceptuales de referencia y, por lo tanto, con sus propios mecanismos evolutivos, que esquematizo del siguiente modo:

— El sistema que corresponde a una parte mayoritaria de hablantes de español tiene como valor primario en la sincronía actual el causal, y no describe alternancias con el valor temporal.

— El sistema que corresponde a otra gran parte de hablantes de español, a juzgar por la documentación circunscrita a México, posee un espacio de variabilidad conceptual más amplio, que comprende tanto el significado temporal como el causal con zonas borrosas entre ellos que posibilitan los entrectruzamientos.

El hablante con el primer sistema reconoce como modalidad ajena el uso temporal cuando se expone a este. En la percepción del hablante de este sistema, el nexo conjuntivo tiene un valor categórico, no variable, con un significado preciso de orden causal, que no es advertido por el hablante del sistema mexicano, pues este tiene ambas posibilidades como adecuadas en su modalidad. Por lo tanto, en lo que a este nexo se refiere, el primer sistema posee un espacio de variabilidad conceptual restringido que no admite el significado temporal y, por ello, este significado se convierte en foco de la percepción.

En general, en el discurso científico no se tiene en cuenta la cognición de los hablantes de la modalidad ajena al descriptor, de modo que se privilegia arbitrariamente el sistema del propio analista en la definición de la forma. Por lo tanto, *ya que* es considerado, desde la perspectiva del hablante no mexicano, con valor exclusivamente causal y cualquier variación es naturalmente interpretada como desviada, no estándar o regional. En cambio, si se se parte de la cognición de los hablantes de cada modalidad, es posible poner frente a frente en el mismo rango las dos posibilidades diferenciadas diatópicamente, sin que esto suponga una inclinación a favor de una de las partes. En otras palabras, el sistema general del español, como lengua histórica, en una sincronía determinada poseería en esa área precisa de la lengua dos subsistemas distintivos y conceptuales diferentes, diatópicamente determinados. No obstante lo dicho, faltaría establecer si el valor temporal mexicano está circunscrito a determinadas esferas diafásicas o de registro oral, a juzgar por su ausencia en el *DEM*, lo que llevaría a colocar el valor causal en un estatuto normativo distinto respecto del temporal en la propia cognición del hablante mexicano. Pero no dispongo de datos para llegar a una conclusión semejante.

Resulta significativo observar cómo la variación geográfica actúa de modo análogo a la diacrónica con respecto a la distancia cognitiva, pues lo diferencial en el tiempo, de la misma manera que lo diferencial en el espacio, no es percibido por los que se sitúan en otra coordenada temporal, y no debe dar lugar a marginaciones de ningún tipo. Volveré sobre este punto en relación con el siguiente nexo que pasaré a comentar, porque presenta características análogas a *ya que*, aunque con una nítida percepción interna de los valores, si bien son otros conceptos los que entran en juego.

Hasta/Hasta que

El fenómeno que pasamos a analizar no implica, a diferencia de los demás analizados, un desplazamiento de la temporalidad a campos conceptuales distintos. Se trata, más bien, del mismo campo temporal de orden delimitativo, cuya variación reside en la dirección de la delimitación, en unos casos con valor inclusivo de la acción indicada y, en otros, con valor no inclusivo, sino de punto de partida. Incluiré en el comentario la preposición sola o combinada con *que,* lo que la convierte en enlace subordinante.

En efecto, es bien conocido que la forma *hasta* en español, aparte los significados generales de delimitación del término de una acción, una situación o un evento y de su valor intensificativo en el sentido de 'incluso', significa adicionalmente también delimitación del inicio de la acción solo en algunas partes, si bien extensas, de la comunidad hispánica. Por lo tanto, la polisemia, en relación con esta unidad, no es compartida por todos los hablantes del español. En el discurso técnico, las definiciones de los diccionarios, aunque incluyen todos los significados, no suelen consignar de la misma manera la diversidad. Por ejemplo, en el *DRAE* se presentan las distintas acepciones de *hasta*, entre las que aparece el valor delimitativo inicial, que viene especialmente asignado a América Central, Ecuador y México, lo que implica que tal valor tiene un alcance regional respecto de los demás consignados, pero no se explicitan los alcances de la polisemia desde el punto de vista individual cognitivo. En cambio, los diccionarios del español de México (tanto el *DEUM* como el *DEM*), dirigidos por Luis Fernando Lara, que corresponden de modo claro a un tipo de competencia socioespacial, en este caso la de México, vienen dadas también todas las acepciones, pero naturalmente los alcances de la definición son diferentes a la del *DRAE*, en la medida en que en los diccionarios mexicanos resulta evidente que la plurisignificación o variación vale de modo específico para el espacio implicado y, claro está, para cada individuo en ese locus y, por lo tanto, se trata de una variación cognitiva intraindividual. A diferencia de lo sucedido con *ya que*, los diccionarios mencionados consignan ambos valores en cuestión. Concretamente en el *DEM*, de las diversas acepciones presentadas (el valor de límite espacial, que es la primera acepción, el valor de incluso y como componente de fórmulas de saludo), la segunda corresponde a la delimitación final, aceptada en las demás regiones del mundo hispánico, mientras que la cuarta consigna la específica mexicana de delimitación inicial, como figura en esta reproducción textual de ambas acepciones (2 y 4):

2 Señala el límite de la duración de algo o el momento en que se deja de realizar una acción: "Te espero *hasta* las 10" / "Allí me quedo *hasta* el invierno" / "No saldré *hasta* que regresen las niñas" / "No llega *hasta* las 5" / "No dijo nada *hasta* el último minuto" / "No sabía nada *hasta* que tú me lo contaste" / "Espérate *hasta* que se quite la lluvia" / "Trabaja desde la mañana *hasta* la noche".

4 Indica el momento en que algo comienza a realizarse: "Cierran *hasta* las 7 de la tarde" / "*Hasta* que tomé la medicina, se me quitó el dolor" (*DEM*, entrada "hasta").

Se aprecia con nitidez en esta obra que el discurso lexicográfico busca incluir los distintos valores desde una perspectiva cognitiva intraindividual, que en este caso corresponde a la de un hablante mexicano.

Estereotípicamente se ha tendido a considerar el uso delimitativo inicial como mexicano, si bien no es exclusivamente tal, en la medida en que ha sido atestiguado en distintos lugares de Colombia, Ecuador, Chile, Guatemala, Honduras, El Salvador, Nicaragua, Costa Rica, Bolivia, a los que añadiré datos provenientes del Perú, que no había sido incluido en la zona representativa de este uso.[22] Se ha llegado a proponer la hipótesis, a mi juicio poco probable, de una extensión de este valor desde México hasta los demás lugares en que se registra (Dominicy 1982:47-48).

En consecuencia, respecto de la reflexión que nos ocupa, los hablantes de una variedad no poseen el valor delimitativo inicial, mientras que los de la otra poseen todos los demás valores y, adicionalmente, el delimitativo inicial. Es la primera modalidad, propia del español peninsular y de muchas partes del americano, con el significado más restringido, la considerada general (e incluso, estándar) y es, a partir de ella, como ha sucedido con la forma *ya que,* que se intenta interpretar los diferentes usos de la variedad que posee una mayor amplitud semántica y que implica las regiones ya señaladas. La heterogeneidad en el uso (en este caso, la polisemia no generalizada), descrita a partir de un patrón de referencia ajeno, lleva de modo natural a la percepción de lo diferente y, consecuentemente, desemboca en la normatividad. En otras palabras, tal percepción daría lugar, siguiendo los deslindes establecidos por Lara (1999:13), a entrecruzamientos entre el uso, que corresponde al *ser*, y la norma, que implica el *debe ser,* respecto de la cual se desarrollan las valoraciones. La separación de los diversos sistemas cognoscitivos subyacentes a la heterogeneidad constituye, pues, un paso fundamental para la descripción lingüística, y es el que aquí adoptaré.

Análisis

Al establecer como centro de análisis la variación respecto del sistema cognoscitivo del hablante, me concentraré en la variedad que, poseyendo el contenido más amplio, plantea el problema de la variación interna que no se da en la modalidad con un solo significado, en la que no se presentan espacios de variabilidad. He seleccionado solo algunos ejemplos del corpus del "Proyecto Juan M. Lope Blanch" (Lope Blanch 1966), y los clasificaré según los valores básicos delimitativo final e inicial, teniendo en cuenta el enunciado en que se dan esos

---

22   Cito sólo los testimonios iniciales: Cuervo (1939), Kany (1951), Flórez (1953), Toscano Mateus (1953), Oroz (1966) y, para La Paz, ver De Mello (1992), quien los describe sobre la base del corpus del Proyecto de la norma culta (Lope Blanch 1966), corpus que he utilizado aquí. Para México, existe mayor información. *Cf.*, además de Kany, Lope Blanch (1990), Dominicy (1982), Montes (1986), Moreno de Alba (1987), Carrasco (1991), Herrera Lima (2002).

valores.[23] Como en los casos analizados anteriormente, he identificado tres formas de manifestación de estos valores si partimos del enunciado concreto:

1. Solo delimitativa inicial;

2. Solo delimitativa final;

3. Conjunción de ambos valores (1 y 2) en el mismo enunciado.

Como ya lo he mencionado, este deslinde es fundamental para el análisis del fenómeno, pues la existencia de contextos que atraigan dos posibilidades semánticas puede proporcionar una base para la inteligibilidad del sistema semántico de esa modalidad.

Delimitación final

57.   A partir del segundo año empecé a trabajar, **hasta** la actualidad sigo trabajando [...] (México, *Macrocorpus*: 6).

58.   [...] porque fíjate que lo malo es que yo no puedo saber si va el chofer **hasta** el sábado, porque él siempre se reporta el sábado ¿ves? Y entonces el sábado yo le digo que vaya o que no vaya [...] (México, *Macrocorpus*: 22).

59.   —Y entonces, ¿puedes combinar la enseñanza con la dirección?

       —**Hasta ahorita**, sí (México, *Macrocorpus*: 51).

60.   —[...] todavía se considera la adolescencia **hasta** los 18, 19 años, **hasta** los 20 **incluso** todavía son adolescentes (México, *Macrocorpus*: 52).

61.   —Trabajé en el hospital infantil **desde** principios del 50 **hasta** el 54... durante este tiempo, pues, claro, en el hospital pasaron muchas cosas (México, *Macrocorpus*: 66).

Los anteriores ejemplos aparentemente coincidirían con los usos considerados canónicos. Aparentemente, en la medida en que forman parte de un nuevo sistema de valores o de una red semántica distinta con otro elemento en juego. El significado es inequívoco en todos los enunciados porque el contexto se encarga de modo redundante de reforzar la interpretación a favor del valor de límite final o inclusivo. Es más, en algunos casos sorprende la excesiva información que avala este valor, como en 57, en que el contenido del verbo *empezar* establece un punto de partida claro que exige señalar un límite que se da en el tiempo

---

23   Una parte de los ejemplos proviene de la versión informatizada de ese corpus (Samper/Hernández/Troya 1998), y otra, de las versiones originales que no aparecen en la informatizada (para México v. Lope Blanch 1971; para Bogotá, Otálora/González 1986; para La Paz, Marrone 1992).

presente (*hasta la actualidad*). La secuencia posterior, *sigo trabajando*, resulta redundante si *hasta* marca el valor inclusivo. Lo mismo ocurre en 60, en que se combina con *incluso* y en 61, en que tiene su contraparte expresada en *desde*. Esta interpretación de redundancia obviamente no coincide con la del hablante, para el cual probablemente no hay redundancia alguna en la expresión de la información.

Delimitación inicial

62.   Ya **hasta** el final más o menos **fue cuando** nos empezaron a dejar solos (México, Lope Blanch 1971: 160).

63.   Fue **hasta que** estuve viuda **cuando** hice la preparatoria (México, Lope Blanch 1971: 222).

64.   Pero **hasta** junio vamos a entrar de nuevo (México, Lope Blanch 1971:248).

65.   —Es que yo quiero que venga un maestro.

       —Y **hasta ahorita** lo dices? (México, Lope Blanch 1971: 404-405).

66.   Ya está terminada su tesis. **Hasta** el trece agosto la va a defender (*Macrocorpus* La Paz: 77).

En el enunciado 65 la combinación *hasta ahorita*, que indica delimitación inicial, es distribucionalmente idéntica a la de 59, que indica delimitación final, si bien los valores son diversos, en el sentido de que en 65 no solo se marca la delimitación temporal, sino que entra en juego, además, una valoración de ese límite (*¿solo ahora lo dices?*), por lo que estamos frente a un par mínimo con valores diversos. La secuencia *hasta ahorita* permite un juego de significados distintos que el hablante elige muy bien en relación con cada caso y que no genera ambigüedad, salvo para el analista, que es capaz de percibirlo siempre que posea el sistema reductivo con un solo valor (lo mismo sucede en los enunciados 70 y 71, que corresponden a hablantes de Bogotá). Algo similar ocurre en el texto siguiente (67), pero aquí la precisión cotextual y el sentido general en relación con el contexto extralingüístico permiten de modo inequívoco la interpretación del valor inicial.

67.   Nosotros votamos **hasta** los veintiún años, es lo mínimo (La Paz, Marrone 1992: 266).

Resulta claro que la preposición marca aquí un límite inicial: *votamos* (desde, a partir de) *los veintiún años*. Pero es interesante observar cómo el informante ha hecho la siguiente especificación: *es lo mínimo*, lo que constituye un elemento reforzador del valor inicial, que sería innecesario si no se contara con la duplicidad semántica virtual. Por lo demás, el tema discursivo: la posibilidad de votar lleva ya inequívocamente por razones culturales al significado de límite inicial.

68.   Pues en realidad el mundo se ha ido unificando en modos de vida en... tipos de construcción, en muchas cosas. En Europa parece que... yo... fui **hasta** el año pasado por primera vez, pero ahora Europa es... tiene un tipo de vida muy americanizado (Bogotá, *Macrocorpus*[24]).

69.   **Hasta** este año hemos podido llegar **hasta** el Llano Oriental (Bogotá, Otálora/ González 1986: 29).

70.   ¿No lo hay? ¿**Hasta ahora** van a terminar? (Bogotá, Otálora/González 1986: 319).

71.   **Hasta ahorita** hace unos días de pronto captó que el señor no tenía brazos (Bogotá, Otálora/González 1986: 586).

72.   Sale en la mañana y llega **hasta** por la noche (Bogotá, Otálora/González 1986: 620).

Resulta significativo observar en 69 la coocurrencia de la forma dos veces: la primera con el valor de límite temporal inicial y la segunda con el valor de límite en el espacio, si bien —hasta donde se me alcanza— en el sentido inclusivo o final. En casi todos los casos observados, el valor inicial o no inclusivo de *hasta* se da cuando ésta precede a un sintagma nominal (*este año, esta tarde, el año pasado, los veintiún años*), preposicional (*por la noche*) o adverbial (*ahora*) de tipo temporal. Se trata de enunciados que apuntan con precisión a un periodo cronológico determinado, en textos descriptivos o informativos, no necesaria- mente argumentativos. Esta indicación es pertinente, pues para muchos estu- diosos el rasgo considerado distintivo es de tipo restrictivo, equivalente a *solo/ apenas* del español peninsular o a *recién* en el sentido hispanoamericano (*cf.* Dominicy 1982:69, Lope Blanch 1971:83, Van Wijk 1969:13). Es indudable que en algunos contextos (como en el ejemplo 70) sea posible la actualización de ese valor, de modo que los autores mencionados aciertan en la interpretación de los casos analizados (*recién/solo ahora van a terminar*). Pero en situaciones no marcadas, como la petición de una información, el carácter restrictivo es más difícil de sostener, como lo mostraré al comentar la información proveniente del español del Perú.

---

24   No ha sido posible consignar el número de página en que se encuentran los textos de Bogotá en el *Macrocorpus* debido a problemas de codificación.

Extensión diatópica del fenómeno

Resulta pertinente añadir un dato más, que viene a modificar la diatopía tradicionalmente conocida del fenómeno en cuestión. Así, además de las regiones normalmente consideradas en el espacio de difusión de este uso, la investigación del *Atlas lingüístico de Hispanoamérica* (Alvar/Quilis 1984, Caravedo 1992) me ha permitido consignar su presencia en el español hablado en la ciudad de Piura, situada en la costa norte del Perú. Aparte la constatación del uso *in situ* en múltiples conversaciones fuera del protocolo de la entrevista con personas pertenecientes a distintos sectores sociales y grupos generacionales, la pregunta formal de tipo metalingüístico destinada a explorar la cognición del significado resultó determinante para documentar el uso. La estrategia del interrogatorio fue la siguiente:"Si en la puerta de la oficina hay un letrero que dice: "Abren hasta las once", ¿qué es lo que usted entiende?

Los informantes respondieron sin ninguna duda que entendían que la oficina *se abría a las once*, y que antes de esa hora estaría cerrada. Lo mismo ocurrió con la interpretación de enunciados como: *trabajan hasta las doce, vienen hasta las once, lo esperan hasta mañana, pagan hasta mañana,* verbos que pueden comportarse como puntuales y durativos. Esta precisión es importante, dado que se ha establecido que la distinción entre tipo de acciones verbales está directamente conectada con el comportamiento sintáctico de la preposición y con las diferencias diatópicas.

En todos los casos, *hasta* fue interpretado como marcador del momento en que la acción verbal comienza. Las mismas preguntas formuladas a informantes de otras zonas del Perú en que no se da este uso y, por lo tanto, solo se conoce un solo valor de *hasta,* el más extendido, no llevarían nunca a una interpretación semejante. De hecho mientras recopilaba el cuestionario dialectológico, en una situación natural fuera de la encuesta, cuando pregunté a las diez de la mañana, a qué hora venía la persona que iba a servir de informante, sus compañeros de trabajo me respondieron: *"Llega hasta las once".* Inmediatamente pedí la explicación a través de la repregunta: *"¿Está ella aquí ahora?".* Y la respuesta fue: *"Hasta las once está".* La larga espera de una hora me confirmó los alcances del enunciado. Obviamente si la misma pregunta hubiera sido formulada a un hablante de la modalidad que conoce solo el valor final, en este caso la de la entrevistadora, la respuesta inmediata y natural habría sido con toda probabilidad: *llega a las once,* del mismo modo que podría haber sido, si bien de modo menos directo, *no llega hasta las once,* aunque difícilmente: *recién/apenas/solo llega a las once,* pues tales restricciones no son realmente pertinentes cuando de lo que se trata es de una simple información, y no de una recriminación o una valoración negativa del hecho. En este contexto no cabría, pues, el hipotético valor restrictivo.

Conjunción de valores en el mismo enunciado

Ahora bien, es importante tener en cuenta en el momento de razonar sobre estos usos que los hablantes al poseer tanto el valor no inclusivo como el opuesto, cuentan con una forma con contenido más amplio y con mayores posibilidades distributivas respecto de los hablantes que al conocer solo el valor canónico inclusivo cuentan con un significado más restringido. Esta amplitud que admite dos valores hace posible interpretar la forma con un valor neutral susceptible de actualizarse tanto en el sentido inclusivo cuanto en el no inclusivo, de modo que pueden multiplicarse los casos de ambigüedad. Aun cuando la polisemia implique significados nítidos para los hablantes, aislables de la unidad fuera del contexto, es obvio que cuando están en juego dos o más valores y, sobre todo, cuando son internamente relacionables como en el caso comentado, las diferencias en el eje paradigmático pueden concretarse en el sintagmático. En otras palabras, es posible que los valores confluyan en un mismo enunciado. No me refiero a una ambigüedad intencionalmente buscada por el hablante; más bien, a la que se crea a partir de la interpretación del enunciado.

Ahora bien, hay que considerar el hecho de que el intérprete es, en este caso, un hablante que no posee el rasgo en cuestión, y que podría ser diferente la interpretación del hablante usuario de estos valores. De acuerdo con los contextos sintácticos, he identificado dos tipos de ambigüedad interpretativa en el corpus de los hablantes con el valor más amplio, en relación con distintos contextos sintácticos, a saber: como introductor de sintagmas nominales o de adverbios y, acompañado de la conjunción *que,* de oraciones subordinadas.

> 73.   Pero ahora **hasta** el lunes hay clases (México, Lope Blanch 1971:248).
>
> 74.   Hasta los veintiún años, **hasta que** conocí a Héctor Mendoza, me interesó el teatro (México, Lope Blanch 1971:235).
>
> 75.   —Sí ve. No muy bien, pero ve. A ver con éste que le operaron; pero **hasta que** le adapten su lente y todo eso ¿verdad? , su lente adecuado, a ver entonces qué (México, Lope Blanch 1971:431).

Los ejemplos 73, 74 y 75 son, desde el punto de vista de la pobre información cotextual y la casi nula contextual, potencialmente dudosos, porque podrían ser interpretados con el valor restrictivo. Pero faltan elementos de juicio que permitan precisar el valor actualizado. En este punto, que tiene que ver con la conjunción de valores, es interesante la observación de los propios estudiosos mexicanos. Así, diferente interpretación sostiene la estudiosa mexicana María Eugenia Vázquez en relación con estos casos (a través de un valioso comentario personal), para quien 73 tiene el sentido inequívoco de 'incluso' (hago notar que no existe consenso entre los estudiosos, pues en la bibliografía sobre el asunto este ejemplo es citado como representante del valor de delimitación inicial por De Mello 1992:7), mientras que 74 y 75 significan 'a partir de que', también de modo inequívoco. Este comentario, que agradezco a la investigadora, permite enriquecer la cuestión que presento aquí, en la medida en que la perspectiva de un hablante nativo hace posible matizar las observaciones del analista, que en este caso no solo describe una variedad ajena, sino que recibe enunciados descontextualizados.

En la interpretación de estos casos como *potencialmente dudosos,* he buscado solo subrayar la virtualidad de ambos sentidos cuando no se dan las condiciones contextuales necesarias para concretar solo uno. Tal virtualidad, en un sentido más general, ha sido precisamente reconocida también por otros estudiosos mexicanos que han analizado el fenómeno. Me refiero, por ejemplo, a la percepción de Moreno de Alba (1987: 9), quien afirma que "se trata de un fenómeno tan arraigado en nuestro dialecto que se dificulta mucho a los no iniciados el distinguir los dos sentidos [...] Si digo 'esta tienda abre *hasta* las once', mi interlocutor mexicano puede entender que 'abre a las once' o que 'cierra a las once'". Asimismo, para Herrera Lima (2002:75), quien ha analizado este fenómeno cuantitativamente en el corpus del habla culta y popular mexicana, la ambigüedad puede producirse en México respecto de ciertos contextos, como, por ejemplo, un diálogo del siguiente tipo: —*¿A qué hora da consulta el Dr. X? —El Dr. X da consulta hasta las 7.* Sin embargo, como la misma autora señala, el valor de *hasta* tiene mayor probabilidad de ser interpretado como *desde*; es decir, como delimitativo inicial, algo que —añado aquí— es imposible que ocurra en los contextos en que los hablantes carecen de este significado. Por lo tanto, en este último caso, el mismo enunciado solo puede tener un valor: que la consulta termina a las 7. La mayor probabilidad de interpretar la forma con el sentido de *desde* en el uso mexicano es indicadora del significado representativo o primario que el hablante asigna a esta forma y puede dar la clave para comprender el estatuto del otro significado en juego, que podría ser, siguiendo las intuiciones de la autora, derivado y no primario.

La ambigüedad interpretativa tiene, pues, relación con el hecho de que en esta secuencia pueden caber dos significados en la competencia de un mismo hablante. En cambio, de acuerdo con el sistema cognoscitivo más restringido del hablante que solo cuenta con el valor delimitativo final, los enunciados anteriores requerirían un contexto negativo (cuando no, una reformulación con *a partir de que, una vez que,* en 74 y 75) para ser entendidos o para no ser considerados extraños o desviados. Se ha sostenido que *hasta* es naturalmente ambiguo en español (Dominicy 1982, Carrasco 1991), pero resulta interesante observar que precisamente en los casos de ambigüedad la tendencia del hablante se dirige a elegir el significado que le es más natural o que considera más representativo de acuerdo con su modalidad.

'Hasta que' *como nexo conjuntivo y conector narrativo: un nuevo contexto de ambigüedad*   Cuando se trata de una oración subordinada son dos verbos los que se presentan conectados y marcados semánticamente por el nexo introductor. En este caso parecería, en una primera impresión, que no se diera un valor meramente delimitativo, como cuando un solo verbo está implicado. La propia interconexión verbal crea las condiciones para conceptualizar un proceso dinámico en el que se establece una relación temporal de sucesividad, pues hay una situación anterior (expresada por el verbo de la oración principal) y una posterior (por el verbo de la oración subordinada). Algunos autores consideran la oración introducida por *hasta* dentro de las oraciones temporales de anterioridad, esto es, las que implican sucesividad. Otros como Méndez (2003: 438-439) y Giusti (1991: 724-725, para la forma análoga italiana *finché*) proponen considerarlas en el rango de los valores de simultaneidad (coincidencia), en la medida en que existe un punto en que el proceso de la oración principal es contemporáneo con el de la subordinada. Ambas posturas, en efecto, son defendibles en virtud de que pueden ser interpretadas, según las perspectivas en que se las considere, con uno y otro valor. Y esto, porque la simultaneidad parcial, desde el punto de vista lógico, implica también sucesividad parcial: así, es posible sostener que existe una zona de coincidencia y una zona de desajuste. Si ponemos el centro de la atención en la primera, el valor podrá definirse como simultáneo; en cambio, si la desplazamos a la segunda, será sucesivo. Siendo ambas hipótesis igualmente plausibles, preferiré considerar como rasgo pertinente en la caracterización de la función del conector en cuestión, su posibilidad de marcar el fin de un proceso y el comienzo de otro, independientemente de los valores de simultaneidad o sucesividad y de la naturaleza durativa o puntual de los verbos. Un punto de referencia distinto propone la clasificación de Eberenz (1982:296-297, 352), según la cual *hasta*, valiéndose de una metáfora gráfico-espacial, se representa como *delimitación a la derecha*, para diferenciarla de su opuesto *desde*, que se situaría en la *delimitación* a la *izquierda*.

Hasta que indica un punto en el que cambia un estado de cosas anterior, por lo que se crea un proceso, en el sentido de que la situación predicada por la oración principal no continúa; antes bien, se suspende a través de la nueva información proporcionada por el verbo subordinado, que puede señalar el inicio de un nuevo estado de cosas. Entre ambas fases (anterior y posterior), el nexo conjuntivo, en contra de la primera impresión, sigue representando un límite, el cual puede dar lugar lo mismo al inicio de un proceso que a su terminación. Hay que subrayar que esta posibilidad del comportamiento de *hasta que*, especialmente en secuencias narrativas, se da también en la modalidad que no tiene sino el valor delimitativo final, solo que en esta el fenómeno no parece ser relevante, dado que no hay variación en este punto y el significado de límite inicial no está en juego como alternativa de los hablantes o, en otras palabras, no está codificado para esa forma. Por lo tanto, es en relación con la modalidad en que se dan los dos valores inicio/final en que esta doble posibilidad de comportamiento contextual puede tener alguna relevancia, como atractora de un juego semántico binario virtualmente existente en la competencia del hablante.

76.   Un día que salí yo de la escuela, me habían rajado con una... este... navaja la llanta del carro, y posteriormente, pues, tuve ciertas fricciones con ellos, **hasta que** llegó un momento en que dije: "Me armaré de valor y me enfrentaré con ellos para saber quién fue y lo que quieren de una buena vez"... **Entonces** un día en el salón, en la clase [...] (México, *Macrocorpus*: 5).

77.   Y pasó noviembre, diciembre, enero, febrero "madres, ¿dónde está mi hija"? "No lo sabemos". "¿Se habrá muerto, madre?" "No lo sabemos. No hemos tenido ninguna noticia". ¡Ay! **Hasta que** llegando marzo, para el... fines de febrero, recibí una carta de... recibieron carta las madres... y me vinieron a ver [...] (México, *Macrocorpus*: 119).

En los dos microtextos anteriores (76 y 77) se actualiza la función narrativa que desempeña la subordinación con la preposición *hasta*, pues en ambos casos, esta marca un hito que da un vuelco a los acontecimientos narrados. En 76 el punto climático, que cambia la dirección de la historia, está representado por la introducción del propio discurso citado en estilo directo (*hasta que llegó un momento en que dije...*). El contenido del texto citado anuncia la transformación de los hechos y la continuidad viene marcada por el conector *entonces*. El nexo conjuntivo actúa de puente entre un hecho anterior y uno posterior: este hecho posterior puede ser considerado final, pero a la misma vez inicio de algo distinto.

Particularmente representativo es el texto 77, en que el hablante enumera uno a uno de modo sucesivo los meses que pasan para indicar icónicamente la progresión temporal narrativa, que viene, además, dramatizada mediante las voces en estilo directo de un diálogo con fórmulas recurrentes que llega a un punto climático precisamente en el enunciado encabezado por la siguiente secuencia: "*hasta que llegando marzo*", secuencia que señala un punto crucial: la llegada de una carta con noticias de la persona desaparecida. Es curiosa la anticipación del límite temporal en que se da el acontecimiento crucial: "*llegando marzo*", lo que quiere decir, siguiendo el sentido del discurso, que el acontecimiento no se da en marzo, sino antes, de modo que el hablante se ve obligado a puntualizar, "*para fines de febrero*". En ambos textos *hasta* marca no solo un cambio sino el inicio de algo distinto, de modo que entra perfectamente en la zona de variabilidad semántica en que se mueve esta forma con sus dos valores posibles, que aquí pueden actualizarse a la vez, sin dar lugar a ningún tipo de contradicción.

78.   Pues ahí quedó y yo no estudié, abandoné también el violín **hasta como** los 15-17 años empecé a estudiar violín porque el alma esa, creo, del músico ¿verdá? No muere. (EGREHA, México, Yucatán, HNE)[25].

El texto anterior plantea dificultades interpretativas, dado que se han consignado las pausas de la oralidad indispensables para captar el sentido. Hay dos interpretaciones en juego: por un lado, dejó de estudiar violín a los 17 años (posible si la pausa viene después de *años*) y, por otro, a esa edad empezó a estudiarlo nuevamente (en cuyo caso la pausa debe ir después de *violín)*[26]. Pero con la información cotextual se reconstruye el sentido que el hablante quiere comunicar, es decir que dejó de estudiar violín a los 17 años, aunque curiosamente ese es el punto en que *empezó* a estudiarlo nuevamente. Ahora bien, desde el punto de vista cognitivo del que posee los valores inclusivo y exclusivo ambas posibilidades interpretativas se pueden dar conjuntamente: *abandoné el violín hasta (inclusivo) los 17 años y desde los 17 años empecé a estudiarlo nuevamente.* Siguiendo esta interpretación, que coloca a *hasta* en el punto limítrofe de los dos valores mencionados, no resulta contradictorio imaginar que el abandono del violín llega a su fin a los 17 años, y, a la vez, que a partir de este momento se reinicia a estudiarlo.

Contextos negativos

Se suele identificar el valor delimitativo inicial de *hasta* en enunciados afirmativos con el uso considerado estándar cuando este se da en un contexto negativo. Este contexto parece determinante en la descripción gramatical del comportamiento de esta forma (*cf.* Bosque 1980, García Fernández 1999:3199-3202)[27]. Por lo tanto, una secuencia del tipo de la modalidad no inclusiva analizada como

<hr>

25   El microtexto forma parte del corpus del EGREHA (*Proyecto de Investigación sobre la gramática del español de Hispanoamérica,* coordinado por César Hernández Alonso) y corresponde a una hablante sin instrucción, perteneciente a la segunda generación.

26   Agradezco el comentario de María Eugenia Vázquez, quien se inclina por esta última interpretación, descartando la ambigüedad. El verdadero problema interpretativo reside aquí en la escritura inexacta de la oralidad.

27   Bosque (1980) propone la existencia de dos tipos de *hasta,* uno puntual y otro durativo; el primero de polaridad negativa, que valdría sólo para la variedad que tiene el uso restringido a la delimitación final. Esta hipótesis exigiría que la otra modalidad se explicase respecto de ese punto de referencia, por lo que habría que sostener que tal variedad ha perdido la negación. En Méndez (2003) se discute ampliamente esta propuesta y se avala la existencia de un solo *hasta.*

viene hasta las nueve tendría su equivalente en la forma canónica negativa: *no viene hasta las nueve.* Sin embargo, está documentado que ambas formas se pueden dar en el habla del mismo individuo en las zonas en que se da el valor no inclusivo, por lo que de alguna manera el contexto negativo no parece tener aquí una relevancia en la distinción de significados (Montes 1986:428)[28]. He aquí un claro ejemplo en que se da el uso canónico, si bien con un rasgo dudoso que comentaré.

79.   Esa arcilla puede ser buena, puede ser mala, nosotros **no** lo sabemos **hasta que** está dentro del horno. Sin embargo, esa arcilla sabemos nosotros que al final de cuentas la vamos a volver a usar, y le vamos a dar otra oportunidad a la arcilla demoliéndola y mezclándola con otra, y así sucesivamente **hasta que** esa arcilla, que en conjunto no podía servir para un tabique, esa arcilla dispersada en varios tabiques, ya sirvió (México, *Macrocorpus*: 62).

El texto anterior contiene dos ocurrencias del nexo en cuestión, que son compatibles con el paralelismo recurrente en el discurso oral. Resulta indudable que en ambos casos implica límite de un proceso. Pero solo la primera ocurrencia está insertada en un contexto de negación. Aquí se trata de la presentación de un estado de conocimiento: 'el no saber' o 'el desconocer' que alcanza su límite final. En cambio, la segunda ocurrencia en contexto afirmativo marca de modo nítido el carácter final de un proceso, reforzado semánticamente mediante la secuencia: *y así sucesivamente*, la cual indica progresión reiterativa. En otras palabras, el proceso de demoler y mezclar la arcilla tiene como consecuencia final el hecho de que a esta se le da una utilidad. Pero no deja de resultar significativa la secuencia *ya sirvió,* pues remite a lo ocurrido antes, que viene además marcado con el adverbio para reiterar el valor semántico del pasado inscrito en el verbo, lo que le da un carácter de anterioridad. Para completar la interpretación inclusiva, se habría esperado la secuencia *hasta que esa arcilla sirve/sirva* (en el sentido futuro probabilístico o con valor de posterioridad respecto de la oración principal).

Muy frecuentemente en contextos negativos se presenta una segunda negación en la oración subordinada, que en el ámbito de la gramática normativa se conoce con el nombre de negación *espuria* o *expletiva,* y que algunos estudiosos han conectado con los usos mexicanos, a pesar de que esta doble negación está ampliamente extendida por toda la comunidad hispánica, sin exceptuar las zonas peninsulares (*cf.* Méndez 2003)[29]. Enunciados como: *no descansaré hasta no terminar*

---

28   La autora consigna en el mismo turno de habla en conversación informal, la siguiente enunciación: *No almuerzan hasta las doce. Hasta las doce almuerzan* (Montes 1986:428).

29   La autora hace aquí un detallado análisis de los casos de negación expletiva en un corpus de textos periodísticos peninsulares e hispanoamericanos, sometiendo a crítica el propio con-

mi tesis, son muy corrientes y completamente aceptables entre los hablantes. No es posible, pues, hablar de transgresión semántica, dado que la doble negación en español constituye un recurso del que echan mano los hablantes para reforzar el sentido primario, expresable de modo débil con una sola negación en la oración principal. Ambas posibilidades, con una y con doble negación son, pues, variantes no condicionadas diatópica ni diastráticamente de una misma variable, y como tales deben ser tratadas en el plano descriptivo.

Un caso más pronunciado de negación, la combinación *sino hasta que* ha sido conectada con el uso considerado no canónico de *hasta* (Dominicy 1982, Méndez 2003), si bien es también propia de todas las variedades de español y no exclusivamente de la que estamos tratando:

> 80.   [...] en lógica mayor se estudiaba la capacidad que tenga el entendimiento para conocer, o sea, lo que se llama el problema crítico. Ese es el eje, digamos. Este problema crítico **no** tenía sentido... **sino hasta que** vinieron los modernos, a negar la capacidad del entendimiento humano para pensar... (México, *Macrocorpus*: 45).

Como se observa en el fragmento 80, la utilización del conector *sino,* que tiene un valor negativo excluyente, permite destacar la contraposición de ideas acudiendo a la comparación en textos de tipo argumentativo. Si bien el énfasis en la oposición no es estrictamente temporal, *hasta* no ha dejado de representar un punto límite que, en este caso, sirve como recurso para resaltar el vuelco en la dirección del razonamiento filosófico. El hecho de que el hablante sea, además, él mismo un filósofo que comenta un problema controvertido de su disciplina, hace natural una exposición de argumentos, en la que el aspecto polémico se expresa a través del contraste de opiniones opuestas. A mi juicio, el énfasis intensificador que algunos autores asignan a la forma *hasta* en el uso mexicano (relacionado de alguna manera con el valor restrictivo) está aquí provocado no tanto por la presencia misma de esta forma, cuanto por su combinación con la construcción de negación contrastiva *no... sino,* que es la que focaliza e intensifica lo predicado en la subordinada.

---

cepto implicado, a través de una acertada interpretación de la función discursivo-pragmática de tal negación. Cabe anotar que este tipo de negación es un rasgo natural en italiano: *Soleva rimanere sveglio finché non rientrava suo figlio* (Giusti 1991: 725).

Síntesis

De todo lo expuesto, es posible extraer los siguientes enunciados provisional-mente conclusivos:

1) El fenómeno de variación conceptual que afecta *ya que* y *hasta* en español implica un tipo de cognición de los hablantes determinada diatópicamente. Por lo tanto, existe un juego de alternativas o de posibilidades en una comunidad (espacio o grupo) que la otra no posee. Se trata de una diferenciación socioes-pacial ligada a una diferencia cognitiva. En el caso de *hasta*, en una parte de la comunidad hispánica se da el valor delimitativo final, mientras que en otra parte de ella, tanto el delimitativo final como el inicial, ninguno de los cuales tiene en principio prioridad sobre el otro.

2) La actitud lingüística más corriente es una perspectiva que tiene como centro de referencia el sistema cognitivo del considerado español estándar o general, que además, en muchos casos, coincide con el del propio descriptor, y que se presenta como rasgo inherente al sistema descrito. Para el caso de *hasta,* las gra-máticas suelen partir de la modalidad con el significado de límite final, dejando la otra modalidad como propia del uso regional. La consecuencia natural de este modo de proceder es el establecimiento de una normatividad implícita que colo-ca en el interior del paradigma solo un tipo de cognición, en desmedro del otro. Hechos que corresponden a distintos sistemas de cognición respecto de una for-ma sintáctica, si se los describe tomando como referencia el modo de percepción del hablante de la modalidad para la que *hasta* marca de modo restrictivo solo límite final, se tienden a ver como desviados porque se los refiere a otro patrón. Algo semejante ocurre con *ya que,* como lo hemos mostrado en el subcapítulo anterior, cuyo patrón referencial es el uso causal.

3) El valor no inclusivo de *hasta* documentado en el Perú, que corresponde solo a una ciudad de la costa norte (específicamente la ciudad de Piura), expresa la diversidad normativa en el ámbito del mismo país, lo que, a juzgar por la documentación, no se da en México, donde tal valor es un uso completamen-te aceptado. Esto revela hasta qué punto los fenómenos, aunque materialmente idénticos, son diferentes desde las conciencias normativas sociales, dependiendo del sistema referencial desde el cual se los observa.

4) Lo que aquí propongo es un cambio de actitud descriptiva, que supone partir de la observación centrada en el hablante cuya variación se estudia, esto es, de la variación cognitiva intraindividual. Esta actitud se muestra coherente con el supuesto según el cual toda variación normativa es de naturaleza *subjetiva*. Por lo tanto, es el sistema cognitivo del hablante cuya variedad se estudia el centro

de referencia discriptivo. Esta toma de posición evita la arbitrariedad descriptiva camuflada en el análisis y en la metalengua científicos.

5) En relación con la forma *hasta*, a partir de la perspectiva centrada en el sistema cognitivo del hablante, la relacionabilidad interna de los significados inicio/final resulta obvia, pues aun siendo aparentemente antónimos implican un rasgo común, el significado de delimitación, que incluye también los contextos de subordinación, y que es independiente de la negación llamada expletiva y de otros contextos intensificadores, dado que resulta lógico imaginar que la delimitación puede marcar tanto límite inicial cuanto final. Pero algo más. Esa relacionabilidad se muestra con mayor nitidez cuando en el mismo enunciado pueden confluir ambos valores, pues la intercambiabilidad en el discurso permite el doble juego semántico, natural para los hablantes que poseen un espacio de significación amplio en que caben las dos posibilidades en una *zona borrosa*. La amplitud significativa hace posible que en el plano fáctico del discurso se puedan realizar de modo excluyente ora el valor inicial, ora el final, o de modo conjunto ambos valores. En consecuencia, los valores coincidentes con el sistema considerado canónico no son idénticos a este, porque forman parte de un juego de alternativas más amplio que el sistema aludido no posee.

6) El porqué en la misma lengua se escinden los sistemas cognitivos (y, por consiguiente, las percepciones) respecto de formas idénticas requeriría una indagación futura sobre los orígenes diacrónicos de cada uno de estos sistemas, indagación que no he pretendido en este trabajo. En todo caso el problema planteado revela hasta qué punto la cognición lingüística puede ser ella misma exponente de la variación de una lengua: en otras palabras, es la cognición, que dirige la percepción, la verdadera autora de la variación y el cambio lingüísticos. Obviamente si concebimos la cognición en sentido evolutivo, en los primeros momentos es la percepción la que la guía y la construye. Pero ya elaborada la cognición, esta termina influyendo en la percepción.

El plano léxico: sinonimia y polisemia

La percepción se expresa con notable intensidad cuando se trata de la variación léxica no gramatical de una lengua, incluso más que en el terreno de la sintaxis, quizás porque el léxico es el área por excelencia del significado referencial y porque gran parte de los objetos del mundo material y afectivo los conocemos ensamblados con las palabras como si fueran una única entidad. Sin embargo, la variación léxica ha sido la menos estudiada con los métodos tradicionales del enfoque variacionista canónico respecto de los demás planos lingüísticos. Hay excepciones, como los tempranos estudios de Labov (1973) y los de Sankoff/

Thibault/Bérubé (1978). Estos últimos presentan una propuesta de organización conceptual y empírica de la variación del significado en la sinonimia. Por lo demás, las dificultades obvias que plantea la amplitud del inventario léxico de una lengua favorecen ese aparente descuido.

Si seguimos de modo coherente el enfoque tradicional laboviano, el canal natural a través del cual se expresa la variación léxica sería en primer lugar la sinonimia, en la medida en que esta implica la existencia de diferentes formas materiales para un mismo significado, lo que coincide perfectamente con la definición canónica de la variación y de la unidad variable. En este sentido, la sinonimia constituiría el concepto rector de la variación, si lo relacionamos con el principio de equivalencia semántica laboviano que se aplica primariamente a lo fonológico, pero también a lo sintáctico. Una relación sinonímica supone obligatoriamente un conjunto de variantes que se agruparían dentro de una misma unidad o variable. Las más directamente reconocibles y menos conflictivas son las que corresponden a la variación diatópica de la lengua, en la que podemos agrupar un sinnúmero de variables cuya variación interna se debe exclusivamente al factor geográfico, sin que el significado de tipo representativo se vea mínimamente implicado. Variantes como *coche* frente a *carro, patata* frente a *papa*, para mencionar solo dos ejemplos archiconocidos de un número amplísimo de posibilidades, respetan de modo absoluto el principio de equivalencia de significado. Asimismo, tanto la variación diastrática cuanto la diafásica dan pie a un sinnúmero de variables que agruparían variantes con identidad semántica respecto del significado referencial. Así, por ejemplo, los pares *perro/can, axila/ sobaco* pueden considerarse sinónimos porque aluden al mismo referente, aun cuando no sean intercambiables en todos los contextos, dado que se utilizan en registros diversos. Esto puede llevar a pensar en la dificultad de considerar que ambos tengan significado equivalente, pues de hecho no son mutuamente sustituibles en todas las situaciones. A este respecto, Sankoff/ Thibault/Bérubé (1978) afrontan la problemática empírica de la sinonimia parcial, abordándola como una relación interna entre significados de orden más general frente a otros de orden específico, que suponen relaciones de implicación, de conjunción o de disyunción.

En todo caso, la consideración de la sinonimia depende de cuán amplia sea la definición de significado, pues si se restringe solo a la igualdad representativa, como prefieren hacerlo Labov y muchos otros estudiosos, los ejemplos mencionados de variación diatópica pueden ser considerados sinónimos absolutos independientemente de los hablantes. Así, los denominados *geosinónimos*, suponen identidad de significado (*cf.* Moreno Fernández 2010:158). Otro modo de abordar la cuestión reside en incluir las funciones expresiva/apelativa del signo, según la terminología de Bühler (1934) o sintomática/señalética, según la de

Heger (1981:45) en la constitución del propio significado, considerándolo en un sentido más amplio, es decir, no restringido solo a lo representativo. Siguiendo esta línea reflexiva, los ejemplos de geosinonimia podrían no ser considerados sinónimos absolutos, pues si bien compartirían algunos rasgos generales, poseerían adicionalmente rasgos diferenciales o divergentes de tipo contextual extralingüístico; a saber, sociocultural o estilístico. La posibilidad de analizar los significados, más que como entidades simples y fijas, como agrupaciones complejas y variables de distintos rangos de generalidad, en las que están incluidos diferentes aspectos comunicativos e indexicales, que forman parte de la cognición conceptual del hablante, resulta una alternativa plausible por la que nos inclinamos. Esta, aunque desde una perspectiva teórica diferente, fue ya adoptada y defendida en los años setenta por Baldinger, para quien en la consideración de la sinonimia había que incluir el área del significado expresivo y apelativo, esto es, el perteneciente al dominio de los hablantes (*cf.* Baldinger 1977, Rivarola 1991:84). La posición de la sinonimia absoluta ha sido sostenida en el ámbito hispánico por Salvador (1985:51-66), a partir de una noción más acotada de significado que no incluiría los aspectos expresivos o apelativos del signo.

Más recientemente, en el dominio de una sociolingüística cognitiva, al lado del rechazo a la idealización de la comunidad lingüística en el sentido chomskiano (Chomsky 1965) (rechazo que, por cierto, no viene exclusivamente de esta línea de pensamiento), se va en contra también de la restricción del conocimiento conceptual al significado referencial. Así, Geeraerts (2008:39) llega a postular, basándose en el pensamiento de Putnam (1975) y de Bartsch (1987), en esta misma línea de razonamiento lo siguiente:

> To begin with, the idealization of a completely speech community has to be given up, together with the tendency to think of conceptual knowledge only in referentially descriptive terms: our knowledge about any thing may include the knowledge that other people's knowledge about that thing is superior (or inferior, for that matter). The former point (the *heterogeneity of linguistic knowledge)* calls for an empirical investigation into the actual distribution of semantic and lexical knowledge. The latter point (the *reciprocity of meaning)* calls for an investigation into the forces that could change – through the resolution of conflicts, through compliance with authorities, through communicative cooperativeness – the existing distribution (p. 39).

De acuerdo con el texto de Geeraerts, el doble abandono de las idealizaciones en torno al conocimiento de los hablantes y al significado descriptivo lleva de modo natural a la investigación del conocimiento real de los hablantes que es el que motiva el cambio constante de las relaciones semánticas, cambio que ocurre en el terreno comunicativo, para el que hay que considerar la participación de emisores y receptores. Precisamente esta heterogeneidad, en este caso léxica, de acuerdo con la posición del mencionado autor, es la que ocupará el centro de nuestro análisis.

Respecto del concepto de variación, reformulado en este trabajo, es posible aplicar también en el plano léxico la noción de *variación funcional*, en la medida en que incluye la posibilidad de que las variantes posean o adquieran nuevas significaciones progresivamente en determinados contextos, lo que implica atribuir un carácter dinámico y mutable a los significados, cuyos verdaderos autores son los hablantes. En vez de considerar el significado como un constructo inamovible y manipularlo como objeto estático y externo, tendremos en cuenta que forma parte de un proceso de construcción conceptual constante en la cotextualidad discursiva. Es obvio que desde una perspectiva como esta no tienen lugar las discusiones en torno a la univocidad del signo, expresadas en posiciones como las monosemistas o polisemistas y, por lo tanto, quedan fuera del objetivo de este estudio.

Ahora bien, siguiendo el hilo reflexivo de la variación cognitiva aplicada al signo lingüístico en su totalidad, además de la variación sinonímica, es coherente suponer la posibilidad de que sea el significado el que varíe mientras el significante se mantiene invariante. Esto es lo que en la semántica léxica se reconoce como polisemia para diferenciarla de la homonimia. No trataré aquí la espinosa cuestión que plantea la interrelación entre ambos conceptos, abundantemente tratada en la historia disciplinaria y manifestada en posiciones monosemistas o polisemistas (*cf.* Rivarola 1991:84 y ss. sobre estas posiciones). Para evitar conflictos terminológicos, me limitaré a abordar la polisemia, i. e. la coincidencia de significados distintos referidos a una misma forma fónica, como una manifestación palpable de la variación de contenido en el léxico de una lengua, que supone la posibilidad de que una misma entidad material conlleve más de un significado (*cf.* Pottier-Navarro 1991).

En la línea estructuralista reformulada, Coseriu (1981a) traza una frontera entre *polisemia* y *variación* al sentar las bases del principio de funcionalidad en el que se apoya el estructuralismo, con el propósito de establecer límites nítidos entre el área del sistema y el área extrasistemática, en que se desenvolvería la variación (ibíd.:186-217). En este sentido, la polisemia se distinguiría de la variación léxica, pues la primera involucraría diferencias de lengua, mientras que la segunda, de habla. El estudioso propone una estrategia para distinguir una de otra y es la siguiente: cuando no se pueden reducir las distintas posibilidades de significado en el interior de un signo a variaciones contextuales, entonces se trata de polisemia (u homofonía), esto es, de diferencias propiamente lingüísticas, regulares, no ocasionales. En cambio, si las diferencias constituyen meras determinaciones contextuales, se tratará de variantes semánticas, unidades de *parole* más que de *langue*. En el primer caso, se alude a distintos significados de lengua; en el segundo, en cambio, a acepciones diversas que se expresan contextualmente, pero que corresponden a la misma *zona de significación*. Para Coseriu (1981a:194-195), por ejemplo, las distintas posibilidades significativas del verbo *pasar* en español en sus siguientes sentidos: ilimitado (*el tiempo pasa*) o iterativo (*el autobús pasa por aquí*), se inscriben en la variación contextual y no pueden considerarse significados distintos en el plano de la *langue* (no es una forma polisémica), mientras que los sentidos de *dividir* o *salir* asignables a la forma verbal *partir* (ibíd.: 202) constituyen diferentes significados de lengua en la misma unidad (es, por ello, polisémica), que se pueden comprobar en contextos idénticos (*parte hoy*, puede significar cualquiera de los dos valores).

La polisemia, para este autor, no sería, pues, en sentido estricto un hecho de variación del modo en que aquí lo propongo, como no lo sería tampoco la sinonimia en el plano del significante del signo. Se trata de una sutil distinción entre lo lingüístico invariante y lo extralingüístico sujeto a variación, difícil de reconocer, sobre todo cuando se trata de variantes de significado, pues se está frente a hechos intuibles pero no directamente perceptibles. En todo caso no deja de sorprender que, respecto de la diversidad semántica, Coseriu haya adoptado una interpretación dicotómica de los hechos lingüísticos (*langue/parole*) contra la que se había pronunciado críticamente en trabajos anteriores al proponer una zona intermedia de inteligibilidad como la de la *norma* (Coseriu 1973). Actualmente es difícil aceptar que gran parte de la variación de una lengua, que Coseriu confina al dominio del habla, sea de tipo ocasional y que no corresponda a hechos regulares y, en cierta medida, sistemáticos, en el sentido en que pueden tener directa incidencia en la reestructuración de las funciones del sistema. De hecho las conexiones ampliamente estudiadas entre la variación y el cambio lingüístico obligan a replantear el carácter marginal o periférico de la primera.

Por otro lado, gran parte de la discusión de las diferencias de contenido léxico no se plantea en los mismos términos coserianos y se concentra, más bien, en la distinción de la polisemia respecto de la homonimia, y en los problemas relativos a la unidad del signo (Baldinger 1977, 1990; Heger 1974, Rivarola 1991, Ullmann 1962), los que, a fin de cuentas, terminan convergiendo con la discusión sobre la relación entre variación y sistema. Así, contrariamente a lo sostenido por Coseriu, en esta perspectiva, es la polisemia la que mejor se adaptaría a los hechos de variación, pues las diferentes acepciones asignadas a una palabra mantendrían un nexo conceptual común en la sincronía, mientras que la homonimia pondría frente a frente dos contenidos diversos —aunque diacrónicamente hayan coincidido— y, por lo tanto, inconexos entre ellos. Al parecer, una buena parte de la problemática parece residir en delimitaciones terminológicas más que en la naturaleza de los hechos mismos. En cualquier caso, no es esta cuestión relevante para el tema que desarrollo aquí y, por consiguiente, no me centraré en ella.

El enfoque cognitivo introducido en los años ochenta ha vuelto a poner en el centro la antigua cuestión de la polisemia, pero abordándola desde un ángulo muy diferente al estructuralista. El objetivo de este enfoque es reinterpretar desde el punto de vista de la cognición de los hablantes los parentescos lógicos entre significados referidos a una forma material, sin hacer otras distinciones. Los vocablos polisémicos constituirían un complejo de significados interrelacionados con distintos rangos de representatividad (Lakoff 1987, Langacker 1987, 1990; Brugman/Lakoff 1988). A partir de este enfoque, se ha llegado a proponer un principio polisémico, como propio del dinamismo lingüístico que, a través de los hablantes, logra extender significados primitivos y crear nuevos relacionados con los anteriores:"Principled polysemy is an approach which seeks to account for the meanings associated with words as not being absolute and fixed, but rather as being capable of changing over time" (Evans 2003:79). En otras palabras, *es el hablante el actor del cambio* a través del uso continuo de la forma en diferentes contextos que paulatinamente pueden perder su significado original. La variación de tipo contextual se convierte, pues, en el propio motor del cambio a partir de la reinterpretación de los hablantes. Aunque Evans no menciona la cuestión de la variación, me parece estar implicada en la propia concepción dinámica de la plurisignificación. De acuerdo con este principio, los diversos significados asignados a una forma, reconocibles o independizables por los hablantes, pueden ser internamente relacionables, si bien las relaciones suponen distintos grados de acercamiento o de distancia entre los posibles significados, hasta el punto en que se establecen *redes de significado (meaning networks)*, que el analista tiene que reconstruir. Como lo hemos desarrollado en relación con el plano sintáctico en que las formas tienen menos significados asociados, en tales redes hay, según Evans, un significado que puede considerarse básico, denominado *sanctioning sense*, en el sentido del significado reconocido consensualmente por los hablantes, del cual se derivarían todos los demás que mantendrían con este distintos grados de relacionabilidad (*degrees of relatedness*).

Lo que interesa señalar respecto del enfoque cognitivo es que el significado básico proviene de la propia percepción de los hablantes; vale decir, corresponde a lo que estos indican como representativo del contenido de una forma en un sentido sincrónico, que puede o no coincidir con el diacrónico. En mi interpretación, esta percepción, transmitida culturalmente y fijada en la memoria, se manifiesta en un *percepto:* resultado de una abstracción realizada por el hablante a partir de la información de sus mayores, el cual permite anticipar y reconocer entidades semejantes después de haberlas percibido, de modo que terminará convirtiéndose en un *concepto*. Se conjetura que el llamado *sanctioning sense* constituye el sentido sincrónico que para los usuarios es intuitivamente el significado más representativo asociado a una palabra. Cito textualmente la definición del concepto mencionado: "[*sanctioning sense*] is hypothesized to constitute the synchronic sense which language users intuitively feel is the most representative meaning associated with a particular lexical item" (Evans 2003:92).

Resulta pertinente resaltar el hecho de que ese significado no necesariamente coincide con el étimo original, pero naturalmente puede intersectarse con él. En otras palabras, el sentido del significado básico que utiliza Evans podría analogarse al concepto de *estereotipo* (no identificarse con este), introducido por Putnam (1975) como significado convencional asignado a una palabra por los hablantes no especializados, cuya caracterización puede ser imprecisa, pero formar parte del significado de esa entidad. Putnam diferencia claramente en su formulación de la división de funciones del trabajo lingüístico *(the division of linguistic labor)* entre la propuesta técnica del experto (que puede ser desconocida por el hablante común) y el *estereotipo*, que atribuye al sujeto común y corriente, y termina incluyendo tanto el discurso técnico cuanto el del lego como integrantes del significado de una palabra.

De modo análogo, Lara (2006) defiende una idea con un objetivo semejante: la inclusión de los sujetos en la construcción de los significados, al resaltar la ligazón de la polisemia con los hablantes. Según este estudioso, esta forma parte de la naturaleza de la palabra en la relación con la actividad de sus hablantes, mientras que la homonimia resulta un concepto que pertenece a la historia del léxico de una lengua e involucra palabras que los hablantes conciben en una sincronía determinada como independientes, aun cuando en sus orígenes hayan sido polisémicas. En las propias palabras del autor: "La polisemia es un fenómeno de la naturaleza significativa de la palabra; a partir de la acción verbal inmediata de los individuos se configura en la evolución semántica de una lengua" (Lara 2006: 106).

Lara alude al *significado principal* (que, a mi modo de ver, resulta compatible con el concepto de Evans que acabamos de comentar) para diferenciarlo de los derivados en las acepciones polisémicas, y avala asimismo el concepto de *estereotipo* de Putnam como más adecuado que el de *prototipo*, en la medida en que incluye el aspecto sociocultural de este. En este sentido, subraya las condiciones de transmisión del significado a los hablantes dentro de un ambiente social, privilegiándolas respecto de los factores de tipo psicoindividual (*cf.* Lara 2004b:153 y ss.). Precisamente esta posición, que adopto aquí, permite conectar toda polivalencia semántica asignada a una forma única con el sistema cognitivo heredado del ambiente social por los hablantes, que se actualiza y se renueva constantemente en la construcción del discurso.

Desde otro ángulo, Hopper y Traugott (1993) resaltan la participación de la polisemia también en el orden sintáctico, a través de los procesos de gramaticalización en los siguientes términos:

> In general, from the perspective of grammaticalization it is methodological essential to assume polysemy if there is a plausible semantic relationship whether or not the forms belong to the same syntactic category [...] (p. 71). Grammaticalization is in some sense the process *par excellence* whereby structural relationships and associations among them are given gramatical expressions. It is not surprising that it typically involves polysemy (p.72).

Esta relación tiene que ver con el hecho de que en todo proceso de cambio de unidades lingüísticas está implicado un desplazamiento conceptual, aun cuando este involucre aspectos gramaticales, tal como lo hemos reconocido al abordar las partículas subordinantes espaciales, temporales y causales. Resulta obvio que esos desplazamientos se originan en el uso comunicativo de los hablantes.

La percepción en la variación léxica: experimento empírico

Siguiendo el hilo del tema central de este estudio, surge la pregunta ¿qué relación tiene la variación que, por comodidad enunciativa, seguiré llamando (con las reservas mencionadas) *sinonímica* y *polisémica* con la percepción? La relación es, en principio, la misma que se establece con respecto a los demás tipos de variación lingüística. En primer lugar, los propios conceptos de sinonimia y polisemia, que hemos limitado a la variación en el plano del significante o del significado, respectivamente, dependen de los sistemas cognitivos de los hablantes, de modo que son de naturaleza subjetiva en un sentido colectivo. Tales sistemas permiten percibir o no percibir la variación léxica. En la estructuración del discurso técnico, el analista debe conocer los distintos sistemas para poder identificar adecuadamente las relaciones de ambos tipos, sin fusionarlos o confundirlos con el propio. Pero con frecuencia no ocurre así, de tal manera que la unidad de medida de que este se vale es su propia variedad, la que corresponde a su percepción interna, de modo que termina adoptando una perspectiva subjetiva que le impide observar de modo objetivo los fenómenos analizados.

Para evitar esta situación, hay que reconocer también en el léxico, como lo hemos hecho para todos los demás fenómenos analizados, dos tipos de variación: la intraindividual o cognitiva y la extraindividual, que se mueve en el plano de la lengua histórica en general. Así, por un lado, existe una variación con contenido cognitivo para el mismo hablante; es decir, el hablante posee las variantes (de significado, i. e. polisémicas, o de significante, i. e. sinonímicas). Por otro, existen variantes

extraindividuales que se dan dentro de la misma lengua histórica con características de tipo sinonímico o polisémico (lo que Moreno Fernández 2010:158, 168
ha identificado como *geosinonimia/geopolisemia*), pero que no poseen desde el
punto de vista cognitivo tales valores para un mismo hablante, de modo que este
no es capaz de establecer interrelaciones entre variantes. Esto refuerza el postulado
según el cual la cognición lingüística está directamente ligada a las circunstancias
extralingüísticas. Este principio es fundamental para poder incorporar en el discurso epistémico toda la variación de una lengua sin falsificar los sistemas cognitivos
de los hablantes que la producen. Así, el analista, en primer lugar, se distanciará de
su propia variedad cognitiva para internarse en la variedad cognitiva que describe.
Solo posteriormente, después de haberlas identificado podrá contrastar ambas variedades como manifestaciones de la variación sincrónica de una lengua histórica.

De las coordenadas extralingüísticas conocidas, la diatopía constituye el terreno
central en que pueden observarse las diferencias conceptuales dentro de una misma lengua. Como lo he afirmado en relación con los fenómenos sintácticos analizados en el capítulo anterior, es posible suponer que esta dimensión actúa de modo
semejante a la diacrónica, en la medida en que separa y distancia la cognición lingüística de los hablantes, en virtud de la falta de contacto entre estos y, consecuentemente, entre sus variedades lingüísticas. La distancia o, más bien, la inexistencia
de contacto comunicativo que se da normalmente tanto en el alejamiento espacial
como en el temporal hace posible la emergencia de subsistemas diversos. Por ello,
los hablantes de una misma lengua, si no coinciden ni en el espacio ni en el tiempo,
no poseerán una cognición idéntica de la variación de esta.

Siguiendo la misma línea de pensamiento propuesta para la fonología y la sintaxis, es posible afirmar que la variación léxica, sobre todo la polisémica, dentro
de una misma lengua, se organiza en *espacios de variabilidad conceptual*, que
no son únicos para todos los hablantes de esta. Existen, aunque esto no se apli-
que a todas las unidades léxicas de una lengua, distintos campos de variabilidad
diatópica, diastrática y/o diafásicamente determinados. Cada uno de esos campos o espacios tienen sus propias variaciones admisibles y sus propios márgenes
de tolerancia, que los hablantes solo perciben cuando se confrontan con modalidades diversas a la propia.

Para someter a prueba las anteriores afirmaciones, me he valido de un experimento perceptivo con el propósito de reconocer y confrontar los distintos tipos
de percepción analítica (*interna* y *externa*) de hablantes de español con sistemas
cognitivos diversos respecto del léxico, comparándolos con la percepción técnica basada en la descripción lexicográfica, que supone también un determinado
tipo de percepción no siempre coincidente con la del hablante común, acogiendo
la división del trabajo lingüístico propuesta por Putnam (1975).

Siendo el léxico un inventario abierto, difícil de captar en su natural aparición contextualizada en el uso, me he valido de dos textos literarios representativos del español de Madrid, *Mañana en la batalla piensa en mí y Los enamoramientos*, ambos del escritor madrileño Javier Marías, utilizándolos como totalidades discursivas con cohesión interna, en que los vocablos se presentan insertos en sus contextos naturales de aparición, pertenecientes a una modalidad diatópica considerada, por lo menos para sus propios hablantes, estándar, *i. e.* la castellana. La finalidad del experimento ha consistido en someter estos textos a la percepción de lectores no españoles, concretamente hispanoamericanos, y de modo más específico, peruanos, con el propósito de mostrar las diferencias perceptivas tanto en la producción como en la comprensión léxicas, diferencias que corresponden a distintos sistemas de cognición dentro de una misma lengua.

Obviamente habría sido posible el experimento en sentido contrario, es decir someter un texto representativo de una modalidad diatópica no peninsular a un lector español, lo que probablemente arrojaría un resultado similar. A este respecto, en un seminario avanzado que impartí en España a profesores de lengua provenientes de diversos lugares de la Península y de Hispanoamérica (ninguno peruano), realicé un experimento semejante con la novela *Lituma en los Andes* del escritor peruano Mario Vargas Llosa. Este experimento me permitió comprobar la variación léxica percibida por los hablantes de modalidades distintas de la del autor, los cuales no comprendían considerables porciones del texto, dado que desconocían muchos vocablos o, que conociendo su forma material, los interpretaban de modo inadecuado respecto del sentido textual. Tales resultados no hicieron sino confirmar las expectativas de los profesores peninsulares, según las cuales resulta normal y, en ese sentido, se hacía innecesario investigarlo, que las variedades hispanoamericanas, consideradas regionales, sean desconocidas fuera de su lugar de origen. Un experimento similar con un texto del escritor mexicano Carlos Fuentes (*Todas las familias felices,* 2006) en que me incluí como informante corroboró mi intuición: me enfrenté con dificultades similares a las encontradas por los profesores españoles ante el texto de un peruano. La similaridad de la experiencia hace innecesaria la presentación de los detalles puntuales, que solo sirvieron como experimento de control para corroborar el análisis que aquí presento.

Al evaluar los distintos experimentos, justifico la elección del texto español como objeto de observación, dada la importancia conferida en la tradición del discurso técnico hispánico a la variedad castellana. En esta tradición, la modalidad castellana es representativa del llamado *español general*, bien por su pretendida neutralidad, bien por la supuesta valoración positiva asignada por los demás hispanohablantes, lo que hace menos previsible y hasta menos tolerable su desconocimiento de parte del resto de la comunidad hispánica. La centralidad de esta variedad no solo es percibida por sus propios hablantes, sino que por circunstancias de diferente naturaleza ha entrado a formar parte del imaginario colectivo. Incluso ha sido considerada como variedad prototípica del español, respecto de otras periféricas (*cf.* López García 1998, Moreno Fernández 2010:44-45, 2012:220-221). Por lo tanto, teniendo en cuenta esas interpretaciones, someter el texto a un examen perceptivo de parte de hablantes ajenos a la modalidad castellana, permite reconsiderar críticamente el estatuto de su supuesta neutralidad, incluyendo además la percepción técnica misma, es decir, la del constructor del discurso científico, generalmente centrado en esta variedad del español, que actúa, como lo he desarrollado en la primera parte de este estudio, de enunciante normativo. Con la confrontación de las diferencias de percepción del léxico insertado adecuadamente en un texto, aun cuando se trate de un texto literario, se entiende mejor el modo como incide la percepción en la comprensión real de los hablantes ante una situación concreta. Más aun, un texto literario que reproduce enunciados coloquiales en boca de sus protagonistas, se presenta como una opción más que adecuada para estudiar una porción del léxico en el momento de la recepción (es decir, de la percepción), difícil de explorar mediante entrevistas u observaciones de las situaciones de habla cotidianas.

Estrategia de indagación

Se pidió a los lectores subrayar en el texto todos los vocablos que suscitaban su atención (i. e. su percepción consciente) por diferentes razones vinculadas básicamente a la relación que los propios hablantes establecen entre significantes y significados. Después de realizada esa operación se mantuvo una larga conversación con cada uno de estos, utilizando un modo de hablar muy simple y no técnico, con el objeto de captar la motivación de la selección perceptiva de ciertos vocablos, al lado de la no percepción saliente de otros. Como resultado de los diálogos, se ordenó la información obtenida, separando distintos grados de percepción léxica conscientemente advertida por cada informante, a saber:

1. Desconocimiento total de la palabra, tanto del significante como del significado de esta (nunca la han oído).

2. Conocimiento pasivo tanto del significante como del significado, percibido como uso diatópico o diafásico distinto del propio (la han oído, la conocen, pero no la usarían en su propio discurso).

3. Conocimiento exclusivo del significante, con significado diferente al usado en el texto (han oído la forma material, pero le atribuyen un significado distinto).

Los lectores que nos sirvieron de informantes (6) de ambos sexos, originarios de la capital del Perú (no andinos), correspondientes a la segunda generación (entre 40 y 55 años de edad), con un alto nivel de escolaridad, son representantes prestigiosos de profesiones alejadas del ámbito de la lingüística y de la literatura. La procedencia geográfica resulta relevante, pues al coincidir con la modalidad originaria de la autora de este trabajo ha sido posible utilizar su propia percepción como elemento de contraste o de comprobación analítica. Naturalmente este experimento tuvo una larga duración porque los lectores no fueron presionados para dar una respuesta inmediata, sino que contaron con un periodo indeterminado de tiempo para leer con libertad las novelas y marcar en el mismo texto los vocablos percibidos como diferentes en las tres modalidades arriba mencionadas sin acudir al diccionario. El asunto no fue planteado además como una investigación, sino como curiosidad lúdica respecto del argumento de las novelas y la creatividad del autor.

Los resultados aquí presentados lejos de ser exhaustivos son, más bien, producto de una selección de algunos vocablos especialmente ilustrativos de las cuestiones centrales de este trabajo, *i. e.* la dirección diversificada de la percepción externa y la necesidad de incluirla adecuadamente en el discurso epistémico, percepción activada cuando se está ante usos que no corresponden a la variedad primaria. Sin embargo, es imperativo subrayar la coincidencia absoluta de las respuestas y de los modos de percepción de los informantes, los cuales fueron elegidos al azar y no se conocían entre ellos, de modo que ni siquiera tenían conocimiento de que había otras personas involucradas en el experimento. Un requisito importante de los informantes era no haber estado expuesto nunca a la modalidad peninsular a través de viajes o de relaciones con españoles. La única información posible sobre esta modalidad forma parte de conocimientos recibidos en la temprana escolaridad a través de lecturas de literatura española, o de una muy esporádica y limitada exposición a los medios televisivos o cinematográficos.

Desde el punto de vista cuantitativo, los vocablos subrayados se presentaron con una proporción de 3-5 por página, lo que resulta un número considerable (1200 a 2000 palabras en textos de aproximadamente 400 páginas) si se tiene en cuenta que se trata de hablantes de una misma lengua, pertenecientes a una esfera alta, desde el punto de vista profesional y sociocultural, y que, supuestamente, de acuerdo con un lugar común muy extendido incluso en el discurso técnico, comparten el conocimiento de una variedad de español unitaria llamada estándar.[30]

---

30   Para la hipótesis pluricentrista, que propone la existencia de diferentes tipos de estándar en la diatopía de la lengua española, *cf.* Oesterreicher (2002), Rivarola (2006).

Resultados

En lo que sigue, comentaré los resultados organizándolos respecto de cada uno de los tipos o grados de percepción léxica señalados.

1. Desconocimiento total de la palabra, tanto del significante como del significado. Se trata del grado de percepción más alto en lo que respecta al léxico. Una palabra se convierte en prominente desde el punto de vista perceptivo externo si el hablante no es capaz de asociarla con un significante o significado conocidos. En efecto, las palabras totalmente desconocidas constituyen una barrera para la compresión del discurso, que captan inmediatamente la atención del hablante como formas especialmente notorias respecto de las que no ofrecen ninguna resistencia interpretativa, de modo que no son advertidas como diferenciales. Precisamente este tipo de percepción se pone en juego con palabras mayormente diferenciadas diatópicamente, que nunca han sido oídas por el hablante en su medio natural y, por lo tanto, no han sido percibidas durante el proceso adquisitivo, ni tampoco durante el aprendizaje lingüístico, de modo que no forman parte de la percepción primaria del hablante, ni de su percepción externa. Resulta patente la distancia existente entre percepción interna y externa, pues solo la que forma parte de la primera se actualiza en la producción espontánea.

Ahora bien, el desconocimiento del vocablo de la modalidad ajena no implica que el hablante carezca de una forma léxica distinta con una referencia semejante a la usada en el texto. Sin embargo, dado que no conoce la palabra en cuestión no puede interpretarla ni asignarle un sinónimo, a menos que existan suficientes indicios cotextuales que le permitan intuir un significado aproximado. Algunos ejemplos de una lista de longitud considerable son los siguientes: *albornoz, niki, tebeo, cerilla, braga, anorak, salacot, sestear, monda, guasa, conticinio,* muchos de ellos repetidos a lo largo de toda la novela, los cuales no forman parte ni siquiera del léxico pasivo de la lengua de nuestros informantes.

En primer lugar, resulta interesante resaltar el diferente estatuto que adquieren los vocablos del tipo mencionado dependiendo del perceptor, lo que no hace sino confirmar el carácter subjetivo de la percepción léxica y de la determinación de las relaciones sinonímicas. Así, desde el punto de vista del productor del texto y de cualquier lector común que posee la modalidad castellana, los vocablos tienen un valor neutral, de modo que en su propia visión no están marcados diatópicamente (ni siquiera diafásicamente, pues tienen un rango de aparición amplio en cualquier tipo de situación comunicativa). En consecuencia, la mayoría de las palabras mencionadas no corresponden a un registro formal ni literario y están ampliamente documentadas como manifestaciones del español peninsular castellano no marcado diastrática ni diafásicamente. Se trata, pues, del léxico común, claramente extendido, para el cual un lector peninsular no tendría ningún problema de comprensión ni de interpretación estilística, en la medida en que corresponde a su variedad primaria. Se trataría para estos hablantes del único modo de nombrar ciertos referentes. Lo interesante de resaltar es que esta misma percepción se expresa en el discurso técnico a través de los diccionarios españoles, específicamente los de la RAE, de tal manera que el enunciante normativo comparte la percepción del hablante común castellano y la transmite a la definición léxica.

Veamos el otro extremo del problema, cuando se trata del perceptor externo, que no posee esta variedad (es decir, el 90 por ciento de hablantes de español). Para este, lejos de ser naturales y espontáneos, los vocablos considerados se presentan como absolutamente extraños, de modo que requieren un esfuerzo interpretativo, cuando no el auxilio de un diccionario. Así ocurrió, en efecto, con los lectores que participaron en nuestro experimento, los cuales marcaron las supuestas palabras neutras como desconocidas tanto con respecto al significante cuanto al significado. Desde el punto de vista perceptivo, para el informante que no posee esta variedad de habla los vocablos aludidos carecen de sinónimos y son considerados rebuscados, curiosos o, incluso, propios de un estilo literario y artificial. Lejos de ser neutros, como lo son para el constructor del texto, la percepción los focalizaba de modo sobredimensionado en relación con el léxico común no percibido, y les asignaba interpretaciones diastráticas o diafásicas, que no corresponden al uso real de estos vocablos en el texto. Curiosamente, como los lectores no habían tenido la experiencia de vivir en España, las palabras no eran ni siquiera reconocidas como formas marcadas diatópicamente.

Resulta significativo anotar cómo desde el punto de vista de la percepción, los vocablos tienen naturaleza distinta, según sean considerados respecto del sistema cognitivo de los emisores o de los receptores. Sin embargo, este reconocimiento no debería excluir una posición comparativa neutral que permita descubrir una relación sinonímica virtual (siempre que esta exista), y a la misma vez admita que tal relación no es perceptible y, por lo tanto, tampoco comprensible ni mucho menos actualizable, de parte de un hablante con una modalidad ajena.

La definición lexicográfica, que forma parte del discurso organizado y técnico, constituye el canal que supuestamente debería restituir al lector que desconoce los términos mencionados sus propios sinónimos, esto es, remitir a su competencia léxica. En otras palabras, la relación sinonímica se basa en la posibilidad de confrontar dos o más unidades léxicas y de elegir entre ellas la que mejor se adapte a la situación textual. Tanto la confrontación como la selección es solo posible como producto de la percepción. Si las unidades no son percibidas como diferentes materialmente y semejantes conceptualmente a la vez, resulta imposible reconocer la sinonimia. He seleccionado unos cuantos vocablos para comentar este tipo de percepción.

Veamos lo que sucede tomando el caso de *albornoz,* el cual en el *DRAE* es de carácter polisémico, en la medida en que aparece con tres acepciones que cito textualmente: "*1. tela hecha con estambre muy cocido y fuerte, a manera de cordoncillo. 2. Especie de capa o capote con capucha. 3. Prenda de tela esponjosa, que se utiliza para secarse después del baño.*"

Esta palabra aparece muchas veces en el texto analizado. He seleccionado a modo de simplificación solo tres casos:

81[31].   Y habrá otras cosas que no querrá nadie porque sólo a mí me sirven —mis pinzas, o mi colonia abierta, mi ropa interior y mi **albornoz** y mi esponja, mis zapatos y mis sillas de mimbre [...]— (Marías: *Mañana en la batalla piensa en mí,* p. 45).

82.   Queda en su casa mientras no se airean [se refiere al olor de los muertos] y en sus ropas que ya no se lavan porque ya no se ensucian y porque se convierten en sus depositarias; queda en un **albornoz**, en un chal, en las sábanas, en los vestidos [...] (ibíd., p. 80)

83.   "[...] quienes comprenden que a un senador o al nuncio les acompleje o escueza encontrarse con un sujeto garrido que parece ir en **albornoz** o en **niki** (mi aspecto es más discreto y no causa alarma) (ibíd., p. 130).

Si adoptamos primero la percepción del lector no peninsular, que desconoce totalmente el vocablo, en los tres fragmentos textuales este se presenta dentro de una enumeración, de la que es posible colegir, dado el tipo de objetos aludidos, que se trata de alguna prenda que el hablante usa, pero es imposible establecer cuál. Incluso el ejemplo (83), que permite la referencia a una prenda de vestir, se combina con el desconocimiento de la voz *niki*, totalmente ignorada por nuestros informantes, que no comentaré aquí especialmente para no alejarme del hilo central de la reflexión referida en este caso a *albornoz*. La acepción implicada por el autor según la modalidad castellana sería la tercera del *DRAE*. Los informantes no estaban en condiciones de inferir ninguna de las acepciones porque nunca habían oído esa palabra. Solo si acudimos al diccionario se descubrirá el sinónimo parcial correspondiente en la variedad diatópica de los informantes, es decir, *bata*. Por su parte, esta voz está también registrada en el *DRAE*, que consigna las cinco acepciones siguientes: "*1. Prenda de vestir holgada, con mangas y abierta por delante, que se usa al levantarse y para estar por casa. 2. Traje holgado y cómodo que usan las mujeres para las tareas caseras. 3. Prenda de*

---

31   La numeración de los microtextos sigue el orden de los demás analizados en el plano sintáctico.

uso exterior a manera de blusa larga, de tela lavable, generalmente blanca, que se ponen sobre el vestido los que trabajan en laboratorios, clínicas, oficinas, peluquerías, etc. 4. Traje que usaban las mujeres para visitas o funciones, y que solía tener cola, 5. Cuba. Vestido de niña". Resulta evidente que todas las acepciones referidas a este ítem, a diferencia del anterior, giran en torno a una prenda de vestir con distintos usos. Si ponemos en comparación ambos vocablos concluiremos que son polisémicos con acepciones no coincidentes y, por lo tanto, solo parcialmente sinonímicos.

Confrontando la polisemia entre los vocablos, puede reconocerse la sinonimia parcial en la coincidencia de solo una acepción de cada uno (la tercera de *albornoz* y la primera de *bata*). Sin embargo, tales acepciones no serían tampoco del todo equivalentes si nos sometemos a lo expresado en el *DRAE*. Así, en la competencia léxica de los informantes de la variedad no castellana, *bata* comprende el significado más específico de *albornoz* sin diferenciación del material en que está hecha; por lo tanto, actúa como término inclusor respecto de *albornoz,* que al poseer un significado más restringido y particular se comportaría como hipónimo. La confrontación entre ambas pone en evidencia una relación intrínseca entre sinonimia y polisemia, pues *albornoz* adquiere el significado semejante, aunque no idéntico, a solo una de las acepciones del término comparado. Si aplicamos la noción de *espacios de variabilidad conceptual,* podríamos afirmar que el hablante poseedor del término inclusor (el no castellano) posee también un campo semántico más amplio para esta voz, en el que se pueden dar intersecciones contextuales que los sitúan en *zonas borrosas*, en que es posible la ambigüedad. Así, es un hecho que pueden darse contextos en que *bata* pueda atraer diversas acepciones en el mismo discurso. Por ejemplo, en un enunciado como: "Tocaron la puerta y salió en bata", en principio y sin otros indicios cotextuales, podrían caber casi todas las acepciones enumeradas. En general, es la polisemia la que permite tales desplazamientos, en la medida en que estos son de índole conceptual, de modo que no implican diferencias sensorialmente perceptibles.

Por lo tanto, se podría pensar que en general, se dan dos posibilidades de variación léxica en relación con un específico referente: bien —como es normal— diferencias de significado a través de significantes diferentes, bien un mismo significante para concentrar una mayor variabilidad (y, por lo tanto, mayor densidad polisémica) dentro del significado mismo. Volveré sobre este punto.

Otro de los vocablos señalados como desconocidos es *tebeo*, que refiere a las historietas infantiles con dibujos, que según el *DRAE* proviene del nombre de una revista española de 1917 llamada TBO, no necesariamente conocida en otras partes del mundo hispánico, lo cual explicaría la naturaleza restringida a una modalidad regional del español.

84.   [Explica por qué puede llorar un niño] o cuando uno de ellos va a un colegio distinto de aquel al que van los mayores, o cuando enfermo en la cama y recostado contra la almohada con sus **tebeos** y cromos y cuentos configurando su mundo (y en lo alto aviones), ve salir a los otros que se van a la playa o al río [....] (ibíd, p. 104).

De hecho nuestros informantes desconocían la palabra y no podían asignarle un significado, pues el significante era totalmente desconocido y su correspondiente para el mismo referente en su modalidad vernácula es *chiste*, que no sería el esperado en la percepción de un hablante peninsular, si bien más fácil de conectar con una historia divertida. Cabe anotar que adicionalmente el desconocimiento de la palabra *cromos,* desusada en su modalidad, no ofrecía ninguna ayuda a la interpretación textual. De todos modos, ninguno de los dos tipos de hablantes (peninsulares o no peninsulares) poseen la sinonimia *tebeo/chiste* individualmente, aunque obviamente exista en el orden extraindividual. Así, el *DRAE*, como segunda acepción de *chiste*, consigna: "*dicho o historieta muy breve que contiene un juego verbal o conceptual, capaz de mover a risa. Muchas veces se presenta ilustrado con un dibujo y puede consistir solo en este*". No se señala ninguna marca diatópica o diafásica. Como ocurre con *albornoz*, en su carácter polisémico, *chiste* tiene un espacio de variabilidad más amplio, aunque no sea el utilizado en el ámbito restringido peninsular.

2. Conocimiento del significante con un significado diferente al usado en el texto. Este segundo grado de percepción resulta particularmente relevante para nuestro análisis, en la medida en que implica un desdoblamiento más profundo de las dos caras del signo, que lleva a la asignación de un significado totalmente distinto a una misma entidad material, creándose así una suerte de polisemia no cognitiva.

A este respecto, comentemos el uso del vocablo *apuro.* Desde el punto de vista sonoro esta palabra forma parte de la competencia léxica general sin distinciones diatópicas ni tampoco diastráticas. El *DRAE*, sin embargo, ha reunido una gama de acepciones para la misma entrada, que comprende diferentes matices semánticos. En este caso es la elección polisémica, la que se inscribiría como no común a toda la diatopía del español, en otras palabras, no se trata de una polisemia cognitivamente aceptada. Veamos la siguiente ocurrencia:

85.   Todo eso podía esperar también, aun no quería ir al salón porque mis zapatos harían ruido y no hacía mucho que había vuelto a dormirse el niño, en todo caso me daba **apuro** la idea de pasar ahora por delante de su cuarto [...] (ibíd., p. 53).

Aunque la palabra *apuro* es muy conocida y usada entre los informantes que representan la modalidad analizada, el significado asignado por estos no corresponde al presente en el texto. *Apuro* para nuestros informantes tiene el significado de *prisa,* este último casi en desuso (*tengo apuro, estoy apurado*), o también de dificultad, aunque menos frecuentemente *v.g.: tiene apuros económicos o está en apuros.* En el texto, sin embargo, es otro el sentido, aunque interpretable por el contexto, el cual resulta más cercano a la acepción de *dificultad* o incluso a la de *reparo* (aunque esto no implica *vergüenza,*como aparece en la acepción 4) que a la de *prisa.* El *DRAE* reúne para esta forma varias acepciones: "*1. Aprieto, conflicto, dificultad. 2. Estrechez, escasez, penuria. 3. Apremio, prisa, urgencia. 4. Vergüenza, reparo".* Curiosamente la entrada *reparo* en el *DRAE* tiene como cuarta acepción "*duda, dificultad o inconveniente",* en que se combina en la misma definición la *duda* con la *dificultad.* Sorprende que esta última aparezca en la primera acepción de *apuro,* al lado de *aprieto* y *conflicto.* No está demás destacar que *reparo* tampoco constituye un término usual entre nuestros informantes y, concomitantemente, de la variedad hablada por estos.

Analizadas las posibilidades consignadas por el *DRAE,* solo la cuarta acepción no figura entre las posibilidades de actualización conceptual entre nuestros hablantes. En otras palabras, esta acepción sale del límite conceptual permisible para nuestros informantes y, aunque inferible por el contexto, no resulta familiar y, por ello, es inmediatamente percibida con extrañeza. De acuerdo con esta percepción, para nuestros lectores, la palabra en cuestión tiene una colocación diversa: no puede combinarse con el verbo *dar,* y esto incrementa la sensación de rareza en toda la construcción. Estas consideraciones son importantes en nuestra reflexión, en la medida en que cuando se estudia la variación diatópica del español no se suele tomar en cuenta la polisemia parcial como indicadora de las diferencias de orden léxico, las cuales se camuflan detrás de la igualdad material o sonora que hace parecer, desde una mirada superficial, que se trata de la misma palabra o unidad. Todo lo contrario: detrás de esta aparente igualdad subyacen distintas construcciones cognitivas entre los hablantes de distinta procedencia, que los llevan a la percepción de lo diferencial cuando se enfrentan a la modalidad ajena.

Ante la ausencia de marcas en el vocablo antes comentado, el discurso normativo del *DRAE* no refleja la restricción polisémica de la modalidad hispanoamericana respecto de la peninsular. Resulta pertinente señalar que tanto la ausencia cuanto la presencia de ciertas marcas en el diccionario constituye la expresión patente de que el discurso técnico normativo parte de una percepción específica de la dualidad estándar/no estándar, cuya unidad de medida parece ser la propia modalidad de los enunciantes normativos.

Esto se expresa con nitidez en muchos casos, de los que selecciono el referido al vocablo *jersey*, que aparece muchas veces en el texto y que constituye una forma neutra y general en la modalidad peninsular para indicar un tipo de prenda de vestir tejida para la parte superior del cuerpo. Incluso aparece al lado de otros términos no conocidos en la modalidad de nuestros informantes, que convierten el texto en incomprensible, como en 86:

86.   [...]con su mano llena de **churretes** que asomaba desde la larga manga de un **jersey** de lana con **cremallera** estampado de sietes (Marías: ibíd., p.46).

La definición que proporciona el *DRAE* para *jersey* es: "*prenda de vestir de punto, cerrada y con mangas, que cubre desde el cuello hasta la cintura aproximadamente*". Como se puede observar, la definición es tratada también en este discurso como neutra sin ninguna determinación adicional. En consecuencia, no va acompañada de ninguna marca diatópica, aun cuando no es panhispánica. Para la variedad de nuestros informantes, *jersey* es un tipo de tela sintética elástica, significado que está ausente en el *DRAE*.[32] En cambio, la forma propia de nuestros informantes, *chompa*, se define en este mismo diccionario con dos acepciones: "*1. Bol., Ecuad. Par., Perú, Ur. Jersey. 2. Col. y Pan. Cazadora (chaqueta corta ajustada a la cadera)*".

En la acepción que nos interesa, la palabra *chompa* aparece caracterizada como marca diatópica, a diferencia de *jersey*, pese a que el ámbito de uso de esta última está igualmente restringido a solo una pequeña región del español. Pero lo curioso es que *chompa* tiene como definición la mera mención de su supuesto sinónimo: *jersey*, a pesar de que tal sinónimo no lo es para los hablantes de ninguna de las modalidades, en la medida en que no existe sinonimia cognitiva. En cambio, bajo *jersey* no figura *chompa*, como debería esperarse de una actitud objetiva equidistante respecto de las partes, de modo que la remisión interna es unilateral, pues coloca este último vocablo en distinto rango y, por lo tanto, no se lo integra como término de comparación. Poro consiguiente, la especificación de la marca diatópica solo para la variante no peninsular señala claramente el estatuto marginal o no estándar de ella, dado que se trata de la única posibilidad de expresión léxica para el referente mencionado en las modalidades lingüísticas en que se da.

De modo transparente se evidencia con estos ejemplos que el discurso técnico está guiado por un tipo de percepción subjetiva que toma partido con la mo-

---

32   Es de notar que *jersey*, en su significado de tipo de fibra textil, se pronuncia ['jersi], en vez de [xer'sei] de la modalidad peninsular, por lo tanto existe una diferencia en el orden del significante que intensifica la separación entre ellas y las hace materialmente distintas.

dalidad propia o la elegida como referencial, esto es, la peninsular castellana. Una manera de salir del círculo reside en construir un discurso *epistémicamente objetivo* sobre tipos de hechos de carácter *ontológicamente subjetivo,* según los planteamientos desarrollados por Searle (1995), adaptados a la propuesta teórica de este trabajo. Resaltamos cómo la percepción se puede orientar de modo aparentemente arbitrario, pues se presenta una segunda acepción de *chompa* como *cazadora,* pero en este caso sí se describe el significado atribuido a este vocablo. Sin embargo, bajo la entrada *cazadora,* con ocho acepciones, solo la tercera y la cuarta se relacionan con la prenda de vestir con las características señaladas. Estas, no obstante, no llevan marca diatópica, como su correspondiente *chompa* en el uso colombiano y panameño de *cazadora.* En el Perú corresponde al término *casaca,* el cual en el *DRAE* se define en la primera acepción con un significado que no es exactamente equivalente al uso peruano: "*1. Vestidura ceñida al cuerpo, generalmente de uniforme, con mangas que llegan hasta la muñeca, y con faldones hasta las corvas*".

La polisemia cognitiva parcial se expresa también en colocaciones específicas como *dar pereza.* La palabra aislada es conocida de modo pasivo por nuestros informantes en su significante y exclusivamente en su significado de *ocio.* Pero en el texto aparece de la siguiente manera, que ha motivado la percepción de anomalía o de curiosidad, además de haber originado la no comprensión del sentido textual:

87.   'Espera un poco, no puedo casi hablar', añadió -estar mal **da pereza**-, y sin embargo dijo algo más, no estaba lo bastante mal para olvidarse de mí [...] (ibíd., p. 17).

Una primera interpretación reside en la diferencia de registro percibida en una palabra con el significado de *ocio.* Obviamente no es este el sentido textual. Vayamos a la definición del *DRAE*: "*1. Negligencia, tedio o descuido en las cosas a que estamos obligados. 2. Flojedad, descuido o tardanza en las acciones o movimientos*". No reproduzco las demás acepciones porque implican derivación (*perezoso*) o uso verbal no pertinente para el análisis. Nuestros informantes, que percibieron la forma como culta y rebuscada (registro formal), pero que conocen solo la segunda acepción, no pueden asignarle un sentido en el texto. Aparentemente el significado más próximo podría ser el de la segunda acepción. Respecto de la primera, no se comprende el motivo por el que se unen, como si fueran equivalentes, significados diversos como *negligencia* y *descuido* con *tedio.* La palabra con valor de *pereza* en el registro coloquial de los informantes peruanos sería *flojera.* En el *DRAE* aparece con dos acepciones que convierten la relación con *pereza* en sinonímica: "*1. Debilidad o cansancio. 2. Pereza, negligencia o descuido*". La primera de ellas sería la que cabría en el texto. El significado de *ocio* no está presente en la definición de esta voz. Respecto de nuestro tema, siendo sinónimos no cognitivos el hablante que no posee uno de los términos, en este caso el usado en el texto, no puede reconstruir el significado textual. Respecto de los espacios de variabilidad conceptual, podemos decir que nuestros informantes no tienen en el significado de *pereza* la posibilidad de desplazamiento hacia el concepto de *debilidad corporal,* mientras que los hablantes castellanos poseen un espacio conceptual más amplio para esta voz que les permite esta extensión semántica.

Otro ejemplo de este modo de percepción es la palabra *ultramarinos*, que aparece en el siguiente fragmento:

> 88.   [...] hasta podía ser el chico de los **ultramarinos** que viene con su pedido (Marías: *Los enamoramientos,* p. 96).

El significado implicado es tienda de comestibles, pero nuestros informantes solo conocen la acepción como un término del lenguaje no coloquial, que indica algo que viene del otro lado del mar. En efecto, esta es la acepción principal que consigna el *DRAE*: "*Que está o se considera del otro lado o a la otra parte del mar*", que se supone central, pues la segunda acepción es claramente derivada de esta: "*Se dice de los géneros o comestibles traídos de la otra parte del mar y, más particularmente de América y Asia, y en general de los comestibles que se pueden conservar sin que se alteren fácilmente ([en plural]. Lonja, tienda de ultramarinos)*". Obviamente es esta última acepción la utilizada en el texto, que es el término generalizado en el español peninsular. ¿Qué puede significar "el chico de los ultramarinos", dicho en plural? El texto no tiene ningún sentido para nuestros lectores, dado que esta acepción no es ni siquiera inferible de la central o predominante, pues si las acepciones no están codificadas en una variedad no pueden ser captadas de modo natural y espontáneo en el discurso. Por lo tanto, las relaciones internas entre signos polisémicos, si no forman parte de la cognición del mismo hablante, no son perceptibles ni deducibles lógicamente.

Ocurre algo similar con *estanco,* en el sentido del lugar en que se vende tabaco procesado para fumar, que en la competencia léxica de nuestros informantes solo podría significar la fábrica en la que se procesa el tabaco. Aunque aparece como polisémico en el *DRAE*, no consigna este significado de carácter diatópico. Solo la cuarta acepción, "sitio o tienda donde se venden los géneros estancados y especialmente sellos, tabaco y cerillas", que es el sentido más general en España y el que se adapta al texto:

> 89.   La cocaína no se compra en los **estancos**, eso sí lo sabes, ni en el bar de la esquina (ibíd., p. 37).

Curiosamente, la propia definición del *DRAE* que incluye *sellos, tabaco y cerillas,* resulta diatópicamente marcada para nuestros informantes, los cuales no pueden darse cuenta de los artículos que se venden, porque ninguno de los tres vocablos enumerados se usan en el mismo sentido en la zona de la que provienen. Particularmente el tercero no se usaría en ningún contexto.

Otro caso semejante es el de *grifo,* cuyo sentido en el texto corresponde al uso peninsular general que aparece en el *DRAE* con la novena acepción: "*9. Llave de metal colocada en la boca de las cañerías y en calderas y en otros depósitos de líquidos a fin de regular el paso de estos*". No aparece marcado diatópicamente, como sí ocurre con la décima acepción, que es la que conocen nuestros informantes: "*10. Perú. Surtidor de gasolina, gasóleo o keroseno*". Como vemos, solo en este caso y en otros correspondientes a distintas regiones americanas se consigna la marca diatópica, lo que convierte en representativo el sistema cognitivo del enunciador de la norma. Es interesante observar cómo la presencia de esa voz en el texto hace imposible entender la metáfora utilizada por el autor, que se basa en el conocimiento del significado primario de este vocablo, conocimiento que nuestros informantes, y todos los que comparten su sistema, no poseen. El fragmento textual es el siguiente:

> 90.   Mi presencia aquí [como amante], tan conspicua ahora, será negada mañana mismo con un gesto de la cabeza y un **grifo** abierto y para ella será como si no hubiera venido y no habré venido, porque hasta el tiempo que se resiste a pasar acaba pasando y se lo lleva el desagüe, y basta con que imagine la llegada del día para que me vea ya fuera de esta casa [...] (Marías: *Mañana en la batalla..*, p. 33).

Utilizado metafóricamente, en este contexto el término mencionado solo puede ser entendido (en la modalidad de nuestros informantes) en la copresencia textual de "se lo lleva el desagüe", para indicar que el amante ocasional será absolutamente olvidado cuando vuelva el marido. Nuestros informantes que solo poseen el significado de 'lugar donde está el surtidor de gasolina', no lograron comprender por qué se niega la presencia del amante con un *grifo abierto* y qué relación existe entre el surtidor de gasolina y el desagüe.

3. Conocimiento pasivo tanto del significante como del significado con cambio de valor diafásico. El tercer grado de percepción implica que el hablante conoce (la ha oído antes) la forma sonora de la palabra, reconociendo simultáneamente su significado básico, si bien le asigna un valor distinto al del texto y, por lo tanto, malinterpreta su sentido textual. Este conocimiento parcial forma parte del bagaje adquirido a través de lo que hemos llamado *percepción externa* y cronológicamente *secundaria* durante la escolaridad, aunque no se actualizaría en el discurso real. En este caso, los espacios de variabilidad no coinciden, en la medida en que no pueden actualizarse con el mismo valor pragmático o discursivo, lo que lleva a la percepción deformada respecto del valor textual propio de la modalidad sometida a juicio.

Un caso paradigmático es la presencia de *vosotros* (que integramos en el léxico, sin contradecir su remisión al sistema deíctico pronominal) en las partes dialógicas, combinada con su correspondiente flexión verbal, inexistente en la modalidad de los informantes dada la procedencia hispanoamericana de ellos, pero naturalmente comprensible, además de perceptible como variable diatópica y diafásica. Este último punto merece comentario, porque la interpretación diafásica, de acuerdo con la percepción de los informantes, es diametralmente opuesta a la propia de la forma castellana. Dada la distancia cognitiva con que se percibe este pronombre, es interpretado curiosamente como exponente de un estilo muy formal, precisamente el inverso al original. Huelga, pues, decir que para el autor del texto se trata de un estilo no marcado diatópicamente, aunque sí en diafasía para indicar tratamiento de confianza, es decir, tuteo en plural. La inversión diafásica de este pronombre junto con su correspondiente sistema flexivo verbal forma parte de una creencia muy extendida en el Perú (y probablemente en otros lugares, aunque no puedo atestiguarlo), que quizás tenga su fuente en el contacto indirecto a través de los textos literarios y de tipos de discurso considerados de alto nivel de formalidad como los sermones eclesiásticos. Pero la presencia de *vosotros* en estos últimos se debe a que los emisores de tales discursos pertenecen en muchos casos al clero español, que usa la forma como signo de acercamiento a los feligreses más que como indicador de distancia comunicativa. Esto muestra hasta qué punto existen circunstancias extralingüísticas que favorecen percepciones distintas de un mismo fenómeno lingüístico, solo porque el perceptor los asocia a derminados contextos y tipos de hablantes con características específicas. Es paradigmático el caso de un anuncio publicitario que se exhibía en las carreteras peruanas para informar al viajero de la llegada a un pueblo, el cual rezaba: *"Inca Cola la bebida de sabor nacional os da la bienvenida"*. El pronombre clítico que pertenece al subsistema de *vosotros,* aparece de modo anómalo como indicador de formalidad, aun cuando se refiere a un virtual interlocutor distante, que requeriría el pronombre de tercera persona o de segunda de cortesía (*les*). Hay que añadir además que el enunciado no se ha construido marcando un emisor, o sea en primera persona, sino en tercera y, por lo tanto, no debería admitir el tratamiento hacia una segunda persona. La deixis social del pronombre plural es, pues, inapropiada.

Resulta significativo observar que nuestros informantes ni siquiera percibieron la presencia en el texto de la flexión correspondiente al antiguo pronombre *vos* con valor distinto al de *vosotros* actual, usada por dos personajes de la novela *Mañana en la batalla piensa en mí* cuando se dirigen al rey:

91. —Pero no **podéis** cometer villanías, ni **atraeros** desgracias, señor, por ese motivo —le dijo levemente angustiado—. Quiero decir tropelías —rectificó en seguida la connotación incompatible.

—'Santo cielo, le llama de **vos**', pensé, 'este hombre es en verdad un entusiasta' (ibíd., p.158).

92. —Pues yo soy de esas, señor, de las que se fijan: tanto en la prensa como en los telediarios bebo **vuestras** palabras, cuando las pillo. Aunque no las **escribáis vos** mismo, hace gran efecto que **seáis vos** quien las dice, hasta a mí misma que **os** veo a diario en privado y sé lo que **hacéis** y lo que **opináis** sobre muchas cosas, me cuesta no tomármelas al pie de la letra sobre la pantalla, aunque no siempre entienda de qué se trata.

También lo llamaba de **vos** no supe si como norma o por momentáneo influjo de Téllez (ibíd., p.160).

Como se puede observar en los textos anteriores, esta falsa percepción se manifiesta incluso ante la aclaración del protagonista, quien en los dos textos citados (91 y 92) hace notar sorprendido el uso de *vos* en singular para dirigirse a una persona de alta jerarquía; con lo cual se señala con claridad el cambio diafásico en el propio texto. Sin embargo, nuestros informantes no lograron entender las aclaraciones metalingüísticas del protagonista para interpretar adecuadamente el uso de *vos*. Antes bien, estos terminaron reforzando la falsa idea de que la flexión verbal, junto con el pronombre objeto *os* y el posesivo *vuestro*, siendo los mismos utilizados en concordancia con *vosotros,* corresponden al tratamiento de distancia y de respeto y, por lo tanto, son privativos de discursos muy formales.

Otro caso digno de comentario es el referido al verbo *añorar,* cuyo contexto de aparición presento aquí:

93. Y justamente después me había confesado: 'Lo **añoro** sin parar, ¿sabes? Lo **añoro** al despertarme y al acostarme y al soñar y todo el día en medio, es como si lo llevara conmigo incesantemente, como si lo tuviera incorporado, es decir en mi cuerpo' (Marías: *Los enamoramientos,* p. 396).

Los informantes señalaron esta palabra como perfectamente comprensible, aunque admitiendo que no la usarían en su propio discurso. En vez de ella, les resultaba más natural decir: *"lo recuerdo/lo extraño sin parar"*. En la percepción de los lectores se trataba de una voz no coloquial que revelaba un estilo literario. Veamos la definición del *DRAE*, que contiene una sola acepción sin indicación diafásica, interpretable como no polisémica y neutral desde el punto de vista estilístico: *"Recordar con pena, la ausencia, privación o pérdida de alguien o algo muy querido"*. Sin embargo, para nuestros hablantes este vocablo resultaba marcado. Los correspondientes *recordar o extrañar,* que para ellos habrían sido los más naturales y espontáneos, actuarían como sinónimos cognitivos con algunos matices diferenciales. Respecto de *recordar*, hay solo una equivalencia parcial, pues se pueden recordar hechos positivos y negativos, mientras que el significado de *añorar* está restringido solo a personas u objetos queridos, es decir implica una relación positiva. En cambio *extrañar,* de carácter polisémico, que en el *DRAE* tiene como cuarta acepción "*echar de menos a alguien o a algo*", *sentir su falta,* al lado de otras acepciones de carácter negativo, se mostraría equivalente al significado único atribuido a *añorar*. En este caso, el hablante cuenta con ambos vocablos en su conocimiento lingüístico, parcialmente sinónimos, pero solo uno de ellos, el polisémico, es actualizable en su uso lingüístico concreto. En este sentido, *extrañar* es solo parcialmente equivalente a *añorar*.[33] El valor de este último en la percepción de nuestros lectores es distinto del que le imprimen tanto el autor como el *DRAE* y, por lo tanto, de alguna manera altera el sentido textual. Nuevamente vuelven a actuar de manera combinada la sinonimia con la polisemia.

Con *alcoba* sucede algo similar, en el sentido de que los informantes conocen la palabra, pero no la usarían en su habla cotidiana. Sin embargo, es la palabra utilizada por el autor para indicar el dormitorio. Las acepciones del *DRAE* son las siguientes: "*1. Dormitorio. 2. Caja, piezas de las balanzas. 3. Lugar donde estaba el peso público. 4. Jábega [tipo de red]. 5. Tertulia que los virreyes de México tenían en su palacio.*"

Como vemos de esta gama de posibilidades significativas, solo la primera corresponde al lugar donde se suele dormir. Existe, por otro lado, alguna relación entre 2 y 3, en la medida en que remiten al peso. Las acepciones 4 y 5 parecen aisladas, si bien la tertulia la asociamos a un lugar del palacio, aunque no parecería un dormitorio. La cuarta acepción no se conecta con ninguna de las demás. En la red de acepciones, hay unas más distantes que otras desde el punto de vista lógico. Resulta una tarea bastante compleja establecer la conexión lógica entre todas las acepciones atribuidas al mismo significante. Lo que interesa en relación con nuestro tema se referiría exclusivamente a la primera acepción, que es la única actualizada en el texto de modo inequívoco. Es bien conocido el hecho de que los significados léxicos en el discurso suelen atraer una sola posibilidad significativa, a diferencia de los espacios de variabilidad en el orden sintáctico, que hemos trabajado en el capítulo anterior, en que los significados con fre-

---

33   A pesar de que la entrada del *DRAE* referida a *extrañar,* carece de marcas diafásicas, mi percepción del uso de hablantes peninsulares, que se sorprenden ante mi uso de *extrañar* con el valor de *echar de menos,* me hace pensar que el vocablo *extrañar* no es para ellos natural y, más bien, les llama la atención como raro, al lado del normalmente usado: *echar de menos*.

cuencia coocurren en el mismo punto de la secuencia generando ambigüedad. Veamos los siguientes ejemplos:

94.   Quiero decir lo primero y tras la interrupción del proceso, ya habíamos llegado a su **alcoba** y estábamos medio echados, medio vestidos y medio desvestidos" (Marías: *Mañana en la batalla piensa en mí,* p. 13)

95.   Miré hacia las paredes de aquella **alcoba**, en la que al entrar no me había fijado... (ibíd., p. 17).

96.   María Téllez debía de estar muy mal para no reparar en la presencia de su hijo en su **alcoba** en mitad de la noche... (ibíd., p. 34).

97.   [...] vi la situación de manera distinta, esto es, cuando entré en la **alcoba** sentí vergüenza por primera vez ante el cuerpo semidesnudo de Marta [...] (ibíd., p. 60).

98.   [...] y vi cómo se los quitaba con los propios pies [los zapatos] al llegar a la **alcoba** y su estatura disminuía de pronto haciéndola más carnal y apacible[...] (ibíd., p. 63).

La presencia de la palabra varias veces en el texto y la definición lexicográfica carente de marcas pueden hacer inferir que se trata de una palabra neutra, general en la lengua, es decir que no suscita distinciones dialectales, ni sociales ni pragmáticas, de modo que cualquier hispanohablante podría decir: *me voy a mi alcoba, Juan está en su alcoba, ve a tu alcoba.* Si así fuera no habría sido objeto de percepción de nuestros lectores. Aunque estos reconocen la palabra y su significado referencial en su primera acepción, jamás la usarían en los contextos orales similares a los mencionados porque no aparecería nunca en el lenguaje espontáneo y es, además, percibida como libresca y artificial. La más común sería *cuarto* y, en segundo lugar, como forma más cuidada, *dormitorio.* Si se tratara de un lector mexicano probablemente preferiría *recámara.* En todo caso, la palabra fue percibida como propia de un estilo rebuscado, y el desajuste verificado es solo de orden diafásico. Como se puede observar, este orden aparece aquí íntimamente conectado con el diatópico. En definitiva, los hablantes ajenos a la modalidad castellana tienen solo un conocimiento pasivo de *alcoba* con un espacio de variabilidad conceptual nulo con escasa o ninguna posibilidad de actualización discursiva.

Síntesis

Como hemos visto, en todas las interpretaciones está involucrada la percepción, de modo que la variación léxica implica distintas maneras de captar y de fijar determinados vocablos de la lengua. En el experimento realizado se ha comprobado de modo patente el carácter selectivo y diferenciado de la percepción colectiva referida a la misma lengua. Normalmente esta selección se manifiesta en el hecho de que el hablante no dirige su atención hacia aquello que coincide con su propia modalidad, en este caso, a la correspondencia cognitiva indisoluble de significante y significado que ha recibido en su sistema primario, la cual, por consiguiente, no está sujeta a cuestionamiento alguno. Hemos visto que ni siquiera el enunciante normativo que está llamado a presentar un conocimiento objetivo desde el punto de vista epistémico se escapa de esa condición. En cambio, la percepción consciente se reactiva cuando se está ante un uso distinto del de la modalidad vernácula, y entonces se vuelve a ejercitar la capacidad analítica a través del desdoblamiento de la forma sonora respecto de su contenido. Al hacer esta escisión no natural, el hablante puede enfrentarse con, por lo menos, tres posibilidades, que hemos identificado como diferentes grados de percepción, ordenados de mayor a menor:

1. El desconocimiento total del significante y del significado (y, por lo tanto, la ausencia de sinonimia cognitiva), que representaría el grado más alto de percepción, pues se hace indescifrable el sentido específico. Si bien se reconoce la combinación fonológica como propia de la lengua, no puede identificarse la forma sonora en su totalidad como representativa de una unidad léxica con un contenido determinado.

2. El conocimiento parcial de la forma: el hablante conoce el significante, pero lo asocia a un significado distinto del usado en la modalidad ajena. En este caso, como hemos visto, se producen incomprensiones del sentido textual.

3. El conocimiento pasivo de la forma: implica que el hablante conoce tanto el significante como el significado, pero hace distintas asociaciones de índole diafásica y, en consecuencia, conecta el signo en bloque con contextos de naturaleza diversa. Se establece aquí una particular unión entre diatopía y diafasía.

El primer caso supone la no existencia de la sinonimia cognitiva, pues el hablante no posee un término de comparación para buscar el significante con un contenido idéntico o próximo. En cambio, 2 y 3 implican que el hablante cuenta con un término de comparación, *i. e.* el significante, lo que le hace posible hacer asociaciones diversas. Como resultado de estas, se genera una polisemia no cognitiva, en tanto que no coincide con la de la modalidad ajena ni con la consagrada en la percepción científica.

Mientras los hablantes no se expongan al discurso de otras modalidades, las no coincidencias parecen de exigua importancia. Estas se vuelven prioritarias solo cuando las variedades lingüísticas se confrontan en el contacto, bien a través de la actividad de lectura en que se busca la inteligibilidad textual (como lo hemos ejemplificado aquí), bien en las confrontaciones orales, esporádicas o cotidianas, estas últimas especialmente relevantes en los contextos de contacto migratorio, que trataré en el próximo apartado.

En los casos en que se verifica una variación en el orden del significado, *i. e.*, la polisemia, podemos afirmar que los desajustes en la percepción van de la mano con las diferencias entre espacios de variabilidad conceptual asignados a una misma forma léxica. Por un lado, determinados grupos o modalidades poseen espacios conceptuales más amplios en torno a una misma palabra y, por lo tanto, se puede manifestar un mayor número de *zonas borrosas* en distintos contextos. Por otro, comparativamente, grupos o modalidades distintas presentan espacios más restringidos y, consecuentemente, menores posibilidades de intersección. Como esto no ocurre con la misma intensidad ni de la misma manera para todos los múltiples vocablos de una lengua, existen zonas amplias del vocabulario, las más numerosas, en que se da una confluencia entre modalidades, al lado de zonas léxicas muy específicas de divergencia. La investigación futura debe encargarse de identificar estas últimas zonas que lejos de atentar contra la llamada unidad de la lengua son las que enriquecen las posibilidades de significación de esta, y hacen del hablante el creador y transformador constante de los contenidos transmisibles en una lengua.

La percepción en el contacto lingüístico por migración

Resulta obvio que cualquier situación de contacto de lenguas o de variedades lingüísticas distintas en un mismo espacio supone la puesta en juego de la percepción como mecanismo primario en el proceso de convivencia social. Sin embargo, aun teniendo en cuenta la obviedad, poco se ha centrado la investigación en la incidencia de la percepción en los fenómenos producidos por el contacto. Un primer punto a considerar es que cuando se trata del aprendizaje de otra lengua o de la exposición a una variedad distinta de la misma lengua se activa la percepción como único medio de comprensión y de reproducción o de acercamiento comunicativo entre los implicados. La circunstancia social que favorece el contacto es el desplazamiento demográfico colectivo de grupos de un espacio a otro; es decir, la migración, sea interior, dentro de las fronteras del propio estado, sea exterior, hacia un país extranjero.

La historia de las migraciones de la humanidad permite entrever el cauce natural de la diversidad lingüística, si consideramos que todo desplazamiento colectivo de considerable densidad de un espacio a otro, independientemente de las motivaciones, sean políticas (guerras, colonizaciones, persecuciones), sean sociales (culturales, económicas), sean individuales (sobrevivencia familiar, mejora económica), produce un mismo resultado: instaura una relación de convivencia, cualquiera que esta sea, entre personas de ambientes socioculturales diferentes.[34] Coyunturas semejantes crean las circunstancias de contacto de variedades de lenguas distintas o de una misma lengua antes separadas por la distancia espacial.[35] Si bien el contacto puede ocurrir en situaciones que no sean de migración, toda migración supone contacto lingüístico, si no necesariamente de lenguas distintas, al menos de variedades diversas o de sistemas de variación diferentes dentro o fuera de las fronteras nacionales.

Las relaciones entre fenómenos de contacto y de migración han sido ampliamente analizadas por Zimmermann/Morgenthaler (2007) y Zimmermann (2009), a la luz de una discusión epistemológica sobre la construcción de una disciplina independiente *Migrationslinguistik*, con su propio objeto de estudio, diferente respecto del de la mera lingüística del contacto o de la sociolingüística. Los autores citan y discuten la propuesta en esta dirección formulada por Krefeld (2004), y Gugenberger (2003), quienes han realizado importantes contribuciones al análisis de los fenómenos lingüísticos y sociopragmáticos producidos por la migración en distintos ámbitos sociolingüísticos (*cf. Revista Internacional de Lingüística Iberoamericana* V/2 (2007), edición coordinada por Zimmermann y Morgenthaler, dedicada a la "Lengua y migración en el mundo hispanohablante").[36] Es de señalar asimismo la aparición en 2009 de la revista *Lengua y migración*, bajo la dirección de Francisco Moreno Fernández, como canal de difusión de la investigación hispánica en este ámbito de estudios.

De modo específico, en lo que se refiere al mundo hispánico, las circunstancias sociopolíticas han convertido parte del siglo pasado y lo que va del presente en

---

34   *Cf.* Zimmermann (2009:134-135), quien establece una tipología tripartita de las migraciones, a saber, migración por decisión propia, por conquista y por deportación forzada. Cada uno de estos tipos comprende diferentes subtipos agrupados en torno a las diveras motivaciones.

35   Al referirme a las lenguas diferenciadas de las variedades, naturalmente no quiero significar que el contacto se produzca entre entidades abstractas, pues en última instancia son siempre concretizaciones de las lenguas, esto es, variedades específicas de estas las que entran en juego en los contactos.

36   Al intentar delimitar el objeto de una lingüística de la migración, Zimmermann (2009:132) propone —a diferencia de Gugenberger (2003), Krefeld (2004) y Kluge (2005 *apud* Zimmermann)— restringir el campo de pertinencia de la disciplina a solo "la investigación de migraciones de personas y grupos que constituyan minorías (en el sentido sociopolítico, no solo cuantitativo), o sea grupos que no pertenezcan a las capas del poder del país o territorio receptor". Tanto para Gugenberger como para Krefeld y Kluge, cualquier traslado de personas constituye materia de esta disciplina. Al tener como foco de estudio solo la percepción y abordarla respecto del fenómeno migratorio masivo, no me detendré en los alcances de las propuestas comentadas.

una era de migración tanto interna, dentro de las fronteras de un mismo país, como externa, sea continental, sea extracontinental. Se ha abierto entonces una línea de indagaciones que tiene como propósito central el estudio de la influencia de estos desplazamientos en la variación y el cambio del español. Como hemos dicho, en situación de migración es la percepción el elemento central que se pone en juego en el encuentro de exponentes de sociedades y culturas diversas, en la convivencia cotidiana, esto es, en el contacto lingüístico-social. Consecuentemente con esta comprobación, la cuestión primordial que me ocupa en este trabajo será determinar qué función desempeña la percepción en la dirección específica en la que se encamina la variación y, eventualmente, el cambio en las lenguas o variedades involucradas en el contacto.

El espacio mental

Al hablar de variedades o de lenguas en contacto migratorio, como es obvio, el foco central recae en el concepto de espacio, protagonista de la diversidad lingüística. En principio, las lenguas o las variedades que viven separadas en la dimensión espacial y que, por lo tanto, son desconocidas total o parcialmente por quienes no las hablan, se trasladan con sus hablantes y se confrontan directamente en una dimensión comunicativa. El hablante que, en la generalidad de los casos, solo conoce su variedad local, se enfrenta por primera vez a otra variedad, que puede desconocer totalmente y que no le permite la expresión adecuada a las expectativas de los nuevos receptores ni tampoco la comprensión. La diatopía, como lo he afirmado antes, tiene un común denominador con la diacronía, en el sentido de que implica separación y distancia entre variedades o lenguas diversas y, por lo tanto, desconocimiento recíproco de estas. El contacto migratorio origina una recomposición de la diatopía fundada en una supuesta relación inmutable entre variedad y espacio, como si la primera estuviera soldada o encadenada a un lugar. Desde este punto de vista, enfrentar el fenómeno de contacto por migración requiere un cambio de óptica respecto de lo que se entiende por variación espacial de una lengua.

En la perspectiva de la dialectología tradicional, las variedades geográficas de una lengua son concebidas como modalidades fijas que tienen como referencia fundamental espacios reales, los cuales pueden corresponder a países, regiones o zonas identificables en la cartografía, la cual aspira a representar una realidad objetiva. Se establece entonces una relación simbiótica entre el origen de los hablantes y su modo de hablar. Si bien se acepta el hecho de que los límites geográficos no se corresponden necesariamente con los lingüísticos (a través del antiguo concepto de *isoglosa*), y que los usos pueden extenderse de modo horizontal, el dinamismo demográfico no suele constituir el foco de atención y se tiende a considerar las variedades como inmóviles espacialmente. Incluso en la teoría de la variación coseriana, aun cuando la oposición entre *sintopía/diatopía* forma parte de la arquitectura de la lengua, el espacio no deja de tener un valor objetivo, de modo que no se llega a poner en el centro del razonamiento la relación de los hablantes respecto de su espacio referencial (Coseriu 1973, 1981b).

En la perspectiva sociolingüística laboviana de los primeros años, la variación espacial no se coloca en el centro de la problemática variacionista: de hecho, en la lista de factores condicionantes de la variación no figura el espacio, de modo que este se da por consabido y parece cumplir solo la función de identificar y nombrar la variedad estudiada, que suele ser la de los grandes centros urbanos, los que en los momentos iniciales no fueron abordados en relación con los procesos de adaptación y acomodación de los hablantes respecto de sus desplazamientos migratorios. El factor diatópico, que ocupa un lugar importante en la tradición europea, no está explicitado entre los factores sociales labovianos, probablemente porque no puede someterse en la misma medida que los demás factores al principio de mensurabilidad cuantitativa. Hay que reconocer, sin embargo, que en las últimas versiones de la teoría, Labov confiere un mayor relieve al componente espacial, aunque sin llegar a introducirlo como factor condicionante externo de la variación (Labov 2001). El espacio que entra en el escenario de la variación se circunscribe a una microterritorialidad como la de los barrios, la cual se convertirá en el *locus* central del cambio lingüístico (Labov 2001). Y es precisamente de la estructura microsocial de estas comunidades locales, cuyo contenido poblacional resulta un elemento importante, en la medida en que son considerados los diferentes grupos inmigrantes, que surgirán los comportamientos grupales, en los que destacarán los 'líderes' del cambio (Labov 2001:323 y ss.). La figura del 'líder' es ampliamente analizada por Labov, quien se vale de los estudios de Eckert (1999) para abordarla como fenómeno psicosocial de alcance más general que corresponde a un perfil del hablante de tipo *no conformista* (*non conformist*). De acuerdo con esta figura, el cambio surgiría, se transmitiría y se difundiría a partir de la acción de individuos no conformistas, que serían referenciales para los demás miembros del grupo. Esta propuesta da un vuelco a la visión tradicional sociolingüística, en el sentido de que la verdadera génesis del cambio parece buscarse en la dimensión individual más que grupal (*cf.* Labov 2001).

Paralelamente a los postulados labovianos, la movilidad de los dialectos en situaciones de contacto comienza a ocupar el centro de la escena en los planteamientos de la dialectología social (*cf.* Trudgill 1986 y Chambers 1998) y se convertirá en protagonista de la variación en la línea de la sociolingüística inglesa y europea en general, focalizada en el estudio de los procesos de convergencia/ divergencia dialectales a propósito de la migración europea actual (*cf.* el proyecto "The Convergence and Divergence of Dialects in a Changing Europe", concebido por Peter Auer y Frans Hinskens; ver a este respecto Auer/Hinskens/ Kerswill 2005, Kristiansen/Jørgensen 2005). Por otro lado, se incrementan las investigaciones sobre migración rural (Le Page 1980, Le Page/Tabouret-Keller 1985, Bortoni-Ricardo 1985). En general, la productiva línea de estudios sobra las lenguas y dialectos en contacto que se ha intensificado en los últimos años ha llevado de modo natural a una perspectiva más dinámica de lo que se entiende como variación espacial, aun cuando no se haya propuesto de modo explícito una reelaboración del concepto de espacio (sin intentar obviamente la exhaustividad, véanse, por ejemplo, Auer/Hiskens (1996) o, en el ámbito hispánico, Silva-Corvalán (1994), Klee/Caravedo (1996), Moya Corral/García Wiedemann (1995), Villena Ponsoda (2001), o, más recientemente, el proyecto de contacto de variedades en Nueva York en Otheguy/Zentella/Livert (2007) y Otheguy/ Zentella (2012).

En los años ochenta cuando empecé a analizar la complejidad sociolingüística de la ciudad de Lima, a propósito de mi participación en dos grandes proyectos en los que el espacio es el protagonista, por un lado, el referido al *Estudio coordinado de la norma lingüística de las principales ciudades hispanohablantes*", actualmente denominado "Proyecto Juan M. Lope Blanch" en honor a su fundador (Lope Blanch 1966) y, por otro, el del *Atlas lingüístico de Hispanoamérica* (Alvar/Quilis 1984), intenté reelaborar la noción convencional de espacio, entendiéndola como *espacio geosocial*, más que puramente geográfico, con la finalidad de apuntar al significado de escenario cuyo verdadero contenido es una sociedad cambiante, marcando así una distancia neta con el concepto tradicional de índole geografista de espacio utilizado en la dialectología y en la sociolingüística en ese entonces vigentes (Caravedo 1990). Poco tiempo después he llegado a pensar que el carácter social del espacio se asienta más bien en una dimensión conceptual que he ido desarrollando gradualmente en diferentes trabajos, a través del desarrollo del concepto de *espacio mental* (Caravedo 2001, 2005, 2009a).

La base de esta propuesta reside en la comprobación de que los espacios en que discurren las lenguas en tanto realidades materiales no tienen el mismo valor ni las mismas características para todos los seres humanos, y de que, en el terreno de las lenguas, los hablantes elaboran, sobre la base de creencias transmitidas de generación en generación a las que se añaden las de la propia experiencia vital, ideas no siempre justificadas ni razonadas sobre el espacio ajeno, en relación con las cuales, reconocen y evalúan modalidades o dialectos diversos de los propios. Gran parte de las valoraciones lingüísticas se basan en esas conceptualizaciones que constituyen meras creencias o suposiciones sin correspondencia exacta con una realidad fáctica, de tal modo que pueden llegar a ser falsas, imprecisas o arbitrarias. De otra parte, esta idea de *espacio mental* ha resultado compatible con las nuevas visiones geográficas que Johnstone (2004) explicita posteriormente de modo pertinente y significativo, y con las renovadas revisiones críticas de la sociolingüística sobre el tratamiento del espacio. Me refiero a las que se encuentran —además de Johnstone— en Fought (2004), especialmente, Eckert (2004) y Milroy (2004), y, asimismo, a los planteamientos de Preston (1989,1999) en esta dirección. En esta línea, los espacios dejan de verse como meros territorios de asentamiento humano y adquieren un valor simbólico, pues constituyen producto de una construcción mental en la que los hablantes del lugar y también los ajenos a él tienen una participación activa.

Ahora bien, el espacio mental no implica la inexistencia de espacios definidos en los que los hablantes comparten ciertas características lingüísticas, que generalmente los foráneos logran identificar. En razón de esto, diferenciaré entre distintos órdenes de intelección del espacio, que sintetizo de la siguiente manera: material, social y mental.

    a.   El orden material implica el reconocimiento y localización de un *locus* con determinadas características físicas, naturales y no naturales (incluso arquitectónicas).

    b.   El orden social implica que los espacios, cualquiera que sea su dimensión, al estar habitados, incluyen una población que les imprime forma y vitalidad. Tienen, en este sentido, un carácter colectivo.

    c.   El orden mental supone el conjunto de significados asignados a un espacio tanto por sus habitantes, cuanto por los que no lo son. Se trata de una dimensión simbólica y subjetiva, dependiente de los perceptores.

Un aspecto sustancial es que los órdenes mencionados no se dan separadamente, sino que se entremezclan y hasta se fusionan, si bien terminan subordinándose al orden mental. Es este último el que dirige la percepción y reinterpreta las características espaciales, incluso las de base aparentemente física o geográfica, como lo mostraré más adelante.

En relación con lo argumentado, al considerar los espacios en la migración hay que replantear la conexión tradicional entre variedad lingüística y espacio establecida como si fuera inmutable, privilegiando la movilidad como un factor esencial. En efecto, el desplazamiento espacial de los hablantes no solo traslada su variedad a un *locus* en que no existía, sino que además la transforma al insertarse en un nuevo escenario social. No es posible entonces seguir considerando lo propio del lugar con el criterio del hablante originario, dado que en las actuales sociedades los hablantes originarios de un espacio son escasos e incluso descendientes de antiguos inmigrantes, de modo que el contenido poblacional, por lo general, constituye el resultado de una mezcla de individuos de distintas procedencias. Desde el punto de vista cognitivo, en la coincidencia espacial se ponen cara a cara los hablantes provenientes de regiones geográficamente distantes; en consecuencia, se activa la percepción directa de lo diferente. Lo lejano y lo ausente se convierte en presente y directamente reconocible. Pero, además, las propias simbolizaciones son susceptibles de modificarse en el nuevo escenario del contacto, de modo que podemos decir que, desde el punto de vista conceptual, los espacios de ambas partes en el contexto migratorio son móviles y cambiantes tanto para los supuestamente originarios cuanto para los que no han nacido en ellos. Y aún más, pueden ser varios espacios mentales los que se confrontan, según se adopte el punto de vista del que se desplaza o del receptor.

Por otro lado, el desplazamiento migratorio no constituye un estadio inmutable, antes bien se trata de un proceso en que se pueden identificar distintas etapas. En relación con la inmigración europea de las últimas décadas, Bastenier/Dassetto (1990) establecen tres fases definidas en un ciclo migratorio: a) aislamiento del recién llegado, b) formación de grupos cohesivos familiares, c) inserción social a través de la escolaridad. Pero, a decir verdad, ese proceso es mucho más complejo y comienza ya antes de la llegada al nuevo lugar e incluye, como bien lo ha observado Gugenberger, diversos aspectos de diferente carácter: las motivaciones del abandono del lugar de origen (generalmente, circunstancias de extrema pobreza y de búsqueda de medios de sobrevivencia), los contactos previos con los coterráneos que han migrado, las expectativas sobre la base de una idea que luego tendrá que confrontarse con la realidad (Gugenberger 2007). A esto se añade la llegada misma, que implica grandes dificultades, y el largo periodo de establecimiento en la ciudad, en el cual el migrante deja de ser tal. Obviamente desde el punto de vista lingüístico, se establecerán diferencias saltantes entre quienes migran a espacios en que se hablan diferentes lenguas y quienes se desplazan a lugares en que se habla la propia lengua, como sucede en el caso de la migración hispánica, de modo que es el contacto entre variedades diatópicas el que entra en juego.

La primera fase del contacto resulta determinante en el proceso, y en ella se delimita con nitidez la dicotomía *originario/foráneo* respecto de los protagonistas de ambas partes: inmigrantes y pobladores locales. Esta calificación no implica que los originarios lo sean realmente en un sentido absoluto, pues muchas veces son descendientes o ellos mismos migrantes de otras zonas del país, pero lo importante es que así son considerados por ambas partes. Ambos categorizan los términos de la polaridad y les confieren un contenido fijo que guarda relación con la concepción que se tiene de los espacios que entran en juego en el contacto. No basta sino tomar como ejemplo los valores que adquieren formas como *extracomunitario* en el contexto europeo (aplicada de modo selectivo a cierto tipo de inmigrantes y no, por ejemplo, a los individuos procedentes de Estados Unidos que en sentido estricto pueden considerarse extracomunitarios). Piénsese también en los gentilicios mismos, como *latinos o sudamericanos*, este último en su versión derivada: *sudaca*,[37] usado hace algún tiempo en España con un valor despectivo, o *serrano* y su derivado *serrucho* para identificar al individuo andino en el contexto de la migración interna peruana, entre muchos otros más, todos con valor peyorativo, que no solo designan un lugar de procedencia sino que al mismo tiempo lo evalúan, de acuerdo con concepciones imaginarias de los espacios originarios. Esta primera confrontación, que supone la percepción directa de lo diverso, confiere un soporte real a la visión imaginaria o utópica de los espacios nuevos o no conocidos. Y es en este primer momento del contacto en que los rasgos diferenciales adquirirán carácter sintomático o *indexical*. De un lado, los pioneros llevan consigo sus espacios, que no son sino recuerdos, ideas, conceptos, creencias, en busca de otro espacio idealizado que no deja de ser producto de una construcción mental muy distinta de la realidad, un mundo sin contexto presente ni pasado, que se reconfigurará y se remodelará ante las nuevas condiciones de coexistencia que suelen ser duras y conflictivas. De otro lado, los habitantes del espacio receptor activan sus propias concepciones sobre los inmigrantes a partir de sus creencias sobre el espacio del que provienen. Generalmente los receptores tienen una visión estereotípica y generalizadora de los espacios de los inmigrantes, que en la confrontación concreta puede adquirir en ciertas circunstancias —desde esa percepción parcial— carácter comprobatorio.

Pero el asunto no queda aquí. En fases posteriores los recién llegados dejan de serlo y se tratan de acomodar y de adaptar a la vida de la ciudad: muchos tienen incluso hijos en ella, los cuales se convierten, en sentido estricto, en los nuevos habitantes originarios de la ciudad. No obstante, la situación no cambia. Lo curioso es que este sentido estricto no tiene ningún valor para los habitantes de la ciudad, quienes por mucho tiempo seguirán considerando a los hijos de inmigrantes como forasteros o como no pertenecientes a la ciudad. La inserción social envuelve, pues, varias etapas con grandes periodos temporales de marginalidad en que los inmigrantes se agrupan entre ellos conformando redes sociales densas que les sirven de apoyo (*cf.* Milroy 1980; Milroy/Milroy 1985). El mundo laboral (que puede comprender actividades ocasionales), o el escolar (según la edad del migrante) constituye sin duda el primer paso de la inserción (que no significa integración) en el nuevo ambiente, si bien al abrir las puertas de la comunicación con los pobladores locales, a la vez, paradójicamente, representa el obstáculo fundamental para la comunicación horizontal o simétrica, porque

---

37   Recientemente en el contexto de la migración hispanoamericana en España se han añadido
     otros, como *panchi,* para citar un ejemplo.

acentúa las diferencias socioculturales y lingüísticas.[38] El trabajo (cuando el individuo logra encontrarlo) tiene por lo general el carácter de no calificado y es considerado inferior o de segundo orden en la visión de los habitantes del lugar. La permanencia en la ciudad no implica, pues, una real integración, sino, en muchos casos, la acentuación de la marginalidad conflictiva que, extendida en el tiempo, retroalimentará las ideas estereotípicas y constituirá la fuente de la discriminación y de los desajustes sociales. En el orden escolar, por ejemplo, se ha observado en el contexto de la migración hispanoamericana a Italia, cómo los hijos de inmigrantes no logran interactuar de modo simétrico con los compañeros italianos, y desarrollan inseguridad lingüística respecto de su lengua de origen (*cf.* Carpani/Ariolfo/Sanfelici 2011; Ariolfo 2012). En el proceso de escolaridad emerge con mayor fuerza el problema lingüístico, como centro conflictivo pleno de desigualdades, sobre todo en la confrontación con la enseñanza normativa y con los valores institucionales del lugar (Ariolfo 2012).

La segunda generación, los hijos de inmigrantes nacidos en la ciudad receptora o llegados en los primeros años de vida constituye, pues, el primer eslabón hacia la integración en la ciudad, pues en el primer caso son naturales del lugar donde viven, y este es su único espacio de referencia.[39] Ya no son los que vienen de fuera y carecen de espacio propio, los que habitan o —usando un término infeliz para citar a los receptores— los que *invaden* el espacio de otros: ahora son ellos también los poseedores del espacio que ocupan. Esta segunda generación es la que sirve de puente entre inmigrantes, de un lado, y pobladores de la ciudad, de otro, de modo que cumple un papel fundamental tanto en la transmisión de los fenómenos de variación y de cambio en una doble dirección, como en el mantenimiento de determinados fenómenos, pues no es la variación lo que exclusivamente se pone en juego cuanto, al mismo tiempo, los aspectos constantes que se resisten a ella (Caravedo 2010b). La segunda generacion de inmigrantes ha sido objeto de estudios sociológicos, especialmente en los Estados Unidos (*cf.* Zhow 1997), y se ha ido refinando en una gradación de distinciones que miden la edad de llegada de los hijos de inmigrantes y la diferencian de los hijos nacidos en el lugar de acogida (*cf.* Rumbaut/Portes 2001, López/Stanton-Salazar 2001, Rumbaut 2004). Así, Rumbaut secciona, a través de un análisis intergeneracional, los grupos llegados en la infancia de 0 a 5 años, en la pre-adolescencia de 6-12 años y en la adolescencia de 13 a 17, a las que asigna valores numéricos

---

38   Para el desarrollo del concepto de integración en la situación migratoria, v. Moreno Fernández (2009a). Para una reciente aplicación empírica de ese concepto al estudio de la inmigración ecuatoriana en Madrid, *cf.* Sancho Pascual (2014).

39   Los hijos de migrantes que llegan a la ciudad receptora en edades más avanzadas, por ejemplo, en la segunda infancia o en la adolescencia, tienen que enfrentar problemas de adaptación más complejos que los de los hijos nacidos en el lugar migratorio.

decimales, como generaciones 1.75, 1.5 y 1.25, respectivamente. Ahora bien, tales distinciones, válidas en la sociología de la migración, deben adaptarse a la fenomenología lingüística, en la medida en que en ella está implicada la adquisición del lenguaje, la cual depende de otros tipos de cognición. De hecho, aplicando el enfoque perceptivo, la llamada generación 1.75 puede considerarse semejante a la de los nacidos en el lugar de inmigración, pues los individuos no han desarrollado la percepción externa de la variedad de su lugar de origen, y cuentan solo con la fase primaria, incluso incompleta. En cambio, las etapas de pre-adolescencia y adolescencia (1.5 y 1.25), en que el sujeto ha alcanzado una fase de escolaridad en su lugar de origen (*fase secundaria* de la percepción, como lo he desarrollado en el segundo capítulo), este somete a confrontación conflictiva el sistema primario de procedencia con el de la sociedad de llegada. Incluso los adolescentes llegan a percibir negativamente la modalidad de los padres (primera generación de inmigrantes) y experimentan sentimientos de distancia o de vergüenza, incluso ante los intentos infructuosos de imitación de la variedad local de parte de los padres. Estos grupos experimentan la traumática separación respecto de su espacio de procedencia, el cual deja de ser un punto referencial en relación con el nuevo espacio. Por consiguiente, su variedad vernácula deja también de ser neutra y se convierte en objeto de observación y de evaluación negativa.

Sin duda, una metodología adecuada para estudiar los procesos de variación y de percepción de esta, en que está implicada la migración, debe partir de la identificación tanto de las fases generacionales naturales cuanto de las cronológicas de llegada (Caravedo 1999:119). La interrelación entre estas permite captar el dinamismo lingüístico, en lo que respecta a la asunción o distanciamiento progresivos de las variedades locales en todo su espectro estilístico. De esta manera se consigue establecer la cronología evolutiva; esto es, una suerte de diacronía, que permite calibrar el modo como las nuevas generaciones transforman los sistemas perceptivos de la sociedad a la que han llegado o se adaptan a ellos. De todos modos, las sociedades que reciben grandes contingentes migratorios no permanecen cognitivamente inalteradas en su percepción primaria.[40]

---

40   Cf. Labov (2010), Siegel (2010) para la determinación de las diferentes edades de llegada
      en relación con el grado de adquisición de los fenómenos de la variedad/lengua del lugar de
      acogida . Esta determinación resulta central en el proyecto de investigación conjunta sobre
      la migración interna peruana (*cf.* Klee/Caravedo 1996). *Cf.* también Otheguy/Zentella/Livert
      (2007), quienes abordan la problemática de las generaciones de inmigrantes en Nueva York.

La percepción en la migración interna: la variedad andina peruana

En el panorama de la movilidad espacial de las sociedades hispánicas es particularmente significativo el caso del Perú (entre otros países hispanoamericanos), en el cual se ha dado de modo ostensible una doble historia en que se entrelazan la migración interna con la externa. La primera se refiere al masivo desplazamiento demográfico que cobró fuerza en los años cincuenta del siglo pasado desde el interior del país, mayormente, la región andina, hacia la capital. Tal desplazamiento estuvo motivado no solo por una política centralista que dejaba abandonadas las regiones alejadas de la capital. Se trataba también de la búsqueda de medios de sobrevivencia de los habitantes tanto de las zonas andinas como de las amazónicas, debido a la pobreza y, posteriormente, a la amenaza constante del terrorismo. La segunda constituye un fenómeno de desplazamiento masivo desde la capital hacia diversos países, bien dentro del mismo espacio continental (Argentina, Chile, Costa Rica) en América del Sur o del Norte (Estados Unidos y Canadá), bien fuera de él, como la migración europea (especialmente, a España e Italia, los principales países receptores), aunque existen otros destinos continentales elegidos en proporciones menores, como el asiático, de modo concreto, Japón.

Ahora bien, los andinos pertenecientes a estratos pobres no fueron los únicos protagonistas de la migración externa peruana. Así, durante el periodo del terrorismo y de la crisis económica de los años ochenta, muchas familias de todas las clases sociales limeñas migraron en busca de seguridad y de protección de los intereses económicos hacia los países vecinos como Chile, Costa Rica, Argentina y hacia los Estados Unidos de Norteamérica. Pero lo relevante para nuestra reflexión es que un contingente apreciable de peruanos que migraron al extranjero en los años noventa comprende los descendientes de los inmigrantes andinos (de segunda y tercera generación), que en la migración interna hacia la capital no encontraron en ella las condiciones mínimas para su subsistencia.

Resulta relevante señalar la problemática lingüística que han tenido que enfrentar los grupos andinos, que pocas veces se tiene en cuenta cuando se estudia la migración de estos a Europa. Estos poseen como lengua ancestral originaria principalmente el quechua o el aimara. Para muchos, el español es una segunda lengua no adquirida de modo sistemático o aprendida durante una escolaridad deficientemente organizada e incompleta. El conocimiento del español no es el de una lengua materna o, cuando lo es, ha recibido la influencia de las lenguas originarias, de modo que la variedad de español hablada por los andinos está claramente identificada por los no andinos. Las diferencias lingüísticas entre grupos se fusionan con diferencias culturales, sociales, cognitivas que hacen conflictiva la convivencia. Así, la migración dentro del propio país puede representar un choque cultural tan fuerte como el verificado cuando se trata de la migración a otros países, porque las distancias culturales dentro de las fronteras nacionales son abismales. Cualquier estudio sobre los caminos que seguirá la historia del español en los nuevos contextos de migración debe partir del conocimiento de estas realidades subyacentes, las cuales han dejado su huella en un tipo de variedad lingüística que forma parte de la lengua española. Tal variedaddebe servir de base para el estudio de la variación y de los cambios lingüísticos en el espacio migratorio extranjero. Si no se tiene en cuenta la variedad vernácula de los individuos que migran, el estudio de los fenómenos observados (como lo he podido comprobar en gran parte de las investigaciones sobre el contacto por migración internacional) resulta superficial y hasta se corre el riesgo de considerar tales fenómenos como innovadores, cuando se trata de fenómenos propios de la modalidad primaria de los grupos inmigrantes.

Básicamente la migración interna se inició de modo masivo hace más de medio siglo en el Perú e implicó un desplazamiento de población de todas las provincias, especialmente andinas, en su mayoría de carácter rural, y, en segundo orden, amazónicas hacia la capital.[41] De 645.000 habitantes en 1940, Lima cuenta actualmente con una población aproximada de 7 millones y medio, un crecimiento de más del 1000 % en el lapso de 65 años (*cf.* Klee 2009). Se ha llegado a afirmar que hoy en día el 40 % de los habitantes de la capital no son originarios de ella sino de las demás regiones del país. Tal situación no hace posible una separación nítida entre los limeños originarios y los andinos, pues actualmente coexisten los inmigrantes de primera generación, cuyos hijos, los de segunda generación, y nietos, los de tercera generación, han nacido en la capital, junto con descendientes lejanos (de cuarta o quinta generación) de inmigrantes de diferentes zonas del país. Destaco este punto para conectarlo con lo sostenido al inicio de este capítulo, sobre la debilidad de la asociación del espacio físico con el origen del hablante. Así, para los limeños sin antecedentes andinos, los pobladores que han nacido en Lima y que descienden de andinos siguen siendo inmigrantes o no originarios de la ciudad.

Es la percepción de los hablantes no andinos la que ha conceptualizado, a través de los siglos, de modo global o sintético la variedad andina de español, la cual a su vez ha sido reconocida y reificada por la percepción científica (de modo no

---

41 Aunque la migración desde todas las provincias del interior del país hacia la capital dadas sus características cuantitativas constituye el centro de mi atención aquí, no menos significativa desde el punto de vista cualitativo, en lo que atañe a la percepción subjetiva de los espacios y de los individuos, es la migración inversa hacia la región amazónica por propósitos colonizadores. *Cf.* Vigil (2008) para un estudio crítico sobre el discurso racista de los colonos y sus descendientes (es decir, de los migrantes) respecto de los pobladores 'ashaninkas', con un análisis detallado de la historia de la migración desde la época de la Colonia.

exhaustivo, Benvenutto 1936, Escobar 1978, Cerrón-Palomino 1988, Escobar 1988, 2000; Rivarola 1988a [1987], 1988b, 1990; Caravedo 1990, 1996; Klee 1996; Garatea 2009,2010). La alusión al factor temporal es importante para confirmar el carácter histórico y colectivo de la percepción, transmitida de generación en generación (Caravedo/Rivarola 2011). Específicamente los estudios de Rivarola (1988a , 1990, 2000), pioneros en la identificación y el análisis filológico de textos coloniales provenientes de hablantes con distintos grados de bilingüismo quechua/español, dan testimonio de la formación temprana de la variedad andina y, sobre todo, de su percepción y valoración de parte de la comunidad de descendencia hispánica desde los primeros tiempos de la Colonia española. El estudioso ha encontrado una continuidad histórica en las características de la variedad y en las actitudes hacia esta, lo que no hace sino avalar la condición de subjetividad colectiva transmitida generacionalmente de las variedades.

Como he señalado, la variedad percibida es, a su vez, resultado del contacto entre variedades pertenecientes a lenguas tipológicamente distantes como español y quechua (o aimara), y se ha desarrollado a partir de un bilingüismo que puede definirse como asimétrico y asistemático tanto en el orden individual como en el social. A tal asimetría contribuye la posición superior que, desde el punto de vista social, ostenta el español como lengua mayoritaria y del estado.[42] Sin embargo, el origen de esta posición se remonta a la época colonial en que se impuso esta lengua como oficial y dominante en todas las esferas de la vida social y política, respaldada por la tradición escrita y por su amplia difusión dentro y fuera de las fronteras nacionales.

Por otro lado, como lo he señalado de acuerdo con la consideración del espacio mental, la denominación topográfica de esta modalidad, que la circunscribe al espacio geográfico andino, está solo parcialmente justificada, de modo que no tiene una correspondencia natural y absoluta con la realidad. Así, la variedad andina no es, en sentido estricto, exclusiva de esa región, en la medida en que se habla de manera extendida en diferentes zonas del país. A juzgar por la documentación, en la primeras etapas de la colonización española, se produjo en el territorio colonizado, previamente habitado por los indígenas, una migración interna masiva de estos, que eran naturalmente costeños, hacia la zona de la cordillera de los Andes, de modo que la localización andina de la variedad considerada como producto del contacto con el quechua (o de otras lenguas indígenas que convivían con esta) no está restringida ni siquiera en sus orígenes a esta región geográfica (*cf.* Rivarola 1990: 123-136). Esto muestra una vez más

---

42   Si bien la lengua quechua tiene carácter oficial en la Constitución del Estado, no se manifiesta ese carácter en la realidad, pues todas las actividades estatales, administrativas, económicas y funcionales tienen como vehículo comunicativo el español.

el carácter subjetivo y arbitrario de la percepción de las variedades lingüísticas en correspondencia con los espacios como entidades fijas y permite avalar la concepción del espacio mental, que he desarrollado antes.

Además, es de suponer que en los períodos postcoloniales los desplazamientos inversos (de la zona andina hacia la costeña) continuaron, si bien habría que respaldarse en una historia demográfica bien documentada en todas sus fases, de la cual se carece en la actualidad. Así, la variedad de español hablada por quienes tenían como lengua materna algunas de las lenguas indígenas podría encontrarse y se encuentra en cualquier región del país además de la andina, donde naturalmente es mayoritaria. Esta falta de correspondencia lingüístico-espacial se expresa con mayor intensidad en la sincronía actual a partir de las oleadas migratorias más modernas, que se remontan a mediados del siglo veinte. En tales migraciones, la modalidad andina se ha establecido de modo nítido también en la costa, sobre todo en la capital, así que es posible afirmar que la denominación geográfica, en sentido estricto, no constituye sino un rótulo para identificar una realidad cuya correspondencia con la zona aludida ha quedado desajustada.[43] Hay que decir también que tal rótulo no es totalmente arbitrario, en el sentido de que identifica un tipo de percepción propia de los no andinos, quienes llegan a reconocer analíticamente (*percepción externa*) ciertos rasgos que no forman parte de su modalidad y que atribuyen a la andina. Este punto guarda una estrecha conexión, como lo desarrollaré más adelante, con la reflexión sobre la subjetividad en el reconocimiento de variedades, relacionada con espacios conceptuales o mentales más que con espacios reales.

Otra demostración del contenido subjetivo de las variedades se encuentra en la valoración de los espacios geográficos mismos. Particularmente el espacio andino y, en segundo lugar, el amazónico son percibidos negativamente de parte de los hablantes costeños, de modo específico, los capitalinos. Los hablantes con antecedentes andinos o amazónicos reconocidos por los limeños, aun cuando hayan nacido en la capital, no son considerados por éstos originarios de esta ciudad sino inmigrantes, aunque este modo de ver las cosas no coincida con la realidad.

---

43   Téngase en cuenta, además, la relatividad del concepto de *migrante*, que, si bien tiene una base objetiva, está sujeto a factores temporales y a interpretaciones subjetivas, que dependen de circunstancias provisionales, que pueden posteriormente cambiar, de modo que la condición de migrante asignada a un grupo se modifica con el paso del tiempo y con la estabilidad de los individuos en el lugar, como lo he comentado antes.

La percepción interna y externa y la autopercepción de la modalidad andina

Al abordar la problemática migratoria, aplicaremos la diferencia establecida en los primeros capítulos entre la percepción de la propia variedad, que hemos llamado *percepción interna* y la percepción de las variedades ajenas que pueden coexistir en un mismo espacio de contacto migratorio, que hemos denominado *percepción externa*. Como ya hemos adelantado, ambos tipos de percepción tienen un carácter evolutivo ligado a las fases de adquisición/aprendizaje lingüísticos. Así, en los primeros momentos de adquisición lingüística (en la temprana infancia), se desarrolla básicamente la percepción interna, en la medida en que la propia variedad es materia obligada de conocimiento, aunque esto no excluye que el niño pueda estar expuesto de modo eventual o frecuente a otras variedades.[44] No hay aquí una cuestión selectiva en juego, pues el individuo, en razón de sus circunstancias existenciales, recibe esa variedad concreta de lengua y no otra, y no tiene margen de decisión, pues es esta la que se le ofrece como objeto de aprendizaje. Insistimos en el hecho de que las denominadas variedades no son entidades monolíticas, sino más bien conjuntos complejos de usos que se reciben, se perciben y se reproducen de modo selectivo y parcial en el proceso de aprendizaje.

Terminado este proceso y adquirida la variedad materna, los hablantes normalmente dejan de tener como centro perceptivo su propia variedad (a menos que se dediquen a actividades que tengan como centro la lengua) y comienzan a percibir las variedades ajenas del entorno social, si bien valiéndose de la propia en tanto patrón referencial, la cual actúa como lente para detectar los rasgos diferenciales. En otras palabras, en la adultez, los hablantes nativos no suelen tener como materia perceptiva la propia variedad adquirida de modo natural; por lo tanto, esta solo sirve de unidad de medida para percibir lo diferente: solo se percibirá lo que se diferencia de los moldes de la propia variedad. En consecuencia, es la variedad *de los otros* la que en primer lugar se erige como objeto de percepción.

Si aplicamos esta afirmación al español andino, podemos postular que este solo existiría para quienes lo observan desde afuera: es decir, para quienes no lo hablan o no son poseedores de esa variedad. Pero la realidad nos muestra que no es exactamente así, pues en el proceso de captación de las diferencias, el hablante puede adquirir una conciencia perceptiva de la propia variedad, a través de la identificación de ciertas características de ella, antes inadvertidas, percibidas de

---

44   Piénsese, por ejemplo, en las relaciones cercanas, en muchos casos de gran afectividad, que los niños de hogares limeños de clases media alta establecen con las personas contratadas para cuidarlos, que mayormente provienen de las zonas andinas.

modo analítico en el contraste con las variedades no andinas. Por consiguiente, este tipo de percepción tardía, que hemos denominado *autopercepción,* será fundamental en la formación de la conciencia lingüística y en el consiguiente control de los fenómenos de producción.

La percepción constituye, pues, el primer mecanismo que se pone en funcionamiento en el proceso de adquisición lingüística y es la que determinará el tipo, más que de lengua, de variedad concreta adquirida, la que formará parte del sistema cognoscitivo del ser humano y la que le permitirá su desarrollo mental y su desenvolvimiento en el mundo social. Sobran razones para abordarla directamente. La percepción, en la normalidad de los casos, actúa como puente que conecta la realidad externa con la realidad mental. Aplicando este planteamiento al español andino: si el niño recibe como *input* la variedad andina (o como quiera llamársela) de sus primeros comunicadores (los padres o los que hacen las veces de ellos), es esta variedad la que primero percibirá (*percepción interna*) y, por lo tanto, adquirirá, y la que tendrá como base para extender el conocimiento de su lengua a través de su exposición al mundo social más amplio que el familiar. Es la percepción del hablante ingenuo la que permite el conocimiento y el uso de la variedad objeto de aprendizaje. Solo que, a decir verdad, tal variedad no se percibe de modo tan ingenuo en el microambiente familiar, pues los primeros docentes de esta, los padres o los que hacen las veces de ellos, poseen ya su propio bagaje cognoscitivo y valorativo, de modo que se encargan de orientar la percepción del aprendiz comunicándole, no necesariamente de modo deliberado, un sistema de preferencias y, por lo tanto, de valores respecto del objeto de aprendizaje.

Sin negar la importancia del factor individual, la subjetividad implicada en la captación y conocimiento de una variedad de lengua no es absolutamente individual, pues resulta a menudo compartida por los integrantes de una comunidad, los cuales coinciden en la manera de percibir una variedad (o ciertos rasgos de ella) y, en esta medida, en el sistema de valores subyacente. Este proceso, mediante el cual un hecho individual deja de serlo para convertirse en colectivo y formar parte del patrimonio cultural nos parece particularmente relevante en la transmisión, formación y conceptualización científica de las variedades lingüísticas y, en concreto, de la variedad andina de la que aquí nos ocupamos. En otras palabras, solo es posible el reconocimiento de una variedad referencial y la elaboración, a partir de ella, de un objeto conceptual, si el sistema valorativo/ afectivo es de naturaleza pública o grupal. Si no existe coincidencia en esta dimensión, lo que implica consenso en la percepción, no tiene sentido hablar de variedad lingüística, sea andina o no.

Como lo hemos subrayado antes, poner el foco de atención en la percepción del español andino exige considerar también, lo que pocas veces se hace en la investigación, a los hablantes que no lo poseen como variedad propia, pero que conviven con este en la misma sociedad. Son estos los que son capaces de identificar la variedad mencionada; en otras palabras, de erigirla en objeto de observación. La percepción externa del que no posee la variedad percibida es, en sustancia, también la que caracteriza la percepción científica cuando el experto no es originario de la variedad que estudia y, por lo tanto, la implicada en la construcción de un objeto conceptual.[45] Es esta misma percepción externa la que permite seleccionar y justificar ciertas propiedades del objeto observado. Pero la percepción no científica, la que nos interesa en esta ocasión, no es objeto de una organización racional y explícita como la científica, y está guiada de modo absoluto por el sistema de valores adquirido en la sociedad específica en que vive el individuo. Por lo tanto, se nutre de preferencias y aversiones, creencias e interpretaciones heredadas o transmitidas dentro del mismo grupo social.

En el espacio peruano, el hablante de la variedad no andina específicamente costeña o capitalina recibe en el proceso adquisitivo de su variedad el sistema valorativo que somete a contraste lo no andino frente a lo andino, pues esta bifurcación dicotómica le resulta saliente y definitoria.[46] La motivación de tal binarismo oposicional propio de la sociedad peruana ha sido suficientemente reconocida y tratada, y se remonta a la diferenciación colonial entre sociedad indígena (de modo general estereotipada como quechua) y sociedad hispánica (representada lingüísticamente con la lengua castellana) (*cf.* Rivarola 1988b, 1989, 1990; Cerrón-Palomino 1992), traducida en términos geográficos. Si bien ambas sociedades han coexistido en diferentes proporciones desde los primeros momentos en todo el territorio que correspondería posteriormente al estado peruano, de modo que la región serrana (andina) no es el único espacio restrictivo del grupo andino, no se puede desconocer que en varios momentos de la historia la población indígena estaba concentrada en las zonas andinas. Esta situación no se ha mantenido inalterada en la sociedad actual en que los procesos migratorios masivos han acentuado la copresencia de los grupos mencionados, sobre todo en la región costeña y de, modo concreto y notable, en la capital. A pesar de ello, la dicotomía identificada con la geografía sigue existiendo, y se agudiza en el contraste, de modo que constituye elemento central del sistema de valores convencionalmente aceptado por los hablantes de uno y otro grupo. Es, pues, un

---

45   El término de *objeto conceptual* como producto de la construcción científica, para diferenciarlo del *objeto referencial*, que se refiere a la porción del mundo que se aspira a conocer, ha sido desarrollada en Caravedo (1989).

46   *Cf.* los testimonios de la actitud dicotómica en el discurso de los propios hablantes andinos, analizado por Howard (2007) desde la perspectiva del análisis crítico del discurso.

espacio mental, más que real, el que está en juego en la percepción y valoración de variedades y el que se reificará en el objeto científicamente conceptualizado (*cf.* Caravedo/Rivarola 2011).

La percepción analítica de la variedad andina

Como se ha definido antes, hemos partido de una diferenciación entre tipos básicos de percepción, a saber, *analítica* y *sintética,* que corresponden a dos direcciones lógicas fundamentales en el desarrollo cognoscitivo. La primera alude a la capacidad de percibir elementos, rasgos o entidades, sean frecuentes o prominentes, que el perceptor es capaz de aislar de la totalidad. La segunda se refiere a la capacidad de captar de modo general o global una totalidad sin discriminación de elementos o de rasgos. Empecemos por la percepción analítica.

Como lo hemos afirmado, la percepción tiene carácter selectivo, de modo que enfoca algunos elementos mientras desenfoca otros. Esa selección, al parecer, no es caótica y está, aunque sea parcialmente, orientada en una dirección o en otra a partir de la información de los mayores y de las propias inferencias y asociaciones del mundo social del individuo. En efecto, la orientación permite poner en primer plano unos rasgos de la variedad objeto, mientras que otros que también son propios de ella quedan en un segundo plano o pasan totalmente desapercibidos. Resulta obvio que la capacidad analítica exija cierto conocimiento metalingüístico (a excepción del primer momento de la percepción primaria del lenguaje), lo que hace suponer que el hablante tiene que haberse expuesto a la variedad objeto de aprendizaje y haber recibido algún tipo de información pertinente que le hará posible distinguir unos rasgos y no otros. De hecho los hablantes menos escolarizados tienen mayor dificultad para percibir rasgos diferenciales de las variedades, si bien la percepción global no se ve obstaculizada, como lo mostraremos más adelante. He seleccionado aquí algunos rasgos especialmente percibidos de modo analítico en los diferentes planos lingüísticos de parte de la percepción científica, pues coinciden parcialmente con los percibidos por los hablantes comunes, tanto no andinos como andinos.

Percepción analítica fónica

La percepción selectiva se mostrará de manera nítida respecto de los rasgos fónicos, los cuales han sido reconocidos en la percepción científica como propios del español andino. Entre estos, especialmente considerados son los siguientes:

a. la alternancia de las vocales /i/ /e/ por un lado, y /o/ /u/, por otro, lo que revela la indistinción fonológica entre cada uno de los pares;

b. la conservación del fonema lateral palatal sonoro, que se distingue fonológicamente del palatal no lateral;

c. la asibilación de la vibrante en posición inicial o final de sílaba;

d. la retención de la sibilante en posición final de palabra.

De hecho algunos de estos rasgos tienden a desaparecer (como es el caso de la alternancia vocálica y del fonema lateral palatal) o pierden intensidad en la segunda generación de migrantes andinos, lo que implica que los hijos, después de que han percibido analíticamente algunos fenómenos en la variedad de sus padres (como la alternancia vocálica o la palatal lateral), los han asociado a valores negativos, propios de la sociedad capitalina, de modo que han empezado a desaparecer de su producción. Sin embargo, esto no ocurre con todos los fenómenos, pues habrá otros, entre los que se cuenta la elisión de la sibilante, que no forman parte de la variedad andina y, por consiguiente, no son hiperpercibidos como negativos, y consecuentemente se dan en la producción de los hijos de inmigrantes, aun cuando tampoco son comunes en el habla limeña. Habría que encontrar la motivación de esta selección perceptiva. De hecho, se ha comprobado empíricamente que ciertos rasgos percibidos como caracterizadores del español andino se pierden en la segunda generación de migrantes en Lima (Klee/Caravedo 2006), lo que induce a pensar que de alguna manera tienen que haber sido identificados de modo sensorial antes de ser eliminados de la propia producción. Resulta probable que este proceso de control que presupone la percepción analítica ocurra en las etapas avanzadas del aprendizaje, cuando el individuo tiene un grado de escolaridad medio, en que ha recibido también un cierto material de información metalingüística que integra su bagaje cognoscitivo junto con lo recibido en el ambiente familiar. Este bagaje, al que se une la información social más amplia adquirida mediante la exposición a la variedad local a través de las relaciones comunicativas diarias, sean simétricas o no, permite al hablante afinar la percepción analítica. A este respecto, es importante tener en cuenta la percepción externa que se desarrolla gradualmente y que implica el contacto entre distintos grupos sociales, a veces distantes o antagónicos, a través de las múltiples situaciones laborales o de interrelaciones en el nuevo espacio urbano.

a. La alternancia de las vocales /i/ /e/ y /o/ /u/. Partamos de la percepción del poblador no andino de la ciudad, en la medida en que postulamos que es esta percepción la que revierte sobre la percepción de los migrantes originando una autopercepción particular. Entre los rasgos hiperpercibidos por los limeños están las alternancias vocálicas que indiferencian las oposiciones entre /i/ /e/ por un lado, frente a /o/ /u/, rasgos muy estudiados del español andino que tienen su origen en el quechua, lengua que desconoce las oposiciones fonológicas vocálicas del español, como ha sido ampliamente documentado en los estudios sobre esta lengua (sin perseguir la exhaustividad *cf.* Escobar 1978, Cerrón-Palomino 1988, 2003). En los hablantes bilingües cuya primera lengua es el quechua, se advierten desde el punto de vista fonológico interferencias entre, por un lado, las vocales anteriores alta y media y, por otro, las posteriores, alta y media. La razón de la hiperpercepción de tales interferencias podría parecer natural, en la medida en que la posibilidad de variación en el modo de articulación alto y medio es mucho más restringida en el sistema hispánico, de modo que altera significativamente la expectativa de la forma sonora de la palabra y la hace no reconocible o, por lo menos, no natural, a un hablante de español, pudiendo provocar un cambio de significado o una incomprensión de la referencia léxica. Hay que tener en cuenta además que las oposiciones vocálicas son altamente productivas en español, de modo que existe una elevada frecuencia de pares mínimos que se oponen por el modo articulatorio. Lo interesante de observar es que el quechua admite diferencias articulatorias entre vocales altas y medias anteriores, por un lado, y vocales altas y medias posteriores por otro, analogables aunque no idénticas a las del español, solo que tales diferencias articulatorias no son fonológicamente distintivas. En términos acústicos las diferencias se localizarían en las distinciones denso/difuso en la clasificación formulada por Jakobson/ Halle (1956) y adaptada por Quilis (1993:168) al sistema vocálico del español. En nuestra interpretación, el quechuahablante posee un espacio de variabilidad sonoro más amplio tanto para las vocales anteriores como para las posteriores, que agruparía en solo dos campos (en vez de 4 del español), lo que en español corresponde a las anteriores, a su vez diferenciadas como alta y media /i//e/, por un lado, y a las posteriores alta y media /u//o/, por otro. En cambio, el hispanohablante tendría espacios de variabilidad más restringidos con límites nítidos de permisibilidad, como lo reconoce Cerrón-Palomino (2003:96-96). Para este estudioso se trata de un problema de norma, pues el hablante bilingüe andino no llega a reproducir una vocal media /e/ en vez de una /i/, o una /o/ en vez de una /u/ como en el sistema español, sino que produce una abertura intermedia entre ambas, lo que constituye una transgresión de los límites perceptivos de un hispanohablante. En otras palabras, los hispanohablantes guiados por su sistema vocálico primario que reconoce, aparte de la /a/, cuatro unidades definidas, perciben las emisiones andinas de /i/ como /e/, o de /u/ como /o/, cuando en realidad no son propiamente una [e] ni una [o] nítidas las pronunciadas efectivamente por un quechuahablante. Mucho antes, Escobar (1978) en su estudio pionero sobre la problemática sociolingüística de la variación peruana, había advertido estas diferencias perceptivas, como se infiere del siguiente texto:

> [...] el hablante del interlecto avanza de la neutralización de los grados de altura (el
> alto y el intermedio) a través de la constitución de los archifonemas /I/ /U/ a la rein-
> terpretación de /e/ como [i] y de /o/ como [u], restableciendo de ese modo los tres
> grados de apertura, aunque con distinto timbre para el oído del hablante nativo de
> español, a causa del relieve que en esas vocales intermedias gana el rasgo de tensión
> (Escobar 1978:34).

Posteriormente, en un riguroso estudio realizado por Pérez Silva/Acurio/Ben-
dezú (2008), en que se analiza con instrumentos acústicos la percepción de hablantes de castellano andino frente a no andinos (limeños) de las diferencias
vocálicas del español, los autores avalan empíricamente la hipótesis de Cerrón-
Palomino mostrando que la percepción de los limeños sobre las supuestas trans-
gresiones vocálicas andinas no se corresponde con las realizaciones efectivas
de los hablantes andinos. Los autores buscan el apoyo de datos objetivos que
prueben que el prejuicio según el cual los quechuahablantes confundirían las
vocales españolas tiene una base falsa.

¿Qué es lo que hace entonces que la percepción del limeño identifique una desviación de parte de los andinos? A mi modo de ver, la respuesta hay que buscarla primeramente en el concepto de *espacio de variabilidad*, más que en el
de fonema como entidad separada, pues los hablantes no perciben fonemas en
sentido estricto, de modo que no muestro mi acuerdo con las hipótesis sobre
la percepción categorial de los hablantes, en el sentido defendido por Siegel
(2010). De acuerdo con lo formulado en el capítulo sobre la percepción fonética,
conjeturo, más bien, que estos se mueven dentro de continuidades con ciertos
márgenes, de modo que en sentido estricto solo perciben la transgresión de tales
márgenes. Los hablantes hispánicos que advierten una transgresión vocálica en
los quechuahablantes lo hacen porque las fluctuaciones andinas no corresponden a las admitidas por su percepción primaria, de modo que las perciben como
desviadas. Precisamente el carácter subjetivo de la percepción, es decir, el hecho
de que esta no se rija por un orden real ni lógico (de hecho las características
acústicas pueden ser irrelevantes), sino por un sistema de valores, que puede
probarse arbitrario respecto de la realidad, avala esta hipótesis. Surge una sensación de extrañeza de parte del limeño cuando se enfrenta al sistema vocálico
de un hablante de español andino que conserva el sistema de variabilidad de su
lengua original. Y esa impresión, no importa cuan inexacta sea desde el punto de
vista acústico, tiene que ver con la perturbación de los límites de permisibilidad
de las vocales de su variedad primaria. El hecho es que ya en la segunda generación de inmigrantes se encuentra una total acomodación al patrón diferenciador
limeño, lo que implica que el descendiente del inmigrante ha iniciado a orientar
su percepción hacia el espacio de variabilidad restringido del limeño, logrando
identificar las realizaciones sonoras que no caben en dicho espacio. Así ha sido

comprobado en Klee/Caravedo (2006) a propósito del análisis de un corpus de 100 informantes, separados respecto de su origen andino: una parte perteneciente a la primera generación de inmigrantes, mientras que la otra mitad a la segunda. En ningún caso se encontró entre los miembros de la segunda generación en Lima, una reproducción del patrón vocálico de los padres bilingües, y más bien se observó la reproducción del patrón vocálico limeño. No parece desacertado sostener que la estigmatización de este rasgo transmitida en la escolaridad haya llevado a la autopercepción de él en la variedad vernácula y a la consiguiente autocorrección entre los inmigrantes y sus descendientes. Desde el punto de vista de las teorías de cambio fonológico, resulta sorprendente la dirección del cambio hacia un sistema más complejo como el español, que supone la adquisición de mayores distinciones entre los campos vocálicos y el consecuente reajuste distribucional respecto de un sinnúmero de unidades léxicas.

b. La conservación del fonema lateral palatal sonoro. Mientras que plegarse al sistema limeño respecto de las vocales implica una dirección hacia una mayor complejidad, en el caso del fonema palatal sonoro se trata de una simplificación distintiva o de la pérdida de un elemento, algo que se reconoce como más natural en la evolución de las lenguas y que de hecho sigue las tendencias actuales del español que, en las zonas conservadoras como la castellana, pierde el fonema lateral. Ya Escobar (1978) señala la presencia del fonema lateral en oposición al no lateral frente al yeísmo indiferenciador como criterio central para dividir las distintas modalidades del español peruano en una andina y otra ribereña, respectivamente. Hasta la actualidad, salvo el estudio de Godenzzi para el español de Puno, en el que se advierte una variación entre grupos que distinguen y otros que pierden la distinción, falta un análisis detallado del proceso de pérdida en otras regiones entre los propios hablantes andinos en sus lugares originarios. Pero resulta sintomático que incluso la percepción científica, como se desprende del temprano estudio de Escobar, centre la atención en un fenómeno prominente, aunque realmente no sea categórico, para establecer distinciones entre distintas modalidades. Es, pues, la percepción la que establece distinciones, aunque estas no correspondan a la realidad exacta. Textualmente:

> Si adoptamos como base este criterio que, repito, es fundamental en la dialectología del español, estaremos en condiciones de proponer dos tipos de castellano en el Perú. El primero, o sea aquel que mantiene la diferencia fonológica, lo designamos con el nombre de *castellano andino*; el segundo, o sea el que ha fusionado en un solo fonema *ll* y *y*, lo identificamos con el nombre de *castellano ribereño o no andino* (Escobar 1978: 39).

Aunque el fenómeno andino evoluciona hasta terminar integrándose a la tendencia yeísta del español de diferentes espacios (Gómez/Molina Martos 2012), la génesis y la motivación de este cambio tiene en el ambiente del contacto migratorio una explicación distinta, cuya fuente reside en la diversidad perceptiva. La diferencia fonológica entre las palatales laterales y no laterales, que tiende a mantenerse, aunque no de modo categórico, entre los hablantes andinos (bien que con diferencias entre las zonas), ha sido especialmente individualizada por los limeños totalmente yeístas como representativa de la modalidad andina. Aun cuando es de notar que el fonema lateral forma parte del paradigma castellano tradicional, aunque actualmente en proceso de desaparición, el sonido lateral es hiperpercibido por los limeños como característico del español andino y no como propio del español general; por lo tanto, ha sido subvalorado por estos hablantes. Teniendo como referencia la investigación mencionada sobre el cambio lingüístico entre las distintas generaciones de inmigrantes andinos en Lima, Klee/Caravedo han registrado la presencia de la lateral exclusivamente entre los migrantes andinos de la primera generación, mientras que sus hijos la han eliminado totalmente de su producción lingüística (*cf.* Klee/Caravedo 1999, 2006).

Tabla 1. Palatales laterales vs. no laterales /
primera generación de migrantes andinos

Informante	lateral /ʎ/	No lateral /j/
	N.º %	N.º %
3AG	53 50 %	53 50 %
4GT	6 12 %	44 88 %
9FA	0 0	20 100 %
10JG	0 0	20 100 %
11BI	6 20 %	24 80 %
12BM	28 47 %	32 53 %

Fuente: Klee/Caravedo (2006:100)

La tabla anterior registra los resultados de un pequeño subcorpus de la investigación aludida, en que aparecen solo inmigrantes andinos de primera generación, todos quechuahablantes. Como se puede observar, ya los informantes de primera generación que llegaron adolescentes a Lima empezaron a subsumir el patrón limeño de no distinción, lo que demuestra que lo percibían de modo saliente o que no oían en absoluto ese sonido como parte del patrón de la ciudad. De acuerdo con los porcentajes, se ve con nitidez que la lateral había empezado a alternar con la no lateral en los contextos exclusivos de la primera con una mayor inclinación hacia la no lateral.[47] Los informantes catalogados con los códigos 9FA y 10JG no produjeron nunca el sonido lateral, pues se trataba de personas que habían llegado a Lima muy pequeñas, y trabajaban y vivían en casas de limeños en que la confrontación con el patrón local era un hecho cotidiano y constante. Por otro lado, en la segunda generación no registramos ni una sola ocurrencia del fono lateral. El mero cambio de comportamiento entre la primera y la segunda generación, que en este caso supone la intensificación de un proceso de pérdida, revela un cambio en la percepción. No consigno los datos cuantitativos de la segunda generación porque no se actualizó nunca el fonema lateral y, por lo tanto, el procesamiento cuantitativo no tuvo lugar.

c. La asibilación de la vibrante en posición inicial o final de sílaba. En este caso se trata de un fenómeno que no conlleva distinciones fonológicas, sino que afecta exclusivamente el plano material del sonido. No obstante, es altamente percibido. El testimonio de la hiperpercepción de parte del discurso científico lo ofrece nuevamente Escobar (1978: 43-44), quien lo considera, junto con la presencia de la lateral y la alternancia vocálica, uno de los rasgos delimitadores de la variedad andina frente a la ribereña del español peruano, si bien haciendo ver que se trata de un fenómeno variable que se produce con distinta intensidad entre los hablantes, y que obedece a factores sociales:

> Esta peculiaridad es general en el tipo 1 [castellano andino], aun cuando su intensidad varía en un *continuum* de menor a mayor por efecto de un cruce de factores que conjugan las variables de (más o menos) educación con (más o menos) grado de urbanización y una escala subsidiaria de nivel socioeconómico (Escobar 1978: 43).

La forma asibilada de las vibrantes, sobre todo en posición inicial de palabra y entre vocales (aunque también en posición implosiva correspondiente a la simple en español), que corresponde a la llamada vibrante múltiple o tensa del español llamado estándar es también hiperpercibida entre los limeños, quienes la atribuyen a la variedad andina y, en esa medida, la subvaloran. En otras palabras, la variante asibilada no forma parte del espacio de variabilidad sonora del español costeño y, por lo tanto, es hiperpercibida y, además, rechazada en virtud

---

47   Es de notar que en las zonas andinas mismas se da un proceso de variación que lleva en algunos casos al debilitamiento de la lateral a favor de la no lateral. *Cf.* el estudio de Godenzzi (1991) en relación con Puno, en que se muestra la pérdida progresiva de la distinción entre escolarizados, mientras que los menos escolarizados tienden a conservarla.

de su asociación al grupo devaluado. Recientemente, he podido observar entre los jóvenes no andinos de Lima, preferentemente de grupos de estratos sociales altos y medio alto, una tendencia a producir una vibrante muy enfatizada incluso en posición final de palabra, con multivibración, cuando se esperaría el debilitamiento, con abertura de la vocal anterior, lo que revela un comportamiento fonético que va en contra del sentido de la asibilación. En la investigación ya mencionada, Klee/ Caravedo (2006) ofrecen los siguientes resultados respecto de la progresiva disminución de las asibiladas a partir de los siguientes factores: ocupación, sexo y generación de migración. En esta última se consignan la primera generación de migrantes andinos, la segunda de los hijos de estos y una tercera, en que están incluidos los limeños sin antecedentes andinos de barrios muy pobres de la ciudad en contacto con andinos. Los resultados obtenidos mediante la aplicación del programa de regresión múltiple GOLDVARBRUL se aprecian en la tabla 2.

Tabla 2. Factores sociales en la asibilación de /r/

Factor Groups	Factors	Occurrence	%	Weight
Generation of Migration	Andean migrants	156/325	48%	**0.744**
	Children of migrants	4/128	3 %	0.267
	*Limeño*s	1/90	1 %	0.082
Occupation	Unemployed	160/433	36 %	**0.672**
	Semi-skilled work	1/110	1 %	0.056
Sex	Male	154/344	44 %	**0.723**
	Female	7/199	3 %	0.160

Input 0.910

Fuente: Klee/Caravedo (2006: 102).

Como resulta notable de las cifras de la tabla 2, solo los inmigrantes andinos de primera generación, desocupados y de sexo masculino, favorecieron la presencia de las variantes asibiladas. Ya la segunda generación manifiesta un comportamiento opuesto, al desfavorecer la presencia de la asibilada, conformándose de esta manera al patrón limeño. Por otro lado, en el grupo de limeños no se advierte la producción de esa forma (una sola ocurrencia). El que sean los desocupados de sexo masculino los que tienden a favorecer la presencia de las asibiladas puede deberse al hecho de que no tienen contactos frecuentes con los pobladores locales y están inmersos en sus redes familiares, de modo que no logran acomodarse a los modelos de la ciudad. Una prueba más del carácter subjetivo de la percepción entre los hablantes es el hecho ya comentado de que este mismo fenómeno no ocasiona una percepción negativa entre los mexicanos, que la usan en todas las clases sociales con mucha frecuencia, e incluso en situaciones formales (Perissinotto 1975). En las ciudades argentinas de Rosario y Tucumán se trata, a la vez, de un fenómeno evaluado positivamente como marca de prestigio (Donni de Mirande 1996, Rojas 1980).

d. Retención de la sibilante en posición final de palabra. La retención de la sibilante en posiciones finales de sílaba es particularmente acentuada entre los hablantes andinos. No es casual que figure entre los rasgos identificados por Escobar (1978:42-43) como representativos del español andino. En el contacto migratorio los andinos se confrontan con una modalidad que tiende al debilitamiento de /s/ final y a la aspiración preconsonántica, aunque con menor intensidad que las registradas en zonas debilitadoras como las caribeñas, andaluzas o canaria. Por lo tanto, el fenómeno de elisión de la sibilante no está generalizado entre los limeños, aunque se da con alguna frecuencia en estilos muy relajados y entre grupos sociales no escolarizados o de estratos sociales bajos. A través de un análisis cuantitativo sobre un corpus de hablantes de distintas clases sociales originarios de Lima sin ningún antecedente andino, he podido confirmar la tendencia acusada hacia la aspiración de la /s/ en Lima, mayormente en contexto preconsonántico en posición interna de palabra o en el enlace secuencial, pero menos frecuentemente ante vocal y menos aún en posición final de palabra (*cf.* Caravedo 1990). Al formar parte del patrón general de pronunciación en la modalidad limeña, la aspiración no es percibida y, por consiguiente, tampoco evaluada negativamente por los hablantes de esta. Comparativamente, la elisión, fenómeno central en las zonas del Caribe (Alba 1992, Terrell 1981, 1986, López Morales 1983), de Canarias (Samper 1990) y del Mediodía español (Alvar 1996), sobre todo al final de palabra, tiene una escasa presencia, restringida a los grupos de clases sociales desfavorecidas de la ciudad.

Por otro lado, se ha señalado como característica del sistema de pronunciación andino, el reforzamiento de las consonantes, especialmente las implosivas, de modo que la /s/ tiende a pronunciarse de modo pleno, no se debilita ni se aspira, ni mucho menos se elide. Ahora bien, ¿qué sucede en el espacio del contacto entre variedades? En la investigación realizada por Klee/Caravedo (2006), los hijos de inmigrantes andinos han registrado una frecuencia considerable de variantes elididas al lado de frecuencias no significativas de realizaciones aspiradas. Reproduzco los resultados solo para la elisión, pues la aspiración no siendo significativa no fue sometida al análisis probabilístico, en las tablas 3 y 4.

Tabla 3. Elisión de /s/ entre inmigrantes andinos
según la posición y el número de sílabas

Int. Factors	Occurrences	%	Weight
Final	774/1027	75 %	**0.601**
Interior	87/208	42 %	0.116
Monosyllabic	237/394	60 %	0.255
Polysyllabic	624/840	74 %	**0.623**

Input 0.736

Tabla 4. Factores sociales que favorecen la elisión de /s/

Factor Groups	Factors	Occurrences	%	Weight
Generation of migration	Andean Migrants	283/370	76 %	**0.579**
	Children of Migrants	383/516	74 %	**0.577**
	*Limeño*s	195/349	56 %	0.311
Sex	Male	577/795	73 %	**0.566**
	Female	284/440	65 %	0.382

Input 0.736

Fuente: Caravedo/Klee 2006: 103-104

Como se puede ver en las tablas 3 y 4, se separaron los factores internos de los
externos solo si fueron significativos al someterlos a los cálculos probabilísticos.
De los primeros, solamente la posición final de palabra junto con el carácter po-
lisilábico de los vocablos favorecieron la producción de la elisión. Se encuentra
una tendencia análoga a la caribeña, en el sentido de que es la posición final,
que coincide con el comportamiento morfológico de /s/ en español, el factor
más influyente en su eliminación. Aparte los factores internos, curiosamente a
diferencia de los anteriores fenómenos, la tabla 4 muestra que tanto la primera
como la segunda generación favorecen la elisión de /s/, mientras que los limeños
las desfavorecen. Al parecer, el comportamiento de los andinos no trata de imitar
en este punto el modelo limeño.

Cabe la pregunta: ¿por qué un fenómeno altamente frecuente como la aspiración, que caracteriza la producción de los limeños, no es imitado por los inmigrantes, mientras que se da con mayor intensidad la variante elidida, que no forma parte del patrón andino, y que precisamente está diastráticamente diferenciada entre los limeños al punto que no es tan frecuente ni siquiera en la clase social menos favorecida? Como lo hemos afirmado antes, no es la frecuencia la determinante en la percepción de un fenómeno, sino la prominencia que surge de su asociación a grupos determinados. Es posible conjeturar que los inmigrantes andinos no tienen como modelo referencial la modalidad limeña de los hablantes de estratos altos, pues si existen contactos con estos, la relación es esporádica o eventual y de tipo vertical o no simétrico. Más bien, son los limeños de clase media-baja, que viven en zonas pobres de la ciudad, los más directamente accesibles para los inmigrantes y, por lo tanto, la producción de estos puede ser inmediatamente percibida como propia del modelo capitalino. Esto no contradice los anteriores resultados respecto de los demás fenómenos, porque la alternancia vocálica, la oposición lateral/no lateral y la asibilación constituyen fenómenos que no se encuentran nunca en el habla limeña y, por lo tanto, tampoco se presentarán en los grupos limeños de estratos inferiores de modo que no existe ningún modelo reproducible en este sentido.

Naturalmente los rasgos analizados no son los únicos caracterizadores de la modalidad andina, pero probablemente, salvo la elisión de la sibilante, son los que atraen con mayor intensidad la percepción analítica de los limeños.

La percepción morfosintáctica

Los fenómenos de tipo morfológico o sintáctico, aunque plantean otros problemas de índole general a la cuestión de la percepción, no escapan a esta.[48] Nuevamente partimos de los rasgos individualizados por la percepción analítica científica como caracterizadores de las modalidades andinas. Entre estos, han sido especialmente considerados: la ausencia de artículo, las alteraciones en la concordancia de género y número, el cambio de orden de los constituyentes oracionales (OV) y frasales (el sintagma preposicional de genitivo antepuesto al poseedor, el adjetivo antepuesto al nombre, la frase relativa antes de su núcleo, la

---

48   Cerrón-Palomino (2003) alude también a esta "percepción desigual" en la que algunos rasgos pasan a la nueva variedad mientras que otros escapan a la percepción: "Dicho remodelamiento [aproximación a la forma castellana] está en relación directa con el grado de conciencia metalingüística que se tiene del fenómeno: los rasgos más estereotipados irán disminuyendo a la par que aquellos que burlan la percepción del castellanohablante común, por ser de naturaleza más abstracta, lograrán filtrarse dentro de la variedad regional adquiriendo carta de ciudadanía" (p. 100, mía la aclaración entre corchetes).

oración subordinada antes que la principal), el doble posesivo, la alteración del sistema diferenciador de caso, género y número en los pronombres objeto, la extensión semántica del presente perfecto por sobre el indefinido, para mencionar los fenómenos más estudiados (*cf.* Escobar 1978, Schumacher 1980, Godenzzi 1991,Cerrón-Palomino 2003, Escobar 1988, 2000; Sánchez 2003, Klee/Caravedo 2005, 2006, Palacios 2005, Caravedo/Klee 2012, Jara 2013).

No todas las anteriores características son igualmente percibidas por los limeños. Así, las alteraciones de género constituyen sin duda rasgos salientes, pues representan una transgresión muy fuerte de la variedad primaria, y estos rasgos desaparecen casi totalmente entre los hablantes andinos de segunda generación en Lima. La explicación resulta obvia, pues la adquisición del género como categoría arbitraria se comunica a través de los padres de modo categórico, en muy pocos casos sujetos a variabilidad, y se fija en el sistema cognitivo de los aprendices, de tal manera que resulta nítidamente perceptible cualquier desviación de este. Algo semejante sostiene Cerrón-Palomino (2003), pero con una restricción: que la cercanía de los elementos discordantes atrae la atención de los hablantes: así, si sustantivo y adjetivo están juntos, como en *silla roto,* la percepción es nítida, pero decrece cuando los constituyentes están alejados entre ellos como en: *la silla está roto.* El autor observa que posibilidades como esta última son ampliamente toleradas por los hablantes monolingües en las zonas andinas rurales, algo explicable en lugares alejados de la capital. Sin embargo, a mi juicio, cuando se da el contacto por migración y los hablantes pueden confrontarse a sí mismos con las modalidades del lugar que consideran modélicas la percepción del inmigrante se modifica, de modo que termina cambiando el orden de preferencias.

Artículos, nombres y adjetivos son, en el fondo, piezas únicas en la mente de los hablantes que adquieren en la fase primaria el sistema hispánico de concordancia binaria de género y número, las cuales armonizan entre ellas y se comportan de modo automático en lo que a la concordancia gramatical se refiere, de modo que, una vez interiorizado este sistema, solo son perceptibles cuando se transgrede esa armonía entre las categorías mencionadas. De lado de los hablantes andinos que poseen un patrón distinto, en la investigación sobre la migración interna realizada por Klee/Caravedo no se encontraron casos significativos desde el punto de vista probabilístico de violación de los patrones de género, salvo en lo que respecta a los pronombres, los cuales plantean una problemática más compleja, como lo comentaré aparte. Obviamente la producción no guarda una relación simétrica con la percepción. Pero en este caso, una producción que vaya en contra del modelo cognitivo andino (que no reconoce el género) es una prueba contundente de que se ha percibido la regularidad del modelo del español y, consecuentemente, ha sido plasmado en la producción. Lo mismo ocurre con las alteraciones del orden de constituyentes oracionales, que se reducen sustancialmente entre los andinos en la capital (Klee/Tight/Caravedo 2011) respecto de la intensidad con que se dan estos hechos en los hablantes que viven en las zonas andinas (Luján/Minaya/Sankoff 1984; Ocampo/Klee 1995, Camacho 1999). Sin embargo, Cerrón-Palomino (2003) sostiene que el orden distinto de los constituyentes (en este caso referido al español) suele pasar inadvertido por los monolingües andinos, quienes no corrigen esas construcciones en su discurso. Es pertinente considerar que el autor se refiere nuevamente a la percepción de los monolingües en las zonas rurales andinas que viven en contacto con los bilingües, y no a la de los monolingües migrantes andinos en contacto con los limeños en el espacio de la capital. Esta última circunstancia, a nuestro modo de ver, influye de modo decisivo en la modificación de los modos perceptivos de los andinos y, por ello, fenómenos que en los lugares originarios no eran considerados prominentes, se convierten en foco de atención en el contraste con los patrones limeños, lo que vuelve a reforzar nuestras conjeturas respecto de la orientación perceptiva agudizada en el contraste.

En cambio, existen otros fenómenos que no son advertidos por los limeños, como ocurre con el doble posesivo en tercera persona que, combinado con la inversión del genitivo propio del español andino, es considerado fenómeno paradigmático de esta modalidad (*su casa de María*). En el español andino es frecuente encontrar: *de María su casa*; esto es, duplicación del valor genitivo más inversión del orden poseído-poseedor, propio de las modalidades hispánicas consideradas no estándar del español, lo cual puede ocurrir con todas las personas gramaticales, incluso con la primera.[49] Sin embargo, particularmente la duplicación del posesivo sin alteración del orden, solo en tercera persona, por lo demás, un fenómeno presente en el español clásico, se ha extendido entre los hablantes limeños sin ningún antecedente andino, tanto entre los limeños de baja escolaridad cuanto entre los grupos adscritos a niveles medio-altos de la jerarquía sociocultural (cf. Caravedo 1992:737, Escobar 2007, Garatea 2009:158-159). Resulta obvio que los limeños no perciben el doble posesivo de tercera persona como rasgo distintivo de lo andino, de lo contrario no lo reproducirían en su propio discurso.[50]

---

49   *Cf.* Escobar (2000: 99-102), quien incluye acertadamente estos casos dentro del fenómeno más general de redundancia del posesivo).

50   Escobar (2007) considera adicionalmente rasgos como el *dequeísmo* y la construcción del verbo *ser* más el gerundio como fenómenos adoptados por los limeños de los rasgos andinos. Aun cuando no he investigado personalmente estas posibilidades, podría tratarse en estos casos de rasgos que no son percibidos como andinos por los limeños, de modo que pasarían al habla de estos sin autoconciencia. El asunto requeriría mayor investigación, dado que el *dequeísmo* es un rasgo ampliamente difundido en muchas regiones hispánicas con características análogas al limeño. Por ejemplo, este uso es particularmente notable en Venezuela, según lo revela la investigación de Bentivoglio (1980). Sin embargo, no hay que descartar la posibilidad de que fenómenos aparentemente similares se difundan por diferentes canales.

En este caso resulta plausible postular un fenómeno de convergencia con la estructura del español, que tiende a especificar el poseído doblemente cuando se utiliza el pronombre posesivo de tercera persona, que es plurisignificativo, pues incluye tanto la tercera singular y plural, como la segunda de cortesía (*usted*) en singular y la tercera neutral (*ustedes*) en el plural, dado que no existe *vosotros* en esta modalidad hispánica.

Algo ligeramente distinto ocurre con las alteraciones de caso, género y número de los pronombres clíticos de tercera persona, que comentaré de modo particular. Se sabe ampliamente que en el plano de la producción está generalizado el sistema etimológico para los limeños, mientras que entre los andinos, sobre todo bilingües, no se cumplen las correspondencias de caso, género y número entre las formas. En lo que se refiere a la percepción, ambos grupos no parecen encaminarse en la misma dirección. Los limeños perciben las discordancias de género (*lo pintan la calle*) de modo sobresaliente, incluso más que las de caso, como el *leísmo*. En cambio, entre los andinos surge un fenómeno de percepción distinto, que parece implicar una desorientación (o reorientación) perceptiva producto de la confrontación del sistema limeño y el andino bilingüe. El resultado es una producción que mezcla las realizaciones de ambos sistemas (*cf.* Klee/Caravedo 2005). Al parecer, el hablante no acierta en identificar con claridad la regulación interna de caso y género, propia de la variedad costeña (el llamado *sistema etimológico*). Parece desarrollarse un sistema híbrido que, sin abandonar del todo la variedad vernácula, asimila algunas formas propias de la variedad del espacio receptor costeño, creando un paradigma complejo de alternativas coincidentes y no coincidentes con el *sistema etimológico*. Esta dualidad se revela de modo nítido en el discurso del hablante, el cual en algunos momentos sigue el sistema etimológico limeño, y simultáneamente en el mismo discurso, produce formas leístas, loístas o discordantes en el género gramatical (Caravedo 1996, Klee/Caravedo 2005, Klee/Caravedo 2006). Reproduzco las tablas del último estudio referido, con sus respectivas numeraciones.

Tabla 5. *Leísmo*

Speaker	No. of cases	%
MIGRANTS		
3AG	6/40	15 %
4GT	5/25	20 %
9FA	6/31	19 %
10JG	3/22	14 %
11BI	17/44	39 %
12BM	4/27	15 %
Total	41/189	22 %
CHILDREN OF MIGRANTS		
8FT	0/44	0 %
13CC	9/75	12 %
14EF	5/30	18 %
15JF	16/57	28 %
16LS	24/62	39 %
Total	54/268	20 %
LIMEÑOS		
17MC	3/78	4 %
18JN	2/72	3 %
19JE	1/15	7 %
20JT	3/71	4 %
Total	9/236	4 %
Total for all speakers	104/693	15 %

Tabla 6. Archmorpheme *lo*

Speaker	No.of cases of *lo* for *plural*	%	No. of cases of *lo(s)* for *feminine*	%
MIGRANTS				
3AG	1/3	33 %	6/7	86 %
4GT	2/2	100 %	5/5	100 %
9FA	3/6	50 %	5/5	100 %
10JG	6/7	86 %	4/6	67 %
11BI	5/8	62 %	5/6	83 %
12BM	1/2	50 %	6/12	50 %
Total	18/28	64 %	31/41	76 %
CHILDREN OF MIGRANTS				
8FT	9/17	53%	0/3	0 %
13CC	1/4	25%	3/14	21 %
14EF	3/4	75%	2/4	50 %
15JF	0/0	-	5/24	21 %
16LS	3/3	100%	1/8	12 %
Total	16/28	57%	11/53	21 %
LIMEÑOS				
17MC	2/9	22%	0/26	0 %
18JN	1/3	33%	0/8	0 %
19JE	1/2	50%	1/6	17 %
20JT	0/4	0%	0/23	0 %
Total	4/18	22%	1/63	2 %

Fuente: Klee/Caravedo 2006, pp.106-109

En las tablas anteriores aparecen separados los casos de leísmo y los de uso de *lo* para el género femenino, que revelan la discordancia. Se han separado también las generaciones de migrantes (padres e hijos) y el grupo de limeños sin antecedentes andinos. Resultan notables las diferencias en porcentajes en un subcorpus de 15 informantes, según los cuales se observa un comportamiento distinto del leísmo frente al uso de *lo* como archimorfema para el femenino y el masculino. Respecto del *leísmo*, este es menos frecuente incluso entre los andinos, mientras que ocurre también entre los limeños en relación con ciertos verbos que implican objeto humano. No parece existir una percepción clara del sistema limeño entre los andinos que lleve al reajuste con ese paradigma, dado que tanto los padres como los hijos que viven en la ciudad continúan con el patrón leísta con la misma intensidad variable. En cambio, es ostensible la diferencia de comportamiento entre los hijos de los inmigrantes en relación con el uso de *lo*, que implica la alteración del ajuste binario del género en la concordancia. Los limeños registran bajísimas frecuencias (2 %). Pero los hijos de inmigrantes reducen la frecuencia de 76 % de la modalidad de los padres al 21 %, lo que revela algún tipo de percepción que lleva al acercamiento progresivo al patrón capitalino. Ahora bien, como este acercamiento no es categórico, implica la presencia de restos del sistema originario, a través de la persistencia de la discordancia. Al parecer se trata aquí de la formación de un patrón variable híbrido que integra el sistema vernáculo con el local adquirido como efecto de la percepción externa, en el que los elementos en juego han perdido sus valores originarios.

Pero ¿cómo actúa la percepción respecto de este fenómeno? Probablemente lo que se capta es la diferenciación del inventario de las formas, pero no su distribución ordenada respecto de parámetros como el caso, el género y el número. Por ello en la reproducción de los fenómenos ocurren todas las posibilidades, de modo que algunas de ellas coinciden con las del sistema etimológico, en apariencia, por azar, mientras que otras se desajustan de este. Para medir la estabilidad de este patrón, habría que explorar el comportamiento de las terceras generaciones de inmigrantes (limeños de nacimiento y muy distantes de los antecedentes andinos) con el propósito de observar si han adquirido de modo total el sistema etimológico o conservan el patrón híbrido. Observaciones preliminares de diferentes hablantes descendientes andinos de tercera generación, nacidos en Lima, en un corpus recogido por las autoras mencionadas, con el propósito de averiguar la extensión microdiacrónica de los fenómenos en la primera y segunda generación de migración, testimonian la adecuación al sistema etimológico limeño, pero tendrían que validarse con el análisis cuantitativo, todavía en proceso.

En síntesis, la tendencia general de la percepción analítica en ambos grupos es la siguiente: la percepción de los fenómenos prominentes reconocidos como andinos por los limeños se plasma en una valoración siempre negativa. Por otro lado, la percepción analítica de parte de los andinos de los fenómenos prominentes limeños tiende a cristalizarse en una evaluación positiva. Por ello, los andinos tienden hacia usos convergentes con los de los limeños, convergencia que se hace posible a través de la percepción.

La percepción sintética de la variedad andina

Cuando de variedades geográficas se trata, entra en juego esencialmente la percepción *sintética*, si bien es obvio suponer, como lo he indicado, que ambos tipos de percepción: analítica y sintética se interconectan, de modo que el individuo, al identificar una variedad, puede separar también simultáneamente ciertos rasgos saltantes de ella. Es natural que en el proceso cognoscitivo los hablantes adultos sigan una doble trayectoria de análisis y de síntesis. En este sentido, resulta difícil deslindar ambos tipos de percepción. Sin embargo, los estudios de Piaget (1975), como lo hemos mostrado en la primera parte de este trabajo, nos dan algunos elementos de juicio para la interpretación. Al identificar en el proceso evolutivo de la percepción en el niño una progresión en el desarrollo de ambas capacidades, de las cuales la *analítica* es posterior a la *sintética,* nos permite suponer que es posible deslindar las operaciones lógicas en relación con la actividad cognoscitiva lingüística.

Paralelamente sorprende cómo la percepción *sintética* puede ejercitarse tanto entre hablantes con muy baja escolaridad cuanto entre hablantes de escolaridad superior, lo que parece corroborar la hipótesis de Piaget sobre la progresión del desarrollo de las capacidades sintética y analítica. Aunque están aplicadas a la evolución cognitiva del niño, el orden implica, a nuestro juicio, que un mayor conocimiento metalingüístico (mayor escolaridad) contribuye a ampliar la capacidad analítica del individuo. Y añadiríamos que la profundización de ese conocimiento puede llevar a racionalizar los sistemas de valores y, eventualmente, a modificarlos, como lo mostraré más adelante.

Experimento perceptivo de la variedad espacial peruana

Precisamente en la percepción sintética se concentra el experimento que realicé entre los años 2007 y 2008 (*cf.* Caravedo 2009a), inspirado en la metodología desarrollada por Preston (1989,1999) en la línea de la dialectología perceptiva, compatible con las ideas sostenidas aquí y experimentada con distintas variedades de diferentes lenguas como el inglés, el alemán, el turco, el griego. Nuestro propósito era indagar sobre los valores que los hablantes asignan a modalidades específicas de modo global, referidas a lugares concretos, esto es, a variedades geográficas, para lo cual nos valimos de la información proporcionada por un conjunto de 92 informantes, de los cuales 45 eran originarios de la capital y 47 provenientes de la zona andina, pero con residencia en la ciudad capital de más de cinco años.

Los valores investigados —teniendo como referencia la investigación de Preston (1989,1999), de Hartley (1999) y de Weijnen (1999)— se escinden en dos áreas, a saber, una en el orden *racional*: la *corrección*, y otra en el orden *afectivo*: la *agradabilidad*, asociada al gusto o al disgusto. Aunque se ha seguido la diferencia propuesta por Hartley, en nuestra opinión, el llamado orden *racional* no deja de circunscribirse a la esfera de la dimensión subjetiva del hablante, que juzga la variedad de los otros y, eventualmente, la propia. En esa medida, esos valores pueden tener un trasfondo afectivo en el sentido de Schumann (1997), que hemos comentado en la segunda sección de este trabajo. En otras palabras, aun cuando los juicios de corrección se vinculen al orden racional, no dejan de ser subjetivos, en la medida en que tales juicios no corresponden a la ontología de la entidad examinada, es decir, al ser sino a su valoración con la falsa pretensión de objetividad. En este sentido, en el experimento realizado hemos considerado el llamado orden racional como pseudo-objetivo. En cada una de estas áreas se han explorado solo valores bipolares: positivos o negativos con el propósito de dar paso a juicios definidos sin matices dubitativos o ambiguos, respecto de los cuales el hablante se siente seguro y responsable.

Las encuestas consistían en primer lugar en la presentación de un conjunto de mapas vacíos: uno con el perfil del país sin delimitaciones internas y otro con los trazos de la división entre departamentos sin ningún nombre asociado a ellos. En segundo lugar, estas incluían un cuestionario con los datos sobre los orígenes familiares, y el estatuto socio-educativo del informante, además de un conjunto de preguntas asociadas a los mapas. Estas últimas tenían como propósito indagar sobre la localización geográfica de los lugares que, según los hablantes, son representativos de modalidades, y sobre su inmediata evaluación en términos de corrección (+ correcto/– correcto) o de agradabilidad (+ agradable/– agradable).[51] La metodología aludida se muestra coherente con la visión simbólico-cognoscitiva de los espacios, señalada arriba, expresada en el experimento a través de *mapas vacíos* que los hablantes llenan de acuerdo con sus propios mapas mentales, los cuales no tienen correspondencia con los reales. Así, se pidió marcar en el mapa vacío los lugares en que se habla el español

---

51 Resulta importante señalar que las personas encargadas de aplicar la encuesta no son lingüistas ni tienen ningún conocimiento disciplinario y, además, forman parte de la red social estrecha de los hablantes investigados en cada grupo, de modo que en ningún caso se contó con la presencia intimidante del investigador.

más correcto y el más agradable, o menos correcto y menos agradable. De esta manera, averiguamos asimismo la compatibilidad entre ambas áreas (afectiva y pseuso-objetiva) al combinar los diferentes valores de corrección y de agradabilidad en cuatro posibilidades (+agradable/+correcto, -agradable/+correcto, +agradable/-correcto y -agradable/-correcto). En el mapa con los trazos de los departamentos (provincias), se pidió al informante indicar los lugares en que se identifican variedades diferentes a las de Lima y precisar en qué se diferencian.

Como en el caso que tratamos, la dimensión geográfica resulta determinante en la caracterización de variedades, la procedencia de los hablantes encuestados ha respetado la dicotomía andino/costeño que está en juego en nuestra reflexión, de modo que estos han quedado divididos en dos grupos: por un lado, originarios de Lima sin antecedentes andinos, y, por otro, originarios de la zona andina, inmigrantes en la capital, tanto de primera como de segunda generación (hijos de inmigrantes). El grupo andino proviene mayormente de los departamentos siguientes: Huancavelica, Ayacucho, Apurímac, Pasco, Huancayo y Cuzco (zona de los Andes centrales y sureños) y residen de modo estable en Lima (permanencia de más de cinco años) en el barrio de migrantes denominado Villa El Salvador. La dicotomía entre limeños y andinos nos permite examinar tanto la percepción *interna* cuanto la *externa*. Los hablantes se agrupan cronológicamente en la fase de edad que va de los 18 a 35 años.

Desde el punto de vista de la clase social en sentido estrecho, la caracterización posee asimismo un carácter dicotómico en analogía con la procedencia geográfica. Así, por un lado, los hablantes de Lima provienen de un sector medio-alto de la sociedad, poseen instrucción universitaria avanzada en dos universidades privadas limeñas (la Pontificia Universidad Católica y San Ignacio de Loyola), y además tienen padres con instrucción superior provenientes de Lima u otras ciudades de la costa. En cambio, los andinos provienen de sectores muy pobres, con escasa instrucción (primaria o media no terminada) recibida en colegios nacionales gratuitos o rurales, habitan en zonas marginales de la ciudad y desempeñan ocupaciones no calificadas que corresponden al trabajo doméstico, al pequeño comercio ambulante, al cuidado de jardines o de casas. Debemos subrayar que esta dicotomía no es gratuita, pues refleja una realidad estereotipada coherente con la percepción binaria reductiva de las variedades, la cual ciertamente no coincide de modo objetivo con la realidad, pues es obvio imaginar que existen hablantes andinos con educación superior y ocupaciones que revelan grados altos de profesionalidad y, al mismo tiempo, hablantes limeños que pertenecen a sectores económicamente no privilegiados y con escasa educación formal. Huelga decir que la indagación, cuya limitación asumimos como provisoria y experimental, deberá complementarse posteriormente con información de sectores de la sociedad deslindados con mayor refinamiento.

Con todo, los resultados generales revelan una coincidencia sorprendente de valoraciones asociadas a lugares y a regiones, lo que ratifica el carácter no solo individual sino colectivo de los sistemas perceptivos y evaluativos que desarrollan los hablantes a lo largo de su vida. Como era de esperar, las valoraciones positivas, tanto en lo que respecta a la corrección como a la agradabilidad (+correcto/+agradable), se concentran de modo ampliamente mayoritario en la ciudad capital, como si se tratara de una variedad claramente definida, seguida a muchísima distancia por ciudades como Arequipa, considerada la segunda ciudad del Perú, e Ica, una pequeñísima población periférica situada a 300 kilómetros de Lima, que dista mucho de ser una gran ciudad, cuya elección requeriría de mayor interpretación. En lo que respecta a Arequipa, resulta interesante considerar que las marcas en los mapas situaron a esta ciudad en la costa, cuando se trata de una ciudad andina, lo que resulta significativo en relación con la noción de *mapa mental* y con el sistema de creencias que no corresponden a la realidad objetiva. En cambio, las valoraciones negativas recayeron en un conjunto más amplio de ciudades que se sitúan, en primer lugar, en la zona andina y, en segundo lugar, en la amazónica. No obtuvimos ninguna valoración negativa de la supuesta variedad de Lima en ninguna de las áreas, a excepción de tres informantes cuyos padres provenían de Arequipa, de modo que sus respuestas estuvieron fuertemente condicionadas por esa circunstancia. Por otro lado en lo que respecta a la combinación +agradable/-correcto, las zonas amazónica y andina en ningún caso recibieron valores positivos de corrección, si bien algunas pocas veces, que merecen explicación aparte, obtuvieron puntajes positivos en el área afectiva (esto es, la agradabilidad). En esta área hay que tener en cuenta que muchos hablantes que evaluaban positivamente las zonas andinas, provenían ellos mismos o sus padres de tales zonas.

Un aspecto significativo en la interpretación de los resultados reside en la relación del área que he llamado pseudo-objetiva (corrección) respecto de la afectiva (agradabilidad), relación que solo puede medirse analizando separadamente las respuestas de cada individuo y combinándolas en sus cuatro posibilidades. Se ha podido observar una simetría interna entre juicios de corrección y agradabilidad cuando son positivos (+correcto/+agradable), simetría que no se da en lo que respecta a los valores negativos. Así, es posible encontrar hablantes que asignan a un lugar un valor positivo de agradabilidad y negativo de corrección, y a la inversa, valores negativos de agradabilidad y positvos en corrección. En el primer caso, se trataba por lo general del propio lugar de procedencia del hablante; mientras que en el segundo se trataba de lugares diversos. Pocas veces encontramos compatibilidad en la consideración de una modalidad como incorrecta y desagradable a la vez. Estas se refieren a ciertos hablantes que consideraron Lima como representativa de la incorrección y la desagradabilidad, pero que simultáneamente calificaron la modalidad hablada en Arequipa, por motivaciones familiares, como correcta y agradable. Se trataba de tres informantes cuyos padres eran arequipeños, lo que puede mostrar hasta qué punto el juicio está guiado por un componente afectivo.

La asimetría en los casos de valores negativos parece ratificar los postulados de Hartley, aplicados a los residentes de Oregon en Estados Unidos, según los cuales cuando de la autopercepción se trata, los hablantes suelen juzgar negativamente sus propias variedades en el orden racional (las califican como incorrectas), pero a la misma vez mantienen una relación positiva en el orden de la afectividad, y consideran la propia variedad como agradable. En cualquier caso, las asimetrías de los valores no fueron consideradas centrales en este experimento, en la medida en que, a mi entender, no es posible establecer una frontera nítida entre juicios de orden racional y afectivo. Por lo tanto, he sometido a cuantificación solo los casos simétricos, esto es, por un lado los valores positivos y, por otro, los negativos. De acuerdo con esto, sintetizo en la siguiente tabla los resultados, en lo que se refiere solo a los valores simétricos obtenidos del procesamiento de la muestra, en primera instancia, los positivos y, en segundo lugar, los negativos:

Tabla 7. Evaluación de la modalidad de Lima

Juicio	+ correcto	+ agradable	N.º
limeño	29 (61,70 %)	29 (61,70 %)	47
andino	27 (60,00 %)	27 (60,00 %)	45

El cuadro anterior implica que de 47 informantes limeños, 29 (61,70 % de los informantes) consideraron que Lima constituía el lugar en que se habla el español más correcto y más agradable a la vez.[52] Paralelamente de 45 hablantes andinos, 27 (60 % de los informantes) coincidieron en esta evaluación simétrica. Se da, pues, una sorprendente coincidencia de los juicios positivos sean de limeños o de andinos respecto de la supuesta variedad de la capital. Sin embargo, cabe preguntarse por la motivación por la que una ciudad tan compleja, que reúne un porcentaje altísimo de inmigrantes y descendientes de ellos, puede identificarse

---

52   El punto de partida de la contabilidad son 47 informantes de Lima frente a 45 de la zona andina. Es necesario precisar que la muestra de limeños fue de 65 hablantes, pero que 18 de ellos se negaron a emitir juicios valorativos, de modo que no fueron incluidos en la contabilidad. Por otro lado, las cifras de valores de corrección y agradabilidad corresponden al número de respuestas; por lo tanto, la suma de estas no será igual al número total de informantes, en la medida en que cada informante asignó valores idénticos de corrección y agradabilidad.

en bloque con una variedad lingüística unitaria, como si no existieran diferencias internas. Pero hay que tener en cuenta que la percepción sintética no es objetiva, de modo que pasa por alto las peculiaridades y tiende a la generalización irracional. Lo interesante de destacar es que cada informante tomado separadamente asignó valores positivos simétricos de corrección y agradabilidad a la variedad hablada en Lima (cualquiera que esta sea), de modo que existe una identidad absoluta entre juicio individual y colectivo. La semejanza de sistema de valores referidos a una supuesta variedad topográfica en las áreas pseudo-objetiva y afectiva entre ambos grupos resulta notable, lo que permite suponer una gran cohesión interna de tipo racional y afectivo que guía la percepción colectiva de una variedad geográfica central, independientemente de que exista o no como entidad bien definida. Lo importante es que para los hablantes constituye una realidad referencial. Esta existe si existe para los individuos.

Un elemento digno de consideración es el hecho de que esa unidad perceptiva social sea compartida tanto por los que se suponen representantes de la propia variedad (autopercepción) cuanto por los que se reconocen como ajenos a ella o como representantes de la variedad subvalorada. Aparte las diferencias entre respuestas simétricas y asimétricas, resulta significativa la mayoría casi absoluta de juicios positivos asignados a la variedad limeña, que representaron el 97,7 % entre los hablantes andinos, y el 85,10 %, entre los propios hablantes limeños, porcentaje curiosamente inferior, quizás porque estos ejercitaron una actitud crítica respecto de la bondad de su propia variedad. Esta actitud de distancia crítica sin duda guarda relación con el grado alto de escolaridad de los informantes, como lo sostuvimos arriba.

Vayamos a los valores negativos obtenidos por ambos grupos, que se refieren de modo absoluto a ciudades o departamentos, en primer lugar, andinos y, en segundo lugar, amazónicos. No hubo casi ningún caso en que los valores negativos recayeran en ciudades de la costa (excepcionalmente Piura, si bien no resultaba especificado si se trataba de la parte andina o costeña del departamento). Agrupadas las ciudades en regiones, se obtuvieron los siguientes resultados:

Tabla 8. Valores negativos (–correcto, –agradable)

Juicios	costa	sierra	selva	N.º
limeños	14 (9,45 %)	78 (52,70 %)	56 (37,83 %)	148
andinos	1 (1,47 %)	45 (68 %)	22 (32,35 %)	68

Como se aprecia en la tabla 2, los pocos casos de valores negativos asignados a la costa provienen mayoritariamente del grupo de limeños, y se refieren a ciudades de la costa norte (Piura, Trujillo, Lambayeque), si bien hubo dos respuestas de este tipo para Tacna y Moquegua, situadas en la costa meridional. Resulta natural que la percepción de los limeños se agudice en relación con las diferencias internas de lugares de la costa que no sean la capital. Es de notar, aunque salga del objetivo del experimento centrado en la variedad andina, la coincidencia de juicios negativos atribuidos por limeños y andinos a la variedad de la selva amazónica, que merecería un estudio aparte. Por otro lado, son los propios andinos los que registran una mayor frecuencia de juicios negativos sobre las modalidades de las ciudades de su propia región. En ambos casos, los porcentajes y las jerarquías en las preferencias son semejantes en ambos grupos, de modo que podemos hablar otra vez de sistemas perceptivos convergentes en un mismo territorio y, por lo tanto, de sistemas axiológicos sociales comunes a los habitantes del país. La autopercepción negativa de los andinos solo se puede explicar como una suerte de boomerang de la percepción de los hablantes originarios de Lima (la percepción de *los otros*), de modo que no hace sino corroborar una doble transmisión de los sistemas valorativos: no solo de los padres, sino también de los grupos con quienes se convive en un mismo espacio, que en este caso marcan la pauta referencial. El sistema de valores que guía la cognición se ve integrado por información de distintas fuentes, y no solo restringido a la proporcionada por los padres en las primeras fases adquisitivas.

Digno de señalarse es el comportamiento diverso de un buen número de informantes (18/65) de la muestra de limeños, y tiene que ver con la negación a dar una respuesta valorativa en cualquier sentido, sea de corrección como de agradabilidad. En estos casos los hablantes justificaron por escrito la no existencia de variedades más correctas o más agradables que otras, negándose a toda calificación. No ocurrió esto con los informantes andinos, pues ninguno mostró algún tipo de crítica o reparo a la indicación de los valores indagados. Resulta obvio que la capacidad metalingüística del grupo de limeños, más desarrollada respecto de la de los andinos encuestados, en relación con la formación universitaria (muchos incluso han llevado en la universidad cursos sobre el español del Perú en que reciben ese tipo de enseñanzas) lleva a controlar los propios valores, sometiéndolos a una autocrítica, lo que no quiere decir que tales hablantes carezcan realmente de un sistema valorativo que pueda explicitarse en otras circunstancias de modo indirecto fuera de los ámbitos controlados de la observación.

Síntesis

Un balance de lo expuesto hasta aquí lleva a la convicción de que el español/ castellano andino (o, mejor, el que se imagina como tal) es para el hablante ingenuo peruano un *objeto conceptual,* tanto desde la percepción *interna* cuanto desde la *externa,* que se opone al español de Lima (o al que se imagina como tal) más que al español de la costa. Los análisis comentados aquí no hacen sino confirmar el valor social de la percepción en el reconocimiento, estimulado por el contacto migratorio, bien sintético de variedades globales, bien analítico de rasgos específicos de ellas. Pero el punto más importante es que no se trata de un reconocimiento neutro, sino que está guiado por un sistema valorativo transmitido generacional y socialmente que tiene un componente afectivo. Esto último se manifiesta con claridad en el desarrollo de una *autopercepción* negativa como reflejo de la percepción ajena. Las respuestas revelan de modo nítido cómo tal percepción no corresponde exactamente a una realidad objetiva sino a un modo de verla, de conocerla, de juzgarla de acuerdo con sistemas valorativos transmitidos desde la niñez y reforzados durante la vida social del individuo, que se han mantenido invariables a lo largo de la historia.

La percepción en la migración externa: contacto de variedades en España

Consideraciones generales

¿Cuál es el papel que desempeña la percepción en el caso del contacto de distintas variedades diatópicas del español, cuando este constituye la lengua común en una situación migratoria? Esbozaré solo consideraciones generales en torno a esta cuestión, pues la investigación sobre este tipo de contacto está en proceso de desarrollo, y existen muchos aspectos pendientes de estudio que permiten solo respuestas inseguras o provisionales. En lo que sigue, no persigo otro propósito que encuadrar esta problemática respecto del enfoque perceptivo adoptado aquí, cuyos conceptos medulares he desarrollado ampliamente en la segunda parte del trabajo. Por lo tanto, me propongo articular los principales fenómenos tratados en investigaciones recientes, a las que me remito en cada caso, a la luz de la perspectiva delineada, y reinterpretarlos respecto de los conceptos previamente definidos.En general, en los casos de migración (externa o interna) en que están implicadas distintas lenguas, suele presentarse una relación jerárquica entre ellas, de modo que la lengua inmigrante es normalmente la que ocupa una situación desventajosa en la escala de valores de la sociedad, tanto desde el punto de

vista comunicativo como valorativo.[53] Generalmente, la lengua del inmigrante
deja de funcionar como instrumento comunicativo prioritario en la sociedad de
llegada, de modo que queda confinada a los dominios domésticos o familiares.
La sociedad local minusvalora la lengua del inmigrado, la cual llega a ser percibida negativamente, de modo que no se desarrolla ningún interés por aprenderla.
Ahora bien, curiosamente tal relación jerárquica que se da entre hablantes de
distintas lenguas persiste y hasta se intensifica cuando se trata del contacto entre
variedades de la misma lengua. Esto ocurre dado que la variedad local asume
el papel protagónico y se coloca en el grado más alto de la jerarquía respecto
de las variedades de los inmigrantes valoradas negativamente y situadas en el
extremo inferior de la escala. Se trata aquí de un problema perceptivo, más que
propiamente comprensivo, el que se pone en primer plano: lo percibido como
diferente o ajeno del lado del poblador local adquiere un estatuto de superioridad
frente a los inmigrantes, mientras que lo diferencial de las variedades de estos
es automáticamente considerado inferior respecto de la comunidad de llegada.

Dos sentidos fundamentales se deben tener en cuenta en el estudio de la percepción en el contexto migratorio. El primero, implica la percepción tanto de
la variedad del lugar al que ha llegado el migrante, cuanto de las variedades
primarias de los distintos inmigrantes que se encuentran y que mantienen relaciones comunicativas entre ellos. El segundo sentido, que considero sustancial,
implica la percepción de las variedades inmigradas de parte de los pobladores
locales, que normalmente no se aborda en la investigación empírica como cuestión relevante en la problemática de la inmigración, aun cuando esta percepción
es determinante en el cambio de valores, en la dirección perceptiva y en la reconstrucción de la autoimagen del individuo inmigrante en el nuevo ambiente de
convivencia social. Si bien en algunos de los estudios más recientes se explicita
la necesidad de atender ambos comportamientos (de los pobladores locales y de
los inmigrantes), en realidad solo los inmigrantes terminan siendo materia de estudio. Este sesgo resulta peligroso, dado que la percepción científica no debería
adoptar una actitud discriminante en la identificación del papel que cumplen los
pobladores originarios frente a los inmigrantes, actitud que solo considera objeto
de observación a los segundos, mientras que los primeros no son sometidos a
examen como si fueran neutrales en el proceso.

Como lo hemos señalado antes, hay que partir de la determinación de la percepción como mecanismo general propio de la adquisición y del aprendizaje
limgüístico, que resulta determinante en la construcción de los primeros valores
lingüísticos del individuo, e incorporarla en el análisis. Solo así se podrá en-

---

53   Nos referimos a la migración que no está relacionada con la conquista o la colonización. *Cf.*
      la tipología de Zimmermann a este respecto (Zimmermann 2009:132-133).

tender la problemática perceptiva en el contacto. Como lo he señalado antes, generalmente los modernos estudios sobre la migración internacional focalizan la atención en la interacción de los grupos inmigrantes con los de la comunidad de llegada, sin profundizar en los propios valores que ha adquirido el inmigrante con anterioridad al desplazamiento migratorio, que forman parte de su percepción primaria desarrollada en el propio lugar de origen. No hay que olvidar —aunque sea obvio— que el inmigrante ha sido también poblador local en su espacio de procedencia. Normalmente el sujeto desarrolla la percepción interna en la fase primaria adquisitiva, y solo posteriormente en la fase secundaria despliega la percepción externa, que incluye el conocimiento de otras variedades distintas de la adquirida, sin que estas lleguen a modificar de modo sustancial su producción lingüística. Esto ocurre porque la percepción externa en situaciones normales se ejercita de modo pasivo e indirecto a través de la información metalingüística recibida, que no va unida necesariamente a la exposición real a una variedad viva. Este proceso (que reúne las fases primaria y secundaria) es común tanto para el poblador local como para el inmigrante, pues ambas partes han recibido informaciones insuficientes, parciales, generalizantes y hasta arbitrarias respecto de las modalidades ajenas.

Con respecto al inmigrante, durante el periodo escolar en su espacio de procedencia, el individuo amplía su conocimiento acerca de otras variedades de español, aunque no de manera exhaustiva sino más bien insuficiente, a través del acceso, a menudo fragmentario, a textos literarios peninsulares o de otros lugares de Hispanoamérica. Especialmente el léxico sufre una gran transformación durante el periodo escolar, pues no deja de reajustarse y de incrementarse de modo considerable a través del conocimiento de distintas materias, del desarrollo intelectual del individuo y de su exposición a diversos discursos, lo que permite acceder a una multiplicidad de textos académicos, técnicos, científicos, humanísticos de variada naturaleza a través de la escritura. Esto naturalmente se da en una situación óptima, que no es la general en las sociedades hispanoamericanas, en las que el individuo suele exponerse a una escolarización insuficiente que no consigue estimular su acceso a textos escritos literarios o humanísticos. En todo caso, una gran parte del bagaje léxico adquirido no se utiliza y, cuando no se lo condena al olvido, queda fijado mentalmente de modo silencioso como instrumento activable, solo si el individuo se enfrenta a situaciones específicas que pongan en juego las operaciones de comprensión.

No ocurre lo mismo con los órdenes fónico y sintáctico en la modalidad del individuo, los cuales una vez adquiridos se fijan y se mantienen y solo se reajustan siguiendo la percepción externa del ambiente social propio del hablante, de modo que la influencia de las variedades diatópicas distantes, a este respecto, es casi nula. Son, más bien, las dimensiones diastrática y diafásica las fuentes de la variación de la modalidad vernácula. Me refiero al grupo social en que interactúa el hablante, el cual representa su referencia lingüística, y al reajuste estilístico en los diversos ámbitos en que se moverá al relacionarse con diferentes pobladores de la ciudad. Las redes sociales del individuo dentro de su grupo y fuera de él constituyen un canal de primera importancia en el desarrollo de la percepción externa y de su concretización en la producción lingüística, como lo han mostrado los ya numerosos estudios en esta dirección (*cf.* Milroy 1980, Labov 2001, Villena Ponsoda 2005, para citar los más representativos).

La situación presentada, que es la normal en el desarrollo cognitivo en el espacio originario, cambia de modo drástico cuando individuos provenientes de diferentes espacios se ponen en contacto directo en la convivencia migratoria. La nueva situación supone una ruptura de las redes sociales originarias del individuo y la construcción de un ambiente en el que se crean nuevos lazos sociales. En primera instancia estos lazos son de tipo horizontal y vertical. Los primeros son los que se crean entre compatriotas que han llegado precedentemente al lugar y los que comparten la situación de inmigración, que provienen de otros puntos de Hispanoamérica. Los segundos se forman en las relaciones laborales, que se inscriben generalmente en ambientes domésticos, en que el inmigrante interactúa con los locales en una relación jerárquica de patrón/empleado. Luego se añadirán los lazos esporádicos, que corresponden a los llamados lazos débiles (*weak ties*) en la terminología de Granovetter (1983), utilizada por Milroy (1980), Milroy/Milroy (1985, 1992), los cuales se crean a través de relaciones transaccionales cotidianas en las que normalmente el inmigrante está en situación de desventaja social. La inserción en las nuevas redes sociales en el lugar de acogida es fundamental para establecer el universo comunicativo del hablante y reconocer las fuentes de la percepción. Esto no implica asignar carácter explicativo a las redes sociales (en coincidencia con la posición de Labov 2001 y de Villena Ponsoda 2005), sino más bien de orden heurístico- interpretativo, dado que estas proporcionan información sobre los ambientes en que se mueve el hablante y de los que recoge los datos concretos de la variedad del lugar. En otros términos, las redes sociales pueden considerarse el *locus* de la percepción externa, que permite captar los usos distintos de la propia variedad, reforzar o debilitar los propios, de acuerdo con un tejido de valores precedentes a los que se agregará otros nuevos. Pero es la dirección perceptiva el instrumento primario que permitirá calibrar a los integrantes de las redes sociales y motivará cualquier modificación del comportamiento lingüístico-social del hablante en su nuevo hábitat.

Se podría pensar que cuando se trata de una lengua materna compartida, no existirán problemas comunicativos y que, por lo tanto, el fenómeno de percepción no debería desempeñar ninguna función importante. Nada más alejado de la realidad. En situaciones de este tipo se revela en toda su magnitud la subjetividad de los sistemas de valores comunitarios y normativos preestablecidos antes de la llegada migratoria, por ambos grupos, el migrante y el que habita en la ciudad receptora, que se concretizan en el encuentro real. Asimismo, la percepción estable, que no se pone en juego en el lugar de origen, se reactiva y vuelve a desempeñar un papel protagónico. Como lo he señalado arriba, los *espacios mentales*, construidos a través de ideas preconcebidas sobre las modalidades diatópicas de la lengua y sobre las personas que las hablan, suponen reducciones, sobredimensionamientos, hasta caricaturizaciones.

Los *espacios mentales*, en general, pueden tener contenidos de variado tipo, que pueden ser más o menos densos, según la calidad y cantidad de información recibida acerca de los lugares referenciales. En general, cuando se trata de territorios totalmente desconocidos con lenguas diferentes, resulta natural que la información recibida en el lugar de origen sea muy vaga, y que los migrantes que se desplazan a tales territorios tengan muy pocos prejuicios acerca de la lengua que se habla. Por ejemplo, un inmigrante hispanoamericano en Italia (para mencionar uno de los puntos preferidos de la migración hispánica reciente), por lo general, no posee ningún conocimiento ni de esa sociedad ni de su lengua, de modo que el espacio mental atribuido a ese país tiene un contenido muy pobre, que puede ser de origen libresco o incluso cinematográfico.[54] Asimismo, el recién llegado no está en condiciones de percibir diferencias de orden regional ni tampoco social o estilístico acerca de una lengua que desconoce. Por lo tanto, se ve precisado a construir una visión nueva que estará nutrida de la información que solo puede captar *in situ* progresivamente dentro de los limitados ambientes sociales en que se moverá, restringidos a las casas de los empleadores, cuando se trata de ayuda doméstica, una relación que, como hemos dicho, es básicamente de tipo jerárquico. Cuando se trata de otras ocupaciones, normalmente no calificadas, los inmigrantes suelen concentrarse en barrios específicos e incluso compartir la misma vivienda, circunstancia que contribuye a separarlos aún más del medio local.

Muy distinta es la situación en el caso de un lugar en que se habla la misma lengua del inmigrante. Normalmente aunque no haya vivido nunca en ese espacio, tendrá mayor información recibida de modo pasivo, aparte del dominio del propio instrumento comunicativo que obviamente es la lengua común. La informa-

---

54 Para estudios sobre la masiva inmigración peruana y ecuatoriana a Italia, que cobra fuerza en los años noventa, concentrada sobre todo en grandes centros urbanos como Milán, Génova y Turín, pero expandida a otras ciudades, que no trataré de modo específico aquí, *cf.* Vietti (2005, 2010), Bonomi (2008), Calvi (2010, 2011), Carpani (2010), Ariolfo (2012), sobre distintos aspectos de la problemática de contacto español-italiano. Ariolfo (2012) explora de modo específico y con minuciosidad el problema de la subjetividad a través del estudio de las actitudes lingüísticas en la escuela genovesa.

ción pasiva está almacenada y emerge en la forma de un conjunto de prejuicios acerca de una modalidad que, con frecuencia, no se ha percibido directamente. Por consiguiente, cuando el inmigrante llega al nuevo lugar de residencia cuenta con una percepción externa parcial y deformada, dado que a su vez ha sido fruto de la transmisión generacional de un conjunto de creencias anquilosadas que, por lo general, no se someten a juicio crítico y no se modifican inmediatamente por el mero contacto con la experiencia. Por otro lado, los pobladores locales tienen también prejuicios sobre los hablantes hispanoamericanos, que se refieren a una supuesta poca instrucción (generalmente denominada "incultura"), que, en algunos casos, se ponen en relación con el origen indígena de los hablantes. Los choques comunicativos que se producen entre inmigrantes y lugareños son el resultado de una confrontación directa entre los dos tipos de percepción, *interna* y *externa*, que no coinciden o, peor aún, que terminan siendo incompatibles. No habiendo vivido en el lugar, lo más impactante del primer contacto es el desconocimiento pragmático de la lengua de los otros, que impide su utilización adecuada a la situación comunicativa del mismo modo que lo hacen los lugareños (*cf.* Kluge 2007). El choque pragmático es, pues, el primer conflicto respecto del acercamiento de variedades diatópicamente distantes de una lengua común, en la medida en que las diferencias diatópicas se cristalizan o se hacen evidentes en los intercambios discursivos, de modo que terminan reinterpretándose como diferencias de orden diastrático y diafásico aun cuando no ostenten los mismos valores en el lugar de origen.

Estudios realizados sobre las diferencias entre ecuatorianos y peninsulares por Placencia (1998, 2005) a propósito de las formas de cortesía, que incluyen no solo palabras malsonantes, sino distintos modos para dirigirse al interlocutor, pedir información, realizar transacciones de compra/venta, etc. muestran las distancias comunicativas y de percepción entre españoles y ecuatorianos. Investigaciones recientes sobre la inmigración hispanoamericana en Madrid, Barcelona o Valencia confirman estas ideas (*cf.* Molina Martos 2010 y Sancho Pascual 2010, para Madrid; Bonomi 2010, para Barcelona; Calvo 2007, para Valencia). A partir del examen minucioso de un corpus consistente, Sancho Pascual comprueba las actitudes negativas de los ecuatorianos ante los usos pragmáticos madrileños, como el tuteo generalizado y el empleo del léxico malsonante (malsonante, para los que no lo usan), interpretados negativamente por los inmigrantes, o como manifestaciones agresivas y descorteses hacia ellos (*cf.* Sancho Pascual 2014: 160-161, 184-188, 302-303).

Por otro lado, Del Barrio (2009) analiza la conciencia de las diferencias léxicas entre inmigrantes colombianos en España, la cual se expresa en la presencia de los geosinónimos en el propio discurso del hablante, marcada a través de enunciados metalingüísticos como los siguientes: *"se jugaba el saltar la cuerda que aquí llaman la comba (195,8ª); son frijoles lo que ustedes le llaman alubias (7a); se hacen muchos zumos... allí le decimos jugos (194, d)*, etc. (*cf.* Del Barrio 2009, pp. 194 y ss.). Este comportamiento revela no solo una mera percepción de las diferencias léxicas sino la producción de estas a través de una confrontación discursiva. Conviene tener en cuenta que ese tipo de discurso se ha elaborado ante un interlocutor español, por lo cual la presencia de los geosinónimos parece cumplir no solo un sentido meramente comparativo sino también informativo, que se activa igualmente en el contacto entre lenguas distintas.

Un denominador común de las investigaciones mencionadas es el reconocimiento de una doble actitud entre los inmigrantes, por un lado, positiva, que se manifiesta en la acomodación y convergencia de estos a los usos del lugar de acogida y, por otro, negativa, que revela mantenimiento hacia ciertos usos originarios que los ligan al lugar de procedencia. En mi interpretación, la coaparición de los sinónimos, comentada arriba, implica la expresión consciente de las diferencias entre percepción interna y externa, que todavía se dan de modo separado en la cognición del individuo, pues este marca las diferencias, lo que, en vez de revelar una identificación con los nuevos usos, supone una acentuación de las distinciones.

La no coincidencia pragmática de los usos de una misma lengua constituye el abismo comunicativo más grande entre los seres humanos, que origina malinterpretaciones y distancias profundas afectivamente marcadas entre los hablantes. Normalmente los estudios de contacto separan los tradicionales niveles lingüísticos de los pragmáticos. Como lo he afirmado antes, desde la posición que sostengo, la pragmática de la lengua involucra todos los órdenes lingüísticos: fenómenos de tipo sonoro, morfológico, sintáctico y hasta léxico se actualizan pragmáticamente, en la medida en que ocurren en la comunicación. Cuando determinados hechos de cualquier rango no son compartidos por los hablantes pueden llegar a suscitar valores negativos entre ellos, como atribución de ignorancia al otro, y a estimular el desarrollo de actitudes de desprecio o minusvaloración hacia el que habla en una variedad distinta. La pragmática no es, pues, un nivel superpuesto o complementario de intelección de una lengua añadido a una estructura relativamente autónoma, como generalmente se piensa; antes bien, es la actualización misma del funcionamiento lingüístico, que se pone en juego en la interrelación entre seres humanos. Por lo tanto, la pragmática se expresa directamente en la variación lingüística en cualquier nivel estructural y resulta particularmente ostensible en el contacto entre variedades diatópicas diferentes. Es más, los orígenes del lenguaje humano son fundamentalmente de tipo pragmático o comunicativo, si adoptamos los planteamientos evolutivos del lenguaje desarrollados por Tomasello (2008), comentados en la segunda parte de este trabajo. No obstante, conviene precisar que, además de este aspecto general, las diferencias pragmáticas en situaciones de contacto revisten un valor jerárquico para los hablantes, de modo que hay una variedad que prevalece sobre otra, que normalmente es la del lugar de llegada, a la que los inmigrantes se tienen que plegar, mientras que las variedades de estos tienen un valor inferior y no son aceptadas en la comunidad receptora. Este punto es particularmente relevante a la hora de considerar la dirección de la acomodación y de los procesos de convergencia. Sin embargo, no deja de sorprender que existan ciertos aspectos pragmáticos (a saber, los que tienen que ver con el uso de palabras malsonantes, según lo muestran Calvo 2007 y Sancho Pascual 2014) de la modalidad peninsular que los inmigrantes, por lo menos, los de la primera generación, no llegan a imitar porque son altamente percibidos como contrarios a su pragmática originaria.

Gran parte de los más recientes estudios sobre variedades hispánicas en contacto analizan los procesos de convergencia/divergencia a partir de la teoría de acomodación lingüística (Giles/ Powesland 1975, Giles 1980), aplicada y reformulada por Trudgill (1986). Me remito, sin perseguir la exhaustividad, a los estudios de contacto entre variedades, como los de Martín Butragueño (2004), Molina (2006), Calvo (2007), Cestero/Molina/Paredes (2008), Pérez Castillejo (2013), Palacios (2007). En general, y no solo en relación al hispanismo, estudios como los de Auer/ Hinskins (2005) valoran legítimamente la importancia de las actitudes lingüísticas y de los mecanismos identitarios que rigen estos procesos. Siguiendo nuestro hilo discursivo, cabe precisar que tanto los procesos de acomodación positiva y negativa, así como los de convergencia/divergencia e, incluso, las actitudes constituyen efectos cuyo elemento rector es la percepción del individuo, pues toda acomodación a los usos de otro, y toda actitud respecto de lo diferente presupone la percepción. Si no se perciben las diferencias no es posible acomodación alguna ni tampoco el desarrollo de actitudes. Estas de modo particular son resultado de la percepción y no a la inversa. Posteriormente, desarrollada una actitud, esta condicionará la percepción cada vez que el individuo se enfrente a la variedad valorada. Es, pues, la percepción selectiva la motivadora de la dirección de los usos, y es esta precisamente la que no se ha abordado de modo directo y explícito como una cuestión central en gran parte de los estudios en este campo.

La percepción sintética en el contacto

Sin abandonar nuestro foco de atención, detengámonos brevemente primero en la *percepción sintética* del español en los espacios mentales tanto de los hablantes peninsulares cuanto de los inmigrantes. Desde la perspectiva del originario de España, uno de los más difundidos prejuicios tanto del discurso del científico como del hablante común reside en la percepción sintética de un supuesto español continental unitario referido al español de América. Se trata aquí de un solo espacio mental y de una sola modalidad que está definida valorativamente respecto de la propia y es la que rige el imaginario colectivo en el contexto de la migración. Se desconocen así las diferencias internas y cuando se trata de hablantes de los distintos países, se suele ignorar que muchos de los inmigrantes hablan un español con características heredadas del contacto con otras lenguas, o variedades diastráticas estigmatizadas en su lugar de origen, y que no constituye una variedad representativa de todo el país. Tal situación es explicable porque tales variedades no han sido objeto de percepción hasta el momento en que se ha producido el contacto migratorio. No existe, pues, salvo en el discurso de especialidad, un conocimiento bien fundado de la variación interna en las diferentes zonas americanas, las cuales no se corresponden a la diferenciación por Estados nacionales, ni mucho menos de tipo continental. Tal desconocimiento del hablante común y corriente favorece la percepción uniformadora y reductiva que lleva al estereotipo.

Por otro lado, los hablantes de cualquiera de los países americanos tienen ideas de alcance semejante, de modo que consideran el español de España como si se tratara de una totalidad isomórfica. Cuando llegan a ese país, no tienen, como es natural, ningún conocimiento de las variedades diastráticas ni diafásicas de la zona. El inmigrante que llega, por ejemplo, a Valencia se enfrenta a variedades distintas respecto de las madrileñas sin tener conciencia de ello y termina por absorber particularidades de esa zona, como se muestra en el estudio de Calvo (2007). De acuerdo con estas percepciones vagas, que no corresponden a una verdad objetiva, pero que tienen realidad psicológica para los implicados, son dos espacios mentales de tipo continental que el inmigrante cree o imagina que están en juego. Obviamente esto implica un claro distanciamiento de la realidad, pues un hablante peninsular o hispanoamericano no tiene esta percepción reductiva y generalizante de su propia modalidad dentro del área en que vive. La distancia entre percepción *interna* y *externa* en cada uno de los grupos es, pues, abismal y esto motiva los distanciamientos y las actitudes negativas.

Percepciones semejantes en su arbitrariedad se activan en la migración intracontinental en el interior de América (Central y del Sur), que es de gran densidad y que confronta una diversidad de variedades regionales del español, las cuales hacen evidentes las diferencias internas de fenómenos y valores asignados a ellas. Así ocurre en los grandes centros urbanos en que confluyen grupos provenientes de distintos países, los que en determinado momento se encuentran en situación de desventaja económica (ecuatorianos, bolivianos, peruanos, paraguayos, para citar las procedencias más frecuentes de los últimos años) en determinados centros receptores como Caracas, Buenos Aires, Santiago de Chile, San José de

Costa Rica, que ponen en evidencia nuevamente la subjetividad de la creencia en una homogeneidad continental. En estos casos, como deja de valer el criterio de hispanoamericano, puesto que todos lo son, es sustituido por el criterio nacional, también inadecuado, que conduce a percepciones inexactas y deformantes al anular la variación regional y social en el interior de cada país. Obviamente esta situación va transformándose progresivamente en la estabilización de los migrantes en el lugar de acogida. Por ejemplo, en Chile se ha desarrollado una hiperpercepción del habla de las cuidadoras peruanas de niños en familias chilenas. He podido observar en Santiago un número considerable de vocablos percibidos por los propios chilenos en la situación de contacto, antes desconocidos por estos, y que naturalmente no son autopercibidos por los peruanos como propios de su variedad primaria.

La mayor inserción del inmigrante en la comunidad local ocasionará una modificación de su percepción sintética, y tal modificación guardará relación proporcional con la intensificación de la percepción analítica. La interrelación dinámica entre análisis y síntesis es una cuestión central en la cognición del hablante, como lo he afirmado antes. Curiosamente cuanto mayor cantidad de rasgos se reconozcan en la variedad ajena y sean adoptados en la propia variedad, de modo intencional o no, lo que en un principio se percibía como prominente se convierte en neutral desde el punto de vista perceptivo, siempre que se haya logrado integrar en la propia variedad del hablante. Este es el recorrido que siguen los procesos de variación que dan como resultado el cambio linguístico: cuando el hablante ha dejado de percibir el fenómeno como extraño y no lo puede autoobservar en su propio discurso, este ha ocasionado un cambio en su variedad.

La percepción analítica en el contacto

¿Cuáles son los fenómenos que el hablante identifica y sobredimensiona en la percepción analítica? Resulta evidente que tratándose de variedades de una misma lengua, el inmigrante no tenga que partir de cero ni tampoco se confronte con la inutilización de su lengua, como en el caso en que una lengua desconocida por él está en juego, como ha sucedido con los quechuahablantes en el Perú, o los hablantes de español en Italia o en Estados Unidos de América. No obstante, como lo hemos dicho antes, se reactivará e intensificará el proceso de percepción ya estabilizado en el adulto, que se deja de ejercitar en la normalidad de los casos finalizado el proceso adquisitivo y de escolaridad básica. En las nuevas condiciones, el inmigrante se verá obligado a reconstruir su percepción primaria y su intuición lingüística originaria, de tal manera que se concentrará de modo puntual y artificial en los rasgos que no han sido nunca materia de observación ni de duda en su espacio natal, ni mucho menos de valoración negativa, pero que no corresponden a la variedad hablada en el lugar. En otras palabras, el proceso de percepción cambia de dirección y son otros los fenómenos prominentes en que se concentra la atención. Si, por un lado, un hablante tolera de manera natural cometer errores en una lengua extranjera, por otro lado, no aceptará tan fácilmente que los supuestos errores surjan de su propia variedad vernácula, y que sean estos precisamente los que impidan la eficacia comunicativa. Se crea, pues, una situación de extrañamiento respecto del propio instrumento de comunicación, que daña de modo más profundo la autoimagen y desarrolla la auto-percepción negativa.

Respecto de la percepción analítica, el rasgo sobresaliente en el plano sonoro, inmediatamente percibido entre los hablantes de ambas variedades en situación migratoria, es, sin duda alguna, el fenómeno de oposición fonológica apicoal-veolar/interdental /s/-/θ/, propio de una parte de España, frente a la no diferenciación (*seseo*), característico de Hispanoamérica. Este fenómeno es paradigmático porque supone una diferencia de inventario fonológico en el propio sistema lingüístico, que marca además una frontera diatópica nítida entre, por un lado, el castellano de gran parte de España, considerado además como el más prestigioso de la nación, y, por otro, Hispanoamérica en su totalidad. Siguiendo el hilo de nuestro razonamiento, tal fenómeno aunque esté reconocido por la percepción científica, si el hablante no se ha confrontado con la variedad ajena no forma parte de su percepción interna ni externa. En el momento de la confrontación se da una bifurcación de percepciones sobre la base de diferentes sistemas de categorías y valores. Paralelamente, las sibilantes en Andalucía plantean un problema mayor que convierte un proceso complejo y diverso difícil de organizar en un asunto en que se ve afectada incluso la percepción científica. Por ello, consideramos que el fenómeno que atañe a las sibilantes andaluzas, aunque genéticamente se muestre emparentado con el seseo hispanoamericano, ha corrido una suerte distinta que lo hace cualitativamente diferente de este, como lo hemos señalado en la sección asignada a la percepción fonética en este trabajo, valiéndonos de los principales estudios sobre el asunto (*cf.* Narbona, Cano y Morillo 1998; Villena Ponsoda 2012; Narbona 2013; López Serena 2013).

Cuando enfrentamos las distintas variedades de español en situación migratoria, habrá que distinguir entre la migración hacia zonas castellanas o hacia zonas andaluzas, pues el contacto en cada una de estas planteará problemas de muy distinta naturaleza. El inmigrante hispanoamericano que posee un sistema seseante único recibirá distinta estimulación si se ha trasladado a la zona de distinción castellana o a zonas mixtas de distinción/indistinción en las diferentes subregiones andaluzas. Como la mayor parte del contingente migratorio hispanoamericano se ha establecido principalmente en Castilla, especialmente la capital —si bien no faltan datos de otras ciudades como Valencia (Calvo 2007) y Barcelona

(Bonomi 2010)— y se carece hasta el momento de datos del contacto migratorio en Andalucía, dejaré para otra ocasión el estudio del contacto entre hablantes hispanoamericanos y hablantes de las distintas regiones no castellanas.[55]

Aplicando el supuesto de que el hablante no percibe sus propios usos si no los confronta con otros diferentes, en su propio espacio de procedencia ningún exponente de las variedades *auto-percibe* su sistema de sibilantes: nadie se considera a sí mismo como distinguidor ni como seseante. Se trataría de rasgos neutros que aparentemente o, por lo menos, explícitamente, no implican valoración alguna. Ahora bien, es preciso afirmar que todos los usos de la lengua implican valores subyacentes, solo que estos salen a la superficie cuando se observa, en el habla de los otros, que tales rasgos no se cumplen (*percepción externa*). En efecto, como lo hemos desarrollado para otros casos, las diferencias entre ambos grupos se hacen evidentes solo en la confrontación con la variedad ajena (*cf.* la diferencia entre percepción *interna/externa*). Allí se desvelan los valores camuflados o inconscientes, que deben ser analizados poniéndose en la perspectiva cognoscitiva de cada uno de los grupos implicados en las diferencias.

De acuerdo con la *variación cognitiva intraindividual*, adoptaremos cada una de las posiciones de quienes tienen patrones diferentes: por un lado, el seseo y, por otro, la distinción. Partamos de esta última. De lado del que está en su propio espacio, es decir el hablante madrileño, es obvio que la variedad del otro sea la confundidora o simplificadora y, por lo tanto, esta recibirá la marca negativa. En cambio, de lado del que no pertenece al lugar y que posee el sistema indistinguidor, se genera una *autopercepción* crítica de la propia modalidad, que antes del abandono de su espacio consideraba natural y que, por lo tanto, no había sido objeto de reflexión y mucho menos de evaluación. Una reacción posible para adaptarse al ambiente y no sentirse discriminado es con frecuencia tratar de reproducirla o imitarla. Pero la mímesis, cuando se ha completado el periodo de percepción óptima, difícilmente conduce a un resultado feliz porque supone un intento, mayormente desacertado, de anticiparse a cada uno de los puntos dentro de cada palabra en que se ha de pronunciar una interdental y no la sibilante dental de su lugar de origen. Una observación sistemática de este fenómeno entre familias de inmigrantes peruanos en España me ha llevado a la conclusión, por cierto provisional, de que la primera generación de migrantes no logra reproducir adecuadamente la distinción aunque la perciba, mientras que la segunda

---

55   En cambio, se ha estudiado el contacto de variedades del propio español peninsular, como el estudio pionero de Martín Butragueño (cf. Martín Butragueño 2004), o el contacto entre distintas variedades hispanoamericanas que confluyen en Estados Unidos (*cf.* Otheguy/Zentella/Libert 2007, Otheguy/Zentella 2012) o, más recientemente, entre distintas variedades españolas también en Estados Unidos (castellano frente a sevillano), contacto referido específicamente a la elisión de [s] (*cf.* Pérez Castillejo 2013).

generación, los hijos de estos nacidos en Madrid y escolarizados allí (o incluso la generación 1.75, correspondiente a los que han llegado a la ciudad en la etapa pre-escolar), adoptan de modo sistemático la aludida oposición fonológica.

El fracaso de la primera generación en la asunción del patrón madrileño es explicable porque la cognición de la propia variedad, lo que se ha asimilado en los primeros años, no puede cambiar de modo abrupto. Es esa la única forma posible para el hablante, que no puede expresarse de otra manera. Cuando intenta imitar el modelo externo, la percepción es imperfecta o parcial, de modo que, aunque identifica el sonido interdental como distinto, no logra percibir su regulación ni su distribución léxica, y no es capaz, por consiguiente, de reproducirlo en su propio discurso. Así, ocurren combinaciones como las siguientes: *sabes* como ['θaβes], pero a la misma vez *cielo* como ['sjelo], de modo no consistente porque también pueden ocurrir ['sabes] y ['θjelo] en el habla del mismo individuo.

Una explicación plausible de este comportamiento reside en que la percepción analítica del inmigrante logra el reconocimiento de la entidad sonora inexistente en su sistema, en este caso, la interdental, de tal manera que se trata de una percepción de tipo paradigmático del inventario, que no llega a captar los principios combinatorios o sintagmáticos de la entidad en cuestión. En otras palabras, en la percepción analítica de estos hablantes no existe una distribución fija ni recurrente para cada fono, dado que uno es sustituible por el otro en variación libre. La ortografía no juega ningún papel para orientar la percepción, pues nadie —ni distinguidores ni indistinguidores— adquiere el paradigma fonológico de su lengua de acuerdo con la escritura, cuya enseñanza es posterior a la adquisición lingüística.[56] La intervención de la escritura como recurso de fijación visual de la sonoridad en las sociedades no ágrafas es un hecho indudable, pero hay que tener en cuenta que ocurre mucho después de que se han adquirido las distinciones fonológicas y sus combinaciones posibles. De ahí que el conocimiento metalingüístico (en este caso ortográfico) no impida las alternancias libres entre las entidades fónicas en cuestión, dado que tal conocimiento es de carácter pasivo y no integra la percepción de la variedad originaria. Por consiguiente, esta no logra controlar la producción, en la medida en que está ligada a un *sistema de valores* primario que no reconoce la funcionalidad de tales diferencias en el orden de las sibilantes. En otras palabras, la producción sigue un camino distinto de la percepción. Un fenómeno semejante es el que ocurre entre determinados grupos

---

56 En este punto hay que tener en cuenta, además, que los inmigrantes en general (me refiero de modo específico a los peruanos de los movimientos migratorios de los años noventa del siglo pasado) no han recibido una formación escolar que les haya permitido adquirir de modo preciso los patrones ortográficos, lo que dificulta la tarea de percepción. No obstante, creo que aun cuando el hablante conozca las reglas ortográficas, el asunto trasciende este orden de cosas y tiene que ver con la cognición fonológica pre-escolar.

en las regiones andaluzas que tienen como base un sistema de indistinción fonológica, en que se dan alternancias libres de sibilantes que no corresponden a las distinciones castellanas, y que revelan también un desajuste entre lo que hemos llamado percepción interna y externa. No hay que olvidar que los hablantes andaluces viven dentro del país distinguidor que tiene como norma estándar la distinción, de modo que están expuestos a ella en diversas ocasiones y, además, probablemente interactúan con hablantes castellanos, sobre todo cuando coinciden en el mismo espacio por motivos de migración interna.

En cambio (volviendo a la migración hispanoamericana), la segunda generación de hablantes nacidos en Madrid reciben el sistema mixto de los padres, esto es, la distribución anómala o aleatoria de la interdental y de la /s/ dental o alveolar en variación libre, que luego confrontarán con la distinción estándar cuando se insertan en el sistema escolar, incluso en el pre-escolar que se inicia muy tempranamente, desde los dos o tres años. Igualmente a lo que sucede con los inmigrantes de primera generación, en este caso no es tanto la información metalingüística la determinante para cambiar el patrón vernáculo, cuanto la interrelación con los demás compañeros y las figuras referenciales, como la de los maestros. El niño nacido en Madrid, que va tempranamente a la escuela en esa ciudad, no tiene la misma red social de sus padres, sino que crea sus propias redes entre sus compañeros de escuela, de modo que el universo referencial deja de ser exclusivamente el familiar para abarcar el del espacio de acogida; por lo tanto, la variedad meta es la propia del lugar y no la variedad de los padres. Algo semejante ocurre con los hijos de inmigrantes llegados con la escolarización parcial en su lugar de origen (las llamadas generaciones 1.5 y 1.25), en las cuales se acentúa aún más el conflicto entre modalidad de los padres y modalidad de la ciudad de acogida, en la medida en que estos han completado el proceso de percepción interna en su espacio originario y han adquirido los usos a partir del modelo de los padres.

Parece ocurrir algo distinto a lo que Kerswill/Williams (2000) encuentran en una comunidad de inmigrantes a 70 kilómetros de Londres (Milton Keynes), en la cual los hijos de migrantes solo gradualmente se van acercando a ciertos rasgos representativos de la modalidad londinense (como el adelantamiento vocálico en ciertos diptongos y la glotalización de /t/). Hasta los cuatro años imitan la modalidad de los padres y solo hacia los 8 años van alejándose progresivamente de ella, según se incrementan sus contactos con otros niños de la ciudad (Kerswill/Trudgill 2005). En la comparación entre la comunidad londinense y la española hay que considerar el carácter paradigmático de la oposición de las sibilantes en español y el hecho de que esta pueda en el periodo escolar fijarse (con las restricciones cognitivas que he señalado antes) a través del aprendizaje de la escritura. En el caso del inglés, la fijación de la escritura plantea problemas distintos de los que pueden presentarse en español.

En cualquier caso, la percepción se intensifica en los años posteriores a la adquisición del vernáculo en relación con la exposición a la variedad lingüística del lugar en que se vive, de modo que los patrones fonéticos se reproducen como si fueran nativos. El momento de exposición a la variedad local constituye un elemento importante para determinar la velocidad y la calidad de la adquisición, si bien no existe un consenso entre los autores respecto del límite cronológico. Así, Labov (2010) señala como tope los nueve años edad, y Siegel (2010) los doce años, mientras que Chambers (1994) y Kerswill (1994) diferencian entre la adquisición de la fonología (7 años) y la morfosintaxis (12 a 16 años). Habría que investigar empíricamente respecto de la inmigración hispanoamericana los detalles y los ritmos de apropiación de los rasgos significativos del patrón local, diferenciando periodos cronológicos en la llegada al lugar y, si se trata de nacidos en el nuevo país, trazando la evolución interna de la segunda generación en el ámbito familiar y en la ampliación gradual del ámbito social.

Pongámonos ahora en la perspectiva de los pobladores locales distinguidores. En este caso, la percepción del supuesto error cometido por el inmigrante es legítimamente justificable, pues la cognición de dos fonemas en vez de uno en la variedad primaria del perceptor, y el sistema de valores implícito asociado a ella, lo conduce a considerar anómala o desviada la producción que desconoce uno de los fonemas. Se trata de una actitud coherente con el propio modelo cognoscitivo. El asunto se hace más complejo en la medida en que esta actitud encuentra un respaldo en el discurso científico tradicional. En este discurso se parte de la concepción clásica del fonema como unidad discriminadora de significado cuya demostración se hace patente con el criterio del *par mínimo*. Si nos valemos de esos conceptos delimitadores, podemos llegar a afirmar que el grupo que no hace la distinción confunde los fonemas y, por lo tanto, no discrimina los significados que estos distinguen con nitidez. Así, el grupo que distingue no dejará de percibir una anomalía en el que no distingue. Aun cuando los lingüistas nos esmeremos en razonar *a posteriori* las diferencias y a dotarlas de sentido con explicaciones históricas, buscando eliminar con ello toda valoración, la percepción del hablante, que es automática y no corresponde a una razón lógica, sigue siendo la misma. El discurso técnico reformulado no permite, pues, cambiar de modo abrupto la percepción primaria de la distinción. La percepción de los hablantes comunes y corrientes normalmente no está guiada por las formulaciones técnicas, sino por la propia historia cognitiva. Al seleccionar este ejemplo ha sido mi propósito mostrar el hecho de que la subjetividad perceptiva involucra incluso fenómenos aparentemente objetivos considerados en la tradición disciplinaria como inmanentes o propios del sistema (*v.g.* la diferencia entre dos fonemas).

Aunque hemos comentado el caso de un solo fenómeno prominente que marca las diferencias entre variedades, es obvio que la problemática de la percepción *externa* en el espacio del contacto protagonizada por ambos grupos se manifiesta en relación con diferentes fenómenos. Siguiendo con el plano sonoro, los inmigrantes hispanoamericanos absorben muy rápidamente en la producción la caída de la /d/ intervocálica, tan difundida en España y particularmente notable en Madrid. Respecto de esta ciudad, el estudio empírico de Molina Martos (2006:143 y ss.) revela que se trata de uno de los rasgos significativos del cambio entre los pobladores de Madrid no necesariamente inmigrantes. La autora señala los entornos vocálicos en que se sitúa la dental como factores internos determinantes en el avance del proceso, el cual sería más marcado en las terminaciones en *-ado*, que en las de *-ada, -ido, -udo*, siguiendo este orden. La elisión en la primera sería, pues, la más aceptada entre los madrileños, mientras que, por ejemplo, la elisión en *-ido* es considerada una marca negativa por estos. Resulta interesante destacar en este contexto cómo se manifiesta la arbitrariedad o subjetividad de la percepción, la cual no es uniforme no solo respecto de la realización del fonema sino de su entorno vocálico.

Las observaciones de Molina se refieren a los habitantes originarios de Madrid y a los descendientes de la migración interna meridional. Nos toca comentar el fenómeno de contacto con los inmigrantes extranjeros, específicamente hispanoamericanos. Si bien se podría interpretar que la adopción de la elisión de la dental constituye la progresión del proceso de debilitamiento de este fonema intervocálico propio del español en general, claramente no es este el motivo impulsor de la elisión en los inmigrantes. Y aquí debe entrar la consideración de la variedad vernácula y de la percepción primaria del individuo antes del contacto. La razón es la siguiente: en las variedades vernáculas peruanas (a las que me refiero en esta ocasión), aunque la /d/ tiende a debilitarse y hasta desaparecer, cuando esto último ocurre se conserva una frontera silábica que constituye una huella de la consonante no articulada plenamente, como en [kanˈsaᵟo], a diferencia de la elisión absoluta castellana [kanˈsao], en situaciones relajadas acompañada de cerrazón de la vocal final [kanˈsau]. El traspaso de esta frontera está diastráticamente marcado en el español de Lima y es atribuido a grupos con baja escolaridad. Aunque constituya un elemento mínimo desde el punto de vista material, forma parte del espacio de variabilidad de la dental para un limeño de clase social media o alta, de modo que cuando desaparece totalmente se convierte en rasgo prominente, independientemente de su frecuencia, fuertemente percibido y valorado como negativo. Sin embargo, he podido observar en el análisis del habla de los inmigrantes peruanos en Madrid, de clase media en su lugar de origen (Lima), la adopción de la elisión castellana, en contra de sus hábitos articulatorios, con clara cerrazón vocálica de las terminaciones en *-ado* unida a la eliminación del margen silábico (pero no necesariamente con *–ido*, quizás, en la medida en que no este el contorno favorecedor en Castilla, según lo revelan

Molina Martos 2006 y Samper 2012). Lo interesante de destacar no reside tanto en el orden de la mera producción fónica cuanto en el plano perceptivo. En efecto, se trata, más bien, de un cambio de dirección perceptiva y de valoración en el contexto migratorio, dado que en el lugar de origen de los inmigrantes la elisión absoluta con cerrazón vocálica que produce un diptongo (aw) está estigmatizada. Por lo tanto, la percepción de la propia variedad se ve modificada nuevamente por la percepción *externa*, que identifica como rasgo prominente de modo selectivo la elisión de la dental en un entorno vocálico preciso y adopta los valores del lugar de acogida.

No solamente en la fonología se manifiesta un cambio perceptivo, también en el léxico, en la morfología, en la sintaxis, en que se esconden no solo formas diferentes en cada variedad sino maneras distintas de considerarlas, de actualizarlas pragmáticamente y de evaluarlas. Particularmente en el léxico actualizado en el discurso cotidiano, en la combinación sintagmática de elementos materialmente semejantes, en el orden de los constituyentes de la oración, en el inventario y en el uso de las formas deícticas (personales, sociales, espaciales, textuales en las modalidades en juego), los sistemas cognitivos de cada uno de los participantes ostentan notables diferencias perceptivas que la investigación futura debe descubrir y organizar. Generalmente se sostiene que tales diferencias no son importantes porque las incomprensiones resultan momentáneas y solucionables contextualmente y, de esta manera, se adjudica cierta marginalidad a la variación para hacerla compatible con la idea de uniformidad de la lengua, que constituye un lugar común en buena parte del discurso técnico. Pero esta forma de abordar el problema de la variación resulta superficial, pues el asunto no reside exclusivamente en el aspecto designativo o referencial. No solo es importante el *qué digo*, sino el *cómo lo digo* y *a quién lo digo*. Es más, la dimensión representativa o proposicional del significado, considerada esencial, va entrelazada con la comunicativa de tipo pragmático, de modo que ambas constituyen una sola entidad en la producción y en la interpretación de los hablantes. Lo importante es considerar el aspecto subjetivo del problema, no tanto cuáles y cuántas son las diferencias objetivas; antes bien, el modo en que los hablantes advierten y sobredimensionan subjetivamente tales diferencias de modo no exhaustivo sino selectivo.

Así, en el caso de la migración, el que se encuentra en situación desventajosa, normalmente el inmigrante, se enfrenta a un desajuste de los sistemas perceptivos *interno* y *externo*, que lleva a una percepción de extrañeza, de ignorancia, de vergüenza, generadora de la autopercepción negativa. Como lo he señalado antes, esta última es el producto directo de la relación asimétrica entre ambos tipos de percepción. En otras palabras, la *autopercepción* constituye el resultado no solo de la confrontación con la diversidad misma, sino de la convicción de que la ajena es la modalidad correcta mientras que la propia, la primaria, es una desviación de ella. Se genera, pues, un sentimiento general de autovaloración negativa, que puede manifestarse en la inseguridad y en el deseo de imitar la variedad ajena. Esta situación es básicamente la misma que se verifica en la migración interna dentro de una misma nación, que hemos analizado antes.

En definitiva, hay que considerar que el sistema valorativo de los hablantes de las variedades que remiten a una misma lengua, no se crea, de modo total en la coexistencia migratoria (como ocurre a veces en un país de lengua extranjera); antes bien, proviene de una tradición cultural preexistente que se continúa, pero que se puede también alterar dependiendo del tipo de interrelación que se establezca entre ambos grupos. Si las investigaciones neurolingüísticas están en la línea acertada, el sistema valorativo, cualquiera que este sea, desarrollado en la niñez en los lugares de origen, es el tamiz a través del cual se perciben y se procesan todos los estímulos (*input*) lingüísticos recibidos en el espacio del contacto, de modo que cualquier estudio en esta línea debe considerar las diferencias axiológicas colectivas de cada uno de los grupos coprotagonistas del encuentro migratorio, que han desarrollado su propios mecanismos perceptivos no necesariamente convergentes.

BIBLIOGRAFÍA

Referencias de los corpus utilizados

Corpus del Proyecto del habla de las principales ciudades del mundo hispánico "Juan M. Lope Blanch", parcialmente publicado en:

BARRENECHEA, Ana María (ed.) (1987): *El habla culta de la ciudad de Buenos Aires. Materiales para su estudio.* Buenos Aires: Universidad de Buenos Aires.

BENTIVOGLIO, Paola (ed.) (1979): *El habla culta de Caracas. Materiales para su estudio.* Caracas: Universidad Central de Venezuela.

CARAVEDO, Rocío (ed.) (1989): *El habla de la ciudad de Lima. Materiales para su estudio.* Lima: Pontificia Universidad Católica del Perú.

LOPE BLANCH, Juan M. (ed.) (1971): *El habla de la ciudad de México. Materiales para su estudio.* México: UNAM.

LOPE BLANCH, Juan M. (ed.) (1976): *El habla popular de la ciudad de México. Materiales para su estudio.* México: UNAM.

MARRONE, Nila (ed.) (1992): *El habla de la ciudad de La Paz. Materiales para su estudio.* La Paz: Signo Ediciones.

MORALES, Amparo/VAQUERO, María (eds.): *El habla culta de San Juan. Materiales para su estudio.* San Juan, Río Piedras: Editorial de la Universidad de Puerto Rico, 1990.

OTÁLORA, H./ GONZÁLEZ, A. (ed.): *El habla de la ciudad de Bogotá. Materiales para su estudio.* Bogotá: Instituto Caro y Cuervo, 1986.

RABANALES, Ambrosio/CONTRERAS, Lidia (ed.): *El habla culta de Santiago de Chile. Materiales para su estudio.* T. I, Santiago: Universidad de Chile, 1979; t. II, Bogotá: Instituto Caro y Cuervo, 1990.

Versión informatizada del Proyecto mencionado (selección y adaptación de las versiones originales):

Samper, José Antonio/Hernández, Clara/Troya, Magnolia (eds.): *Macrocorpus de la norma lingüística culta de las principales ciudades del mundo hispánico.* Las Palmas de Gran Canaria: Universidad de Las Palmas de Gran Canaria/ALFAL, 1998 (citado en el texto como *Macrocorpus*).

Otros corpus utilizados:

Corpus del atlas lingüístico de Hispanoamérica (Perú, inédito, recogido por R. Caravedo).

Corpus sociolingüístico del Perú (inédito, recogido por R. Caravedo).

Corpus del Proyecto: *Language Change as a Result of Andean Migration to Lima,* dirigido por Rocío Caravedo y Carol Klee (inédito).

Corpus del español mexicano contemporáneo 1921-1974 (CEMC). México: El Colegio de México, 1975.

Corpus EGREHA Estudio gramatical del español de Hispanoamérica, coordinado por César Hernández Alonso (inédito).

Corpus diacrónico del español (CORDE), Real Academia Española, en línea, http://www.rae.es/.

Textos literarios utilizados

Marías, Javier: *Mañana en la batalla piensa en mí.* Madrid: Alfaguara, 1998.

Marías, Javier: *Los enamoramientos.* Madrid: Alfaguara, 2011.

Referencias bibliográficas

Alarcos Llorach, Emilio (1964): "Algunas cuestiones fonológicas del español de hoy", en: *Presente y futuro de la lengua española: actas de la asamblea de filología del I Congreso de Instituciones Hispánicas. Vol. II.* Madrid: Ediciones Cultura Hispánica, pp. 151-161.

— (1994): *Gramática de la lengua española.* Madrid: Espasa-Calpe.

Alba, Orlando (1992): "Zonificación dialectal del español de América", en: Hernández, C. (coord.), pp. 63-83.

— (2012): "Panorama sociolingüístico del Caribe hispánico insular", *Español Actual* 98, pp. 97-126.

ALCINA, Juan y BLECUA, José Manuel (1989): *Gramática española*. Barcelona: Ariel.

ALVAR, Manuel (1959): *El español hablado en Tenerife*. Madrid: Consejo Superior de Investigaciones Científicas (Anejo LXIX de la *Revista de Filología Española*).

— (1973): *Atlas lingüístico y etnográfico de Andalucía*. Madrid: Consejo Superior de Investigaciones Científicas.

— (1996a) (dir.): *Manual de dialectología hispánica. El español de España*. Barcelona: Ariel.

— (1996b) (dir.): *Manual de dialectología hispánica. El español de América*. Barcelona: Ariel.

— (1996c): "Andaluz", en: Alvar (dir.) (1996a), pp. 233-258.

— (1996d): "Paraguay", en: Alvar (dir.) (1996b), pp. 196-208.

ALVAR, Manuel/ QUILIS, Antonio (1984): *Atlas lingüístico de Hispanoamérica. Cuestionario*. Madrid: Instituto de Cooperación Ibeoramericana.

ALONSO, Amado (1953): "La 'll' y sus alteraciones en España y América", en: *Estudios lingüísticos. Temas hipanoamericanos*. Madrid: Gredos, pp. 196-262.

ARENS, Hans (1975): *La lingüística. Sus textos y su evolución desde la Antigüedad hasta nuestros días*. Madrid: Gredos.

ARIOLFO, Rosana (2012): *Actitudes lingüísticas, inmigración y escuela. Un aporte para la reflexión y la práctica educativa*. Lecce: Libellula Edizioni.

ARIZA, Manuel/SALVADOR, Antonio/VIUDAS, Antonio (eds.) (1988): *Actas del I Congreso Internacional de Historia de la Lengua Española*. Madrid: Arco Libros.

AUER, Peter/HINSKENS, Frans (1996): "The convergence and divergence of dialects in Europe: New and not so new developments in an old area", *Sociolinguistica* 10, pp. 1-30.

— (2005): "The role of interpersonal accommodation in a theory of language change", en: Auer/Hinskens/Kerswill (eds.), pp. 335-357.

AUER, Peter/HINSKENS, Frans/KERSWILL, Paul (eds.) (2005): *Dialect Change. Convergence and Divergence in European Languages*. Cambridge: Cambridge University Press.

BALDINGER, Kurt (1977): *Teoría semántica*, vol. 1. Madrid: Alcalá.

— (1990): "Ambiguität und Polysemie im gerichteten Sprachvergleich", en: Liver, Ricarda/Werlen, Iwar/Wunderli, Peter (eds..): *Sprachtheorie und Theorie der Sprachwissenschaft. Geschichte und Perspektiven. Festschrift für Rudolf Engler zum 60. Geburtstag*. Tübingen: Gunter Narr, pp. 65-68.

BARRA JOVER, Mario (2002): *Propiedades léxicas y evolución sintáctica. El desarrollo de los mecanismos de subordinación en español*. La Coruña: Toxosoutos.

BARTOL HERNÁNDEZ, J. Antonio (1988): *Las oraciones causales en la Edad Media*. Madrid: Paraninfo.

BARTSCH, Renate (1982): "The concepts 'rule' and 'norm' in linguistics", *Lingua* 58, pp. 51-81.

— (1987): *Norms of Language*. London/New York: Longman.

BASTENIER, Albert / DASSETTO, Felice (1990): "Nodi conflittuali conseguenti all'insediamento definitivo delle popolazioni immigrate nei Paesi europei", en: *Italia, Europa e nuove immigrazioni*. Torino: Edizioni della Fondazione Giovanni Agnelli, pp. 3-64.

BELLO, Andrés (1981[1847]): *Gramática de la lengua castellana destinada al uso de los americanos*. Edición crítica de Ramón Trujillo. Santa Cruz de Tenerife: Cabildo Insular.

BENTIVOGLIO, Paola (1997): "El análisis de la variación sintáctica en el español hablado", *Lingua Americana* 1/1, pp. 29-50.

— (1980): "Dequeísmo en Venezuela: ¿un caso de ultracorrección? *Boletín de Filología* 31 (Homenaje a Ambrosio Rabanales), pp. 705-719.

BENTIVOGLIO, Paola/SEDANO, Mercedes (1992): "El español hablado en Venezuela", en Hernández, C. (coord.), pp. 775-801.

BENVENUTTO, Pedro (1936): *El lenguaje peruano*. Lima: Pontificia Universidad Católica del Perú.

BLOOMFIELD, Leonard (1935): *Language*. London: Allen & Unwin.

BONOMI, Milin (2008): *Parliamo 'mitá' y 'mitá'. Variedades lingüísticas de inmigrantes hispanos en Italia*. Tesis de Doctorado: Universidad de Pisa.

— (2010): "Entre divergencia y acomodación: el caso de los inmigrantes hispanos en Barcelona y Milán", *Lengua y Migración/Language and Migration* 2/2, pp. 49-66.

BORTONI-RICARDO, Stella Maris (1985): *The Urbanization of Rural Dialect Speakers. A Sociolinguistic Study in Brasil*. Cambridge: Cambridge University Press.

BOSQUE, Ignacio (1980): *Sobre la negación*. Madrid: Cátedra.

BOSQUE, Ignacio/DEMONTE, Violeta (dirs.) (1999): *Gramática descriptiva de la lengua española*. Madrid: Espasa Calpe.

BOYD-BOWMAN, Peter (1953): "Sobre la pronunciación del español en Ecuador", *Nueva Revista de Filología Hispánica* VII, 1-2, pp. 221-233.

BRAINE, Martin D. S. (1963): "The ontogeny of English phrase structure: the first phase", *Language* 39, pp. 1-14.

BRINTON, Laurel J./TRAUGOTT, Elizabeth C. (2005): *Lexicalization and Language Change*. Cambridge: Cambridge University Press.

Briz Gómez, Antonio (2010): "El registro como centro de la variación situacional: esbozo de la propuesta presentada por el grupo Val.Es.Co sobre las variedades diafásicas", en: Fonte Zarabozo, Irene/Rodríguez Alfano, Lidia (coords.): *Perspectivas dialógicas en estudios del lenguaje*. San Nicolás de los Garza, N. L., México: Universidad Autónoma de Nuevo León

Brucart, José M.ª (1999): "La estructura del sintagma nominal. Las oraciones de relativo", en: Bosque/Demonte (eds.), pp. 395-522.

Brugman, Claudia/Lakoff, George (1988): "Cognitive topology and lexical networks", en: Small, Steven/Cottrell, Garrison/Tanenhaus, Michael (eds.), *Lexical Ambiguity Resolution*. San Mateo: Morgan Kaufman, pp. 477-507.

Bühler, Karl (1934): *Sprachtheorie*. Jena: Gustav Fischer [trad. española: *Teoría del lenguaje*. Madrid, Revista de Occidente, 1961].

Bustos Gisbert, Eugenio/Santiago Lacuesta, Ramón (2002): "Para un nuevo planteamiento de la llamada norma madrileña (siglos XVI y XVII), en: Echenique/Sánchez Méndez (eds.), pp. 1123-1136.

Bustos Tovar, José Jesús de (1997): "La valoración del habla andaluza. Una visión histórica. *Demófilo* 22, pp. 69-88.

— (2013): "Las hablas andaluzas en el mosaico de variedades del español", en: Narbona (ed.), pp.17-43.

Bustos Tovar, José Jesús de/Girón Alconchel, José Luis (eds.) (2006): *Actas del VI Congreso Internacional de Historia de la Lengua Española*. Madrid: Arco Libros.

Calvi, Maria Vittoria (2010): "Interviste a immigrati ispanofoni. Repertori linguistici e racconto orale", en: Calvi/Mapelli/Bonomi (eds.), pp. 87-104.

— (2011): "El español como lengua inmigrada en Italia", *Lengua y migración/Language and Migration* 3/1, pp. 9-32.

Calvi, Maria Vittoria/Mapelli, Giovanna/Bonomi, Milin (eds.) (2010): *Lingua, identità e immigrazione. Prospettive interdisciplinari*. Milano: FrancoAngeli.

Calvo Pérez, Julio (2007): *Tendiendo puentes. La lengua de los emigrantes peruanos (y ecuatorianos) en la Comunidad Valenciana*. Valencia: Universidad de Valencia.

Camacho, José (1999): "From SOV to SVO: the grammar of interlanguage word order", *Second Language Research* 15, pp. 115-132.

Campbell-Kibler, Kathryn (2006): *Listener Perceptions of Sociolinguistic Variables: The Case of (ING)*. Tesis de doctorado. San Francisco: University of Stanford.

— (2010): "New Directions in Sociolinguistic Cognition", *University of Pennsylvania Working Papers in Linguistics (Selected Papers from NWAV 37)* 15/2, pp. 31-39.

Cano Aguilar, Rafael (1988): "Coordinación y subordinación: 'como' en castellano medieval", en: Ariza/Salvador/Viudas (eds.), pp. 301-317.

— (2002): "Elementos de ilación textual en castellano medieval (época post-alfonsí)", en: Echenique/Sánchez Méndez (eds.), pp. 489-502.

CARAVEDO, Rocío (1987): "Reseña a Beatriz Lavandera, *Variación y significado*", *Filología* XXII/1, pp. 208-212.

— (1989): "El objeto y los objetos de la lingüística", *Lexis* XIII/1, pp. 1-12.

— (1990): *Sociolingüística del español de Lima*. Lima: Pontificia Universidad Católica del Perú.

— (1991): "Los espacios de variabilidad en fonología", *Voz y Letra* II/1, pp. 17-38.

— (1992): "El *Atlas Lingüístico de Hispanoamérica*. Observaciones preliminares", *Lingüística Española Actual* XIV, pp. 287-299.

— (1993): "La investigación sociolingüística del español", *Lexis* XVII /1, pp.1-32.

— (1995): "Variación funcional en el español amazónico del Perú: las palatales sonoras", *Anuario de Lingüística Hispánica* XI, pp. 119-136.

— (1996): "Variedades lingüísticas en contacto. Propuesta de investigación del español del Perú", *Signo y Seña* 6, pp. 491-511.

— (1999): *Lingüística del corpus. Cuestiones teórico-metodológicas aplicadas al español*. Salamanca: Universidad de Salamanca.

— (2001): "L'espace dans une perspective socio-géographique. L'espagnol du Pérou, *Géolinguistique* (hors série n° 2: *La géolinguistique en Amérique latine)*, pp. 143-168.

— (2003a): "Principios del cambio lingüístico. Una contribución sincrónica a la lingüística histórica", *Revista de Filología Española* LXXXIII, pp. 39-62.

— (2003b): "Problemas conceptuales y metodológicos de la lingüística de la variación", en: Moreno Fernández, Francisco *et al.* (eds.), *Lengua, variación y contexto. Estudios dedicados a Humberto López Morales*. Madrid: Arco Libros, pp. 541-558.

— (2003c): "Causalidad en el discurso oral", en: Girón Alconchel, José Luis/Herrero F. Javier/Iglesias, Silvia/Narbona, Antonio (eds.), *Estudios ofrecidos al profesor José Jesús de Bustos Tovar.* Madrid: Editorial Complutense, pp. 45-60.

— (2005): "La realidad subjetiva en el studio del español de América", en: Noll/ Zimmermann / Neumann-Holzschuh (eds.), pp. 17-32.

— (2006a): "La constitución de las normas en el español de América", Ponencia plenaria en: Bustos Tovar /Girón Alconchel (eds.), pp.1-20.

— (2006b): "La percepción en la fonética del español", en: *Filología y linguistica. Estudios ofrecidos a Antonio Quilis.* Madrid: Consejo Superior de Investigaciones Científicas, pp. 113-128.

— (2008a): "Zonas borrosas entre temporalidad y causalidad en la sintaxis discursiva del español", en: Stark/Schmidt-Riese/Stoll (eds.), pp.163-184.

— (2008b): "Sintaxis de la espacialidad", en: Alvarez Tejedor, Antonio *et al.* (eds.), *Lengua viva. Estudios ofrecidos a César Hernández Alonso*. Valladolid: Universidad de Valladolid, pp. 65-86.

— (2009a): "Percepción, espacios mentales y variedades en contacto", *Neue Romania* 39 (López, Célia/Reich, Uli (eds.), *Variação Lingüística em megalópolis Latino-americanos*), pp. 171-195.

— (2009b): "La percepción selectiva en situación de migración desde un enfoque cognoscitivo", *Lengua y migración/Language and Migration* 2/1, pp. 21-38.

— (2010a) "La dimensión subjetiva en el contacto lingüístico", *Lengua y migración/ Language and Migration* 2/2, pp. 9-25.

— (2010b): "La percepción en los fenómenos de contacto por migración", en: Calvi/ Mapelli/Bonomi (eds.), pp. 105-118.

— (2011a): "Polisemia o variación: el caso de *hasta* en español", en: Vázquez Laslop, María Eugenia/Zimmermann, Klaus/Segovia, Francisco (eds.), *De la lengua por sólo la extrañeza. Estudios de lexicología, norma lingüística, historia y literatura en homenaje a Luis Fernando Lara*. México: El Colegio de México, pp. 721-751.

— (2011b): "La naturaleza cognitiva de la variación del significado espacial: el caso de *ahí*", en: Bustos Tovar, José Jesús de/Cano Aguilar, Rafael/Méndez García de Paredes, Elena/López Serena, Araceli (coords.), *Sintaxis y análisis del discurso hablado en español. Homenaje a Antonio Narbona*. Sevilla: Universidad de Sevilla, pp. 715-729.

— (2011c): "La variación de significado en el corpus", en: Martín Butragueño, Pedro (ed.), *Realismo en el análisis de corpus orales. Primer coloquio de cambio y variación lingüística*. México: El Colegio de México, pp. 281-306.

— (2012): "Yeísmo y distinción en el contexto social peruano", en: Gómez/Molina Martos (eds.), pp. 257-294.

— (2013): "La valoración como modo de percepción y de significación", en: Narbona (ed.), pp. 45-72.

CARAVEDO, Rocío/KLEE, Carol (2012): "Migración y contacto en Lima: el pretérito perfecto en las cláusulas narrativas", *Lengua y migración/Language and Migration* 4/2, pp. 5-24.

CARAVEDO, Rocío/RIVAROLA, José Luis (2011): "El español andino: ¿variedad real o mental?, en: Adelaar, Willem/Valenzuela, Pilar/Zariquiey, Roberto (eds.), *Estudios sobre lenguas andinas y amazónicas. Homenaje a Rodolfo Cerrón-Palomino*. Lima: Pontificia Universidad Católica del Perú, pp. 369-389.

CARBONERO, Pedro (2003): *Estudios de sociolingüística andaluza*. Sevilla: Universidad de Sevilla.

CARPANI, Daniela (2010): "Nuovi cittadini, nuove prospettive della scuola interculturale: le ricerche sul campo a Genova", en: Calvi/Mapelli/Bonomi (eds.), pp. 119-132.

CARPANI, Daniela/ARIOLFO, Rosana/SANFELICI, Laura (2011): "La lengua como signo identificador: los desafíos educativos en el contexto multicultural genovés", *Lengua y migración/Language and Migration* 3/1, pp. 53-72.

CARRASCO, Félix (1991): "La variante mexicana de *hasta*. Perspectivas diacrónicas y sincrónicas", en Hernández Alonso, César *et al.* (eds.), *Actas del III Congreso Internacional del Español de América*. Valladolid: Junta de Castilla y León, pp. 455-461.

CEDERGREN, Henrietta/SANKOFF, David (1974): "Variable rules: performance as a statistical reflection of competence", *Language* 50, pp. 333-355.

CERRÓN-PALOMINO, Rodolfo (1988): "Aspectos sociolingüísticos y pedagógicos de la motosidad en el Perú", en: Cerrón-Palomino, Rodolfo/Solís, Gustavo (eds.), *Temas de lingüística amerindia*. Lima: CONCYTEC, pp. 153-180.

— (1992): "La forja del castellano andino o el penoso camino de la ladinización", en: Hernández Alonso (coord.), pp. 201-234.

— (2003): *Castellano andino*. Lima: Pontificia Universidad Católica del Perú.

CESTERO MANCERA, Ana María/MOLINA MARTOS, Isabel/PAREDES GARCÍA, Florentino (2008): "Sociolinguistic Issues of Madrid", *International Journal of the Sociology of Language* 193/194, pp. 21-55.

COELLO, Carlos (1996): "Bolivia", en: Alvar (dir.) (1996b), pp. 169-183.

COMPANY COMPANY, Concepción (2003): "La gramaticalización en la historia del español", *Medievalia* 35 (número monográfico *Gramaticalización y cambio sintáctico en la historia del español*), pp. 1-62.

— (2010): "Reanálisis: ¿mecanismo necesario de la gramaticalización? *Revista de Historia de la Lengua Española* 5, pp. 35-66.

CÓRDOVA, Carlos Joaquín (1996): "Ecuador", en: Alvar (dir.) (1996b), pp. 184-195.

CORTELAZZO, Michele A. (2012): *I sentieri della lingua. Saggi sugli usi dell'italiano tra passato e presente*. Padova: Esedra.

COSERIU, Eugenio (1973): *Teoría del lenguaje y lingüística general*. Madrid: Gredos.

— (1978): *Gramática, semántica y universales*. Madrid: Gredos.

— (1981a): *Lecciones de lingüística general*. Madrid: Gredos.

— (1981b): "Los conceptos de 'dialecto', 'nivel' y 'estilo de lengua' y el sentido propio de la dialectología", *Lingüística Española Actual* III, pp. 1-32.

CROFT, William/CRUSE, D. Alan (2004): *Cognitive Linguistics*. Cambridge: Cambridge University Press.

CUENCA, María Josep/HILFERTY, Joseph (1999): *Introducción a la lingüística cognitiva*. Barcelona: Ariel.

Cuervo, Rufino José (1939): *Apuntaciones críticas sobre el lenguaje bogotano.* Bogotá: El Gráfico.

Chambers, Jack (1994): "An introduction to dialect topography", *English World-Wide* 15, pp. 35-53.

— (1998): "Dialect acquisition", en: Trudgill/Cheshire (eds.), pp. 145-178.

Chomsky, Noam (1957): *Syntactic Structures.* The Hague: Mouton.

— (1965): *Aspects of the Theory of Syntax.* Cambridge: The MIT Press.

— (1975): *Reflections on Language.* New York: Pantheon Books.

— (1980): *Rules and Representations.* New York: Columbia University Press.

— (1986): *Knowledge of Language: Its Nature, Origin and Use.* New York: Praeger.

— (1995): "Language and Nature", *Mind* 104, 413, pp. 1-61.

D'Agostino, Mari (ed.) (2002): *Percezione dello spazio, spazio della percezione. La variazione linguistica fra nuovi e vecchi strumenti di analisi.* Palermo: Università di Palermo.

Damasio, Antonio R. (1994): *Descartes' Error: Emotion, Reason and the Human Brain.* New York: G.P. Putnam's Sons.

Dante Alighieri: *De vulgari eloquentia,* edición de Pier Vincenzo Mengaldo, en: Dante Alighieri, *Opere minori.* Milano-Napoli: Ricciardi 1979, pp. 3-237.

Del Barrio, Florencio (2009): "Metapragmática e identidad lingüística: el uso de la función metalingüística en inmigrantes colombianos en España", *RILCE Revista de Filología Hispánica* 25-6, pp. 187-208.

De los Heros, Susana (2001): "La percepción y valoración lingüística de acentos regionales en el mantenimiento de la variante asibilada en el castellano andino: primeros resultados, en: Calvo Péerez, Julio (ed.): *Contacto interlingüístico e intercultural en el mundo hispánico* (vol. 1). Valencia: Universidad de Valencia, pp. 239-257.

DeMello, George (1992), *"Hasta = No Hasta/Hasta No=Hasta* en el español hablado de once ciudades", *Anuario de Letras* 30, pp. 5-28.

Diccionario del español de México (DEM), dirigido por Luis Fernando Lara. México: El Colegio de México, en línea, <http://dem.colmex.mx/> (consultado el 22 de agosto 2013).

Diccionario del español usual en México (DEUM), dirigido por Luis Fernando Lara. México: El Colegio de México.

Dominicy, Marc (1982), "La evolución del español *hasta* en Hispanoamérica", *Anuario de Letras* 20, pp. 41-90.

DONNI DE MIRANDE, Nélida (1992): "El español actual hablado en la Argentina", en: Hernández (coord.), pp. 383-411.

— (1996): "Argentina-Ururguay", en Alvar (dir.) (1996b), pp. 209-221.

EBERENZ, Rolf (1982): "Las conjunciones temporales del español. Esbozo del sistema actual y de la trayectoria histórica en la norma peninsular", *Boletín de la Real Academia Española* 62, pp. 289-386.

ECHENIQUE, María Teresa/SÁNCHEZ MÉNDEZ, Juan (eds.) (2002): *Actas del V Congreso Internacional de Historia de la Lengua Española.* Madrid: Gredos.

ECKERT, Penelope (1999): *Linguistic Variation as Social Practice.* Oxford: Blackwell.

— (2004): "Variation and a Sense of Place", en: Fought (ed.), pp. 107-118.

— (2008):"Variation and the Indexical Field", *Journal of Sociolinguistics* 12/4, pp. 453-476.

EDELMAN, Gerald M.(1989): *The Remembered Present.* New York: Basic Books.

— (1992): *Bright Air Brilliant Fire. On the Matter of the Mind.* New York: Basic Books.

ELIZAINCÍN, Adolfo (1992): "El español actual en el Uruguay", en: Hernández (coord.), pp. 759-774.

ESCOBAR, Alberto (1978): *Variaciones sociolingüísticas del castellano en el Perú.* Lima: Instituto de Estudios Peruanos.

— (1981): "Refonologización y velocidad de ciertos cambios en el español amazónico, en: *Logos Semantikós. Studia Linguistica in honorem Eugenio Coseriu.* Madrid: Gredos, vol. V, pp. 425-433.

ESCOBAR, Anna María (1988): *Hacia una tipología del bilingüismo en el Perú.* Lima: Instituto de Estudios Peruanos.

— (2000): *Contacto social y lingüístico. El español en contacto con el quechua en el Perú.* Lima: Pontificia Universidad Católica del Perú.

— (2007): "Migración, contacto de lenguas encubierto y difusión de variantes lingüísticas", *Revista Internacional de Lingüística Iberoamericana* V/2 (10), pp. 93-107.

EVANS, Vyvyan (2006): *The Structure of Time. Language, Meaning and Temporal Cognition.* Amsterdam/Philadelphia: John Benjamins.

FAUCONNIER, Gilles (1994): *Mental Spaces. Aspects of Meaning Construction in Natural Language.* Cambridge: Cambridge University Press.

FILLMORE, Charles (1982): "Towards a descriptive framework for spatial deixis", en: Giacolone Ramat/Hopper (eds.), pp. 31-59.

FLÓREZ, Luis (1953): *Lengua española.* Bogotá: Instituto Caro y Cuervo.

Flydal, Liev (1952), "Remarques sur certains rapports entre le style et l'état de langue", *Norskb Tidsskrift for Sprochvidenskap* XVI, pp. 240-258.

Fontanella de Weinberg, María Beatriz (1983): "Variación y cambio lingüístico en el español bonaerense", *Lingüística Española Actual* V, pp. 93-108.

Fought, Carmen (ed.) (2004): *Sociolinguistic Variation. Critical Reflections.* Oxford: Oxford University Press.

Frago, Juan Antonio (1993): *Historia de las hablas andaluzas.* Madrid: Arco Libros.

Gallistel, Randolph (1990): *The Organization of Learning.* Cambridge: The MIT Press.

Garatea, Carlos (2009): "Dinamismo urbano, espacio de praxis y cambio. A propósito del español de Lima, *Neue Romania* 39 (López, Célia/Reich, Uli (eds.), *Variação Lingüística em megalópolis Latinoamericanos*), pp. 155-169.

— (2010): *Tras una lengua de papel. El español del Perú.* Lima: Pontificia Universidad Católica del Perú.

García Fernández, Luis (1999): "Los complementos adverbiales temporales. La subordinación temporal", en: Bosque/Demonte (dirs.), pp. 3129-3208.

Geeraerts, Dirk (2008): "Prototypes, stereotypes and semantic norms", en: Kristiansen/ Dirven (eds.), pp. 21-44.

Giacolone Ramat, Anna/Hopper, Paul (eds.) (1998): *The Limits of Grammaticalization.* Amsterdam/ Philadelphia: John Benjamins.

Giles, Howard (1980): "Accommodation Theory: Some new directions", *York Papers in Linguistics* 9, pp. 105-106.

Giles, Howard/Powesland, Peter (1975): *Speech Style and Social Evaluation.* London: Academic Press.

Girón Alconchel, José Luis (2004): "Gramaticalización de los marcadores del discurso e historia de *con que"*, *Lexis* 28/1-2 (*Homenaje a José Luis Rivarola*), pp. 157-198.

— (2008): "Lexicalización y gramaticalización en la creación de marcadores del discurso... y de otras palabras", en: Stark/Schmidt-Riese/Stoll (eds.), pp. 363-385.

Giusti, Giuliana (1991): "Frasi avverbiali. 2.3 Le frasi temporali", en: Renzi/Salvi/Cardinaletti (eds.), pp. 720-738.

Givón, Talmy (1983): *Topic Continuity in Discourse: Quantitative Cross-Language Studies.* Amsterdam/Philadelphia: John Benjamins.

Godenzzi, Juan Carlos (1991), "Variantes sociolectales del español de Puno, Perú", en: Klee, Carol/Ramos-García, Luis (eds.), *Sociolinguistics of the Spanish-speaking World: Iberia, Latin America, the United States.* Tempe, AZ: Bilingual Press, pp. 182-206.

— (2012) "Resistencias al yeísmo en los Andes: convergencia lingüística y expresión identitaria", en: Gómez/Molina Martos (eds.), pp. 295-312.

GÓMEZ, Rosario (2012), "Las palatales laterales y el yeísmo/žeísmo en el español andino del Ecuador", en: Gómez/Molina Martos (eds.), pp. 237-256.

GÓMEZ, Rosario/MOLINA MARTOS, Isabel (eds.) (2012): *Variación yeísta en el mundo hispánico*. Madrid/Frankfurt: Iberoamericana/Vervuert.

GONZÁLEZ OLLÉ, Fernando (1988): "Aspectos de la norma lingüística toledana", en: Ariza/Salvador/Viudas (eds.), pp. 859-872.

GRANOVETTER, Mark (1983): "The strength of weak ties: a network theory revisited", *Sociological Theory* 1, pp. 201-233.

GUGENBERGER, Eva (2003): "Einflussfaktoren auf Migrantensprachen: Bausteine für ein migrationslinguistisches Modell", en: Erfurt, J./Budach, G./Hofmann, S. (eds.), *Mehrsprachigkeit und Migration*. Frankfurt am Main: Peter Lang, pp. 37-62.

— (2007): "Aculturación e hibrididad lingüísticas en la migración: propuesta de un modelo teórico analítico para la lingüística de la migración", *Revista Internacional de Lingüística Iberoamericana* V/2 (10), pp. 21-46.

GUITART, Jorge (1976): *Markedness and a Cuban dialect of Spanish.* Washington D.C.: Georgetown University Press.

GUTIÉRREZ ORDÓÑEZ, Salvador (2000): "Causales", *Boletín de la Real Academia Española*, LXXX/279, pp. 49-159.

HADEN, Ernest/MATLUCK, Joseph (1973): "El habla culta de La Habana: análisis fonológico preliminar", *Anuario de Letras* 11, pp. 5-33.

HAMMOND, Robert (1986): "La estratificación social de la R múltiple en Puerto Rico", en *Actas del II Congreso Internacional del español de América,* México, UNAM, pp. 307-314.

HARTLEY, Laura C. (1999): "A view from the western perceptions of. U.S. dialects by Oregon residents", en: Preston (ed.), pp. 315-332.

HAVRÁNEK, Boruslav (1964): "Zum Problem dr Norm in der heutigen Sprachwissenschaft und Sprachkultur", en: Vachek (ed.), pp. 413-420.

HEGER, Klaus (1974): *Teoría semántica*, vol. 2. Madrid: Alcalá.

— (1981): "La semántica lingüística", *Lexis* V/2, pp. 59-94.

HEINE, Bernd (1994): "Grammaticalization as an explanatory parameter", en: Pagliuca, William, *Perspectives on Grammaticalization*. Amsterdam/Philadelphia: John Benjamins, pp. 255-287 (Current Issues in Linguistic Theory; 109).

HEINE, Bernd/CLAUDI, Ulrike/HÜNNEMEYER, Friederike (1991): "From cognition to grammar. Evidence from African languages", en: Traugott/Heine (eds.), pp. 149-187.

HERNÁNDEZ ALONSO, César (1986): *Gramática funcional del español.* Madrid: Gredos.

— (coord.) (1992): *Historia y presente del español de América*. Valladolid: Junta de Castilla y León.

— (1996): "Castilla La Vieja", en: Alvar (dir.) (1996a), pp. 197-212.

HERRERA LIMA, María Eugenia (2002): *Nexos adverbiales en las hablas culta y popular de la ciudad de México*. México: Universidad Nacional Autónoma de México.

HERRERO RUIZ DE LOIZAGA, F. Javier (2005): *Sintaxis histórica de la oración compuesta en español*. Madrid: Gredos.

— (2006): "La locución conjuntiva *ya que*: cronología y usos", en: Bustos Tovar/Girón Alconchel (eds.), pp. 825-840.

HINSKENS, Frans/AUER, Peter/KERSWILL, Paul (2005): "The Study of Dialect Convergence and Divergence: Conceptual and Methodological Considerations", en: Auer/Hinskens/Kerswill (eds.), pp. 1-48.

HJELMSLEV; Louis (1942): "Langue et parole", *Cahiers Ferdinand de Saussure* 2, pp. 29-44.

HOPPER, Paul (1991): "On Some Principles of Grammaticalization", en: Traugott/Heine (eds.) (1991), vol. I, pp. 17-35.

HOPPER, Paul/TRAUGOTT, Elizabeth (1993): *Grammaticalization*. Cambridge: Cambridge University Press.

HOWARD, Rosaleen (2007): *Por los linderos de la lengua. Ideologías lingüísticas en los Andes*. Lima: Instituto Francés de Estudios Andinos, Instituto de Estudios Peruanos y Pontificia Universidad Católica del Perú.

JACOB, Daniel (2003): "De la función primaria a la autonomía de la sintaxis: hacia un enfoque sociológico del cambio gramatical", en: *Lexis* 27/1-2 (Homenaje a José Luis Rivarola), pp. 359-400.

JAKOBSON, Roman (1956): "Two Aspects of Language and Two Types of Aphasic Disturbances", en: Jakobson/Halle (eds.), pp. 53-82.

— (1960): "Closing Statement: Linguistics and Poetics", en: Sebeok, Thomas (ed.), *Style in Language*. Cambridge: The MIT Press, pp. 350-377.

— (1976): *Nuevos ensayos de lingüística general*. México: Siglo XXI.

JAKOBSON, Roman/HALLE, Morris (eds.) (1956): *Fundamentals of Language*. The Hague: Mouton.

JAKOBSON, Roman/WAUGH, Linda R. (1979): *The Sound Shape of Language*. Bloomington: Indiana University Press.

JARA, Margarita Yupanqui (2013): *El perfecto en el español de Lima. Variación y cambio en situación de contacto lingüístico*. Lima:Pontificia Universidad Católica del Perú.

JOHNSTONE, Barbara (2004). "Place, Globalization, and Linguistic Variation", en: Fought (ed.), pp.65-83.

KABATEK, Johannes (2000): "L'oral et l'écrit – quelques aspects théoriques d'un 'nouveau' paradigm dans le canon de la linguistique romane", en: Dahmen,Wolfgang *et al.* (eds.), *Kanonbildung in der Romanistik und in den Nachbardisziplinen. Romanistisches Kolloquium XIV.* Tübingen: Narr, pp. 305-320.

KANY, Charles (1951): *American-Spanish Syntax.* 2nd ed. Chicago: The University of Chicago Press.

KELLER, Rudi (1994): *On Language Change.The Invisible Hand in Language.* London/ New York: Routledge.

— (1995): "The Epistemic *weil*", en: Stein/Wright (eds.), pp.16-30.

KENISTON, Hayward (1937): *The Syntax of Castillian Prose. The Sixteenth Century.* Chicago: The University of Chicago Press.

KERSWILL, Paul (1994): *Dialects Converging: Rural Speech in Urban Norway.* Oxford: Clarendon.

KERSWILL, Paul/TRUDGILL, Peter (2005): "The birth of new dialects", en: Auer/Hinskins/ Kerswill (eds.), pp. 196-220.

KERSWILL, Paul/WILLIAMS, Ann (2000): "Creating a New Town Koine: Children and Language Change in Milton Keynes", *Language in Society* 29/1, pp. 65-115.

KLEE, Carol (1996): "The Spanish of the Peruvian Andes: The Influence of Quechua on Spanish Language Structure", en: Roca, Ana/Jensen, John B. (eds.), *Spanish in Contact: Issues in Bilingualism.* Sommerville: Cascadilla Press, pp. 73-91.

— (2009): "Migration and Globalization: Their Effects on Contact Varieties of Latin American Spanish, en: Lacorte, Manuel/Leeman, Jennifer (eds.), *Español en los Estados Unidos y en otros contextos: Cuestiones sociolingüísticas, políticas y pedagógicas.* Madrid/Frankfurt: Iberoamericana/Vervuert, pp. 39-66.

KLEE, Carol/CARAVEDO, Rocío (1996 [no publicado]): *Language Change as a Result of Andean Migration to Lima, Perú* (Research Project). Minnesota: University of Minnesota.

— (2005): "Contact-induced Language Change in Lima, Peru: The Case of Clitic Pronouns, en: Eddington, David (ed.), *Selected Proceedings of the 7th Hispanic Linguistic Symposium.* Sommerville: Cascadilla Press, pp. 12-21.

— (2006): "Andean Spanish and the Spanish of Lima: Linguistic Variation and Change in a Contact Situation", en: Mar-Molinero, Clare/Stewart, Miranda (eds.), *Globalization and the Spanish-speaking World.* New York: Palgrave Macmillan, pp. 94-113.

KLEE, Carol/OCAMPO, Alicia (1995): "The Expression of Past Rreference in Spanish Narratives of Spanish/Quechua bilingual speakers", en: Silva-Corvalán, Carmen (ed.),

Spanish in Contact with other Languages. Wahington D.C.: Georgetown University Press, pp. 52-70.

KLEE, Carol/TIGHT, Daniel/CARAVEDO, Rocío (2011): "Variation and Change in Peruvian Spanish Word Order: The Impact of Migration to Lima", *Southwest Journal of Linguistics* (Special Issue: *Spanish Dialect Contact in the Americas*)30/2, pp. 5-31.

KLUGE, Bettina (2007): "La acomodación lingüística en la migración: el nivel pragmático", *Revista Internacional de Lingüística Iberoamericana,* V/2 (10), pp. 69-92.

KOCH, Peter/OESTERREICHER, Wulf (1985): "Sprache der Nähe - Sprache der Distanz. Mündlichkeit und Schriftlichkeit im Spannungsfeld von Sprachtheorie und Sprachgeschichte", *Romanistisches Jahrbuch* 36, pp. 15.43.

KOTSCHI, Thomas/OESTERREICHER, Wulf/ZIMMERMANN, Klaus (eds.) (1996): *El español hablado y la cultura oral en España e Hispanoamérica.* Frankfurt: Vervuert.

KREFELD, Thomas (2002): "La dissociazione dello spazio comunicativo in ambito migratorio (e come viene percepita dai parlanti e meridionali in Baviera", en: D'Agostino (ed.), pp. 157-172.

— (2004): *Einführung in die Migrationslinguistik: Von der Germania italiana in die Romania multipla.* Tübingen: Narr.

KRISTIANSEN, Gitte (2008): "Style-shifting and shifting styles: A socio-cognitive approach to lectal variation", en: Kristiansen/Dirven (eds.), pp. 45-88.

KRISTIANSEN, Gitte/DIRVEN, René (eds.) (2008): *Cognitive Sociolinguistics. Language Variation, Cultural Models, Social Systems.* Berlin: Mouton De Gruyter.

KRISTIANSEN, Gitte/GEERAERTS, Dirk (2013):"Introduction. Contexts and Usage in Cognitive Linguistics", *Journal of Pragmatics* 52, pp. 1-4.

KRISTIANSEN, Tore/JØRGENSEN, Jens Normann (2005): "Subjective Factors in Dialect Convergence and Divergence", en: Auer/Hinskens/Kerswill (eds.), pp. 287-302.

LABOV, William (1966): *The Social Stratification of English in New York City.* Washington: Center for Applied Linguistics.

— (1969): "Contraction, Deletion and Inherent Variability of the English Copula", *Language* 45/4, pp. 715-762.

— (1972): *Sociolinguistic Patterns.* Philadelphia: University of Pennsylvania Press.

— (1973): "The Boundaries of Words and their Meanings", en: Fishman, Joshua (ed.), *New Ways of Analysing Variation in English.* Washington D.C.: Georgetown University Press, pp. 340-373.

— (1978): "Where does the Linguistic Variable Stop? A Response to Beatriz Lavandera", *Sociolinguistic Working Paper* 44, pp. 1-17.

— (1994): *Principles of Linguistic Change. Vol. I, Internal Factors.* Oxford: Blackwell (trad. de Pedro Martín Butragueño), Madrid: Gredos, 1996).

— (2001): *Principles of Linguistic Change. Vol. II, Social Factors.* Oxford: Blackwell.

— (2010): *Principles of Linguistic Change. Vol III, Cognitive Factors.* Oxford: Blackwell.

Lakoff, George (1987): *Women, Fire, and Dangerous Things. What Categories Reveal about the Mind.* Chicago: The University of Chicago Press.

Lakoff, George/Johnson, Mark (1980): *Metaphors We Live by.* Chicago: The University of Chicago Press.

Landi, Paolo (1995): *Percezione e inferenza.* Milano: Joppollo Editore.

Langacker, Ronald W. (1987): *Foundations of Cognitive Grammar, vol. I, Theoretical Prerequisites.* Stanford: Stanford University Press.

— (1990): *Concept, Image and Symbol. The Cognitive Basis of Grammar.* Berlin: Mouton De Gruyter.

— (1997): "The Contextual Basis of Cognitive Semantics", en: Nuyts/Pederson (eds.), pp. 229-252.

— (1999): *Grammar and Conceptualization.* Berlin: Mouton De Gruyter.

Lapesa, Rafael (1978): "Sobre dos tipos de subordinación causal", en: *Estudios ofrecidos a Emilio Alarcos,* vol. 3, pp. 173-205.

Lara, Luis Fernando (1979): *El concepto de norma en la lingüística.* México: El Colegio de México.

— (dir.) (1996): *Diccionario del español usual en México (DEUM).* México: El Colegio de México.

— (1999): "Normas lingüísticas: pluralidad y jerarquía", *Español Actual* 71, pp. 13-20.

— (2004a): *Lengua histórica y normatividad.* México: El Colegio de México.

— (2004b): *De la definición lexicográfica.* México: El Colegio de México.

— (2006): *Curso de lexicología.* México: El Colegio de México.

— (dir.) (2010): *Diccionario del español de México (DEM).* México: El Colegio de México, en línea, <http://dem.colmex.mx/> (consultado el 22 de agosto 2013).

Lasarte Cervantes, María de la Cruz (2012): "Variación social en la percepción del contraste meridional entre /s/ y /θ/ en Málaga", en: Villena Ponsoda/Ávila Muñoz (eds.), pp. 167-190.

Lavandera, Beatriz (1978): "Where does the Sociolinguistic Variable Stop?", *Language in Society* 7, pp. 171-182.

— (1984): *Variación y significado*. Buenos Aires: Hachette.

LE PAGE, Robert (1980): "Projection, Focusing and Diffusion", *York Papers in Linguistics* 9, pp. 9-31.

LE PAGE, Robert/TABOURET-Keller, Andrée (1985): *Acts of Identity. Creole-based Approaches to Ethnicity and Language*. Cambridge: Cambridge University Press.

LEVENTHAL, Howard (1984): "A Perceptual-Motor Theory of Emotion", en: Berkowitz, Leonard (ed.), *Advances in Experimental Social Psychology* 17. New York: Academic Press, 117-182.

LEVENTHAL, Howard/SCHERER, Klaus (1987): "The Relationship of Emotion to Cognition. A Functional Approach to a Semantic Controversy", *Cognition and Emotion* 1, pp. 3-28.

LEVINSON, Stephen (1996): "Language and Space", *Annual Review of Anthropology* 25, pp. 353-382.

— (1997): "From Outer to Inner Space: Linguistic Categories and Non-Linguistic Thinking", en Nuyts/Pederson (eds.), pp. 13-45.

— (2001): "The Linguistic Expression of Space", en: Smelser, Neil/ Baltes, Paul (eds.), *International Encyclopedia of Social and Behavioral Sciences* 22, pp. 14749-14752.

LOCKE, John L. (1995): "Development of the Capacity for Spoken Language, en: Fletcher P.F./MacWhinney (eds.), *The Handbook of Child Language*. Oxforf: Blackwell, pp. 278-302.

LOPE BLANCH, Juan M. (1966): "Para el conocimiento del habla hispanoamericana: Proyecto de estudio del habla culta de las principales ciudades de Hispanoamérica, en: *El Simposio de Bloomington (1964), Actas, informes y comunicaciones*. Bogotá: Instituto Caro y Cuervo, pp. 255-267.

— (ed.) (1971): *El habla de la ciudad de México. Materiales para su estudio*. México: Universidad Nacional Autónoma de México.

— (ed.) (1976): *El habla popular de la ciudad de México. Materiales para su estudio*. México: Universidad Nacional Autónoma de México.

— (1986): *Estudios de lingüística hispánica*. México: Universidad Nacional Autónoma de México.

— (1990): "Precisiones sobre el uso mexicano de la preposición *hasta*", *Anuario de Lingüística Hispánica* 6, pp. 295-323.

— (1997): *La lengua española y sus problemas*. México: Universidad Nacional Autónoma de México.

LÓPEZ, David/STANTON-SALAZAR, Ricardo (2001): "Mexican Americans. A Second Generation at Risk, en: Rumbaut/Portes (eds.), pp.57-90

López Morales, Humberto (1980): "Velarización de /n/ en el español de Puerto Rico", *Lingüística Española Actual* II, pp. 203-217.

— (1983): *Estratificación social del español de San Juan de Puerto Rico.* México: Universidad Nacional Autónoma de México.

— (1989): *Sociolingüística.* Madrid: Gredos (edición aumentada 2004).

— (1992): "Panorama del español antillano de hoy", en: Hernández (coord.), pp.295-331.

López Serena, Araceli (2013): "Variación y variedades lingüísticas: un modelo teórico dinámico para abordar el estatus de los fenómenos de variación del español hablado en Andalucía", en: Narbona (ed.), pp. 73-128.

López García, Ángel (1998): "Los conceptos de *lengua y dialecto* a la luz de la teoría de los prototipos", *La Torre* III/7-8, pp. 7-19.

Lüdtke, Helmut (1969): "Die Alphabetschrift und das Problem der Lautsegmentierung", *Phonetica* 20, pp. 147-176.

— (1986): "Esquisse d'une théorie du changement langagier", *La Linguistique* 22/1, pp. 3.46.

Luján, Marta/Minaya, Liliana/Sankoff, David (1984): "The Universal Consistency Hypothesis and the Prediction of Word Order Acquisition Stages in the Speech of Bilingual Children", *Language* 60, pp. 343-371.

Lyons, John (1968): *Introduction to Theoretical Linguistics.* Cambridge: Cambridge University Press.

Maier, Robert (ed.) (1989): *Norms in Argumentation. Proceedings of the Conference on Norms 1988.* Dordrecht: Foris Publications.

Martín Butragueño, Pedro (1997): "Algunas observaciones sobre el estudio sociolingüístico de la variación sintáctica", *Anuario de Letras* XXXV, pp. 371-381.

— (2004): "El contacto de dialectos como motor del cambio lingüístico", en: Pedro Martín Butragueño (ed.), *Cambio lingüístico: métodos y problemas.* México: El Colegio de México, pp. 81-144.

— (2010): "Construcción de modelos variables en dialectología: la distribución de (s) en la geografía fónica de México", *Nueva Revista de Filología Hispánica* 58/2, pp. 517-561.

— (2011): "Regularidad y excepcionalidad del cambio lingüístico: el caso de (ʧ) en la geografía fónica de México", en: Vázquez/Zimmermann/Segovia (eds.), pp. 753-779.

Martín Butragueño, Pedro/Vázquez Laslop, María Eugenia (2002): "Variación y dinamismo lingüístico: problemas de método", *Lexis* 26/2, pp. 305-344.

MARTÍNEZ, F. Miguel (1983): *Fonética y sociolingüística en la ciudad de Burgos*. Madrid: CSIC.

MEILLET, Antoine (1948[1912]): "L'évolution des formes grammaticales", en: *Linguistique historique e linguistique générale*. Paris: Champion, pp. 130-148.

MÉNDEZ GARCÍA DE PAREDES, Elena (1995): *Las oraciones temporales en castellano medieval*. Sevilla: Universidad de Sevilla.

— (1999): "La norma idiomática del español: visión histórica", *Philologia Hispalensis* XIII, pp. 109-132.

— (2003), "La determinación temporal *hasta que* en español. Aspectos gramaticales, discursivos y normativos", en: *Lexis*, 27/1-2 (*Homenaje a José Luis Rivarola*), pp. 429-470.

MENÉNDEZ PIDAL, Ramón (1945): *Castilla. La tradición. El idioma*. Buenos Aires: Austral.

— (1976): *Cantar del Mio Cid. Texto, gramática y vocabulario*, I, 5.ª ed. Madrid: Espasa-Calpe.

MILLER, George/JOHNSON-LAIRD, Philip (1976): *Language and Perception*. Cambridge: Harvard University Press.

MILROY, James/MILROY, Lesley (1985): "Linguistic Change, Social Network and Speaker Innovation", *Journal of Linguistics* 21, pp. 339-384.

MILROY, Lesley (1980): *Language and Social Networks*. Oxford: Blackwell.

— (1992): "Social Network and Social Class: Toward an Integrated Sociolinguistic Model", *Language in Society* 21/1, pp. 1-26.

— (2004): "Language Ideologies and Linguistic Change", en: Fought (ed.), pp. 161-177.

MOLINA MARTOS, Isabel (2006): "Innovación y difusión del cambio lingüístico en Madrid", *Revista de Filología Española* LXXXVI, pp. 127-149.

— (2010): "Procesos de acomodación lingüística de la inmigración latinoamericana en Madrid", *Lengua y Migración/Language and Migration,* 2/2, pp. 27-48.

— (2012): "Yeísmo madrileño y convergencia dialectal campo/ciudad", en: Gómez/Molina Martos (eds.), pp. 93-110.

MOLINER, María (1970): *Diccionario de uso del español*. Madrid: Gredos.

MONTES, Rosa Graciela (1986): "Aspectos semánticos de la preposición 'hasta' en el español de México", en: Moreno de Alba, José G. (ed.), *Actas del II Congreso Internacional sobre el Español de América*. México: Universidad Nacional Autónoma de México, pp. 423-431.

MORENO DE ALBA, José G. (1987): *Minucias del lenguaje*. México: Ediciones Océano.

— (1992): "El español hablado en México", en: Hernández (coord.), pp. 627-647.

— (1994): *La pronunciación del español en México*. México: El Colegio de México.

MORENO FERNÁNDEZ, Francisco (1996): "Castilla La Nueva", en: Alvar (dir.) (1996a), pp. 213-232.

— (2009a): "Integración sociolingüística en contextos de inmigración: marco epistemológico para su estudio en España", *Lengua y migración* 1/1, pp. 121-156.

— (2009b): *La lengua española en su geografía*. Madrid: Arco Libros.

— (2010): *Las variedades de la lengua española y su enseñanza*. Madrid: Arco Libros.

— (2012): *Sociolingüística cognitiva. Proposiciones, escolios y debates*. Madrid/Frankfurt: Iberoamericana/Vervuert.

MORENO FERNÁNDEZ, Francisco/GARCÍA MOUTON, Pilar (1994): "El Atlas lingüístico (y etnográfico) de Castilla-La Mancha. Materiales fonéticos de Ciudad Real y Toledo", en: García Mouton, Pilar (ed.), *Geolingüística. Trabajos europeos*. Madrid: CSIC, pp. 111-153.

MORILLO VELARDE, Ramón (1997): "Seseo, ceceo y seceo: problemas metodológicos", en: Narbona/Ropero (eds.), pp. 201-219.

— (2001): "Recorrido lingüístico por la geografía andaluza", en: *Actas de las jornadas sobre el habla andaluza. Historia, normas y usos*. Estepa: Ayuntamiento, pp. 59-88.

MORGENTHALER GARCÍA, Laura (2007): "Migraciones y economía del español actual: procesos de estandarización entre inmigrantes y población receptora", *Revista Internacional de Lingüística Iberoamericana* V/2 (10), pp. 47-68.

MOYA CORRAL, Juan Antonio (2000): "Migration et changement linguistique à Grenade (Espagne)", en: Mattheier, Klaus (ed.), *Dialect and Migration in a Changing Europe*. Frankfurt am Main: Peter Lang, pp. 25-41.

MOYA CORRAL, Juan Antonio/ GARCÍA WIEDEMANN, Ernesto (1995): *El habla de Granada y sus barrios*. Granada: Universidad de Granada.

NARBONA, Antonio (2013): "Conciencia, desprestigio e identidad lingüística en Andalucía", en: Narbona (ed.), pp. 129-162.

— (ed.) (2013): *Conciencia y valoración del habla andaluza*. Sevilla: Universidad Internacional de Andalucía.

NARBONA, Antonio/CANO, Rafael/MORILLO, Ramón (2011[1998]): *El español hablado en Andalucía*. Barcelona: Ariel.

NARBONA, Antonio/ROPERO, Miguel (eds.) (1997): *Actas del Congreso del habla andaluza*. Sevilla: Universidad de Sevilla.

NAVARRO TOMÁS, Tomás (1948): *El español de Puerto Rico*. San Juan: Universidad de Puerto Rico-Río Piedras.

NOLL, Volker/ZIMMERMANN, Klaus/NEUMANN-HOLZSCHUH, Ingrid (eds.) (2005): *El español en América. Aspectos teóricos, particularidades, contactos*. Madrid: Iberoamericana/ Vervuert.

NUYTS, Jan/PEDERSON, Eric (eds.) (1997): *Language and Conceptualization*. Cambridge: Cambridge University Press.

OBEDIENTE, Enrique (1991): *Fonética y fonología*. Mérida: Universidad de los Andes.

OCAMPO, Francisco/KLEE, Carol (1995): "Spanish OV/VO word order variation in Spanish/Quechua bilingual speakers", en: Silva-Corvalán, Carmen (ed.), *Spanish in Four Continents: Studies in language contact and bilingualism*. Washington D.C.: Georgetown University Press, pp.71-82.

OESTERREICHER, Wulf (1996): "Lo hablado en lo escrito. Reflexiones metodológicas y aproximación a una tipología", en: Kotschi/Oesterreicher/Zimmermann (eds.), pp. 317-340.

— (2002): "El español, lengua pluricéntrica: perspectivas y límites de una autoafirmación lingüística nacional en Hispanoamérica. El caso mexicano", *Lexis* XXVI-2, pp. 275.304.

— (2006): "La historicidad del lenguaje: variación, diversidad y cambio lingüístico", en: Bustos Tovar / Girón Alconchel (eds.), pp. 137-158.

OGDEN, Charles Kay/RICHARDS, Ivor Armstrong (1923): *The Meaning of Meaning. A Study of the Influence of Language upon Thought and the Science of Symbolism*. London: Routledge/Kegan Paul.

ONG, Walter J. (1982): *Orality and Literacy. The Technologizing of the Word*. London/ New York: Methuen.

OROZ, Rodolfo (1966): *La lengua castellana en Chile*. Santiago: Universidad de Chile.

OTHEGUY, Ricardo/ZENTELLA, Ana Celia/LIBERT, David (2007): "Language and Dialect Contact in Spanish in New York City. Toward the Formation of a Speech Community", *Language* 83/4, pp. 770-802.

OTHEGUY, Ricardo/ZENTELLA, Ana Celia (2012): *Spanish in New York: Language Contact, Dialectal Leveling, and Structural Continuity*. Oxford: Oxford University Press.

PALACIOS, Azucena (2005): "Aspectos teóricos y metodológicos del contacto de lenguas: el sistema pronominal del español en Areas de contacto con lenguas amerindias", en: Noll/Zimmermann/Neumann-Holzschun (eds.), pp. 63-92.

— (2007): "Cambios lingüísticos de ida y vuelta: los tiempos de pasado en la variedad emergente de los migrantes ecuatorianos en España", *Revista Internacional de Lingüística Iberoamericana*, V/2 (10), pp. 109-125.

PAUL, Hermann (1970[1880]): *Prinzipien der Sprachgeschichte*. 8 Ausg. Tübingen: Niemeyer.

PEIRCE, Charles S. (1984 [1867]): *La ciencia de la semiótica*. 2.ª ed. Buenos Aires: Nueva Visión.

PÉREZ CASTILLEJO, Susana (2013): "Convergencia en una situación de contacto de dialectos peninsulares en EE. UU.", *Spanish in Context* 10/1, pp. 1-29.

PÉREZ SILVA, Jorge Iván/ACURIO PALMA, Jorge/BENDEZÚ ARAUJO, Raúl (2008): *Contra el prejuicio lingüístico de la motosidad. Un estudio de las vocales del castellano andino desde la fonética acústica*. Lima: Pontificia Universidad Católica del Perú/Instituto Riva-Agüero.

PERISSINOTTO, Giorgio (1975): *Fonología del español hablado en la ciudad de México*. México: El Colegio de México.

PIAGET, Jean (1975[1963]): "Lo sviluppo delle percezioni in funzione dell'età", en Piaget/Fraisse/Vurpillot/Francès (eds.), pp. 2-101.

PIAGET, Jean/FRAISSE, Paul/VURPILLOT, Eliane/FRANCÈS, Robert (eds.), *La percezione*. Torino: Einaudi.

PINKER, Steven (1994): *The Language Instinct*. New York: W. Morrow. (Trad. al italiano: *L'istinto del linguaggio*. Milano: Mondadori, 1998).

PLACENCIA, María E. (1998): "Pragmatic Variation: Ecuadorian Spanish vs. Peninsular Spanish, *Spanish Applied Linguistics* 2/1, pp. 71-106.

— (2005): "Pragmatic Variation in Corner Store Interactions in Quito and Madrid", *Hispania* 88/3, pp.583-598.

PLATÓN (1983): "Crátilo", en: *Diálogos*. Trad. de J. L. Calvo. Madrid: Gredos. (Ed. Italiana: Platone: *Cratilo*. Introduzione e note di Caterina Licciardi; traduzione di Emidio Martini.Milano: Rizzoli, 1989).

PLOOG, Katja/REICH, Uli (2005): "Rasgos socioindexicales en la dinámica urbana", *Lexis* 29, pp. 47-78.

POPLACK, Shana (1980): "The Notion of Plural in Puerto Rican Spanish. Competing Constraints in /s/ Deletion", en: William Labov (ed.), *Locating Language in Time and Space*. New York: Academic Press, pp. 55-68.

POPPER, Karl (1996[1972]): "Considerazioni di un realista sul problema corpo-mente", en: Popper, Karl, *Tutta la vita è risolvere problemi. Scritti sulla conoscenza, la storia e la politica*. Trad. de Dario Antiseri. Milano: Rusconi, pp. 89-105.

POTTIER-NAVARRO, Huguette (1991): *La polisemia léxica en español*. Madrid: Gredos.

PRESTON, Dennis (1989): *Perceptual Dialectology. Non Linguist's View of Areal Linguistics*. Dordrecht/Providence: Foris.

— (ed.) (1999): *Handbook of Perceptual Dialectology*. Amsterdam: Benjamins.

— (2002): "Down and Out in Perceptual Dialectology", en: Mari D'Agostino (ed.), pp. 11-38.

— (2013): "The Influence of Regard on Language Variation and Change", *Journal of Pragmatics* 52, pp. 93-104.

PUTNAM, Hilary (1975): "The meaning of meaning", en: Putnam, H.: *Mind, Language and Reality. Philosophical Papers.* Vol. 2. Cambridge: Cambridge University Press, pp. 215-271.

QUESADA PACHECO, Miguel Ángel (1996): "El español de América Central", en: Alvar (dir.) (1996b), pp. 105-106.

QUILIS, Antonio (1965): "Description phonétique du parler madrilène actuel", *Phonetica* 12, pp. 19-24.

— (1981): *Fonética acústica de la lengua española.* Madrid: Gredos.

— (1993): *Tratado de fonética y fonología españolas.* Madrid: Gredos.

RABANALES, Ambrosio (1992): "El español de Chile: situación actual", en Hernández (coord.), pp. 574-575.

RABANALES, Ambrosio/CONTRERAS, Lidia (eds.) (1979): *El habla culta de Santiago de Chile. Materiales para su estudio.* Bogotá: Instituto Caro y Cuervo.

RABATEL, Alain (2001): "La valeur délibérative des connecteurs et marqueurs temporels *mais, cependant, maintenant, alors,* et *dans* l'embrayage du point de vue", *Revue Française* II/3, pp. 153-170.

REAL ACADEMIA ESPAÑOLA (1979): *Esbozo de una nueva gramática de la lengua española.* Madrid: Espasa-Calpe.

— (2001): *Diccionario de la lengua española (DRAE).* Madrid: Espasa Calpe.

— (2009): *Nueva gramática de la lengua española (NGRAE).* Madrid: Espasa Calpe.

RENZI, Lorenzo/SALVI, Giampaolo/CARDINALETTI, Anna (eds.), *Grande grammatica italiana di consultazione.* Bologna: Il Mulino.

RIDRUEJO, Emilio (2012): "Oraciones concesivas introducidas por *así*", en: Jiménez Juliá, Tomás/López Meirama, Belén/Vazquez Rozas, Victoria/Veiga, Alexandre (eds.), *Cum corde et in nova grammatica. Estudios ofrecidos a Guillermo Rojo.* Santiago de Compostela: Universidad de Santiago de Compostela, pp. 681-691.

RIVAROLA, José Luis (1976): *Las conjunciones concesivas en español medieval y clásico. Contribución a la sintaxis histórica española.* Tübingen: Max Niemeyer.

— (1988a): "La formación del español andino. Aspectos morfo-sintácticos", en: Ariza/ Salvador/ Viudas (eds.), pp. 209-226.

— (1988b): "Contactos y conflictos de lenguas en el Perú colonial", en: Lechner, Jan (ed.), *Essays on Cultural Identity in Colonial Latin America. Problems and Repercussions*. Leiden: Rijksuniversiteit, pp. 91-114.

— (1989): "Bilingüismo histórico y español andino", en: Neumeister, Sebastian (ed.), *Actas del IX Congreso de la Asociación Internacional de Hispanistas* (Berlín, 18-23 de agosto 1986). Frankfurt am Main: Vervuert, pp. 153-163.

— (1990): *La formación lingüística de Hispanoamérica*. Lima: Pontificia Universidad Católica del Perú.

— (1991): *Signos y significados. Ensayos de semántica lingüística*. Lima: Pontificia Universidad Católica del Perú.

— (1998): "El discurso de la variación en el *Diálogo de la Lengua* de Juan de Valdés", en: Oesterreicher, W./Stoll, E./Wesch, A. (eds.), *Competencia escrita, variedades discursivas y variedades lingüísticas. Aspectos del español europeo y americano en los siglos XVI y XVII*. Tübingen: Gunter Narr, pp. 83-108.

— (2000): *Español andino. Textos de bilingües de los siglos XVI y XVII*. Madrid/Frankfurt: Iberoamericana/Vervuert.

— (2006): El español en el siglo XXI: los desafíos del pluricentrismo", *Boletín Hispánico Helvético* 8, pp. 97-109.

ROJAS, Elena (1980): *Aspectos del habla de San Miguel de Tucumán*. Tucumán: Universidad Nacional de Tucumán.

ROJO, Guillermo (1979): "La función sintáctica como forma de significante", *Verba* 6, pp. 107-151.

ROSCH, Eleanor (1973): "Natural Categories", *Cognitive Psychology* 4, pp. 328-350.

— (1975): "Cognitive Representations of Semantic Categories", *Journal of Experimental Psychology* 104, pp. 192-233.

ROMAINE, Suzanne (1981): "On the problem of syntactic variation: a reply to Beatriz Lavandera and William Labov", *Sociolinguistic Working Paper* 82, pp.1-38.

RUMBAUT, Rubén (2004): "Ages, Life Stages, and Generational Cohorts: Decomposing the Immigrant First and Second Generations in the United States, *International Migration Review* 38/3, pp. 1160-1205.

RUMBAUT, Rubén/PORTES, Alejandro (eds.) (2001): *Ethnicities. Children of Immigrants in America*. California: Russel Sage Foundation.

— (2001): "Introduction", en: Rumbaut/Portes (eds.), pp.1-19.

SÁEZ, Leopoldo (2000): *Cómo hablamos en Chile. Ocho aproximaciones*. Santiago de Chile: Universidad de Santiago de Chile.

SALVADOR, Gregorio (1985): *Semántica y lexicología del español*. Madrid: Paraninfo.

SAMPER, José Antonio (1990): *Estudio sociolingüístico del español de Las Palmas de Gran Canaria*. Las Palmas de Gran Canaria: La Caja de Canarias.

— (2012): "La sociolingüística en España", *Español Actual* 98, pp. 39-69.

SÁNCHEZ, Liliana (2003): *Quechua-Spanish Bilingualism. Interference and Convergence in Functional Categories*. Amsterdam/Philadelphia:John Benjamins.

SANCHO PASCUAL, María (2010): "Actitudes lingüísticas de los inmigrantes ecuatorianos en Madrid", *Lengua y migración/Language and Migration* 2/2, pp. 83-95.

— (2014): *Integración sociolingüística de los inmigrantes ecuatorianos en Madrid*. Alcalá de Henares: Servicio de Publicaciones de la Universidad de Alcalá.

SANKOFF, David (1990): "Sociolinguistics and Syntactic Variation", en: Newmeyer, Frederick (ed.), *Language: The Sociocultural Context,* vol. IV. Cambridge: Cambridge University Press, pp. 140-161.

SANKOFF, David/LABOV, William (1979): "On the Uses of Variable Rules", *Language in Society 8*, pp. 189-222.

SANKOFF, David/THIBAULT, Pierrette (1981): "Weak Complementarity: Tense and Aspect in Montreal French", en: Johns, B. B./Strong, D. R. (eds.): *Syntactic Change: Natural Language Studies* 25, pp. 205-216.

SANKOFF, David/THIBAULT, Pierrette/BÉRUBÉ, Hélène (1978): "Semantic Field Variability", en: D. Sankoff (ed.): *Linguistic Variation. Models and Methods*. New York: Academic Press, pp. 22-43.

SAUSSURE, Ferdinand (1972[1916]): *Cours de Linguistique Générale*. Édition critique preparée par T. de Mauro. Paris: Payot.

SCHORE, Allan N. (1994): *Affect Regulation and the Origin of the Self: The Neurobiology of Emotional Development*. New Jersey: Lawrence Erlbaum.

SCHUMACHER DE PEÑA, Gertrude (1980): "El pasado en español andino de Puno/Perú", en: Bork, Hans Dieter *et al.* (eds.): *Romanica Europaea et Americana. Festschrift für Harri Meier*. Bonn: Herbert Grundmann, pp. 553-558.

SCHUMANN, John H. (1997): *The Neurobiology of Affect in Language*. Oxford: Blackwell.

SEARLE, John (1984): *Minds, Brains and Science*. Cambridge, Mass.: Harvard University Press.

— (1995): *The Construction of Social Reality*. New York: Free Press.

— (2009): *Coscienza, Linguaggio, Società*. Torino: Rossenberg & Sellier.

SECO, Manuel / ANDRÉS, Olimpia / RAMOS, Gabino (1999): *Diccionario del español actual*. Madrid: Aguilar.

SEDANO, Mercedes (1999a): "Ahí o allí? Un estudio sociolingüístico", en: María José Serrano (ed.): *Estudios de variación sintáctica.* Madrid/Frankfurt: Iberoamericana/ Vervuert, pp. 51-64.

— (1999b): "Los adverbios demostrativos en diez ciudades hispanohablantes: resultados de una encuesta", en: Gómez Manzano, Pilar / Carbonero Cano, Pedro / Casado Velarde, Manuel (coords.), *Lengua y discurso. Estudios dedicados al profesor Vidal Lamíquiz.* Madrid: Arco Libros, pp. 917-934.

SIEGEL, Jeff (2010): *Second Dialect Acquisition.* Cambridge: Cambridge University Press.

SILVA-CORVALÁN, Carmen (1990): "Reseña de Beatriz Lavandera, *Variación y significado", Romance Philology* 43, pp. 612-619.

— (1994): *Language Contact and Change: Spanish in Los Angeles.* Oxford: Clarendon.

SILVERSTEIN, Michael (1992): "The Uses and Utility of Ideology: Some Reflections", *Pragmatics* 2/3, pp. 311-323.

— (2003): "Indexical Order and the Dialectics of Sociolinguistic Life", *Language and Communication* 23, pp. 193-229.

SIMONE, Raffaele (1997): "¿Cuál es la lengua de default en un ambiente de variación?", en: Narbona/Ropero (eds.), pp. 29-45.

SLACK, Jon/VAN DER ZEE, Emile (2003): "The Representation of Direction in Language and Space", en: van der Zee/Slack (eds.), pp. 1-17.

SÖLL, Ludwig (1974): *Gesprochenes und geschriebenes Französisch.* Berlin: Erich Schmidt.

STARK, Elisabeth/SCHMIDT-RIESE, Roland/Stoll, Eva (eds.) (2008): *Romanische Syntax im Wandel.* Tübingen: Gunter Narr.

STEIN, Dieter/WRIGHT, Susan (eds.) (1995): *Subjectivity and Subjectivization. Linguistic Perspectives.* Cambridge: Cambridge University Press.

SWEETSER, Eve (1997): "Role and Individual Interpretations of Change Predicates", en: Nuyts/Pederson (eds.), pp. 116-136.

TALMY, Leonard (1988): "The Relation of Grammar to Cognition", en: Rudzka-Ostyn, Brigida (ed.), *Topics in Cognitive Linguistics.* Amsterdam/Philadelphia: John Benjamins, pp. 14-24.

TERRELL, Tracy (1975): "La nasal implosiva y final en el español de Cuba", *Anuario de Letras* XIII, pp. 257-271.

— (1981): "Diachronic Reconstruction by Dialect Comparison of Variable Constraints: -s Aspiration and Deletion in Spanish", en Sankoff/Cedergren (eds.), *Variation Omnibus.* Carbondale, Edmonton: Linguistic Research, pp. 115-124.

— (1986): "La desaparición de /s/ posnuclear a nivel léxico en el habla dominicana", en: Núñez Cedeño, Rafael y col. (eds.), *Estudios sobre la fonología del español del Caribe*. Caracas: La Casa de Bello, pp. 117-134.

THE FIVE GRACES GROUP (2008): *Language is a Complex and Adaptive System*. Santa Fe: Santa Fe Institute Working Paper (12-047) (Preliminary Draft).

TOMASELLO, Michael (2007): *Origins of Human Communication*. Cambridge, Mass.: The MIT Press.

TOSCANO MATEUS, Humberto (1953): *El español en el Ecuador*. Madrid: Consejo Superior de Investigaciones Científicas.

TRAUGOTT, Elizabeth C. (1995): "Subjectification in Grammaticalization", en: Stein/Wright (eds.), pp. 31-54.

TRAUGOTT, Elizabeth C./HEINE, Bernd (eds.) (1991): *Approaches to Grammaticalization*. Amsterdam/Philadelphia: John Benjamins.

TRUBETZKOY, N. S. (1973): *Principios de fonología*. Madrid: Cincel.

TRUDGILL, Peter (1986): *Dialects in Contact*. Oxford: Blackwell.

TRUDGILL, Peter/CHESHIRE, Jane (eds.) (1998): *The Sociolinguistic Reader. Vol. 1, Multilingualism and Variation*. London: Arnold.

ULLMAN, Stephen (1952): *Précis de sémantique française*. Bern: Francke.

— (1962): *Semantics. An Introduction to the Science of Meaning*. London: Blackwell.

VACHEK, Josef (1964): "Zum Problem der Sprache", en: Vachek, J. (ed.): *A Prague School Reader in Linguistics*. Bloomington: Indiana University Press.

VAN DER ZEE, Emile y Jon SLACK (eds.) (2003): *Representing Direction in Language and Space*. Oxford: Oxford University Press.

VAN EEMEREN, Frans H./GROOTENDORST, Rob (1989): "A Pragma-Dialectical Perspective on Norms", en: Maier (ed.), pp. 97-108.

VAN WIJK, H. L. (1969): "Algunos aspectos morfológicos y sintácticos del habla hondureña", *Boletín de Filología* (Universidad de Chile) 20, pp. 3-16.

VÁZQUEZ LASLOP, María Eugenia /ZIMMERMANN, Klaus/SEGOVIA, Francisco (eds.) (2011): *De la lengua por sólo la extrañeza. Estudios de lexicología, norma lingüística, historia y literatura en homenaje a Luis Fernando Lara*. México: El Colegio de México.

VIETTI, Alessandro (2005): *Come gli immigrati cambiano l'italiano. L'italiano di peruviane come varietà etnica*. Milano: FrancoAngeli.

— (2010): "Italiano e spagnolo a contatto: immigrazione e varietà etnica", en: Calvi/Mapelli/Bonomi (eds.), pp. 221-236.

Vigil, Nila (2008): "*Y poco a poco se fueron civilizando*". *Racismo en el discurso sobre los Asháninkas de Satipo.* (Tesis de Maestría). Universidad de Castilla-La Mancha.

Villena Ponsoda, Juan Andrés (2000): "Lengua y sociedad en Andalucía", en: *Actas de las Jornadas sobre el habla andaluza. Historia, normas y usos.* Estepa: Ayuntamiento de Estepa, pp. 89-120.

— (2001): *La continuidad del cambio lingüístico. Tendencias conservadoras e innovadoras en la fonología del español a la luz de la investigación sociolingüística urbana.* Granada: Universidad de Granada.

— (2005): "How Similar are People Who Speak Alike? An Interpretive Way of Using Social Networks in Social Dialectology Research", en: Auer/Hinskins/Kerswill (eds.), pp. 303-334.

— (2012): "Patrones sociolingüísticos del español de Andalucía", en: Villena Ponsoda/Ávila Muñoz (eds.), pp. 27-66.

Villena Ponsoda, Juan Andrés/Vida Castro, Matilde (2012): "La influencia del prestigio social en la reversión de los cambios fonológicos. Constricciones universales sobre la variación en el español ibérico meridional. Un caso de nivelación dialectal", en: Villena Ponsoda/ÁAvila Muñoz (eds.), pp. 67-128.

Villena Ponsoda, Juan Andrés/Ávila Muñoz, Antonio M. (eds.) (2012): *Estudios sobre el español de Málaga. Pronunciación, vocabulario y sintaxis.* Málaga: Sarriá.

Vurpillot, Eliane (1975): "La percezione dello spazio", en: Piaget/Fraisse/Vurpillot/Francès (eds.), pp. 235-296.

Weijnen, Antonius A. (1999): "On the Value of Subjective Dialect Boundaries", en: Preston (ed.), pp.31-133.

Weinreich, Uriel (1954): "Is a Structural Dialectology Possible?, *Word* 10, pp. 388-400.

Weinreich, Uriel/Labov, William/Herzog, Melvyn (1968). "Emprirical Foundations for a Theory of Language Change", en Lehmann, Winfred/Malkiel, Yakov (eds.), *Directions for Historical Linguistics.* Austin: University of Texas Press, pp. 97-195.

Wenzel, Joseph (1989): "Relevance and Other Norms of Argument: A Rhetorical Exploration", en: Maier (ed.), pp. 84-95.

Werth, Paul (1997): "Remote Worlds: The Conceptual Representation of Linguistic *would*", en: Nuyts/Pederson (eds.), pp.84-115.White, Peter R. R. (2011): "Appraisal", en: Zienkowski, Jan/Ostman, Jan-Ola/Verschueren, Jef (eds.), *Discursive Pragmatics.* Amsterdam Philadelphia: John Benjamins, pp. 14-36.

Wolf, Clara/Jiménez, Elena (1979): "El ensordecimiento del yeísmo porteño: un cambio fonológico en marcha", en: Barrenechea, Ana María *et al.* (eds.), *Estudios lingüísticos y dialectológicos. Temas hispánicos.* Buenos Aires: Hachette, pp.115-144.

Wright, Georg Henrik von (1970): *Norma y acción. Una investigación lógica*. Madrid: Tecnos.

Zhow, Min (1997): "Growing Up American: The Challenge Confronting Immigrant Children and Children of Immigrants", *Annual Review of Sociology* 23, pp. 63-95.

Zimmermann, Klaus (1999): "El problema de la relación entre lengua e identidad: el caso de Colombia e Hispanoamérica", en: Perl, Matthias/Pörtl, Klaus (eds.), *Identidad cultural y lingüística en Colombia, Venezuela y en el Caribe hispánico (Actas del II Congreso Internacional del Centro de Estudios Latinoamericanos (CELA) de la Universidad de Maguncia)*. Tübingen: Niemeyer, pp. 221-232.

— (2006): "Génesis y evolución de las lenguas criollas: una visión desde el constructivismo neurobiológico", *Revista Internacional de Lingüística Iberoamericana* IV/1 (7), pp. 117-138.

— (2008a): "Constructivist Theory of Language Contact and the Romancisation of Indigenous Languages", en: Stolz, Thomas/Bakker, Dik/Salas Palomo, Rosa (eds.), *Aspects of Language Contact. New theoretical, Methodological and Empirical Findings with Special Focus on Romancisation Processes*. Berlin/New York: Mouton De Gruyter, pp. 141-164.

— (2008b): "La invención de la norma y del estándar para limitar la variación lingüística y su cuestionamiento actual en términos de pluricentrismo (mundo hispánico)", en: Erfurt, Jürgen y Budach, Gabriele (eds.), *Standardisation et déstandardisation. Le français et l'espagnol au XXe siècle*. Frankfurt am Main: Peter Lang, pp. 187-267.

— (2009): "Migración, contactos y nuevas variedades lingüísticas: reflexiones teóricas y ejemplos de casos de América Latina", en: Escobar, Anna María/Wölck, Wolfgang (eds.): *Contacto lingüístico y la emergencia de variantes y variedades lingüísticas*. Madrid/Frankfurt: Iberoamericana/Vervuert, pp. 129-160.

Zimmermann, Klaus/Morgenthaler García, Laura (2007): "Introducción: ¿lingüística y migración o lingüística de la migración? De la construcción de un objeto científico hacia una nueva disciplina", *Revista Internacional de Lingüística Iberoamericana* V/2 (10), pp. 7-20.